Internationales Management

Matthias Sure

Internationales Management

Grundlagen, Strategien und Konzepte

 Springer Gabler

Matthias Sure
Business School, Hochschule Fresenius
Köln, Deutschland

ISBN 978-3-658-16162-0   ISBN 978-3-658-16163-7   (eBook)
DOI 10.1007/978-3-658-16163-7

Die Deutsche Nationalbibliothek verzeichnet diese Publikation in der Deutschen Nationalbibliografie; detaillierte bibliografische Daten sind im Internet über http://dnb.d-nb.de abrufbar.

Springer Gabler
© Springer Fachmedien Wiesbaden GmbH 2017

Gedruckt auf säurefreiem und chlorfrei gebleichtem Papier

Springer Gabler ist Teil von Springer Nature
Die eingetragene Gesellschaft ist Springer Fachmedien Wiesbaden GmbH
Die Anschrift der Gesellschaft ist: Abraham-Lincoln-Str. 46, 65189 Wiesbaden, Germany

Vorwort

Globalisierung und damit einhergehender sich immer weiter verschärfender Wettbewerb auf den internationalen Märkten treiben die Internationalisierung von Unternehmen weiter voran. Hinsichtlich der unternehmerischen Wettbewerbsfähigkeit kann daher immer weniger zwischen domestischer und internationaler Marktperspektive differenziert werden, zumal die Umsatz- und Gewinnanteile in den ausländischen Märkten diejenigen im Inland bei immer mehr international tätigen Unternehmen maßgeblich übersteigen. Dies führt in den Unternehmen zu einer deutlichen Erhöhung der Komplexität, der mit professionellen Konzepten und Methoden im strategischen und operativen Management begegnet werden muss, um die Chancen der Internationalisierung bestmöglich zu nutzen.

Das vorliegende Buch ist entstanden auf Basis meiner Vorlesungen im Schwerpunkt Internationales Management in den vergangenen fünf Jahren an der Hochschule Fresenius und gliedert sich in insgesamt zwölf Kapitel. Es beschäftigt sich zunächst mit den Grundlagen und Theorien der Internationalisierung sowie mit dem Einfluss interkultureller Aspekte. Darüber hinaus werden strategische und organisatorische Konzepte im Rahmen der Internationalisierung von Unternehmen thematisiert, bevor schließlich deren funktional-orientierte Umsetzung in den einzelnen Unternehmensbereichen im Vordergrund der Betrachtung steht. Dabei spielt die unternehmenspraktische Anwendung eine wichtige Rolle, die durch zahlreiche Unternehmens-Beispiele veranschaulicht und reflektiert wird.

Da ein solches Buchprojekt niemals das Werk einer einzigen Person ist, möchte ich mich an dieser Stelle bedanken bei meinen Kollegen und Mitarbeitern von der Hochschule Fresenius sowie bei zahlreichen Unternehmenspraktikern für ihre zusätzlich eingebrachten konstruktiven Beiträge, Ergänzungen und Verfeinerungen. Außerdem möchte ich Frau Lörcher und Frau Harsdorf vom Verlag Springer Gabler für die Übernahme des Lektorats im Rahmen der Erstellung des Buchmanuskriptes danken. Mein ganz besonderer Dank gilt darüber hinaus meiner lieben Frau Maggie, die mich auch dieses Mal wieder inhaltlich und redaktionell tatkräftig bei der Anfertigung des Buches unterstützt hat und dadurch dieses umfangreiche Projekt erst möglich gemacht hat. Ihr möchte ich dieses Buch widmen.

Odenthal, Deutschland   Matthias Sure
im November 2016

Inhaltsverzeichnis

Teil I
Internationalisierung der Wirtschaft

Grundlagen der Internationalisierung

1

Zusammenfassung

Im folgenden Kapitel werden die Ursprünge der Internationalisierung der Wirtschaft und deren weitere historische Entwicklung beschrieben. Auf dieser Basis erfolgt eine Darstellung der Entwicklung des Welthandels und der ausländischen Direktinvestitionen sowie des damit korrespondierenden Phänomens der Globalisierung des Marktumfelds auch unter Bezugnahme auf regionale Aspekte wie politische und ökonomische Entwicklungen. In diesem Zusammenhang erfolgt zugleich eine Einordnung des Begriffs der internationalen Unternehmenstätigkeit. Schließlich werden Historie und aktueller Stand der Forschung zum Internationalen Management aufbereitet.

1.1 Internationaler Handel

1.1.1 Allgemeine historische Entwicklung

Die Internationalisierung von Wirtschaftsbeziehungen ist grundsätzlich kein neues Phänomen und damit auch – wie missverständlicherweise gelegentlich dargestellt – keine neue Erscheinung. Vielmehr belegen historische Quellen länderübergreifende Handelsaktivitäten bis weit in die Bronze- und Kupfersteinzeit hinein, zunächst vor allem im mittleren Osten, wo Handel vor allem zwischen sumerischen und babylonischen Städten betrieben wurde (Dülfer und Jöstingmeier 2008). Internationaler Handel mit dieser Region wurde ebenso im ägyptischen Reich und in wachsendem Maße vom griechischen und römischen Reich betrieben, wobei für letztere die geografische Ausdehnung der Handelsaktivitäten gleichsam mit der kolonialen Gebietsausdehnung stetig zunahm und sich schließlich bis nach Indien und in Teile Afrikas erstreckte. Auch der Handel entlang

© Springer Fachmedien Wiesbaden GmbH 2017

M. Sure, *Internationales Management*, DOI 10.1007/978-3-658-16163-7_1

der Seidenstraße und der damit einhergehende Warenaustausch zwischen Europa, Indien, China und Japan trugen maßgeblich zu dessen Internationalisierung bei.

Mit dem Niedergang des römischen Reiches ebbte dagegen der internationale Güteraustausch erheblich ab und erfuhr erst im späten Mittelalter eine Wiederbelebung, welche zunächst durch den aufkommenden Merkantilismus und die diesen prägenden Kaufmannsfamilien wie die Medici, Fugger oder Welser und später insbesondere ab dem 17. Jahrhundert durch die Kolonialisierung und die diese vorantreibenden Seefahrernationen England, Spanien, Portugal, Frankreich und die Niederlande geprägt waren (Holtbrügge und Welge 2015). Sowohl Merkantilismus als auch Kolonialismus verstärkten den Trend zu einer intensiveren Verzahnung von Wirtschaft und Politik zum Zwecke der nationalen Wohlstandsmehrung. In der Folge der industriellen Revolution und der damit insbesondere seit Beginn des 19. Jahrhundert einhergehenden zunehmenden Industrialisierung wurden internationale Handelsaktivitäten vermehrt durch Direktinvestitionen im Ausland ergänzt, die sich zunächst bis in die Anfänge des 20. Jahrhunderts hinein schwerpunktmäßig im Rohstoffsektor abspielten und die beginnend vor allem in englischen, niederländischen und belgischen Unternehmen und später auch in deutschen Unternehmen zum Aufbau eines internationalen Netzwerks von Niederlassungen und Tochtergesellschaften führten (Jones 1996).

Nach dem Ende des ersten Weltkriegs wurden die internationalen Wirtschaftsbeziehungen stärker durch nationalistische und protektionistische Tendenzen geprägt und dabei in ihrer Bedeutung eingeschränkt, was mit einem spürbaren Rückgang der Wachstumsraten im Welthandel zwischen 1913 und 1937 von 3,5 auf 1,3 % korrespondierte, der allerdings nicht in gleichem Maße das Wachstumsniveau bei den Direktinvestitionen betraf (Kutschker und Schmid 2011). In der Folge des zweiten Weltkriegs stieg das Welthandelsaufkommen nicht zuletzt aufgrund einer Reihe von internationalen Abkommen insbesondere zur Liberalisierung des Handels (GATT) sowie zur Festlegung von festen Währungskursrelationen (Bretton Woods) und konnte so zwischen 1950 und 1973 nahezu um den Faktor 10 wachsen. Schließlich führten insbesondere der europäische Einigungsprozess mit der Gründung und dem Ausbau der Europäischen Union, der Zusammenbruch des Ostblocks, die Gründung weiterer regionaler Wirtschafts- und Freihandelszonen oder Zollunionen wie NAFTA, ASEAN oder MERCOSUR sowie die zunehmende Integration von Schwellenländern, vor allem der sogenannten BRICS-Staaten – namentlich Brasilien, Russland, Indien, China und Südafrika – in die internationalen Wertschöpfungsprozesse und Handelsaktivitäten dazu, dass das Welthandelsvolumen zwischen 1950 und 2008 um durchschnittlich 5,9 % stieg, bevor es in 2009 aufgrund der Wirtschafts- und Finanzkrise zu einem kurzfristigen Rückgang des Welthandels kam, wobei sich insgesamt der Anteil des Welthandels an der Weltwirtschaftsleistung von 9,6 % im Jahr 1960 auf 26,2 % im Jahr 2010 erhöhte (Holtbrügge und Welge 2015). Eine Übersicht über die globalen Handelsströme im Warenhandel auf Basis des Jahres 2013 zeigt die Abb. 1.1.

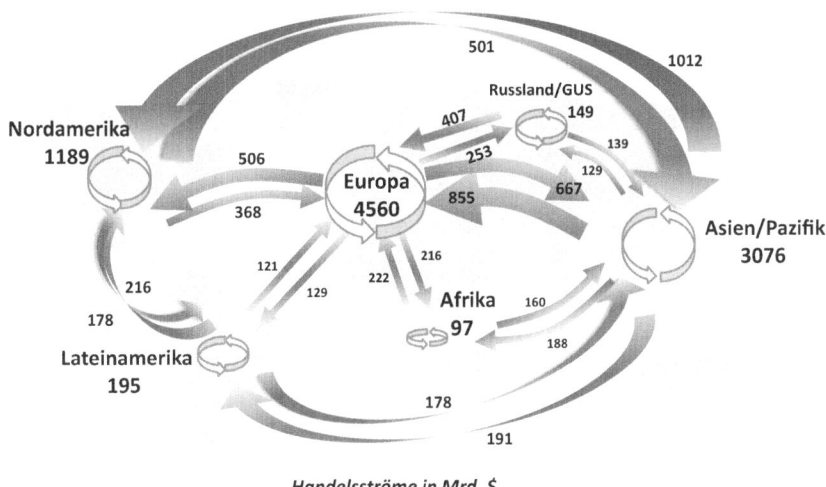

Handelsströme in Mrd. $

Abb. 1.1 Globale Handelsströme im Warenhandel 2013. (Quelle: World Trade Organization 2015)

1.1.2 Gegenwärtiger Status

Auch wenn seit dem Jahr 2010 die Wachstumsraten im Welthandel wieder positiv verlaufen sind, so konnten sie im Durchschnitt der Jahre 2010 bis 2014 nicht wieder an die durchschnittlichen Wachstumsraten vor der Wirtschafts- und Finanzkrise anknüpfen, wofür u. a. Verschiebungen in komparativen Kostenstrukturen und zunehmende protektionistische Tendenzen verantwortlich gemacht werden können. Nachdem die Verhandlungen über ein weltweites Handelsabkommen im Rahmen der sogenannten WTO Doha-Runde 2008 vorerst nicht zum Abschluss geführt werden konnten und erst Ende 2014 mit dem sogenannten Bali-Paket neuen Schwung bekamen, hat sich in der Zwischenzeit zum Zwecke einer weiteren Liberalisierung und Ausdehnung des internationalen Handels der Fokus vermehrt auf bilaterale und multilaterale Freihandelsabkommen gerichtet, zu denen auch das seit 2013 zwischen der Europäischen Union und den USA verhandelte Transatlantische Freihandelsabkommen TTIP zählt. Die damit korrespondierende wachsende Kleinteiligkeit von Handelsabkommen führt allerdings nicht selten zu einer stärkeren Berücksichtigung lokaler, mitunter teilweise auch protektionistischer Partikularinteressen in den Handelsbeziehungen, die dem Ziel einer globalen möglichst freizügigen Handelsverfassung nicht immer unbedingt uneingeschränkt förderlich sind (Weingartner 2014).

1.1.3 Entwicklung in Deutschland

Bezogen auf die Entwicklung und das Wachstum der deutschen Wirtschaft hat der Außenhandel seit der Gründung der Bundesrepublik eine herausragende Rolle gespielt. So lagen im Jahr 2014 der Wert der Exporte bei mehr als 1.134 Billionen EUR sowie der Außenhandelsüberschuss bei 217 Mrd. EUR und damit jeweils auf Rekordniveau (Statistisches Bundesamt 2015). Im Rahmen einer repräsentativen KfW-Studie aus dem Jahr 2014 gaben knapp 20 % der mehr als 10.000 befragten klein- und mittelständischen Unternehmen an, zum Untersuchungszeitpunkt 2013 auf Auslandsmärkten aktiv gewesen zu sein, wobei deren ausländischer Umsatzanteil bei 28 % lag. Bei den größeren Unternehmen (Beschäftigtenzahl ab 50 Mitarbeiter aufwärts) betrug der Prozentsatz der auslandsaktiven Unternehmen bereits 58. Insgesamt lag der Anteil Europas am Auslandsumsatz klein- und mittelständischer Unternehmen bei 65 % (KfW 2014).

Auf der Grundlage makroökonomischer Daten des Jahres 2014 (vgl. Abb. 1.2) zeigt sich diesbezüglich, dass einerseits unter den wichtigsten Handelspartnern deutscher Unternehmen sowohl auf der Export- als auch auf der Importseite die Bedeutung europäischer Länder mit jeweils acht der zehn größten Handelspartner nach wie vor ausgesprochen hoch ist, wohingegen andererseits aber auch der Einfluss der beiden großen nicht-europäischen Handelspartner USA und vor allem China wächst, die sich jeweils auf der Export- und der Importseite unter den größten vier Handelspartnern befinden (Statistisches Bundesamt 2015).

1.1.4 Formen internationaler Handelsbeziehungen

Grundsätzlich unterscheidet man zwischen vier grundlegenden Formen internationaler grenzüberschreitender Handelsbeziehungen, zu denen neben den klassischen Export- und Importaktivitäten noch Transithandel, Veredelungsgeschäfte und Kompensationsgeschäfte gehören (vgl. Abb. 1.3).

Die größten Handelspartner Deutschlands 2014			
Export	**Mrd. €**	**Import**	**Mrd. €**
Frankreich	102	Niederlande	88
USA	96	China	79
Vereinigtes Königreich	84	Frankreich	68
China	75	USA	49
Niederlande	73	Italien	48
Österreich	56	Vereinigtes Königreich	42
Italien	54	Belgien	40
Polen	48	Polen	40
Schweiz	46	Schweiz	39
Belgien	42	Russische Föderation	38

Abb. 1.2 Die größten Handelspartner Deutschlands 2014. (Quelle: Statistisches Bundesamt 2015)

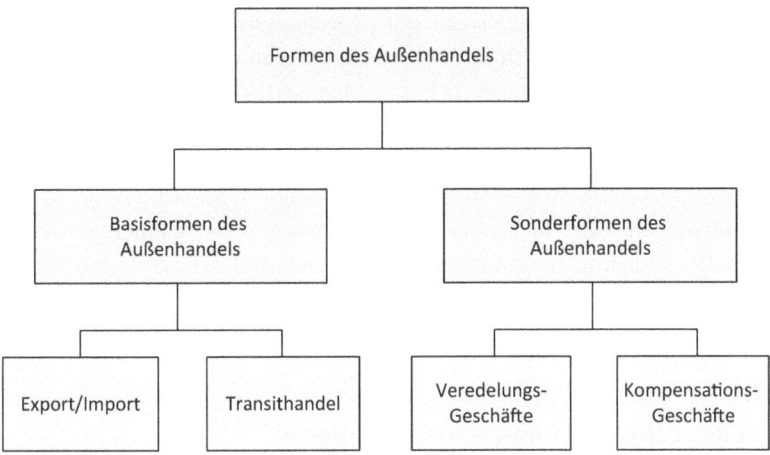

Abb. 1.3 Formen des Außenhandels. (Quelle: in Anlehnung an Kutschker und Schmid 2011)

Unter Transithandel versteht man dabei, dass ein Händler die Ware von einem Handelspartner im Ausland bezieht und anschließend an einen Kunden in einem Drittland weiterveräußert, während Veredelungsgeschäfte dadurch gekennzeichnet sind, dass Waren aus dem Ausland bezogen und im Inland bearbeitet, verarbeitet oder repariert werden und anschließend wieder in das Ursprungsland zurückgesendet werden (Meckl 2014). Schließlich betreffen Kompensationsgeschäfte den Austausch von Realgütern zwischen Handelspartnern in unterschiedlichen Ländern etwa in Form eines Tausches von Fertiggütern gegen Erdöl.

1.2   Ausländische Direktinvestitionen

1.2.1   Allgemeine historische Entwicklung

Neben dem grenzüberschreitenden Handel hat insbesondere die Entwicklung ausländischer Direktinvestitionen (FDI – Foreign Direct Investment) einen wichtigen Beitrag zu Wohlstandsmehrung und ökonomischer Integration geleistet. So zeigt sich, dass das Volumen an weltweiten ausländischen Direktinvestitionen im Zeitraum von 1970 bis 2010 um durchschnittlich 12 % pro Jahr und damit vergleichsweise stärker zugenommen hat als das Welthandelsvolumen (Benz et al. 2014). Nach einem Rekordwert bei den FDI von 2 Billionen US$ im Jahr 2007 sind diese im Zuge der Finanzkrise vor allem in den Jahren 2008/2009 stark eingebrochen und seitdem von stärkerer Volatilität und aufgrund von Risikokonvergenzen mit den Industrieländern von einem zunehmend stabilen Anteil der Entwicklungs- und Schwellenländer auf der Empfängerseite geprägt, sodass insgesamt nach Prognosen der UNCTAD (United Nations Conference on Trade

and Development) das weltweite Niveau an FDI frühestens im Jahr 2017 wieder erreichbar erscheint (United Nations 2014). Nicht zuletzt wegen der im Vergleich zu Exporten
deutlich langfristigeren ökonomischen Entwicklungseffekte liegt es im Bestreben vieler Staaten, den Zufluss ausländischer Direktinvestitionen zu erhöhen und diesen ggfs.
durch politische Maßnahmen zusätzlich zu fördern. In diesem Zuge haben viele Staaten
Investitionsfördergesellschaften gegründet, die vor allem fiskalische (etwa in Form von
Steuererleichterungen) oder finanzielle Anreize (etwa mittels staatlich subventionierter
Kredite oder Risikoübernahmen) für Investoren setzen, um Arbeitsplatzaufbau, Techno-
logie- bzw. Know-how-Transfer oder eine stärkere ökonomische Verflechtung der lokalen Wirtschaft zu erreichen (Wild und Wild 2014).

1.2.2   Bedeutung und Rahmenbedingungen

Die Bedeutung der FDI wird zudem durch regelmäßig veröffentlichte Rankings belegt,
die die Attraktivität von Investitionsstandorten für Investoren international vergleichbar
machen sollen. Zu diesen zählt insbesondere der sogenannte, jährlich von der Unternehmensberatung A. T. Kearney erhobene FDI Confidence Index, der die attraktivsten 25
Investitionsländer vor dem Hintergrund analysiert, inwieweit politische, ökonomische
und regulatorische Veränderungen die Zuflüsse an ausländischen Direktinvestitionen
beeinträchtigen werden, welche die jeweiligen Länder zu erwarten haben (A. T. Kearney
2015). In einem Vergleich der Projektionen der Jahre zwischen 2007 und 2015 zeigt sich
der Trend einer Wiedererstarkung der europäischen Investitionsstandorte, nachdem diese
im Zuge der Finanzkrise überproportional stark an Stellenwert verloren hatten, was u. a.
auch daran abzulesen ist, dass der Zufluss an FDI zwischen 2007 und 2013 in die europäischen Länder um mehr als zwei Drittel zurückgegangen ist, während die ausländischen Direktinvestitionen in Nordamerika im gleichen Zeitraum um deutlich weniger als
ein Drittel schrumpften und diejenigen in asiatische und lateinamerikanische Länder im
gleichen Zeitraum gestiegen sind (Benz et al. 2014).

Hier liegt der Schluss nahe, dass sich in den letzten Jahren unternommene und
zukünftig noch zu erwartende Reformanstrengungen und Anpassungsprozesse in Europa
wieder positiver auf das Investorvertrauen auswirken werden. Im Gegensatz dazu sind
einige Schwellenländer, die sich im vergangenen Jahrzehnt nachhaltig unter den Top
25-Investitionsdestinationen des Index etabliert hatten, teilweise deutlich zurückgefal-
len, wofür einerseits politische Instabilitäten und/oder andererseits sich verschlechternde
ökonomische und regulatorische Rahmenbedingungen verantwortlich gemacht werden
können. Darunter fallen sowohl eine Reihe von BRICS-Staaten als auch ein überproportional großer Anteil von südost-asiatischen Staaten (vgl. Abb. 1.4).

Ausländische Direktinvestitionen, deren größter Teil von multinationalen Unternehmen und Konzernen getätigt werden, unterscheiden sich von Portfolioinvestitionen
durch ihre grundsätzliche Langfristigkeit und manifestieren sich vor allem in Neugrün-
dungen von ausländischen Standorten als Tochtergesellschaften oder in Fusionen mit
bzw. Übernahmen von ausländischen Unternehmen oder deren Teilen im Rahmen von

Ranking Top 25	Index-Werte 2015	2015	2012	2010	2007
USA	2,10	1	4	2	3
China	2,00	2	1	1	1
Großbritannien	1,95	3	8	10	4
Kanada	1,94	4	20	9	14
Deutschland	1,89	5	5	5	10
Brasilien	1,87	6	3	4	6
Japan	1,80	7	21	-	15
Frankreich	1,80	8	17	13	13
Mexiko	1,79	9	-	-	-
Australien	1,79	10	6	7	11
Indien	1,79	11	2	3	2
Italien	1,75	12	-	-	-
Niederlande	1,74	13	25	-	-
Schweiz	1,74	14	22	-	-
Singapur	1,73	15	7	24	7
Südkorea	1,72	16	19	-	24
Spanien	1,71	17	24	-	-
Schweden	1,71	18	-	-	-
Belgien	1,70	19	-	-	-
Dänemark	1,69	20	-	-	-
Österreich	1,69	21	-	-	-
Türkei	1,69	22	13	23	20
Polen	1,68	23	23	6	22
Norwegen	1,68	24	-	-	-
Finland	1,67	25	-	-	-

Abb. 1.4 FDI Confidence Index Top 25 2015. (Quelle: in Anlehnung an A.T. Kearney 2015)

Beteiligungsinvestitionen sowie in reinvestierten Gewinnen. Als Motive derartiger FDI lassen sich aufseiten der investierenden multinationalen Unternehmen einerseits die Senkung von Handelskosten oder die Umgehung von Handelsbarrieren und andererseits die Senkung von Produktionskosten mittels kostengünstigerer Herstellungsprozesse im Drittland anführen. Während erstere als horizontale FDI beschrieben werden und in diesem Zuge als Ersatz für Güterhandel fungieren, sind letztere eher als eine Ergänzung zum Güterhandel zu betrachten und werden daher als vertikale FDI bezeichnet (Benz et al. 2011).

1.2.3 Nachhaltigkeit

Neben der positiven ökonomischen Wirkung von ausländischen Direktinvestitionen werden diese zunehmend auch hinsichtlich ihrer Nachhaltigkeitsdimension diskutiert, was zu einer deutlichen Sensibilisierung aufseiten staatlicher und staatsübergreifender internationaler Institutionen geführt hat. So zeigen Beobachtungen zum Investitionsverhalten multinationaler Unternehmen beispielsweise in der Konsumelektronik- oder Bekleidungsindustrie eine Tendenz zu kürzeren Investitionszyklen gepaart mit einer steigenden kurzfristigen Bereitschaft zur Aufgabe von Investitionsstandorten zugunsten anderer lukrativerer Standorte, wobei sich die Lukrativität im Einzelfall zumeist an niedrigeren Lohnkosten, niedrigeren Energie- und Umweltkosten oder niedrigeren Steuersätzen bzw. Steuervergünstigungen festmachen lässt. Eine solche Praxis läuft Gefahr, eine sich intensivierende Abwärtsspirale hinsichtlich ökonomischer und sozialer Standards im Wettbewerb der Standorte untereinander um Investitionskapital heraufzubeschwören mit der Folge potenziell wachsender Ungleichgewichte hinsichtlich Einkommens- und Wohlstandsverteilung in der lokalen Bevölkerung (Piketty 2014).

Ein weiterer im Kontext der Nachhaltigkeitsdiskussion vermehrt diskutierter Aspekt sind steigende Investitionen in große landwirtschaftlich nutzbare ausländische Bodenflächen insbesondere in Afrika, Südamerika und Asien, die damit den einheimischen Landwirten und der lokalen Bevölkerung dauerhaft nicht mehr zur Verfügung stehen und potenzielle negative Auswirkungen auf lokale Beschäftigungs- und Versorgungsgrade haben (vgl. Abb. 1.5). Diese unter dem Begriff des sogenannten Land Grabbing bekannt gewordene Praxis wird insbesondere von Staatsunternehmen aus Schwellenländern aber auch von großen westlichen Kapitalgesellschaften angewendet und sieht sich wachsender Kritik ausgesetzt (Endress 2012).

1.2.4   Status in deutschen Unternehmen

Bezogen auf die Bedeutung und das Volumen ausländischer Direktinvestitionen für Unternehmen in Deutschland zeigen Studienergebnisse im Rahmen einer Befragung von knapp 3600 mittelständischen Unternehmen durch Creditreform und KfW, dass etwa

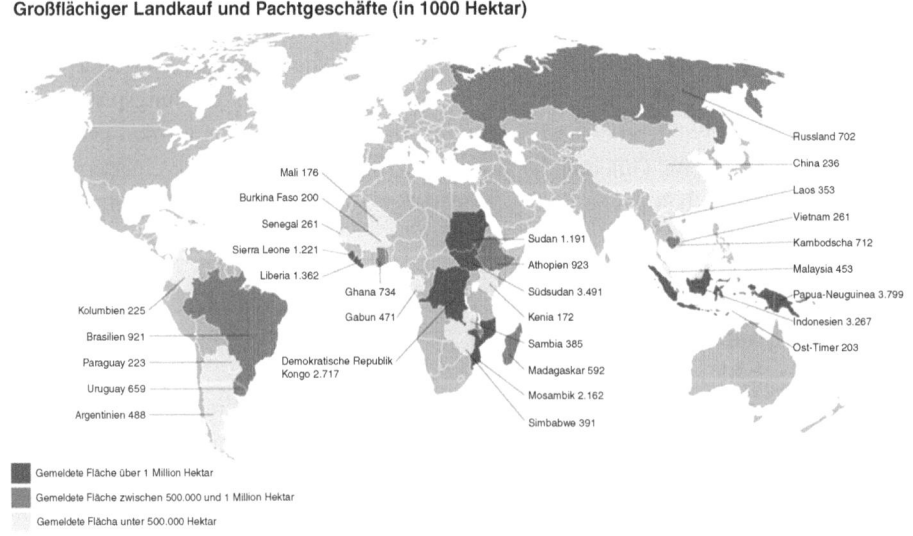

Abb. 1.5 FDI in Form von Landkauf und Pacht 2013. (Quelle: Landmatrix.Org 2013)

20 % der befragten größeren mittelständischen Unternehmen Direktinvestitionen im Ausland getätigt haben, was zugleich 18 % ihres Gesamtinvestitionsumfangs reflektiert, wobei die Erschließung neuer Absatzmärkte bei 78 % der Unternehmen das dominierende Direktinvestitionsmotiv war und kostenmotivierte Direktinvestitionen mit 42 % der Nennungen eine vergleichsweise nachgelagerte Rolle spielten. Die nach wie vor hohe Bedeutung (West-)Europas auch im Bereich der ausländischen Direktinvestitionen spiegelt sich in der Tatsache wider, dass zum Erhebungszeitpunkt 2011 92 % der befragten deutschen mittelständischen Unternehmen mit ausländischen Direktinvestitionen in mindestens einem westeuropäischen Land investiert waren (Creditreform und KfW 2012).

1.3 Globalisierung des Marktumfeldes

Mit dem Begriff der Globalisierung wird im Allgemeinen ein Trend zur zunehmenden ökonomischen, kulturellen, politischen und technologischen Verflechtung zwischen nationalen Institutionen und Volkswirtschaften umschrieben (Griffin und Pustay 2015). In ökonomischer Hinsicht äußert sich dies vor allem in einer wachsenden internationalen Verflechtung der Güter- und Finanzmärkte, die ihre Ausprägung vor allem in der stetig steigenden Bedeutung von internationalem Handel und ausländischen Direktinvestitionen gefunden haben. Diese ökonomische Integration und der damit einhergehende globale Wettbewerb werden befeuert durch eine Umwelt, die sich immer mehr von geografischen und historischen Divisionen entkoppelt (Friedman 2005).

Streng genommen handelt es sich bei der Globalisierung eher um ein Phänomen der Denationalisierung als der Internationalisierung, da es dabei mehr um die abnehmende Relevanz nationaler Grenzen als um die Kooperation von Entitäten über nationale Grenzen hinaus geht (Wild und Wild 2014).

> Zu den prägenden Ursachen bzw. Treibern der Globalisierung gehören eine Reihe von Phänomenen, zu denen insbesondere die Entwicklung neuer Technologien im Bereich der Informations- und Kommunikationstechniken, der Ausbau neuer leistungsfähigerer und kostengünstigerer Transportsysteme, der Abbau von Zöllen und Handelshemmnissen, die Liberalisierung der Kapitalmärkte und die Konvergenz der Nachfragebedürfnisse zählen, die im Folgenden in einer dimensionalen Betrachtung intensiver beleuchtet werden.

1.3.1 Ökonomische Dimension

Die ökonomische Dimension der Globalisierung ist einerseits geprägt durch die in den vergangenen Jahrzehnten unternommenen Anstrengungen zum Abbau von Zöllen und Handelshemmnissen, die vor allem auf regionaler Ebene (EU, NAFTA, MERCOSUR, APEC, etc.) vorangetrieben wurden. Damit einher ging eine Liberalisierung der

Kapitalmärkte, die durch einen Wettbewerb um Investitionskapital zwischen internationalen Finanz- und Börsenplätzen maßgeblich angefacht wurde. Die von den nationalen Regulierungsbehörden in diesem Zuge zugelassene Deregulierung und Entkoppelung von zugrunde liegenden Güter- und damit zusammenhängenden Finanzgeschäften war bekanntermaßen eine der wesentlichen Ursachen der weltweiten Finanzkrise. Diese Deregulierung von Güter- und Finanzmärkten bahnt den Weg zu einer Konvergenz der Märkte, die über die Konvergenz der Käufer-Präferenzen zu globalen Angebotsstrukturen und Produktkategorien führt mit der Konsequenz, dass nahezu jedes Produkt an jedem Ort verfügbar sein kann, sich ausländische Marktpotenziale für die Unternehmen skalenträchtiger, effizienter und risikodiversifizierter erschließen lassen und sich dabei die Verzahnung der Volkswirtschaften immer weiter fortsetzt (Wild und Wild 2014).

1.3.2   Technologische Dimension

Die technologische Dimension der Globalisierung betrifft vor allem die spätestens seit den 1990er Jahren rasant fortschreitende Entwicklung der Informations- und Kommunikationstechnologien, die insbesondere durch webbasierte Instrumente und Werkzeuge ein Wettbewerbsspielfeld geschaffen haben, welches multiple Formen der Zusammenarbeit durch Teilung von Wissen und Arbeit per Echtzeit-Kommunikation ohne Berücksichtigung von geografischen Distanzen ermöglicht und dabei virtuelle Kooperationsformen schafft, welche noch vor wenigen Jahrzehnten als völlig utopisch angesehen worden wären (Griffin und Pustay 2015). Dabei spielt auch die signifikante Senkung von Kommunikationskosten eine Rolle, welche durch das Internet maßgeblich getrieben wurde und damit letztlich den Weg für Electronic Commerce ebnete.

Moderne Informations- und Kommunikationstechnologien ermöglichen eine Flexibilisierung der Wertschöpfungskette hinsichtlich der Einbindung unterschiedlicher Partner aus unterschiedlichen Ländern in ein einheitliches Netzwerk, über das die Supply Chain und damit Einkauf, Produktion und Distribution global gesteuert werden, wodurch zudem die Reaktionsfähigkeit auf lokale Marktbedürfnisse erhöht wird (Deresky 2014). Darüber hinaus haben die Entwicklung moderner Transportsysteme in Form von 20- bzw. 40 Fuß-Containern und großen Containerschiffen sowie der korrespondierende Hafeninfrastrukturausbau und die Einführung entsprechender Track & Trace-Technologien wie RFID (Radio Frequency Identification) oder GPS (Global Positioning System) die internationale Mobilität von Gütern massiv befördert (Wild und Wild 2014).

1.3.3   Politische und soziale Dimension

Durch ihre immer stärkere internationale Verflechtung entkoppeln sich weltweit operierende Unternehmen zunehmend von einer wirksamen gesellschaftlichen und politischen Kontrolle. Sie sind häufig in der Lage, sich für sie ungünstigen Rahmenbedingungen z. B. in Form von Steuergesetzen, Mitbestimmungsvorschriften, Gewerkschaftseinflüssen oder Umweltauflagen zu entziehen, indem sie Standortarbitrage betreiben oder mit Abwanderung oder Arbeitsplatzverlusten drohen. Dies verschärft den internationalen Standortwettbewerb und geht potenziell mit einem Verlust an staatlicher Souveränität sowie sinkenden Sozial- und Umweltstandards und steigender grenzüberschreitender Kriminalität einher (Holtbrügge und Welge 2015).

In sozialer Hinsicht wird kontrovers diskutiert, ob die Globalisierung zu einer Konvergenz oder Divergenz in den Lebens- und Einkommensverhältnissen von Industrieländern, Schwellenländern und Entwicklungsländern führt. Letztlich zeigen insbesondere die Erfahrungen aus den ersten anderthalb Jahrzehnten des 21. Jahrhunderts, dass die soziale Kluft zwischen den Industrie- und den Entwicklungsländern größer wird, dass sich auf den Arbeitsmärkten vieler Länder eine Zweiklassengesellschaft zwischen globalisierungstauglichen und nicht-globalisierungstauglichen Arbeitskräften entwickelt und dass die auch daraus resultierenden wachsenden Einkommensunterschiede sowohl zwischen den Staaten als auch innerhalb der einzelnen Gesellschaften zu wachsenden sozialen Spannungen und nationalistischen Bewegungen führen, die sich mittlerweile in vielen europäischen Ländern gebildet haben und dazu führen, dass staatliche und politische Institutionen zunehmend infrage gestellt werden (Piketty 2014; Stiglitz 2015).

1.3.4 Ökologische Dimension

Schließlich tritt die ökologische Dimension der Globalisierung seit einigen Jahren immer mehr zutage. Dazu trägt die wachsende Erkenntnis bei, dass die mit der zunehmenden ökonomischen Aktivität verbundenen externen Effekte wie etwa die steigende Umweltverschmutzung und Erderwärmung sowohl globale Ursachen als auch globale Folgen haben und nur gemeinsam staatenübergreifend bewältigt werden können (Holtbrügge und Welge 2015). Dies erklärt auch die Dringlichkeit, mit der immer mehr Länder den Abschluss eines neuen bindenden globalen Klimaschutzabkommens als Nachfolger des 1997 verabschiedeten Kyoto-Protokolls forderten, um die natürlichen Lebensgrundlagen zu erhalten, was mit der Verabschiedung einer neuen Klimaschutz-Vereinbarung 2015 in Paris nach zähen Verhandlungen endlich gelang.

In diesem Kontext wird auch zunehmend die Frage nach der Sinnhaftigkeit des aktuellen kapitalistischen Wirtschaftssystems und damit der allokativen Kräfte des Marktes gestellt, wofür die im Jahr 2015 veröffentliche erste Umweltenzyklika des Vatikans nur ein prominentes von vielen Beispielen war, welche Vertreter marktliberaler Strömungen insbesondere aus angelsächsischen Ländern, die nach wie vor auf eine Bereinigung der gesellschaftlichen Probleme durch die Mechanismen des Marktes setzen, in die Defensive drängt (Deresky 2014; Bergoglio 2015; Stiglitz 2015). Gleichzeitig steigt das Bedürfnis der Konsumenten nach nachhaltigen Produkten, die die Anforderungen der aktuellen Generation erfüllen, ohne die Möglichkeiten und Räume zukünftiger Generationen zu beschneiden, was einer Kultur des Reduzierens, Wiederverwendens und Recycelns den Weg ebnet, die gerade von Nutzern sozialer Medien immer vehementer

Abb. 1.6 Die 10
bedeutendsten Risiken globaler
Geschäftstätigkeit. (Quelle: in
Anlehnung an Aon 2015)

Rank	Risk
1	Damage to reputation/brand
2	Economic slowdown/slow recovery
3	Regulatory/legislative changes
4	Increasing competition
5	Failure to attract or retain top talent
6	Failure to innovate/meet customer needs
7	Business interruption
8	Third-party liability
9	Computer crime/hacking/viruses/malicious codes
10	Property damage

gefordert und unterstützt wird und die mittlerweile viele Unternehmen bei der Gestaltung ihrer Produkt- und Serviceportfolios berücksichtigen (Wild und Wild 2014).

1.3.5 Risikopolitische Dimension

Global orientierte und vorausschauende Unternehmen erstellen regelmäßige Profil-Updates hinsichtlich der ökonomischen, politisch-regulatorischen, technologischen und ökologischen Risiken in denjenigen Ländern, mit denen sie Außenhandelsbeziehungen haben bzw. in denen sie direkt investiert sind (Deresky 2014). In dem jährlich von der Firma Aon Risk Solutions veröffentlichten Global Risk Management Survey, der auf den Einschätzungen von 1418 Risikomanagern aus 28 Industriesektoren und 60 Ländern beruht, wird deutlich, dass die internationale Berichterstattung über massiven Datenmissbrauch, großflächige Produktrückrufaktionen, mysteriöse Flugzeugabstürze oder aggressive behördengetriebene Investigationen insbesondere die Risiken hinsichtlich der eigenen Unternehmens- bzw. Markenreputation hat stark in den Vordergrund rücken lassen, die als noch gravierender eingeschätzt werden als Risiken der Verschlechterung der wirtschaftlichen Lage oder der Veränderung regulatorischer bzw. gesetzlicher Grundlagen (vgl. Abb. 1.6). Vor diesem Hintergrund ist auch die wachsende Besorgnis gegenüber Cyber-Kriminalitätsrisiken zu erklären, die erstmals in den Top-10-Risiken auftauchen (Aon 2015).

1.4 Multinationale Unternehmen

Die in den vorherigen Kapiteln beschriebenen Phänomene und Konsequenzen einer Internationalisierung der Wirtschaft und ihrer Beziehungen sind entstanden auf der Grundlage der Entwicklung von multinationalen bzw. internationalen Unternehmen, die diese Internationalisierung maßgeblich vorangetrieben haben (vgl. Abb. 1.7). Im Jahr 2010 erwirtschafteten diese bereits etwa ein Viertel der globalen Wertschöpfung, wobei mit Beginn des 21. Jahrhunderts der Einfluss staatlich kontrollierter bzw. beeinflusster

Die 30 größten MNU-Staatsunternehmen
(ohne Finanzsektor, sortiert nach dem Wert ausl. Aktiva[a], in Mill. US-Dollar, Anzahl der Beschäftigten in Tsd.)

Name	Ursprungs-land	Regie-rungs-anteil[b]	Industrie[c]	Aktiva im Aus-land	Aktiva ge-samt	Verkäufe im Aus-land	Verkäufe ge-samt	Beschäftigte im Aus-land[d]	Beschäftigte ge-samt	TNI[e] (in %)
Enel SpA	Italien	34,7	Elektrizität, Gas und Wasser	157	231	44	86	43	81	57,2
Volkswagen Group	Deutschland	20,0	Motorfahrzeuge	156	255	105	146	196	369	61,9
GDF Suez	Frankreich	36,4	Betriebsmittel (Elektrizi-tät, Gas und Wasser)	146	247	68	111	96	197	56,5
EDF SA	Frankreich	84,7	Betriebsmittel (Elektrizi-tät, Gas und Wasser)	134	348	40	92	58	169	39,0
Deutsche Telekom AG	Deutschland	31,7	Telekommunikation	113	184	53	90	108	258	54,1
Eni SpA	Italien	30,3	Erdöl gef./raf./vert.	102	169	78	117	40	78	59,2
General Motors Co	Vereinigte Staaten	32,0	Motorfahrzeuge	76	136	55	105	114	217	53,7
France Telecom S.A.	Frankreich	26,7	Telekommunikation	73	133	31	64	64	167	47,0
EADS N.V.	Frankreich	22,4	Luft- und Raumfahrt	72	116	54	60	75	120	71,9
Vattenfall AB	Schweden	100,0	Elektrizität, Gas und Wasser	72	83	22	27	34	40	84,9
Veolia Environnement SA	Frankreich	10,7	Betriebsmittel (Elektrizi-tät, Gas und Wasser)	52	72	29	48	212	313	66,9
CITIC Group	China	100,0	Keine spezifische Industrie	44	315	11	31	25	125	23,2
Statoil ASA	Norwegen	67,0	Erdöl gef./raf./vert..	43	97	17	74	11	29	34,4
Deutsche Post AG	Deutschland	30,5	Transport und Lager	39	50	44	67	258	425	68,3
Vale SA	Brasilien	5,5 (12 Golden Shares)	Bergbau und Steinbruch	39	102	20	24	13	60	48,2
Petronas – Pet-roliam Nasional Bhd	Malaysia	100,0	Erdöl gef./raf./vert..	34	126	28	63	8	41	30,7
TeliaSonera AB	Schweden	37,3	Telekommunikation	32	37	10	14	20	29	73,3
Renault SA	Frankreich	18,3	Motorfahrzeuge	30	92	29	47	66	121	50,2
Japan Tobacco Inc	Japan	50,0	Nahrungs- und Ge-nussmittel, Tabakwaren	30	42	29	66	25	50	55,4
Finmeccanica Spa	Italien	30,2	Maschinenbau und Ausrüstungen	29	44	20	25	32	73	62,7
China Ocean Shipping (Group) Company	China	100,0	Transport und Lager	28	36	18	28	4	72	49,7
Lukoil OAO	Russland	13,4	Erdöl und -gas	24	79	38	68	22	143	34,0
Singapore Tele-communications Ltd	Singapur	54,4	Telekommunikation	23	27	8	12	10	23	64,3
Zain	Kuwait	49,2	Telekommunikation	19	20	7	0	12	13	92,1
Qatar Telecom	Katar	55,0	Telekommunikation	18	23	5	7	1	2	78,0
Tata Steel Ltd	Indien	12,9	Metall und Metallwaren	16	24	16	22	47	81	65,2
Petroleo Brasileiro SA	Brasilien	39,8	Erdöl gef./raf./vert..	15	200	29	116	8	77	14,2
Abu Dhabi National Energy Co PJSC	Vereinigte Arabische Emirate	100,0	Betriebsmittel (Elektrizi-tät, Gas und Wasser)	14	25	3	5	3	4	67,2
Petróleos de Venezuela SA	Venezuela	100,0	Erdöl gef./raf./vert...	12	150	33	75	5	92	19,0
China National Petroleum Corporation	China	100,0	Erdöl gef./raf./vert..	12	325	5	178	30	1 585	2,7

[a] Alle Daten aus dem Jahresabschluss der Firmen, wenn nicht anders angegeben. – [b] Basierend auf neuesten Daten von Thomson Worldscope (Stand: 31. Mai 2011). – [c] Industrieklassifizierungen für Firmen nach der United States Standard In-dustrial Classification. – [d] In einigen Fällen wurde die Beschäftigung im Ausland mit dem Anteil ausländischer Beschäftigten an der Gesamtbeschäftigung im Jahr 2008 berechnet. – [e] TNI, der Transnationalitäts-Index, wird berechnet als Durchschnitt folgender Quotienten: ausländische Aktiva zu Gesamtaktiva, ausländische Verkäufe zu Gesamtverkäufe und ausländische Beschäftigung zu Gesamtbeschäftigung.

Abb. 1.7 Die 30 größten MNU-Staatsunternehmen 2011. (Quelle: UNCTAD 2011)

Unternehmen aus den Schwellen- und Entwicklungsländern vor allem im Bereich der ausländischen Direktinvestitionen stark zugenommen hat (Benz et al. 2011).

Eine allgemeingültige Definition zu multinationalen oder internationalen Unternehmen liegt bisher nicht vor, wenngleich zumindest über deren Zielkategorien eine gewisse Einigkeit unter den Autoren zu konstatieren ist (Meckl 2014). Solche Zielkategorien sind in erster Linie die folgenden:

1.4.1 Marktpotenziale

Diese Zielkategorie ist für Unternehmen vor allem dann relevant, wenn der Heimatmarkt gesättigt oder aber aufgrund des starken Wettbewerbs zunehmend weniger margenträchtig ist. Weitere absatzmarktorientierte Gründe können beispielsweise in der absoluten Größe des Absatzmarktes oder in dessen aktueller oder zukünftig prognostizierter Wachstumsrate liegen, welche etwa von Unternehmen häufig bezogen auf den chinesischen und den indischen Markt angeführt werden (Meckl 2014). Schließlich können auch kundenbezogene Veränderungen dazu führen, dass Auslandsmärkte stärker ins Visier genommen werden, wenn beispielsweise wie in der Automobilindustrie die Zulieferer, wenn sie substanziell im Geschäft mit den OEMs bleiben wollen, häufig gezwungen sind, an den von den OEMs selektierten Auslandsstandorten Zulieferwerke zu errichten und damit quasi nachzuziehen, um ihre Umsätze und Renditen halten bzw. weiter ausbauen zu können.

1.4.2 Ressourcenpotenziale

Ressourcenpotenziale betreffen einerseits Rohstoffe oder Vorprodukte, die für den Leistungserstellungsprozess der Unternehmen erforderlich sind und häufig Öl oder herkömmliche Industriemetalle oder seltene Erden repräsentieren. Andererseits beinhalten Ressourcenpotenziale im Sinne von Humanressourcen vor allem solche, die den Zugang zu qualifizierten bzw. günstigen Arbeitskräften gewährleisten, die etwa im nationalen Markt nicht oder nicht ausreichend zur Verfügung stehen. Darüber hinaus gehören zu den Ressourcenpotenzialen auch der Zugang zu technologischem Know-how und zu damit häufig zusammenhängender Innovationsfähigkeit an einem ausländischen Standort, von denen in der Folge das gesamte Unternehmen profitieren kann (Meckl 2014). Beispielsweise gilt Deutschland aufgrund dessen trotz seiner vergleichsweise hohen Kosten als ein attraktiver Forschungs- und Entwicklungsstandort, weswegen internationale Technologiekonzerne wie General Electric dort Forschungszentren errichten.

1.4.3 Effizienzpotenziale

In der Zielkategorie der Effizienzpotenziale geht es vor allem um die Realisierung von Volumens- bzw. Skaleneffekten, mit denen insbesondere kostenseitig die Profitabilitäten verbessert werden können. Darüber hinaus kann durch den vermehrten Einsatz von günstigen Arbeitskräften bzw. die Substitution teurer Arbeitskräfte durch günstigere etwa in Form des Outsourcings die Effizienz weiter gesteigert werden. Außerdem kann durch die Ausweitung des Geschäftes auf immer mehr internationale Standorte das Risikomanagement effizienter gestaltet werden, weil sich allein durch die Vielfalt der unterschiedlichen Märkte und ihrer Rahmenbedingungen eine stärkere Möglichkeit zur Risikodiversifikation ergibt, als wenn der Geschäftserfolg allein vom nationalen Markt abhängig wäre (Meckl 2014).

1.5 Internationale Managementforschung

Die Forschung zum Fachgebiet des internationalen Managements ist eine verhältnismäßig junge Forschungsdisziplin und lässt sich grundsätzlich schwerpunktmäßig unterteilen in die Bereiche der interkulturellen Managementforschung und der internationalen Managementforschung (vgl. Abb. 1.8).

1.5.1 Forschungsgebiete

Die interkulturelle Managementforschung basiert insbesondere auf dem Kontingenzansatz, welcher als theoretisches Erklärungsmuster für den Einfluss von Kultur auf Managementverhalten und -praktiken gilt, und berücksichtigt ethnologische und kulturanthropologische

Abb. 1.8 Forschungsschwerpunkte im internationalen Management. (Quelle: in Anlehnung an Holtbrügge und Welge 2015)

Aspekte (Hoffjan 2009). Dabei liegt der Fokus der Forschung darauf, zu eruieren, ob und inwieweit es einen Zusammenhang zwischen kultureller Prägung und Managementstilen bzw. -methoden gibt und ob letztere ggfs. auf andere Länder oder Kulturkreise übertragbar sind. Dagegen orientiert sich die internationale Managementforschung eher an den Gründen und Motiven einer internationalen Unternehmenstätigkeit und an den Prozessen und Aktivitäten zu deren Ausgestaltung, wobei vornehmlich in der angelsächsischen Literatur diesbezüglich inhaltlich noch unterschieden wird in die internationale Unternehmensführung, die auf die Anwendung von Führungskonzepten und -methoden im Rahmen eines internationalen Unternehmens abstellt, sowie in die internationale Betriebswirtschaft, welche die Art und Weise der Internationalisierung betrieblicher Funktionen in den Vordergrund stellt (Holtbrügge und Welge 2015).

1.5.2 Historische Entwicklung

Unter Berücksichtigung der historischen Zeitachse zeigt sich, dass die Theorie des internationalen Managements in den 60er und 70er Jahren des 20. Jahrhunderts begann, stärker in den wissenschaftlichen Fokus zu rücken als Folge einer zunehmenden Internationalisierung der westlichen Volkswirtschaften, die nach einer Phase der nationalen Stabilisierung nach dem zweiten Weltkrieg in Form steigender Außenhandelsaktivitäten einsetzte. Mit der weiteren Beschleunigung der Internationalisierung vornehmlich in den westlichen Ländern auch als Folge von Liberalisierungen und Deregulierungen rückte in den 1980er Jahren die internationale Unternehmensführung und mit ihr die Entwicklung internationaler Planungs- und Führungsmodelle im Rahmen von Internationalisierungsstrategien in den Mittelpunkt des Interesses (Meckl 2014).

Als dann in den 1990er Jahren durch die politischen Umwälzungen vormals weitgehend abgeschottete Volkswirtschaften in die Weltmärkte eintraten, gerieten in diesem Zuge Themenstellungen zu Erfolgsfaktoren und Strategien für diese neuen (Absatz-) Märkte in den Fokus der Forschung, was durch das teilweise rasante Wachstum von Ländern wie China, Indien, Brasilien oder der ehemaligen Ostblockstaaten noch intensiviert wurde.

Mit Beginn des 21. Jahrhunderts traten nach Jahren der internationalen Expansion neue Forschungsbereiche in den Vordergrund, die sich vor dem Hintergrund zu entwickelnder globaler Wettbewerbsstrategien mit der Bewältigung zunehmend komplex gewordener internationaler Organisations- und Führungsstrukturen auseinandersetzten und dabei auch interkulturelle Fragestellungen bei der Berücksichtigung von nationalen Interdependenzen zwischen den einzelnen Märkten stärker adressierten (Meckl 2014). Schließlich zeigen die Entwicklungen in immer mehr Branchen seit einigen Jahren eine starke Konvergenz in Richtung eines einzigen Weltmarktes auf, auf dem die Unternehmen gegeneinander konkurrieren, ohne dass nationale Grenzen noch eine maßgebliche Rolle spielen, was den Forschungsfokus verstärkt in Richtung von Themenstellungen der Corporate Governance, der Compliance und der Nachhaltigkeit sowie allgemein des

Forschungs-schwerpunkte Internationales Management	70er Jahre	80er Jahre	90er Jahre	00er Jahre	10er Jahre
Implementation der Internationalisierung			Führung/Steuerungin internationalen, integrierten Netzwerken (Bartlett/Ghoshal, Macharzina)	Interkulturelles Management, Optimierung von Führungsmodellen	Compliance, CSR, Internet, Industrie 4.0 und Internationales Management
Formen / Strategie der Internationalisierung		Ausgestaltung von Internationalisierungsstrategien (Heenan/Perlmutter, Porter, Ohmae, etc.)	Ausbau der Marktposition auf internationalen Märkten und internationale Optimierung der Wertschöpfungskette	Entwicklung globaler Wettbewerbsstrategien	Internationale Governance und internationales Risikomanagement
Gründe der Internationalisierung	Theorie des internationalen Unternehmens, Außenhandelstheorie (Dunning, etc.)	Liberalisierung, Deregulierung	Emerging Markets	Realisierung globaler Wettbewerbsvorteile	Entstehung globaler Märkte

Abb. 1.9 Entwicklungslinien der Forschung im Internationalen Management. (Quelle: in Anlehnung an Meckl 2014)

Risikomanagements auch unter besonderer Betrachtung des Einflusses von Internet- und Web2-Technologien auf globale Geschäftsstrategien und -modelle hat übergehen lassen (vgl. Abb. 1.9).

Kontrollfragen

1. Welche Bedeutung haben Direktinvestitionen im Rahmen der Internationalisierung von Unternehmen?
2. Skizzieren Sie die Entwicklung und den Status quo des Außenhandels in Deutschland.
3. Beschreiben Sie die verschiedenen Dimensionen der Globalisierung des Marktumfeldes.

Literatur

Aon (2015) Global risk management survey. www.aon.com

Benz S, Karl J, Yalcin E (2011) Der UNCTAD World Investment Report: Die Entwicklung ausländischer Direktinvestitionen. Ifo Schnelld 64:21–31

Benz S, Karl J, Yalcin E (2014) Der UNCTAD World Investment Report: Die Entwicklung ausländischer Direktinvestitionen. Ifo Schnelld 67:41–49

Bergoglio JM (2015) Enzyklika Laudato Si' – Über die Sorge für das gemeinsame Haus. www.dbk.de

Creditreform, KfW (2012) Internationalisierung im deutschen Mittelstand – Step by Step zum Global Player. KfW Bankengruppe, Frankfurt

Deresky H (2014) International management. Managing across borders and cultures, 8. Aufl. Pearson Education, Harlow

Dülfer E, Jöstingmeier B (2008) Internationales Management in unterschiedlichen Kulturbereichen, 7. Aufl. Oldenbourg, München

Endres A (2012) Wie reiche Investoren die Ressourcen Afrikas zu Geld machen. Zeit Online, 27. Apr. 2012. www.zeit.de

Friedman TL (2005) The world is flat. Penguin Books, London

Griffin RW, Pustay MW (2015) International business: a managerial perspective, 8. Aufl. Pearson Education, Harlow

Hoffjan A (2009) Internationales Controlling. Schäffer-Poeschel, Stuttgart

Holtbrügge D, Welge M (2015) Internationales Management, 6. Aufl. Schäffer-Poeschel, Stuttgart

Jones G (1996) The evolution of international business. An introduction. Routledge, London

Kearney AT (2015) Foreign direct investment confidence index. http://www.atkearney.de

KfW (2014) KfW-Mittelstandspanel. Mittelstand spürt Wachstumsschwäche in Europa und rüstet sich für schwierigere Zeiten. KfW Bankengruppe, Frankfurt

Kutschker M, Schmid S (2011) Internationales Management, 7. Aufl. Oldenbourg, München

Meckl R (2014) Internationales Management, 4. Aufl. Vahlen, München

Piketty T (2014) Das Kapital im 21. Jahrhundert. Beck, München

Statistisches Bundesamt (2015) Volkswirtschaftliche Gesamtrechnungen. Statistisches Bundesamt, Wiesbaden

Stiglitz JE (2015) Reich und Arm. Die wachsende Ungleichheit in unserer Gesellschaft. Siedler, München

UNCTAD (2011) World Investment Report. http://www.unctad.org

Weingartner M (2014) Blockierte Freihändler. Frankfurter Allgemeine Zeitung, 24. Dec. 2014. www.faz.net

Wild JJ, Wild KJ (2014) International business, 7. Aufl. Pearson Education, Harlow

World Trade Organization (2015) International Trade Statistics. http://www.wto.org

Theorien der Internationalisierung 2

Zusammenfassung

In diesem Kapitel werden die wesentlichen Theorien zur Entstehung bzw. Begründung der Internationalisierung als Fundament der Disziplin des Internationalen Managements im historischen Kontext dargestellt und erläutert. Vor dem Hintergrund der Tatsache, dass es keinen übergreifenden Gesamtansatz zur Erklärung internationaler Unternehmenstätigkeit gibt, erfolgt dabei eine Differenzierung in Theorien des internationalen Handels, Theorien der Direktinvestitionen und übergreifende Theorien der Internationalisierung. Dies umfasst neben makro- und mikroökonomisch orientierten auch ressourcenorientierte, institutionenökonomische oder verhaltensorientierte Theorieansätze. Die Darstellung der einzelnen Theorien folgt dabei neben der angesprochenen grundsätzlichen Differenzierung einer historischen Rangfolge, um gleichzeitig die Weiterentwicklung der Forschung zur internationalen Unternehmenstätigkeit transparent zu machen. Darin eingebettet ist in der Regel auch eine Bewertung der grundsätzlichen erklärungstheoretischen Tauglichkeit der Einzelansätze.

2.1 Theorien des internationalen Handels

Während wie im vorstehenden Kapitel beschrieben internationaler Güteraustausch und Handel schon seit tausenden von Jahren existiert, wurden erste Versuche zur Erklärung solcher Phänomene erstmals im 16. Jahrhundert angestellt (Wild und Wild 2014). Seit dieser Zeit sind vielfältige Theorien zur Internationalisierung von Wirtschaft und Unternehmenstätigkeit entstanden, deren Verfeinerung oder Ergänzung durch neue Theorien bis heute anhält. Nachfolgend sollen die wesentlichen Stoßrichtungen an Internationalisierungstheorien aufgezeigt werden und die diesen zugehörigen einzelnen Theoriekonzepte beleuchtet werden.

© Springer Fachmedien Wiesbaden GmbH 2017   21
M. Sure, *Internationales Management*, DOI 10.1007/978-3-658-16163-7_2

Dazu ist zunächst zu bemerken, dass die Clusterung der einzelnen Theoriekonzepte in der Literatur nicht einheitlich erfolgt. So werden Internationalisierungstheorien einerseits nach der zugrunde liegenden ökonomischen Theorie beispielsweise in makroökonomische, mikroökonomische, institutionstheoretische und verhaltenstheoretische Ansätze klassifiziert oder andererseits nach der Art des internationalen Engagements der Unternehmen etwa in Theorien des internationalen Handels, Theorien der Direktinvestition und übergreifende Theorien des Außenhandels eingeteilt, wobei letztere die eindeutig häufiger gewählte Struktur darstellt und demzufolge auch hier weiterführend verwendet werden soll (Dülfer und Jöstingmeier 2008).

> Gemäß der hier in weitgehender Analogie zur Clusterung von Kutschker Schmid zugrunde gelegten Einteilung (vgl. Abb. 2.1) zählen zu den Theorien des internationalen Handels der Merkantilismus, die Theorien der absoluten und relativen Kostenvorteile, das Faktorproportionen-Theorem, der Verfügbarkeitsansatz, die Theorie der technologischen Lücke und die Nachfragestrukturhypothese (Kutschker und Schmid 2011).

2.1.1 Theorie des Merkantilismus

Die Theorie des Merkantilismus gilt gemeinhin als die erste verfügbare Theorie des internationalen Handels und beruht auf der These, dass sich der Wohlstand eines Landes durch Außenhandel umso mehr erhöht, je größer der dabei erwirtschaftete Außenhandelsüberschuss ausfällt. Dieser wurde in Goldeinheiten bemessen als Differenz aus dem aus Exportgeschäften erhaltenen Gold und dem für Importgeschäfte bezahlten Gold.

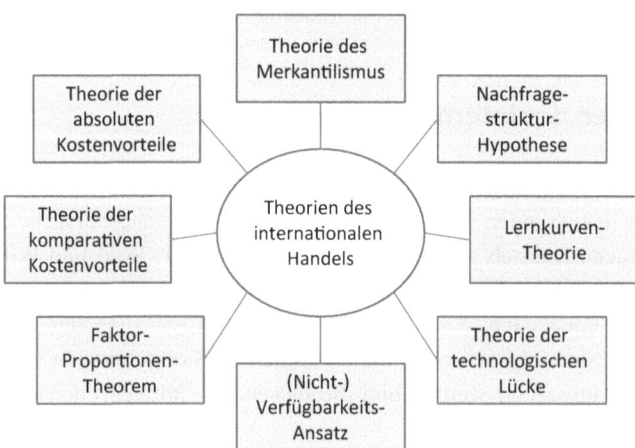

Abb. 2.1 Theorien des internationalen Handels

Um das Ziel eines möglichst großen Außenhandelsüberschusses zu erreichen, war der Merkantilismus geprägt durch eine intensive Förderung der Wirtschaft durch den Staat, welcher versuchte, Exporte durch Subventionen zu steigern und Importe durch Besteuerung oder Zollaufschläge zu verringern (Perlitz und Schrank 2013).

Die daraus unmittelbar resultierende Sichtweise des Merkantilismus, wonach Außenhandel ein Nullsummenspiel ist, weil Länder ihren Wohlstand zulasten anderer Länder steigern können, spiegelte sich auch im Verhalten der Kolonialmächte wider, die ihren Wohlstand zulasten ihrer Kolonien ausbauten (Kutschker und Schmid 2011). So bekamen die Kolonien nur niedrige Preise für die gelieferten Rohstoffe, mussten aber gleichzeitig hohe Preise für Fertiggüter an die sie beherrschenden Kolonialmächte bezahlen. Die merkantilistischen und kolonialen Strukturen trugen aus diesen Gründen erheblich zum Wohlstand derjenigen Nationen bei, die diese etabliert hatten. Das Hauptproblem des Merkantilismus liegt darin, dass wenn sämtliche Nationen seinen Prinzipien folgen, sich also gegen entsprechende Importe verbarrikadieren bei gleichzeitiger massiver Subventionierung von Exporten, der internationale Handel erheblichen Einschränkungen unterworfen sein dürfte (Wild und Wild 2014).

2.1.2 Theorie der absoluten Kostenvorteile

Diese auf Arbeiten von Adam Smith aus dem Jahr 1776 zurückgehende Theorie identifiziert den absoluten Kostenvorteil einer Nation in deren Fähigkeit, ein Gut effizienter produzieren zu können als irgendeine andere Nation. Das bedeutet nichts anderes, als dass eine Nation, die über einen absoluten Kostenvorteil verfügt, einen größeren Output eines Gutes oder eines Service produzieren kann als andere Nationen bei gleichem oder niedrigerem Input bzw. Einsatz von Ressourcen. Smith argumentierte, dass internationaler Handel nicht durch Zölle oder Kontingente eingeschränkt werden sollte, sondern als freier rein marktgesteuerter Güterfluss existieren sollte (Wild und Wild 2014).

Er schlussfolgerte auf Basis eines Zweiprodukt-Zweiland-Beispiels, dass ein Land nicht jedes Gut selbst produzieren muss, sondern sich stattdessen auf die Produktion derjenigen Güter konzentrieren sollte, bei denen es einen absoluten Kostenvorteil genießt, um diese dann zu exportieren und im Gegenzug andere Güter ohne absoluten Kostenvorteil, die benötigt werden zu importieren. Die so erzielten Spezialisierungsvorteile führen zu Wohlstandsgewinnen in Form von höheren Lebensstandards und verstärken sich noch über den Größendegressionseffekt in Form realisierbarer niedrigerer Stückkosten (Kutschker und Schmid 2011).

Die Theorie des absoluten Kostenvorteils weist somit die Idee der Merkantilismus-Theorie zurück, wonach internationaler Handel ein Nullsummenspiel ist, und verweist darauf, dass beide Partner vom Handel profitieren können. Sie plädiert in diesem Zuge für offene Märkte als besseres Vehikel zur Erzielung von zusätzlichem Wohlstand und erteilt der restriktiven Handelspolitik, die der Merkantilismus postuliert, demzufolge eine klare Absage. Problematisch für die Schlüssigkeit dieses theoretischen Konstrukts ist allerdings der Fall eines Landes, welches bei der Herstellung keines Gutes oder Service einen absoluten Kostenvorteil aufweist, weswegen u. a. die Theorie der komparativen Kostenvorteile formuliert wurde.

2.1.3 Theorie der komparativen Kostenvorteile

Die Theorie der komparativen Kostenvorteile geht auf Arbeiten von David Ricardo aus dem Jahr 1817 zurück, welcher auf Basis eines Zweiprodukt-Zweiland-Beispiels formulierte, dass ein Land, wenn es jeweils nur Vorteile oder Nachteile bei der Produktion beider Güter gegenüber dem anderen Land hat trotzdem Außenhandel betreiben sollte und sich dabei auf die Herstellung desjenigen Gutes konzentrieren sollte, welches es effizienter als alle anderen Güter herstellen kann, also über einen relativen Kostenvorteil verfügt (Wild und Wild 2014).

Daraus folgt, dass internationaler Handel zwischen zwei Ländern mit zwei Produkten trotzdem vorteilhaft bzw. wohlstandsmehrend ist, auch wenn eines der beiden Länder absolute Kostennachteile bezüglich sämtlicher Güter hat, solange es eines weniger ineffizient produzieren kann als das andere. Dabei wird offensichtlich, dass das Fundament der komparativen Kostenvorteile in unterschiedlichen Produktivitäten bei der Herstellung der einzelnen Güter liegt. Die Theorie der komparativen Kostenvorteile integriert in diesem Zusammenhang das Konzept der Opportunitätskosten bei der Bestimmung, welches Gut über relative Kostenvorteile verfügt und letztlich produziert wird (Griffin und Pustay 2015).

2.1.4 Faktorproportionen-Theorem

Das Faktorproportionen-Theorem basiert auf den Arbeiten von Heckscher (1919/1949) und Ohlin (1930/1931), wonach unter Fortführung der in den Modellen von Smith und Ricardo getroffenen Annahme eines Zweiprodukt-Zweiland-Modells ein Land dasjenige Gut exportiert, dessen Herstellung maßgeblich auf demjenigen Produktionsfaktor beruht, der umfänglich zur Verfügung steht und entsprechend dasjenige Gut importiert, dessen Produktion insbesondere auf denjenigen Produktionsfaktor setzt, der vergleichsweise wenig vorhanden ist (Kutschker und Schmid 2011).

Verglichen mit den beiden zuvor dargestellten Theorien differenzieren Heckscher und Ohlin hinsichtlich der Produktionsfaktoren in Arbeit und Kapital und unterstellen dabei ein unterschiedliches Niveau an Faktorausstattungen zwischen den Ländern mit der Folge, dass ein arbeitskräftereiches Land Kostenvorteile bei der Produktion arbeitsintensiver Güter und ein kapitalreiches Land Kostenvorteile bei der Produktion kapitalintensiver Güter hat (Griffin und Pustay 2015). Das bedeutet, dass diejenigen Güter exportiert werden, deren schwerpunktmäßig für die Produktion benötigter Produktionsfaktor vergleichsweise stärker vorhanden ist und umgekehrt. Die Spezialisierung erfolgt anhand des Verhältnisses der beiden Produktionsfaktoren, also anhand der Faktorproportionen, die der Theorie ihren Namen gegeben haben.

Eine empirische Analyse von Leontief zog im Jahr 1956 die Validität des Faktorproportionen-Theorems in Zweifel, in der er nachwies, dass in den Jahren 1947 und 1951 die USA zwar über vergleichsweise viel Kapital verfügten, aber dennoch die Exportgüter arbeitsintensiver waren als die Importgüter, was in späteren Untersuchungen u. a. mit dem großen Bedarf an hoch qualifizierten Arbeitskräften für die Herstellung von Exportgütern sowie mit der Einschränkung von Importen arbeitsintensiver Güter durch Zölle in Industrieländern begründet wurde (Perlitz und Schrank 2013).

2.1.5 (Nicht-)Verfügbarkeitsansatz

Dieser von Kravis (1956) entwickelte Ansatz basiert auf einer relativ simplen Begründung für die Entstehung von internationalem Handel, wonach Länder solche Güter importieren, über die sie nicht selbst verfügen. Dies ist besonders einleuchtend bei Rohstoffen, etwa Öl, Gold oder seltenen Erden, die nur in ganz bestimmten Ländern vorkommen, sich aber einer hohen internationalen Nachfrage gegenübersehen. Der (Nicht-)Verfügbarkeitsansatz von Kravis unterscheidet sich vom zuvor behandelten Faktorproportionen-Theorem im Wesentlichen in drei Punkten (Kutschker und Schmid 2011): Im Gegensatz zum (Nicht-)Verfügbarkeitsansatz geht das Faktorproportionen-Theorem von der grundsätzlichen Verfügbarkeit sämtlicher Produktionsfaktoren in einem Land aus. Zweitens behandeln beide Theorien unterschiedliche Betrachtungsebenen, da Kravis auf Produkte fokussiert, während Heckscher und Ohlin Produktionsfaktoren untersuchen und drittens spielen beim (Nicht-)Verfügbarkeitsansatz die Kosten keinerlei Rolle.

2.1.6 Theorie der technologischen Lücke

Die Theorie der technologischen Lücke, die hauptsächlich durch die Arbeit von Posner (1961) geprägt wurde, fokussiert sich auf komparative Vorteile, allerdings nicht wie bei Ricardo auf Kostenvorteile, sondern auf Erlösvorteile. Posner fand heraus, dass komparative (Erlös-)Vorteile durch technische Innovationen als Ursache für internationale Technologieunterschiede entstehen, welche allerdings durch Nachahmertätigkeit von begrenzter Dauer sein können. Darauf aufbauend entwickelte Posner die Theorie, dass Außenhandel bzw. Exporte durch das Bestehen einer technologischen Lücke zwischen Inland und Ausland entstehen (Perlitz und Schrank 2013).

Dabei wird in der Regel angenommen, dass der Export eines Produktes von einem technologisch bzw. industriell führenden Land mit hohem Lohnniveau ausgeht, nachdem die Konsumenten im importierenden Land von dessen Existenz Kenntnis erlangt haben, wobei die Zeitspanne zwischen dem Beginn der Produktion im Exportland und der Kenntnisnahme der Importland-Konsumenten als Nachfragelücke bezeichnet wird. In der Folge wird unterstellt, dass das importierende Land in einer allgemein als Lernperiode bezeichneten Phase die Fähigkeit zur Imitation des Produktes bzw. zur Herstellung eines ähnlichen Produktes erwirbt. Nachfragelücke und Lernperiode ergeben schließlich zeitlich in Summe die Imitationslücke (Kutschker und Schmid 2011).

In einer zweiten Phase dieser Theorie wird angenommen, dass nach Schließung der Imitationslücke die Kostenunterschiede und damit komparative Kostenvorteile zum Hauptauslöser für Außenhandel werden, sodass sich die Handelsströme insofern umkehren, als nun von dem vormaligen Importland mit niedrigeren Löhnen in das ehemalige Exportland exportiert wird, bis dieser niedriglohn-basierte Außenhandel dadurch zum Erliegen kommt, was etwa durch neue Produkte oder Verfahren im Hochlohnland oder höhere Löhne im Niedriglohnland verursacht werden kann. Problematisch an dieser Theorie ist die Tatsache, dass eine technologische Lücke sich in der Regel nicht pauschal auf ein Land projizieren lässt, sondern technologische Vor- und Nachteile auf Unternehmensebene bestehen und diese zu unterschiedlichen technologischen Wettbewerbsniveaus innerhalb eines Landes führen. Außerdem kann eine überlegene Technologie in einem Land aufgrund von anderen Parametern wie Kaufkraftmangel oder ethischen Gesichtspunkten durchaus trotz ihrer Überlegenheit nicht nachgefragt werden (Kutschker und Schmid 2011).

2.1.7 Lernkurventheorie

Die Lernkurventheorie fußt in erster Linie auf den Forschungsarbeiten von Posner (1961) und Arrow (1962), die darin Lerneffekte als Ursache für internationalen Handel untersuchten. Die Lernkurventheorie des internationalen Handels besagt einerseits, dass die in einem Land vorherrschende Technologie durch die dort erzeugte Produktionsmenge bestimmt wird und andererseits letztere darüber bestimmt, wie hoch die mit der Höhe des kumulierten Produktionsvolumens verbundenen Kostendegressionseffekte sind, mit der Konsequenz, dass das Land mit der größten kumulierten Produktionsmenge eine überlegene Technologie entwickelt und dadurch zugleich auf den Exportmärkten besser positioniert ist als ein Land mit vergleichsweise kleiner kumulierter Produktionsmenge (Perlitz und Schrank 2013).

Die Lernkurventheorie basiert also wesentlich auf dem komparativen Kostenvorteil, der durch den Lern- bzw. Erfahrungseffekt hervorgerufen wird und den Fertigungsprozess entsprechend kostengünstiger macht. Zahlreiche empirische Studien konnten den Lernkurveneffekt nachweisen, allerdings häufig mit unterschiedlichem Lernkurvenverlauf, der auch durch unterschiedliche branchenspezifische Lerngrade beeinflusst werden kann. Später wurde dieser Lern- bzw. Erfahrungseffekt von der Boston Consulting Group weiterentwickelt und auf sämtliche Kostenarten im Unternehmen, also auch auf Vertriebs,- F&E- und sonstige Verwaltungsgemeinkosten, ausgedehnt (Henderson 1984).

2.1.8 Nachfragestrukturhypothese

Im Gegensatz zu den klassischen und neoklassischen Theorien des Außenhandels konzentriert sich Linder (1961) im Zuge seiner Nachfragestrukturhypothese auf die Nachfrageseite bei der Erklärung für Außenhandel. Er macht dabei den Exporterfolg eines Gutes an der inländischen Nachfrage fest und schlussfolgert daraus, dass je größer das inländische Absatzpotenzial ist, desto höher auch das ausländische ist, da eine Unternehmung durch große Inlandsnachfrage Skaleneffekte bei der Produktion erzielen kann. Linders Ansatz impliziert, dass je stärker ein inländisches Produkt den Bedürfnissen eines Durchschnittskonsumenten, den Linder anhand der Kriterien Einkommen und Qualitätsniveaupräferenz definiert, entspricht, desto größer ist das Nachfragepotenzial im Inland und konsequenterweise auch im Ausland. Das bedeutet, dass Außenhandel am stärksten zwischen Ländern ausgeprägt ist, deren Nachfragestruktur ähnlich ist bzw. deren Durchschnittskonsumenten ähnliche Einkommensniveaus und Qualitätsanforderungen haben (Kutschker und Schmid 2011).

Als Konsequenz aus dieser Theorie wird dann der Bedarf der Nicht-Durchschnittsbevölkerung durch Importe gedeckt, also durch Produkte, welche von der Durchschnittsbevölkerung in Ländern mit unterschiedlicher Nachfragestruktur am stärksten nachgefragt werden. Linders Theorie führt zu einer Umkehrung des Faktorproportionentheorems von Heckscher und Ohlin, da diese aussagen, dass kapitalreiche Länder kapitalintensive Produkte an kapitalarme Länder exportieren, während Linder argumentiert, dass Länder mit unterschiedlicher Ausstattung nur geringe Handelsströme zu verzeichnen haben, wonach also nur Länder mit ähnlicher Kapitalausstattung substanziellen Außenhandel betreiben. Problematisch sind bei Linders Ansatz vor allem die Homogenitätsannahmen hinsichtlich Nachfragestrukturen, Einkommen und Qualitätserwartungen der (Durchschnitts-) Konsumenten, die sich in der Realität nicht widerspiegeln (Kutschker und Schmid 2011).

2.2 Theorien der internationalen Direktinvestition

> Zu den Theorien der Begründung von internationalen Direktinvestitionen gehören die Theorie des monopolistischen Vorteils, die Theorie des oligopolistischen Parallelverhaltens, die Verhaltenstheorie und die Produktlebenszyklus-Theorie (vgl. Abb. 2.2).

Abb. 2.2 Theorien der internationalen Direktinvestition

2.2.1 Theorie des monopolistischen Vorteils

Diese auf den Arbeiten von Hymer (1960) und Kindleberger (1969) basierende Theorie besagt, dass Tochtergesellschaften ausländischer Unternehmen in einem Land spezifische monopolistische Vorteile aufweisen müssen, um ihre in einem fremden Markt prinzipiell zunächst vorhandenen Wettbewerbsnachteile überkompensieren und damit ihre Überlebensfähigkeit im ausländischen Markt sicherstellen zu können (Dülfer und Jöstingmeier 2008). Diese zunächst vorhandenen Nachteile ergeben sich aufgrund folgender Ursachen:

1. Höhere Informationskosten und Risiken wegen geringerer Kenntnisse des marktlichen, politischen und regulatorischen Umfeldes
2. Diskriminierende Praktiken im Gastland insbesondere in Form steuer-, arbeits- und devisenrechtlicher Bestimmungen
3. Wechselkursrisiken im Rahmen der Gewinnrückführung
4. Hohe Kommunikations- und Koordinationskosten wegen räumlicher Entfernung zwischen ausländischer Tochter- und Muttergesellschaft.

Als Voraussetzung für die Nutzung monopolistischer Vorteile wird von den Vertretern dieser Theorie das Bestehen von Marktunvollkommenheiten angeführt, welche insbesondere unvollkommene Faktor- und Gütermärkte, die Nutzung von Skaleneffekten bei der Massenproduktion und Markteintrittsbarrieren umfassen (Holtbrügge und Welge 2015). Kritisch anzumerken ist dazu, dass die Vorteilhaftigkeit unterschiedlicher Markteintrittsformen, wie etwa Export oder internationale Kooperation, sich einer Begründung entzieht und damit implizit unterstellt wird, dass eine Auslandsproduktion günstiger ist als ein inlandsproduktionsbasierter Export der Güter in das betreffende Ausland. Außerdem werden Zusatzkosten hinsichtlich der Anpassung von Produkten nicht berücksichtigt, die im Rahmen eines Transfers von Wettbewerbsvorteilen entstehen und diese letztlich eliminieren können (Meckl 2014).

2.2.2 Theorie des oligopolistischen Parallelverhaltens

Diese Theorie, die maßgeblich auf Knickerbocker (1973) zurückgeht, unterstellt analog den Arbeiten von Hymer und Kindleberger, dass multinationale Unternehmen vielfach auf oligopolistisch geprägten Märkten agieren und somit ein entsprechendes oligopolistisches Marktverhalten zeigen. In diesem Zusammenhang leitete Knickerbocker die These ab, dass die Internationalisierungsaktivität eines Oligopolisten zu Reaktionen der anderen Oligopolisten führt, die entweder in eine Folgerstrategie oder in eine Kreuzinvestitionsstrategie münden (Perlitz und Schrank 2013).

Die Folgerstrategie beinhaltet dabei die Folgen eines Erstinvestments in einen ausländischen Markt durch einen Oligopolisten (Leader) in Form von Reaktionen der anderen Oligopolisten, die durch die Störung des oligopolistischen Gleichgewichts sich ihrerseits dazu veranlasst sehen, selbst im Ausland Direktinvestitionen zu tätigen, um die Wettbewerbsvorteile des Leaders auszugleichen. Dagegen werden mit der Kreuzinvestitionsstrategie die Folgen eines Erstinvestments des Leaders in Form von Gegen-Investitionen der anderen Oligopolisten in dem Land aus dem der Leader kommt zur Wiederherstellung des internationalen Gleichgewichts beschrieben, womit gleichzeitig die Entstehung internationaler Oligopole versucht wird zu begründen (Meckl 2014).

Die Theorie des oligopolistischen Parallelverhaltens kann auf einen empirischen Nachweis verweisen, der sich vor allem auf eine Untersuchung hinsichtlich des Verhaltens von 187 amerikanischen Unternehmen aus der verarbeitenden Industrie in 23 Ländern über einen Zeitraum von 1948–1967 stützt, in der die Folgerstrategie nachgewiesen werden konnte (Knickerbocker 1973). Allerdings kann die Theorie keine Aussagen über Märkte treffen, die nicht oligopolistischer Natur sind. Zudem wird ausländisches Investitionsverhalten ausschließlich als defensive Marktreaktion verstanden, was das Verhalten von Pionieren nur unzureichend zu erklären vermag (Meckl 2014).

2.2.3 Verhaltenstheorie

Im Gegensatz zu den zuvor dargestellten ökonomisch orientierten Erklärungsansätzen der Internationalisierung liefert Aharoni (1966) eine verhaltenswissenschaftliche Erklärung, wobei er seiner Theorie das von Cyert geprägte Koalitionsmodell der Unternehmung zugrunde legt und darin von begrenzter Rationalität und unvollständiger Information der Beteiligten ausgeht, diesen aber die Formulierung eigener Zielvorstellungen hinsichtlich der Gestaltung der Unternehmenspolitik einräumt (Dülfer und Jöstingmeier 2008). In einem verhaltenswissenschaftlich geprägten prozessorientierten Entscheidungsansatz stellt Aharoni ein Phasenmodell der Internationalisierungsentscheidung vor und beschreibt darin die Phasen 1) Interesse am Auslandsmarkt, 2) Bewertung möglicher Auslandsprojekte, 3) Investitionsentscheidung, 4) Entscheidungsfeedback inkl. eventueller Korrekturen. Den Ausgangspunkt der Internationalisierungstheorie von Aharoni bildet die Fragestellung, warum Unternehmen bei prognostizierten hohen Gewinnerwartungen keine Direktinvestitionen im Ausland tätigen.

Er begründet dies damit, dass allein Gewinnprognosen für international unerfahrene Führungskräfte aufgrund ihrer begrenzten Rationalität und unvollkommenen Information nicht für eine Investitionsentscheidung ausreichen, da sie für gewöhnlich deren Risiken und Probleme über- sowie deren Vorteile unterschätzen, sodass in der Konsequenz noch andere Motive für eine ausländische Direktinvestition vorhanden sein müssen (Holtbrügge und Welge 2015). Eine Auslandsinvestitionsentscheidung ist nach Aharoni das Ergebnis einer Reihe von internen und externen Einflüssen auf die Organisation, die als sogenannte Initialkräfte wirken. Diese Initialkräfte umfassen (Aharoni 1966):

1. Vorschläge, die dem Unternehmen von äußeren Anspruchsgruppen, Institutionen oder Partnern unterbreitet werden
2. Persönliche Einstellungen bestimmter Entscheidungsträger wie beispielsweise Sprachkenntnisse, kulturelle und landeskundliche Kenntnisse und Erfahrungen

3. Bedrohungen von Auslandsmärkten etwa in Form von Zöllen und Importbeschränkungen oder Local Content-Vorschriften
4. Mitläufer-Effekte, die sich dadurch ergeben, dass Unternehmen ihren Konkurrenten, Kunden oder Lieferanten ins Ausland folgen
5. Konkurrenzsituation im Inland in Form getätigter Direktinvestitionen ausländischer Konkurrenten als Treiber für eigene ausländische Direktinvestitionen.

Kritisch wird bezogen auf Aharonis Ansatz häufig angemerkt, dass er die Realität allein auf Basis der von ihm beobachteten Empirie beschreibt und dass seine Theorie insbesondere auf Unternehmen anwendbar ist, die sich am Beginn ihrer Internationalisierung befinden.

2.2.4 Produktlebenszyklus-Theorie

Die Produktlebenszyklus-Theorie von Vernon (1966) erklärt Außenhandel explizit anhand von einzelwirtschaftlichen Größen mit dem Ziel, einen allgemeingültigen Zusammenhang zwischen Innovation, Produktion, Außenhandel und schließlich ausländischen Direktinvestitionen herzustellen, wobei der Schwerpunkt auf der Erklärung von Export- und Importströmen liegt (Meckl 2014). Die Theorie basiert auf dem internationalen Produktlebenszyklus, der in seiner originären Form aus den drei Phasen Innovationsphase, Reifephase und Standardisierungsphase besteht und dokumentiert, dass ein Unternehmen nach der Innovation eines Produktes beginnt, dieses zu exportieren, um anschließend darauf aufbauende ausländische Direktinvestitionen zu tätigen und schließlich das Produkt zu re-importieren (Wild und Wild 2014).

Vernons Überlegungen gründen dabei auf empirischen Analysen und Betrachtungen aus den 1950er und 1960er Jahren in den USA und knüpfen demzufolge an die Bedingungen einer hoch entwickelten Industrienation mit hohem Pro-Kopf-Einkommen und hohen Lohnstückkosten an. Der internationale Produktlebenszyklus verläuft auf dieser Grundlage wie folgt: In der Innovationsphase treibt eine große Nachfrage gepaart mit großer Kaufkraft das Unternehmen dazu, ein neues Produkt zu entwickeln und in den Markt zu bringen. Wegen bestehender Unsicherheit über das tatsächliche Ausmaß an Nachfrage für das neue Produkt wird zunächst das Produktionsvolumen klein gehalten und im domestischen Markt produziert (Wild und Wild 2014).

Durch Beobachtung der Nachfrage und des Kundenverhaltens werden die Produkte entsprechend deren Präferenzen modifiziert und gegen Ende der Innovationsphase wird damit begonnen erste Produkte zu exportieren. In der Reifephase werden sowohl auf dem inländischen als auch auf dem ausländischen Markt immer mehr Kunden auf das Produkt und dessen Nutzen aufmerksam, sodass die Nachfrage auf beiden Märkten kontinuierlich steigt und über eine lange Zeit auf hohem Niveau gehalten werden kann. Dies lockt erste Wettbewerber im Inland und im Ausland an, die von der steigenden Produktnachfrage ebenfalls profitieren wollen (Griffin und Pustay 2015).

Während die Exporte in diesem Zusammenhang einen immer größeren Teil der Umsätze einnehmen, errichtet das Unternehmen sukzessive Produktionsstandorte in den Ländern mit der höchsten Nachfrage. Gegen Ende der Reifephase beginnt auch der Verkauf des Produktes in Entwicklungsländern möglicherweise auch begleitet von ersten Produktionsstandorten in diesen Ländern. In der Standardisierungsphase wird das Unternehmen durch zunehmenden Wettbewerbsdruck veranlasst, seine Preise zu senken, um das Umsatzniveau aufrechtzuerhalten. Als Folge der zunehmenden Preissensitivität beginnt das Unternehmen verstärkt nach günstigen Produktionsstandorten in Entwicklungsländern zu suchen, um mithilfe dieser Standorte den Weltmarkt zu bedienen (Griffin und Pustay 2015). Dadurch dass als Konsequenz daraus der Großteil der Produktion nun außerhalb des Heimatlandes stattfindet, wird nun das Produkt in das ursprüngliche Innovationsland importiert, sodass am Ende die domestische Produktion im Innovationsland möglicherweise komplett eingestellt wird.

Kritisch anzumerken bezüglich der Theorie Vernons sind die mangelnde Operationalisierbarkeit der einzelnen Phasen und die Stereotypisierung von deren Verlauf. Darüber hinaus basieren die Schlussfolgerungen auf einer Dominanzrolle der USA im Innovationswettbewerb bzw. Welthandel, die in der heutigen Zeit, die eher geprägt ist von einer Globalisierung der Forschungs-, Entwicklungs- und Innovationsaktivitäten, nicht mehr gegeben ist. Außerdem sind heutzutage die Unternehmen wegen des sich beschleunigenden Wettbewerbs vielfach gezwungen, ihre neuen Produkte global, d. h. simultan in mehr oder weniger modifizierter Form auf unterschiedlichen Märkten einzuführen, sodass die Einführung von Produkten im Inland sowie deren Export bzw. Produktion im Ausland weitgehend synchron verlaufen, um die Forschungs- und Entwicklungskosten wieder einzuspielen, bevor die Attraktivität der neuen Produkte wieder abnimmt und demzufolge die Umsatzzahlen entsprechend sinken (Wild und Wild 2014).

2.3 Übergreifende Theorien der Internationalisierung

In die Kategorie der übergreifenden Theorien der Internationalisierung fallen die Standorttheorie, der Diamant-Ansatz, die Internalisierungstheorie, das Eklektische Paradigma und der Internationalisierungsprozess-Ansatz der Uppsala-Schule (vgl. Abb. 2.3).

2.3.1 Standorttheorie

Gleichwohl es keine allgemeingültige Standorttheorie gibt, so lassen sich unter diesem Begriff sämtliche Ansätze subsumieren, die das Ziel haben, die geografische Dimension der Internationalisierung zu beleuchten. Standortentscheidungen betreffen dabei nicht nur einseitig Entscheidungen über ausländische Direktinvestitionen, sondern auch die

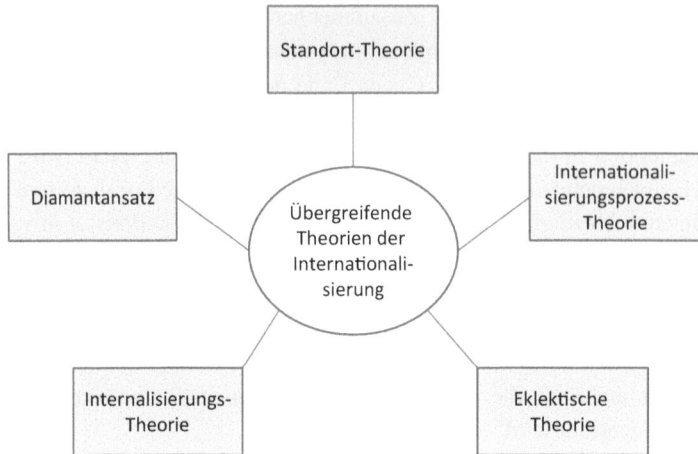

Abb. 2.3 Übergreifende Theorien der Internationalisierung

Frage, wohin und von wo exportiert wird oder wo Lizenzen vergeben werden. Grundsätzlich lassen sich zwei zentrale Kategorien von Einflussfaktoren unterscheiden, die Standortentscheidungen maßgeblich bestimmen. Einerseits sind dies makroökonomische Faktoren, die u. a. die natürliche, politische, rechtliche, ökonomische, ökologische, soziale, technologische, demografische und kulturelle Umwelt und ihren Einfluss auf die Internationalisierung beschreiben.

Andererseits gehören dazu mikroökonomische Faktoren, die sich mit der markt- bzw. branchenbezogenen Umwelt auseinandersetzen und von den konkreten Bedingungen des Absatz- und Beschaffungsmarktes, der Produktionsbedingungen sowie der allgemeinen Wettbewerbssituation geprägt sind (Kutschker und Schmid 2011). Aus dieser Aufzählung lässt sich unschwer ableiten, dass eine verbindliche Liste mit Standortfaktoren prinzipiell schwer zu erstellen ist und dass darüber hinaus das pure Vorliegen einer vergleichsweise günstigen Standortbedingung noch kein Garant für eine diesbezügliche positive Standortentscheidung ist, sondern die jeweiligen Standortbedingungen auch zur Situation des Unternehmens passen müssen. Es kommt also für eine Standortentscheidung auf das Zusammenspiel der externen Bedingungen und der unternehmensinternen Charakteristika sowie auf die konkrete Motivation der Auslandstätigkeit an, sodass sich standorttheoretisch in der Regel keine eindeutigen allgemeingültigen Aussagen ableiten lassen (Kutschker und Schmid 2011).

2.3.2 Diamant-Ansatz

Das Fundament des Diamant-Ansatzes der Internationalisierung von Porter (1991) liegt in der durch seine empirischen Analysen begründeten Überlegung, dass viele zumeist weltweit erfolgreiche Unternehmen einer Branche aus demselben Land stammen und sich die damit verbundene Bildung nationaler bzw. regionaler Clusterindustrien wie Maschinen-bau (Deutschland), Luxusmode (Frankreich) oder Internet (USA) mit der Existenz beson-ders günstiger Bedingungen in bestimmten Heimatländern erklären lässt (Holtbrügge und Welge 2015). Diese günstigen Bedingungen wiederum führen zu Wettbewerbsvorteilen dieser Branchen bzw. Unternehmen gegenüber Unternehmen in anderen Ländern auf deren Heimatmärkten. Dabei macht Porter deutlich, dass man seiner Ansicht nach nicht von der Konkurrenzfähigkeit eines Landes, sondern vielmehr von der Konkurrenzfähig-keit seiner Branchen bzw. Unternehmen dieser Branchen sprechen sollte, womit zugleich das unterschiedliche Aggregationsniveau der Betrachtung Porters im Vergleich zu anderen Internationalisierungstheorien deutlich wird (Kutschker und Schmid 2011).

In diesem Kontext unterscheidet Porter zwischen sechs unterschiedlichen Elementen, die die internationale Wettbewerbsfähigkeit der Branchen eines Landes beeinflussen, wobei er zusätzlich in vier Hauptelemente und zwei Nebenelemente differenziert (vgl. Abb. 2.4). Zu den Hauptelementen gehören Faktorkonditionen, Nachfragekonditionen, verwandte und unterstützende Branchen sowie Unternehmensstrategie, Struktur und Wettbewerb, während zu den Nebenelementen Staat und Zufall gehören. Die unterschiedlichen Elemente der nati-onalen Wettbewerbsfähigkeit sollen sich nach Porter gegenseitig positiv beeinflussen, wes-wegen er deren Verflechtung in einem Diamanten-Modell anordnet, welches darstellt, wie ein Land Wettbewerbsvorteile entwickeln kann (Perlitz und Schrank 2013).

1. Faktorkonditionen
Die Ausstattung eines Landes mit Produktionsfaktoren beeinflusst seine internationale Wettbewerbsfähigkeit, eine Erkenntnis, die bereits von Heckscher und Ohlin in ihrem Faktorproportionen-Theorem herausgearbeitet wurde. Porter geht jedoch in seinem Dia-mantenmodell über die in den klassischen Außenhandelstheorien betrachteten Faktoren – Boden, Arbeit und Kapital – hinaus und bezieht weitere sogenannte fortschrittliche

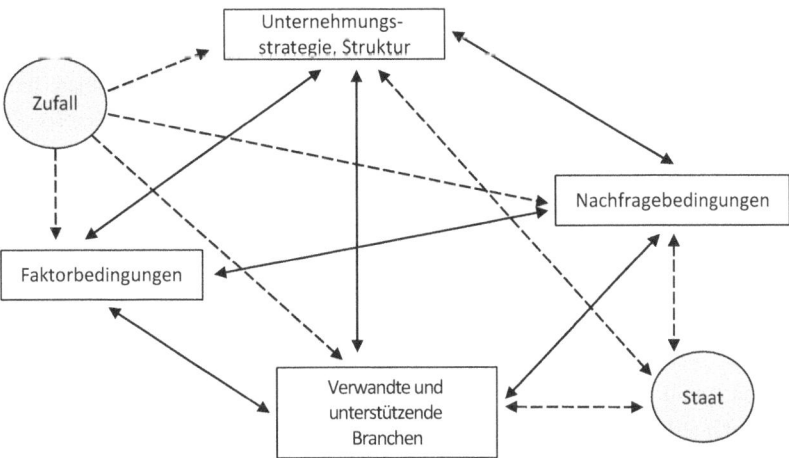

Abb. 2.4 Diamant-Ansatz. (Quelle: in Anlehnung an Porter 1991)

Faktoren wie das Bildungsniveau der arbeitenden Bevölkerung oder die Qualität der Infrastruktur in seine Betrachtung mit ein, die dazu beitragen, Produktionsfaktoren zu nutzen und daraus weiterführende Entwicklungen zu generieren und damit die Grundlage einer nachhaltigen Wettbewerbsfähigkeit zu schaffen. Porter legt also den Fokus auf den Umgang mit Produktionsfaktoren anstelle von deren bloßem Vorhandensein und betont dabei Ausbildung, Forschung und Innovation (Griffin und Pustay 2015).

2. Nachfragekonditionen
Die Existenz einer großen und anspruchsvollen Käuferbasis ist ebenfalls bedeutend für die nationale Wettbewerbsfähigkeit in einem Produktbereich. Ein anspruchsvoller Heimatmarkt treibt die Unternehmen dabei zu Produkt- und Prozess-Innovationen. Indem die Unternehmen die anspruchsvollen Bedürfnisse ihrer domestischen Kunden bedienen, entwickeln und veredeln sie kontinuierlich Produkte und Dienstleistungen weiter, die sie in der Folge potenziell auch zu Vorreitern auf den internationalen Märkten machen, eine Entwicklung, die sich beispielsweise anhand zahlreicher asiatischer Elektronikunternehmen beobachten lässt (Wild und Wild 2014).

3. Verwandte und unterstützende Branchen
Der Aufstieg einer bestimmten domestischen Branche stimuliert häufig die Entstehung lokaler Zulieferer, die bestrebt sind, den Bedürfnissen dieser Branchen etwa in den Bereichen Einkauf, Produktion, Forschung oder Distribution zu entsprechen. Industrien, die in der Nähe zu ihren Lieferanten operieren, profitieren von besserer Kommunikation sowie einem früheren und effizienteren Zugang zu Produktionsfaktoren. Der Wettbewerb zwischen den Zulieferern führt darüber hinaus zu höherer Produktqualität sowie zu technologischen Innovationen, von denen wiederum die Branche im Kontext ihrer eigenen internationalen Wettbewerbsfähigkeit profitieren kann (Griffin und Pustay 2015).

4. Unternehmensstrategie, Struktur und Konkurrenz
Das domestische Umfeld, in dem sich Unternehmen bewegen, prägt ihre Fähigkeit in internationalen Märkten zu konkurrieren. Um zu überleben, müssen Unternehmen, die einem scharfen Wettbewerb im Heimatland ausgesetzt sind, kontinuierlich nach Kosten-, Produktivitäts- und Qualitätsverbesserungen sowie nach innovativen Produktlösungen suchen. Unternehmen, die in dieser Hinsicht erprobt sind, fällt es naturgemäß leichter, auch auf internationalen Märkten erfolgreich zu sein. Dazu trägt der Effekt bei, dass im Inland getätigte Investitionen in Forschung und Entwicklung, Qualitätskontrolle oder Markenimage vergleichsweise leicht und kostengünstig auf internationale Märkte übertragbar sind und damit zu internationalen Wettbewerbsvorteilen beitragen können (Wild und Wild 2014).

5. Staat und Zufall
Der Staat kann auf die vorstehend beschriebenen Einflussfaktoren zusätzlich in Form von Gesetzen, Subventionen, Garantien oder Nachfrageprogrammen einwirken und damit die Entstehung nationaler Wettbewerbsvorteile entweder fördern oder behindern. Gleichzeitig

verwendet Porter den Zufall als Einflussfaktor, unter dem er exogene, außerhalb der Beeinflussbarkeit der Unternehmen befindliche Ereignisse subsumiert, wozu insbesondere zufällige Entdeckungen, substanzielle technologische Durchbrüche oder politische und militärische Auseinandersetzungen gehören (Kutschker und Schmid 2011).

An Porters Diamant-Ansatz wird kritisiert, dass dieser eher einem philosophischen Ansatz gleicht als einem wissenschaftstheoretisch fundierten Modell zu entsprechen, aus dem eine Theorie der internationalen Wettbewerbsfähigkeit unterschiedlicher Länder, Branchen und Unternehmen abgeleitet werden kann. Auch ist der Ansatz entgegen Porters eigener Intention und Betrachtungsweise eher als vergangenheitsorientiertes Erklärungsmodell konzipiert, denn als zukunftsweisendes dynamisches Prognosemodell. Zudem versäumt er es weitgehend, Zusammenhänge und Abhängigkeiten zwischen den einzelnen Elementen seines Diamanten zu erläutern (Perlitz und Schrank 2013).

2.3.3 Internalisierungstheorie

Die auf Buckley und Casson (1976/1991) zurückgehende Internalisierungstheorie beruht im Gegensatz zu vielen zuvor dargestellten Theorien der Internationalisierung nicht auf physischen Verfügbarkeiten und länderübergreifenden Transfers, sondern auf den damit korrespondierenden vertraglich vereinbarten Übertragungsrechten. Die theoretischen Grundlagen dieser Betrachtungsweise liegen in den Arbeiten von Coase (1937) und Williamson (1975) zum Transaktionskostenansatz bzw. dem zugrunde liegenden Markt-Hierarchie-Paradigma, wonach Transaktionen unter Effizienzgesichtspunkten bzw. nach Maßgabe von deren Transaktionskostenhöhe entweder über den Markt oder unternehmensintern abgewickelt werden (vgl. Abb. 2.5). Buckley und Casson haben die Theorie des Transaktionskostenansatzes auf internationale Unternehmen übertragen

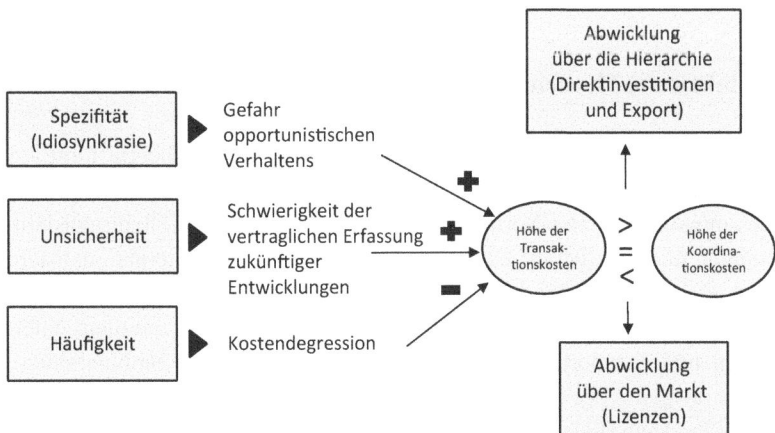

Abb. 2.5 Transaktionskostenansatz als Grundlage der Internalisierungstheorie. (Quelle: in Anlehnung an Holtbrügge und Welge 2015)

und schlussfolgern, dass internationale Transaktionen entweder extern über den Markt mit Hilfe von Lizenzen oder unternehmensintern über die Hierarchie durch Exporte oder Direktinvestitionen abgewickelt werden können (Holtbrügge und Welge 2015).

Buckley und Casson interpretieren die Entstehung multinationaler Unternehmen als Folge der Internalisierung unvollkommener Märkte, also beispielsweise Märkte für Zwischenprodukte und immaterielle Ressourcen wie Know-how oder Patente, für die es oftmals aufgrund mangelnder Spezifikation keine Marktpreise gibt, sodass deren Disposition unternehmensintern etwa in Form von Direktinvestitionen kostengünstiger erfolgen kann als durch marktbezogene Eintrittslösungen (Perlitz und Schrank 2013). Die zentrale Konsequenz der Internalisierungstheorie besteht nun darin, dass internationale Unternehmen Transaktionen intern mittels Direktinvestitionen oder Exporten abwickeln, wenn die dabei auftretenden internen Koordinationskosten kleiner sind als die Transaktionskosten der Marktabwicklung zum Beispiel über Lizenzen. Während die Koordinationskosten, die beispielsweise im Rahmen von Direktinvestitionen zwischen Mutter- und Tochtergesellschaft anfallen, eine Folge der im Rahmen der Principal- Agent-Theorie thematisierten Informations- und Kontrollprobleme sind, werden die Transaktionskosten im Gegenzug von deren Einflussparametern Spezifität, Unsicherheit und Häufigkeit beeinflusst, wobei die Höhe der Transaktionskosten mit zunehmender Transaktionsspezifität, mit zunehmender Unsicherheit und mit abnehmender Transaktionshäufigkeit steigt (Meckl 2014).

Kritisch anzumerken ist, dass die Möglichkeit einer internationalen Transaktion generell als gegeben angenommen wird und dass Transaktionskosten in der Regel nur schwer messbar sind. Darüber hinaus wird von Produktionskosten abstrahiert, es werden konstante Grenzkosten unterstellt und Verbund- und Synergieeffekte werden durch die Einzelbetrachtung der Transaktionen völlig ausgeblendet. Außerdem ist der zwischen Unsicherheit und Transaktionsform unterstellte Zusammenhang problematisch, wonach mit zunehmendem Risiko generell die unternehmensinterne Abwicklung der Transaktion vorteilhafter wird (Holtbrügge und Welge 2015).

2.3.4 Eklektische Theorie

Diese auf die Arbeiten von Dunning (1977) zurückzuführende Theorie führt – wie der Begriff „eklektisch" bereits suggeriert – verschiedene andere Ansätze, insbesondere die Theorie des monopolistischen Vorteils, die Standorttheorie und die Internalisierungstheorie, zusammen und baut darauf einen separaten theoretischen Internationalisierungsansatz auf, der auch Eklektisches Paradigma genannt wird (Kutschker und Schmid 2011). Dunning formuliert Vorteilskategorien in Form von Eigentumsvorteilen, Internalisierungsvorteilen und Standortvorteilen, die in unterschiedlichen Kombinationen Marktbearbeitungsstrategien beeinflussen, was mittels einer Entscheidungsbaumstruktur reflektiert werden kann (vgl. Abb. 2.6).

Gemäß Dunning resultieren Eigentumsvorteile aus dem Unternehmen selbst (z. B. Größenvorteile, Spezialisierungsvorteile, Synergievorteile oder Positionsvorteile), aus der Internationalität (z. B. geografische Risikostreuung, Zugang zu Ressourcen) oder aus anderen

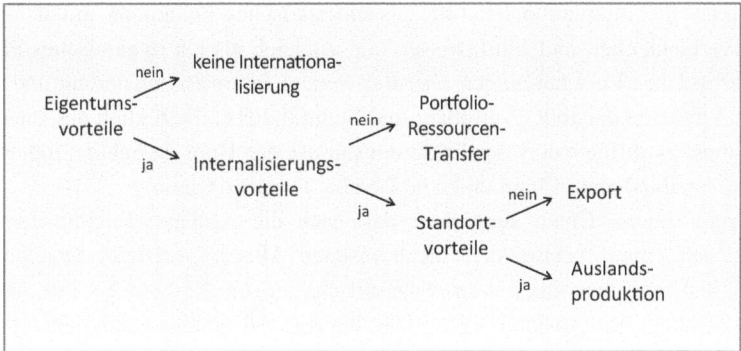

Abb. 2.6 Entscheidungslogik der Eklektischen Theorie. (Quelle: in Anlehnung an Holtbrügge und Welge 2015)

Gründen (z. B. Patente, Managementressourcen, Produktinnovationen). Internalisierungs-vorteile sind dagegen solche, die gegen Marktversagen schützen und bestehen in der Vermei-dung von Transaktionskosten durch Opportunismus, Ressourcenverfügbarkeit etc. Schließlich resultieren Standortvorteile aus Standortfaktoren wie Transport-und Kommunikationskosten oder Infrastrukturbedingungen.

Die Eklektische Theorie postuliert, dass Direktinvestitionen dann stattfinden, wenn alle drei Vorteilskategorien im Ausland auftreten. Können also Aktivitäten selbst und effizien-ter als durch den Markt durchgeführt werden und weist ein Standort Vorzüge auf, dann sind Direktinvestitionen optimal. Der Export wird als Marktbearbeitungsform gewählt, wenn zwei der drei Vorteilskategorien – Eigentums- und Internalisierungsvorteile – jedoch keine Standortvorteile vorliegen. Verfügt ein Unternehmen allein über Eigentumsvorteile, jedoch über keine Internalisierungs- und Standortvorteile, werden vertragliche Ressour-cenübertragungen etwa in Gestalt von Lizenzen gewählt (Meckl 2014).

Als Kritik am Ansatz der Eklektischen Theorie lässt sich anbringen, dass dieser zwar eine Vielzahl an Variablen integriert, aber deren Beziehungen bzw. Zusammenhänge nicht thematisiert werden. Darüber hinaus bestehen Redundanzen bzw. Überschneidun-gen zwischen den einzelnen Elementen innerhalb sowie zwischen den einzelnen Vor-teilskategorien. Schließlich werden die Konditionen für Fähigkeit und Bereitschaft zur Durchführung von ausländischen Direktinvestitionen als gegeben hingenommen und nicht ursächlich beleuchtet (Perlitz und Schrank 2013).

2.3.5 Internationalisierungsprozess-Theorie

Diese auf dem Erklärungsansatz der Uppsala-Schule beruhende Theorie baut auf der Verhaltenstheorie von Aharoni und der verhaltensorientierten Theorie der Unternehmung von Cyert und March auf. Der Uppsala-Ansatz ist durch zwei wesentliche Kriterien geprägt, das Internationalisierungsmuster und das Internationalisierungsmodell, wobei ersteres die Internationalisierung als einen inkrementalen stetigen Prozess beschreibt und zweiteres die Internationalisierung als ein statisches Phänomen mit den Elementen Marktverbundenheit und Marktwissen und zugleich als ein dynamisches Phänomen beschreibt, welches Entscheidungen über die weitere Internationalisierung und laufende Geschäftsaktivitäten darstellt (Kutschker und Schmid 2011). Bezüglich des Internationalisierungsmusters differenziert der Erklärungsansatz der Uppsala-Schule zudem in eine sogenannte Establishment Chain und eine Psychic Distance Chain.

Die Establishment Chain suggeriert, dass sich die Auslandsaktivität eines Unternehmens nach einem bestimmten idealtypischen Muster vollzieht, angefangen mit Exporttätigkeit und dann über Vertriebsgesellschaften im Ausland bis hin zu Produktionsgesellschaften im Ausland führt. Die Psychic Distance Chain geht von einem bestimmten zeitlichen Muster der Auslandsaktivitäten eines Unternehmens aus beginnend mit den nahen und vertrauten Ländermärkten und gefolgt von den weiter entfernten und weniger bekannten Ländermärkten. Auf diese Weise erhöht die Unternehmung sukzessive durch entsprechende Lernprozesse ihre Internationalität (Kutschker und Schmid 2011). Als problematisch wird an dem Erklärungsansatz der Uppsala-Schule u. a. gewertet, dass die diesem zugrunde liegende Empirie nur unzureichend beschrieben ist, dass sich ein graduelles und inkrementales Vorgehen der Unternehmen bei der Internationalisierung nicht durchgehend bestätigen lässt und dass der Einfluss der Zeit auf den Internationalisierungsprozess überbewertet ist.

2.3.6 Gesamtbeurteilung

Allein aufgrund der Tatsache, dass es sich bei der Theorie der Internationalisierung noch um eine vergleichsweise junge Forschungsrichtung handelt, ist es wenig überraschend, dass sich im Wettstreit der Forschungs- und Erklärungsansätze noch keine end- bzw. allgemeingültige Theorie herausgebildet hat. Das liegt sicherlich auch an den unterschiedlichen Bezugsobjekten (Länder, Branchen, Unternehmen) der einzelnen Theorien, aber vor allem an der inhaltlichen Begrenzung der Erklärungsansätze auf bestimmte Teilbereiche der Internationalisierung. Breiter gefasste Ansätze konnten diese Defizite bisher nicht ausgleichen, da sie zumeist die Beziehungen und Zusammenhänge zwischen ihren vergleichsweise vielfältigeren Erklärungsvariablen nur unzureichend erläutern konnten. Vor diesem Hintergrund erscheint es eher unwahrscheinlich, dass es in den nächsten Jahren zu einem validen und reliablen umfassenden Erklärungsansatz der unternehmerischen Internationalisierung kommen wird.

Kontrollfragen
1. In welche Kategorien lassen sich Theorien des internationalen Handels einteilen?
2. Inwiefern setzt sich Linders Nachfragestrukturhypothese von den klassischen und neoklassischen Theorien des Außenhandels ab?
3. Welchen Beitrag zur Erklärung von internationalem Handel leistet die Theorie von Aharoni?

4. Worauf basiert der Diamant-Ansatz von Porter und welche Elemente wirken seiner Ansicht nach in welcher Form auf die nationale Wettbewerbsfähigkeit?
5. Auf welchen theoretischen Grundlagen beruht die Internalisierungstheorie und zu welchen Schlussfolgerungen gelangt sie?

Literatur

Aharoni Y (1966) The foreign investment decision process. Harvard University Press, Boston
Arrow K (1962) Economic welfare and the allocation of resources for invention. In: The rate and direction of inventive activity: economic and social factors. Princeton University Press, Princeton, S 609–626
Buckley PJ, Casson MC (1991) The future of the multinational enterprise, 2. Aufl. Macmillan, Houndmills (Erstveröffentlichung 1976)
Coase R (1937) The nature of the firm. Economica 4:386–405
Deresky H (2014) International management. Managing across borders and cultures, 8. Aufl. Pearson Education, Harlow
Dülfer E, Jöstingmeier B (2008) Internationales Management in unterschiedlichen Kulturbereichen, 7. Aufl. Oldenbourg, München
Dunning JH (1977) Trade, location of economic activity and the MNE: a search for an eclectic approach. In: The International allocation of economic activity. The Nobel symposium. Macmillan, Houndmills, S 399
Griffin RW, Pustay MW (2015) International business: a managerial perspective, 8. Aufl. Pearson Education, Harlow
Heckscher E (1949) The effect of foreign trade on the distribution of income. Readings in the theory of International trade. Blakiston, Philadelphia, S 272–300 (Erstveröffentlichung 1919)
Henderson BD (1984) Die Erfahrungskurve in der Unternehmensstrategie. Campus, Frankfurt
Holtbrügge D, Welge M (2015) Internationales Management, 6. Aufl. Schäffer-Poeschel, Stuttgart
Hymer SH (1960) The international operations of national firms: a study of direct foreign investment. MIT Press, Cambridge
Kindleberger CP (1969) American business abroad. Six lectures on direct investment. Yale University Press, New Haven
Knickerbocker FT (1973) Oligopolistic reaction and multinational enterprise. Harvard University Press, Boston
Kravis IB (1956) Availability and other influences on the commodity composition of trade. J Polit Econ 64(2): 143–155
Kutschker M, Schmid S (2011) Internationales Management, 7. Aufl. Oldenbourg, München
Leontief W (1956) Factor proportions and the structure of American trade: further theoretical and empirical analysis. Rev Econ Stat 38(4): 386–407
Linder SB (1961) An essay on trade and transformation. Uppsala and John Wiley & Sons, New York
Meckl R (2014) Internationales Management, 4. Aufl. Vahlen, München
Ohlin B (1931) Die Beziehungen zwischen internationalem Handel und internationalen Beziehungen von Arbeit und Kapital. Z Natl 2: 161–199 (Erstveröffentlichung 1930)
Perlitz M, Schrank R (2013) Internationales Management, 6. Aufl. UVK, Konstanz
Porter ME (1991) Nationale Wettbewerbsvorteile. Erfolgreich konkurrieren auf dem Weltmarkt. Droemer Knaur, München
Posner MV (1961) International trade and technical change. Oxf Econ Pap 13(3): 323–341

Vernon R (1966) International investment and international trade in the product cycle. Quart J
    Econ 2: 190–207

Wild JJ, Wild KJ (2014) International business, 7. Aufl. Pearson Education, Harlow

Williamson OE (1975) Markets and hierarchies – analysis and antitrust implications. Free Press,
    New York

Kultureller Einfluss in der Internationalisierung

3

Zusammenfassung

In diesem Kapitel werden zunächst der Begriff der nationalen Kultur und unterschiedliche Komponenten und Kategorien einer solchen nationalen Kultur thematisiert. Anschließend werden vor dem Hintergrund einer grundsätzlichen wissenschaftstheoretischen Einordnung anhand des Kontingenzansatzes die wichtigsten (mehr-)dimensionalen Kulturmodelle dargestellt, erläutert und einander kritisch gegenübergestellt. In diesem Zusammenhang wird insbesondere auf die Modelle von Kluckhohn und Strodtbeck, Hofstede, Trompenaars, Hall und die GLOBE-Studie referenziert sowie auf deren Ansätze zur Erklärung kultureller Distanz. Auf dieser Basis nimmt die weitere Darstellung Bezug auf das Thema der Entstehung und Gestaltung einer Unternehmenskultur im internationalen Kontext und deren Einfluss auf Corporate Governance, Unternehmensethik und Corporate Social Responsibility einer Unternehmung in ihrem jeweiligen kulturellen Kontext und internationalen Umfeld.

3.1 Kultur und kultureller Einfluss auf das Management

3.1.1 Allgemeiner Kulturbegriff

▶ **Nationale Kultur** Mit dem Begriff der nationalen Kultur werden allgemein historisch entwickelte, unverwechselbare Vorstellungen und Orientierungsmuster einer oder mehrerer Volksgruppen beschrieben, die einzigartig sind und diese voneinander unterscheiden (Hoffjan 2009).

© Springer Fachmedien Wiesbaden GmbH 2017 41
M. Sure, *Internationales Management*, DOI 10.1007/978-3-658-16163-7_3

Kultur umfasst dabei ein Set von sozialen Normen und Reaktionen, die das Verhalten von Menschen in dieser Kultur beeinflussen und prägen. Die Kenntnis dieser Zusammenhänge ist fundamental für das Verständnis menschlichen Verhaltens in unterschiedlichen Kulturen. Kulturelle Verhaltensmuster entstehen dabei aus der Entwicklung einer sozialen Umwelt, die Gruppen von Individuen als Folge einer Anpassung an ihre physische Umwelt entwickeln und die sie in Form von Gewohnheiten, Praktiken und Traditionen von Generation zu Generation weitergeben (Rodrigues 2009).

Kultur wird häufig mit dem Begriff der Nation verbunden, d. h., man spricht von britischer oder indonesischer Kultur, obwohl beide Länder über eine Vielzahl von Volksgruppen mit unterschiedlichen Sub-Kulturen verfügen wie die englische, die walisische und die schottische Kultur in Großbritannien oder die javanische, die balinesische und die sundanesische Kultur in Indonesien. Kulturelle Grenzen sind oft nicht an politischen Grenzen festzumachen, sodass Kulturen oder Subkulturen oft über nationale Grenzen hinweg existieren.

3.1.2 Kontingenzansatz als theoretische Grundlage

Als theoretische Grundlage hinsichtlich der Feststellung und Bewertung kultureller Einflüsse auf das internationale Management kann der Kontingenzansatz dienen, der anhand von internen bzw. endogenen und externen bzw. exogenen Faktoren Einflüsse auf Organisationen und deren Strukturen erklären möchte (vgl. Abb. 3.1) und damit einen Rahmen zur Verfügung stellt, um eine effektive Organisationsstruktur zu entwickeln, die sich optimal an die sie beeinflussenden internen und externen Umweltbedingungen anpassen kann (Hoffjan 2009). Der Einfluss der nationalen Kultur als externer Faktor auf Organisation und Management ist in der Literatur gleichwohl umstritten, auch wenn die Mehrzahl der Autoren das Management als ein kulturgebundenes Phänomen ansieht, was u. a. auch damit begründet wird, dass unterschiedliche kulturelle Präferenzen zu verschiedenen Reaktionen auf bestimmte Planungs- und Kontrollformen führen (Hoffjan 2009; Rothlauf 2012). Aus diesem Grund gilt Kultur als eine wichtige Determinante des Managementsystems, wobei davon ausgegangen wird, dass sich Managementsysteme umso mehr voneinander unterscheiden, je größer die kulturelle Distanz zwischen den diese prägenden Kulturen ist (Chow et al. 1999).

Interne (endogene) Faktoren	Externe (exogene) Faktoren

- Strategie
- Organisationskultur
- Technologie
- Organisatorische Interdependenz
	- Umwelt
	  + Unsicherheit
	  + Heterogenität
	  + Feindlichkeit
	- Nationale Kultur

Abb. 3.1 Exogene und endogene Faktoren im Kontingenzansatz. (Quelle: in Anlehnung an Hoffjan 2009)

3.2 Kulturelle Elemente

Eine Kultur wird nicht nur geprägt durch Nationalitäten und Sub-Kulturen sowie deren Aktivitäten, sondern auch durch Geschmack, Überzeugungen, traditionelle Gewohnheiten und den Umgang miteinander. Solche Elemente sind die Fundamente, die eine Gesellschaft nachhaltig prägen und auf denen alles andere aufbaut.

3.2.1 Ästhetik

Was in einer Kultur als geschmackvoll bzw. guter Geschmack in den Bereichen Musik, Malerei, Theater, Tanz oder Architektur gilt, die Metaphorik sowie die Symbolik von Bildern, Zahlen und Farben lassen sich unter dem Begriff der Ästhetik subsumieren. Die Auswahl von Farbstrukturen für Werbung, Produktdesign, Verpackungsmaterialien oder Arbeitsuniformen kann geschäftlichen Erfolg beflügeln oder beeinträchtigen, je nachdem in welchem Kulturkreis dies stattfindet (Wild und Wild 2014). So ist die Farbe Grün in arabischen Kulturkreisen ausgesprochen positiv belegt, in asiatischen dagegen nicht, stattdessen gilt in chinesischen und japanischen Kulturkreisen die Farbe Rot als besonders positiv belegt, was man u. a. auch an den jeweiligen Nationalflaggen beobachten kann. In nordamerikanischen und europäischen Kulturkreisen gilt auch aus religiösen Gründen die Zahl sieben als besondere Zahl, in der chinesischen Kultur dagegen die Zahl acht. Auch bei der Gestaltung von Websites wird zunehmend auf ästhetische Normen in Bezug auf Farben, Aufbaustrukturen oder Slogans geachtet, um deren Akzeptanz bei den Kunden unterschiedlicher Kulturen zu gewährleisten bzw. zu verbessern.

3.2.2 Werte und Einstellungen

Wertesysteme und die mit diesen verbundenen Einstellungen repräsentieren die tiefste kulturelle Ebene (Rothlauf 2012). Wertvorstellungen bestehen aus Ideen, Überzeugungen und Gewohnheiten, die emotionsbeladen sind und Konzepte wie Ehrlichkeit, Freiheit und Verantwortung beinhalten, woraus sich Einstellungen zur Arbeitsethik und zu materiellem Besitz ableiten lassen, die in unterschiedlichen Kulturen unterschiedlich ausgeprägt sind. So werden beispielsweise harte Arbeit und materieller Wohlstand in Singapore wertgeschätzt, während in Griechenland Freizeit und bescheidener Lebensstil als Maßstab gelten (Wild und Wild 2014).

Einstellungen sind positive oder negative Bewertungen, Gefühle oder Tendenzen gegenüber Gegenständen und Konzepten und reflektieren darunter liegende Wertvorstellungen. Sowohl Werte als auch Einstellungen entstehen im Allgemeinen aus Rollen, die im familiären, schulischen oder religiösen Kontext gelernt und übernommen werden. Gleichwohl beschränken sich Werte zumeist auf wesentliche Dinge des Lebens und bleiben langfristig bestehen, während Einstellungen praktisch gegenüber allen Dingen des Lebens vorhanden sein können und in der Regel flexibler, sprich veränderbarer sind als Werte.

Gerade vor dem Hintergrund der zunehmenden Internationalisierung und damit im Zusammenhang stehender neuer technologischer Fortschritte kommt es seit geraumer Zeit zu einer schnelleren Diffusion und Veränderung von Kulturen. Menschen unterschiedlicher Kulturen werden somit immer schneller kulturellen Merkmalen und Ideen anderer Kulturen ausgesetzt (Wild und Wild 2014). Im Kontext damit verbundener vermeintlich global konvergierender Werte, Einstellungen und Lebensstile wird seit einiger Zeit die Diskussion geführt, ob sich die Menschheit auf eine globale Kultur zubewegt, die sich bei genauerem Hinsehen im Wesentlichen als eine konsum- und normenassoziierte Kultur entpuppt.

Während auf der einen Seite konsumtive Präferenzen sowie ökonomische, rechtliche und gesellschaftliche Normen sich global immer weiter anzugleichen scheinen, ist diese Entwicklung bei den Werten und Einstellungen weniger eindeutig, zumal gerade seit Beginn des 21. Jahrhunderts insbesondere religiöse Motive, aber auch wieder zunehmende Besinnung auf regionale kulturelle Identität dem Konvergenzprozess starke Beharrungskräfte zuweilen gepaart mit neuen bisher unentdeckten kulturellen Eigenheiten entgegenzusetzen scheinen (Hoffjan 2009). Das lässt den Schluss zu, dass Werte und Einstellungen, obwohl sie unter einem kontinuierlichen Veränderungsdruck durch Globalisierung und technologischen Fortschritt stehen, sich wenn überhaupt nur sehr langsam und graduell verändern und nicht in abrupten Schüben, zumal sie sich historisch nicht selten über tausende von Jahren in einer Kultur herausgebildet und entwickelt haben.

3.2.3 Umgangsformen und Gebräuche

Im internationalen Geschäftsleben ist es wichtig, Umgangsformen und Gebräuche der jeweiligen Geschäftspartner zu (er-)kennen und zu achten. Andernfalls kann eine Ignoranz derselben zu empfindlichen Störungen des Verhandlungs- oder Transaktionsprozesses führen, im schlimmsten Fall bis zum endgültigen Scheitern des gesamten Geschäfts. Umgangsformen umfassen adäquate Formen des Benehmens, der Artikulation und des Kleidens, während Gebräuche Gewohnheiten umfassen, die in der Regel von Generation zu Generation in einer Kultur weitergegeben werden. Gewohnheiten unterscheiden sich von Umgangsformen insofern, als sie angemessene Verhaltensweisen in einer spezifischen Situation definieren (Wild und Wild 2014). Während es in Brasilien bei Begrüßungen und Verabschiedungen Usus ist, sich gegenseitig zu berühren, wird dies in China überhaupt nicht geschätzt.

Eine Diskussion über geschäftliche Themen beim Essen ist in den USA ein völlig normaler Vorgang, in Mexiko dagegen nicht. Während es in der Schweiz unschicklich ist, materiellen Wohlstand zur Schau zu stellen, ist dies in Hongkong ein völlig normaler Vorgang. Beim geschäftlichen Dress Code wird in Teilen Südeuropas und Lateinamerikas besonderer Wert auf Qualität und Eleganz der getragenen Mode und Accessoires gelegt, kurzärmelige Hemden gelten im Gegensatz zu Nordamerika in Singapore als unangemessen im Geschäftsleben. Im Gegensatz zu Italien oder Spanien sind in Großbritannien schwarze, gut gepflegte Herren-Schuhe ein Beurteilungsmerkmal für Professionalität und Seriosität im Geschäftsleben („never brown in town"). Eine typische Gewohnheit, die in vielen Ländern, insbesondere Lateinamerikas und Europas praktiziert wird, ist der Karneval, während eine kulturspezifische chinesische Gewohnheit das Begehen des Drachenboot-Festes darstellt.

3.2.4 Soziale Strukturen

Die soziale Struktur bildet das organisationale Fundament einer Kultur und umfasst neben den unterschiedlichen sozialen Gruppen und Institutionen auch die Systematik sozialer Positionen und ihrer Beziehungsgeflechte sowie die damit verbundenen Ressourcendistributionsprozesse. Soziale Strukturen beeinflussen Unternehmensentscheidungen beispielsweise zur Auswahl von Produktions-Standorten, von Werbemaßnahmen oder zu Kostenstrukturen in einem Land. Wesentliche Elemente sozialer Strukturen, die zwischen unterschiedlichen Kulturen differieren, sind soziale Gruppenzugehörigkeiten, sozialer Status und soziale Mobilität, die nachfolgend erläutert werden (Wild und Wild 2014). Hinsichtlich sozialer Gruppenzugehörigkeiten spielen insbesondere zwei Gruppen eine maßgebliche Rolle im Geschäftsleben, und zwar die Familie bzw. die damit verbundenen Beziehungsgeflechte sowie das soziale Geschlecht bzw. die damit verbundenen Eigenschaften und Charakteristika.

Für gewöhnlich ist der soziale Status abhängig von der familiären Herkunft, dem Einkommen und der Profession. Bezüglich des sozialen Status wird in manchen Kulturen wie beispielsweise in der indischen Kultur, die immer noch durch Kastendenken geprägt ist, stärker differenziert als in anderen wie beispielsweise in der finnischen Kultur, die stark egalitär geprägt ist. In vielen Industrieländern zählen zumeist Royale oder Adelige, ranghohe Politiker und Top Manager zur höchsten sozialen Klasse gefolgt von Wissenschaftlern, Ärzten und sonstigen Universitätsabsolventen in der sogenannten Mittelschicht sowie darunter von Handwerkern und Büroangestellten (Wild und Wild 2014). In diesen Gesellschaften prägen besonders Einkommen und Vermögen den sozialen Status und weniger familiäre Herkunft wie in den asiatischen Clan-Gesellschaften des indischen Subkontinents und (Süd-)Ostasiens.

Gerade das Ansehen der Profession durchlebt jedoch beschleunigt seit Beginn des 21. Jahrhunderts in den höheren sozialen Klassen eine Erosion, die auch mit deren zunehmender Entfremdung und materieller Abkoppelung von der Mittel- und Unterschicht und daraus resultierenden wachsenden sozialen Spannungen zu tun hat, die daraus entstehen, dass die Mitglieder unterer sozialer Schichten die Privilegien und den Status der Oberschicht nicht mehr akzeptieren wollen (Piketty 2014). Das dritte Element der sozialen Struktur ist die soziale Mobilität, die die Durchlässigkeit der verschiedenen sozialen Schichten nach oben und nach unten beschreibt.

Während die soziale Mobilität in Ländern wie Indien aus den zuvor angesprochenen Gründen eher gering ist, ist diese etwa in den USA immer noch vergleichsweise hoch, weswegen diese auch als ein attraktives Einwanderungsland gelten, in dem prinzipiell jeder Einwanderer unabhängig von seinen originären sozialen Merkmalen durch harte Arbeit den höchsten sozialen Status erreichen kann, ein Phänomen, das als sogenannter American Dream bekannt ist und an das immer noch viele Amerikaner und Einwanderer glauben, auch wenn sich dieser Glaube durch die Verwerfungen der Finanzkrise seit dem Jahr 2007 zumindest in Teilen der amerikanischen Bevölkerung deutlich abgeschwächt hat.

3.2.5 Religion

Die Werte, die sich in einer Kultur etabliert haben, sind häufig aus dem religiösen Glauben erwachsen, was zu unterschiedlichen Einstellungen zu Phänomenen wie Arbeit, Sparsamkeit und materiellen Gütern führt. So führte erstmals der deutsche Philosoph Max Weber einen Zusammenhang zwischen harter Arbeit, daraus resultierendem Wohlstand und göttlichem Wohlwollen an, den er im Kontext des Begriffs der protestantischen Arbeitsethik beschrieb und der nach Ansicht vieler Historiker maßgeblicher Treiber für die Entstehung und Entwicklung des kapitalistischen Wirtschaftssystems sowie die Industrialisierung in den westlichen Industrienationen gewesen ist (Kieser und Ebers 2014). Im Vergleich zur protestantischen Religionslehre verweist die römisch-katholische ihre Anhänger darauf, materiellen Besitz nicht über den göttlichen Glauben zu stellen.

Auch die islamische Religion setzt dem Profitstreben Grenzen, was man etwa am Verbot von Zinsforderungen für Kredite festmachen kann, welches den Wirtschaftszweig des Islamic Banking geprägt hat (Griffin und Pustay 2015). Religiöse Wertvorstellungen manifestieren sich auch in der Akzeptanz von Konsumgewohnheiten, die sich beispielsweise auf die Essenskultur und die Art sich zu kleiden auswirken. So sind für strenggläubige Muslime Schweinefleisch und Alkohol tabu, für strenggläubige Juden ist dagegen der Verzehr von koscherem Fleisch vorgegeben. Bezüglich der Kleiderordnung wird von Frauen in Ländern mit konservativer Islamauslegung in der Öffentlichkeit das Tragen eines Kopftuchs oder Schleiers erwartet, während in der Sikh-Religion Männer u. a. durch das Tragen einer turbanähnlichen Kopfbedeckung (Dastar) ihrem Glauben Ausdruck verleihen.

McDonald's – Berücksichtigung interkultureller Gewohnheiten im lokalen Produktangebot

McDonald's eröffnete sein erstes Restaurant in Singapore im Jahr 1979. Um den Essgewohnheiten mancher seiner dort ansässigen muslimischen Kunden gerecht zu werden, begann der Fast-Food-Konzern in seinen dortigen Outlets Halal-Gerichte anzubieten, die insbesondere frei von Schweinefleisch, Alkohol und sonstigen problematischen Zutaten waren. In Israel offeriert McDonald's dagegen auch koscheres Essen, um den Essgewohnheiten von manchen dort ansässigen jüdischen Kunden zu entsprechen.

Im Jahr 1996 eröffnete McDonald's schließlich sein erstes Outlet in Indien, welches keine Produkte aus Rindfleisch im Angebot hatte, um gläubige Hindus mit seinen Produkten anzusprechen. Stattdessen wurde für diese Kunden ein vegetarischer Burger in das Angebotsprogramm aufgenommen. Auf diese Weise hat sich McDonald's durch eine Anpassung seiner Produktpalette an lokale Standards im Rahmen einer Lokalisierung seiner Angebotspalette zu einem erfolgreichen internationalen Fast-Food-Konzern entwickelt (Wild und Wild 2014).

3.2.6 Kommunikation

Persönliche Kommunikation ist Ausdruck dessen, was Menschen denken, fühlen und wissen. Sie wird vollzogen durch die vokale Sprache, durch schriftliche Artikulation und durch Körpersprache.

3.2.6.1 Verbale Kommunikation

Die gesprochene und geschriebene Sprache gehören dabei zu den offensichtlichsten Unterschieden, die Menschen hinsichtlich einer fremden Kultur im Vergleich zur eigenen wahrnehmen, und symbolisieren zugleich den Schlüssel zum tieferen Verständnis einer fremden Kultur. Sie ist ebenso eine Quelle von Missverständnissen und Fehlinterpretationen, die selbst wenn Kommunikationspartner dieselbe Sprache sprechen, durch unterschiedliches Verständnis oder verschiedenartigen Gebrauch von kommunikativen Stilmitteln wie Ironie oder Understatement zu erheblichen geschäftlichen Problemen führen können (McFarlin und Sweeney 2011).

Mit zunehmender Internationalisierung hat sich die englische Sprache immer mehr als internationale Verhandlungs- und Geschäftssprache durchgesetzt. Das betrifft nicht nur die Interaktion zwischen Unternehmen aus unterschiedlichen Ländern, sondern auch diejenige innerhalb solcher Länder, die durch ihre Vielfalt an unterschiedlichen Sprachen und Dialekten zu einer gemeinsamen einheitssprachlichen Verständigungsplattform gekommen sind wie etwa Singapore oder Indien, wobei diese Entwicklung auch historisch dadurch begünstigt wurde, dass beide Länder einst zu den britischen Kolonien gehörten bzw. sie durch staatliche Regulatorik (Amtssprache) befördert wurde.

Mittlerweile gibt es viele insbesondere große kapitalmarktgelistete internationale Unternehmen wie DHL, Siemens, ABB oder Alcatel, die die englische Sprache als Konzernsprache etabliert haben, um die Kommunikation innerhalb des Unternehmens zu vereinfachen und zu standardisieren, ohne sich der Illusion hinzugeben, dass dadurch die zuvor angesprochenen Kommunikations- und Verständnisprobleme vollständig auszuräumen wären (Wild und Wild 2014). Auch wenn hier die englische Sprache als eine Art lingua franca als vereinfachendes und vereinheitlichendes Verständigungsmedium benutzt wird, um Kommunikation und Interaktion zu erleichtern, so ist doch festzustellen, dass trotz einer vermeintlichen Vereinheitlichung der Kommunikation insbesondere in der Kommunikation mit Non-Native Speakers, also solchen Personen, die Englisch nicht als Muttersprache sprechen, reichhaltige Interpretationsprobleme und Missverständnisse auftreten können, die sowohl die Interaktion als auch den geschäftlichen Konsens zuweilen nicht unerheblich beeinträchtigen können (Rodrigues 2009).

3.2.6.2 Non-verbale Kommunikation

Neben der verbalen Sprache und der schriftlichen Kommunikation ist auch die Körpersprache ein wichtiges Kommunikationsmedium. Darunter subsumiert man im Allgemeinen Gestik und Mimik, Begrüßungen, Augenkontakt und räumlichen Abstand. Finger-, Hand- oder Armbewegungen oder – Muster können je nach kulturellem Kontext unterschiedliche Bedeutungen haben. So gilt in muslimisch, hinduistisch und buddhistisch geprägten Kulturen die linke Hand als unrein und sollte nicht benutzt werden, um Dokumente oder Geschäftskarten zu überreichen. Als ebenso unrein gilt in solchen Kulturen die Schuhsohle, d. h., dass die typische Sitzhaltung mit übergeschlagenen Beinen die Sichtbarkeit der Schuhsohlen für andere vermeiden sollte. Darüber hinaus gelten z. B. das Daumen-Hoch und das All-OK-Zeichen in europäischen und nordamerikanischen Kulturen als Zeichen für Zufriedenheit und Zielerreichung, während sie in anderen Kulturen Afrikas oder Asiens als vulgäre, sexistische oder aggressive Symbole gelten (Rothlauf 2012).

Wichtig im Rahmen der non-verbalen Kommunikation ist ebenfalls der Augenkontakt. Direkter Augenkontakt gilt in arabischen Ländern, in südeuropäischen und in lateinamerikanischen Ländern als wichtiges Mittel, um das Verständnis bzgl. der Klarheit der Botschaft zu klären bzw. zu validieren. Weniger intensiv, aber genauso direkt wird der Augenkontakt in Nordamerika und Nordeuropa praktiziert. In vielen asiatischen, insbesondere südost-asiatischen Ländern gilt direkter Augenkontakt als aggressiv und unhöflich bzw. als ein Versuch, den Geschäftspartner einzuschüchtern (Rodrigues 2009). Das grundsätzliche international übliche Begrüßungsritual zwischen Geschäftspartnern ist der Handschlag. Dieser gilt in den meisten so genannten abschlussfokussierten Kulturen (Nord-Amerika, Nord-Europa, UK, Australien, Neuseeland) auch zwischen Frauen und Männern als Standard. Der Handschlag ist allerdings in manchen Kulturen gegenüber Frauen mitunter nicht üblich, stattdessen treten an dessen Stelle andere Gesten wie die Namaskar- oder Wai-Geste in Indien bzw. Thailand.

Ein weiteres Ritual in der Begrüßung ist die Verbeugung, die grds. als Zeichen gegenseitigen Respekts gilt, in einigen Ländern allerdings – insbesondere in Japan – kombiniert wird mit hierarchischer Anerkennung in Form von Art und Tiefe der Verbeugung. Schließlich wird unter dem kommunikativen Aspekt noch die sogenannte räumliche Distanz verstanden, die in der Kommunikation bzw. Interaktion zwischen verschiedenen Individuen eingehalten wird. Studienergebnisse zeigen auch in dieser Hinsicht Abweichungen bei der Handhabung persönlicher Abstände zwischen kommunizierenden Personen. So wurde in diesem Zuge belegt, dass Frauen grundsätzlich weniger Abstand einhalten als Männer und dass Amerikaner und Nordeuropäer etwa zwei Fuß Abstand voneinander einhalten, während Asiaten eher eine Distanz von ca. drei Fuß einhalten. Araber dagegen präferieren kürzere Abstände (McFarlin und Sweeney 2011).

3.2.7 Erziehung und Bildung

Erziehung und Bildung sind wichtige Medien, um Werte, Traditionen und Gewohnheiten von einer Generation auf die andere zu übertragen. Dazu tragen im Laufe des Lebens eines Individuums in dessen kulturellem Umfeld eine Reihe von Institutionen bei, zu denen vor allem die Schule, die Familie und darin insbesondere die Eltern, religiöser Unterricht sowie die Zugehörigkeit zu gesellschaftlichen Gruppen gehören. Dabei sind die Familie und andere soziale Gruppen eher für informelle Instruktionen hinsichtlich des Erlernens von Gewohnheiten und Sozialisierungsmechanismen verantwortlich, wohingegen intellektuelle Fähigkeiten wie Lesen oder Rechnen in den meisten Ländern in formalen Bildungs- und Erziehungsstrukturen wie der Schule gelehrt werden (Wild und Wild 2014). Das Bildungsniveau ist in der heutigen internationalisierten Wirtschaft zu einem wichtigen Parameter bei der Auswahl von ausländischen Investitionsstandorten geworden. So gelten Länder mit niedrigem Bildungsniveau als interessante Investitionsstandorte für einfache niedrig bezahlte Fertigungstätigkeiten, was man an den Beispielen Bangladesch oder Indonesien festmachen kann, die als attraktive Standorte für die kostengünstige Fertigung von Textilien gelten.

In dieser Hinsicht kommt es in manchen Ländern wegen deren unzureichender bzw. wenig kompetitiver Bildungsstrukturen dazu, dass Eltern ihre Kinder in andere Länder für Schulunterricht oder Studium schicken wie etwa in Indonesien, wo Kinder in beträchtlicher Zahl von ihren Eltern nach Singapore oder Australien gesandt werden, um diesen eine bessere Bildung und damit bessere zukünftige Berufschancen zu ermöglichen. Auf der anderen Seite kann auch ein hohes Bildungsniveau in Ländern mit niedrigen Einkommensniveaus zu einem Problem werden, dass international mit dem Begriff des sogenannten Brain Drain beschrieben wird, einem Phänomen, welches darin besteht, dass gut ausgebildete Leute aufgrund mangelnder Perspektiven auf dem heimischen Arbeitsmarkt in andere Länder auswandern, um sich einen höheren Lebensstandard zu sichern wie das seit dem Zusammenbruch der Sowjetunion in den letzten zwanzig Jahren in unterschiedlichem Ausmaß auf viele osteuropäische Länder zutraf (Wild und Wild 2014).

3.2.8 Physische und materielle Umwelt

Hinsichtlich der physischen Umwelt, in der die Mitglieder einer Kultur leben, gelten besonders die Topografie und das Klima als wichtige kulturelle Beeinflussungsfaktoren. Hinsichtlich des topografischen Einflusses ist zu konstatieren, dass schwierige topografische Bedingungen den Austausch mit anderen Kulturen und die Weiterentwicklung der eigenen Kultur behindern bzw. gänzlich aufhalten können. Dieses Phänomen kann man etwa an indigenen Völkern beobachten, die in den letzten Jahren in schwer zugänglichen brasilianischen oder indonesischen Urwaldgebieten entdeckt wurden. Ähnliche Beobachtungen lassen sich in abgelegenen Berg- oder Wüstenregionen Chinas machen, wo Volksgruppen in Abgeschiedenheit weitgehend unbeeindruckt von der allgemeinen Entwicklung in China ihren alten Gewohnheiten weiterhin folgen und auch ihre eigenen indigenen Sprachen weiterhin im Alltag benutzen trotz staatlicher Festlegung auf Mandarin als Amtssprache (Wild und Wild 2014).

Schließlich kann man auch an einzelnen Inselstaaten beobachten, dass dort die Beharrungskräfte hinsichtlich des Festhaltens an althergebrachten Verfahren und Umgangsformen nicht zuletzt aufgrund stärkerer Verankerung von Traditionen und Riten auch aus Gründen geringeren Austauschs mit anderen Kulturen zuweilen zu vergleichsweise langsameren Anpassungsprozessen an globale Entwicklungen und damit zusammenhängende Herausforderungen führen, wofür u. a. das Beispiel Japan dienen kann. Das Klima hat beispielsweise Auswirkungen auf die Kleidung, die man im Geschäftsleben trägt. So trägt man im tropischen Singapore für gewöhnlich keine Sakkos und auf Hawaii zumeist die sprichwörtlichen kurzärmeligen weit geschnittenen bunten Hemden. Klimatische Bedingungen bedingen aber auch unterschiedliche Tagesabläufe im Geschäftsleben, was man etwa an längeren Mittagspausen oder späteren (Abend-)Essenszeiten in südeuropäischen im Vergleich zu nordeuropäischen Ländern beobachten kann.

Klimatische Bedingungen in Kombination mit topografischen Einflüssen sind etwa auch für die vergleichsweise starke Populationsdichte in Australien oder Brasilien in deren jeweiligen Küstengebieten verantwortlich, da das Leben in dortigen Wüsten- oder Urwaldgebieten in der Regel nur mit einem hohen Ressourcenaufwand oder größeren Entbehrungen zu gestalten ist, was für den Großteil der Bevölkerung offensichtlich nicht praktikabel ist. Schließlich spielt die sogenannte materielle Umwelt im Rahmen der kulturellen Prägung eine wichtige Rolle. Dazu gehört insbesondere der Status der technologischen Ausstattung bzw. Kapazität. Häufig ist diese in einem Land ungleich verteilt, sodass es zur Entwicklung von Ungleichgewichten in der ökonomischen Entwicklung und damit in der Verteilung des Wohlstandes in der Gesellschaft kommt. Beispiele dafür liefern häufig Metropolen wie etwa London oder Bangkok, deren Wertschöpfungsanteil an der Gesamtwertschöpfung ihres jeweiligen Landes signifikant höher ausfällt als ihr Bevölkerungsanteil an der Gesamtbevölkerung.

3.3   Kulturdimensionale Modelle

In der Literatur finden sich unterschiedliche Modelle zur Klassifizierung von Kulturen bzw. deren Dimensionen, anhand deren versucht wird, eine Differenzierung zwischen einzelnen Kulturen oder kulturellen Clustern vorzunehmen bzw. zu begründen.

> Zu diesen Modellen und Ansätzen gehören zuvorderst diejenigen von Kluckhohn/ Strodtbeck, Hofstede, Trompenaars, Hall und die sogenannte GLOBE-Studie, die nachfolgend einzeln beschrieben und erläutert werden.

3.3.1 Der Ansatz von Kluckhohn und Strodtbeck

Die erste substanzielle und umfassende Studie zur kulturvergleichenden Forschung stammt von den beiden amerikanischen Anthropologen Kluckhohn und Strodtbeck (1961). Diese definierten fünf grundlegende Wertorientierungen bzw. Kulturdimensionen bezüglich deren Ausprägungen sich verschiedene Kulturen mitunter deutlich unterscheiden (Schugk 2014). Dabei gingen sie von den drei Annahmen aus, dass es eine begrenzte Anzahl von Problemen in allen Kulturen gibt, die Menschen zu jeder Zeit lösen müssen, dass dafür unterschiedliche Problemlösungen gefunden werden können und dass bei grundsätzlich gleicher Auswahl an Problemlösungsmöglichkeiten jeweils unterschiedliche Lösungen pro Kultur präferiert werden. Die fünf definierten Kulturdimensionen betreffen das Wesen der menschlichen Natur, die Beziehung des Menschen zur Natur, die Beziehungen der Menschen untereinander, die Zeitorientierung des Menschen und die Aktivitätsorientierung des Menschen (vgl. Abb. 3.2). Später kam mit der Raumorientierung des Menschen noch eine sechste Dimension hinzu, die aber empirisch nicht weiter untersucht wurde. Kluckhohn und Strodtbeck kategorisierten Kulturen anhand von Variationen der fünf Kulturdimensionen mittels einer jeweils dreigliedrigen Skalierung (Mead und Andrews 2009).

3.3.1.1 Dimension 1: Wesen der menschlichen Natur

Hierbei geht es um die Frage der grundsätzlichen Einschätzung der Natur des Menschen in einer Kultur. In sogenannten Vertrauensgesellschaften, die davon ausgehen, dass die Menschen im Wesentlichen über einen guten Charakter verfügen, wird beispielsweise auf verbale Vereinbarungen vertraut, während in sogenannten Misstrauensgesellschaften, die von einem eher schlechten Charakter ausgehen, stärker auf Verhaltenskontrolle durch fixierte Kontrakte und Sanktionen für Fehlverhalten gebaut wird. Japaner sehen Indivi-

Abb. 3.2 Kulturdimensionen nach Kluckhohn und Strodtbeck

duen generell – im Geschäftsleben zumeist verbunden mit einer gewissen Gewöhnungs-
phase – als gut und vertrauenswürdig an, während Inder eine diesbezüglich deutlich
skeptischere Grundhaltung einnehmen, was sich u. a. auch daran zeigt, dass die Zahl an
gerichtlichen Auseinandersetzungen in Indien erheblich höher ist als in Japan (Gupta und
Panda 2003). Stärker dynamisch ist diese Kulturdimension in Gesellschaften geprägt, die
den Menschen eine Mischung aus guten und schlechten Charaktereigenschaften unterstellen, wie das etwa für die USA vermutet wird. Dahinter steht die Annahme, dass Menschen sich im Verlauf ihres Lebens anpassen und verändern können und ihr Schicksal
zum großen Teil selbst in die Hand nehmen können und wollen, wofür der sogenannte
American Dream ein imposantes Zeugnis ablegt (Schugk 2014).

3.3.1.2 Dimension 2: Beziehung des Menschen zur Natur

Gesellschaften, die ihr Leben prinzipiell von der Natur bestimmt ansehen, ihr Schicksal
demzufolge als naturgegeben betrachten und in Harmonie mit der Natur leben, glauben,
dass die Menschen ihr Leben verändern müssen, um es der Natur anzupassen. Solche
gesellschaftlichen Einstellungen finden sich zum Beispiel in Japan oder China, wofür
u. a. das Prinzip des Feng-Shui (chinesisch: Wind und Wasser) Zeugnis ablegt. Dagegen ist die US-amerikanische Gesellschaft – wie viele andere westliche Gesellschaften
auch – sehr stark geprägt vom Willen, die Natur zu beherrschen und sich diese unter-
tan zu machen, was man etwa in der Vergangenheit an deren expansiven Weltraumpro-
grammen beobachten konnte (Gupta und Panda 2003). Dass sich derartige Phänomene
im Zeitablauf verändern können, ist beispielsweise an der sich verändernden Einstellung
der US-amerikanischen und anderer westlicher Administrationen zum Klimawandel insbesondere seit Beginn des 21. Jahrhunderts abzulesen oder am Umgang der chinesischen
Administration mit natürlichen Ressourcen zugunsten einer Erreichung aggressiver wirtschaftlicher Wachstumsziele seit den 1980er Jahren.

3.3.1.3 Dimension 3: Beziehung des Menschen zu Mitmenschen

In dieser Dimension wird dargestellt, in welcher Art und Weise Menschen miteinander
umgehen und in welcher Abhängigkeit sie zueinander stehen. Gesellschaften, die primär
individualistisch geprägt sind, nehmen den Standpunkt ein, dass das Individuum unabhängig sein und Verantwortung für sein eigenes Handeln tragen soll. Typisch dafür ist
etwa die US-amerikanische Gesellschaft, in der das Individuum im Fokus der Betrachtung steht. Davon zu unterscheiden sind kollektivistische Kulturen, die das Individuum
vor allem als Teil einer Gruppe ansehen, der gegenüber intensive Beziehungen mit der
Folge maßgeblicher Abhängigkeiten und Pflichten bestehen. Im Kontext der kollektivistischen Kulturen differenzieren Kluckhohn und Strodtbeck außerdem zwischen linearen
und kollateralen Gesellschaften (Mead und Andrews 2009).

Lineare Kulturen betonen hierarchische Prinzipien und richten sich vor allem nach
höheren Autoritäten innerhalb der Gruppe aus, zu der das einzelne Gruppenmitglied in
einer festen und kontinuierlichen Beziehung steht. Beispielhaft dafür stehen asiatische
Clangesellschaften wie Korea oder Indien, in der familiäre Struktur und Zugehörigkeit

große Teile des gesellschaftlichen Lebens prägen und häufig wirtschaftliche sowie politische Machtstrukturen zementieren. Dagegen betonen kollaterale bzw. co-lineare Kulturen vor allem den Konsens innerhalb einer Gruppe, die sich durchaus im Zeitablauf in ihrem Bestand verändern kann und auch keine festen hierarchischen Strukturen aufweisen muss (Schugk 2014).

3.3.1.4 Dimension 4: Aktivitätsorientierung des Menschen

Bei dieser Dimension geht es um die Frage, nach welchen Aktivitäten das Leben eines Menschen ausgerichtet ist. Daseinsorientierte Gesellschaften, die sich stärker über das eigentliche Sein und die damit verbundene intrinsische Motivation für eine Handlung definieren, reagieren in der Regel emotional und spontan und betonen dabei zwischenmenschliche Beziehungen, wofür beispielhaft viele lateinamerikanische Gesellschaften stehen (Hills 2002). Dagegen stellen handlungsorientierte Gesellschaften, die sich Aktivitäten insbesondere aufgrund von extrinsischer Motivation zuwenden, stärker auf die Erreichung bestimmter Ergebnisse oder Erfolge ab, was wiederum für die US-amerikanische Gesellschaft eher maßgebend ist.

3.3.1.5 Dimension 5: Zeitorientierung des Menschen

Hier wird die Frage behandelt, welche Zeitphase eher maßgebend für Entscheidungen und Lösungen im Kontext des alltäglichen Lebens ist, die Vergangenheit, die Gegenwart oder die Zukunft. In Kulturen, die tendenziell vergangenheitsorientiert sind, werden Lösungen eher in der Historie beispielsweise ihrer Vorfahren suchen und entsprechend rekapitulieren, wohingegen Gesellschaften, die vornehmlich gegenwartsbezogen agieren, die unmittelbaren Effekte ihrer Handlungen zum Maßstab wählen werden und tendenziell zukunftsorientierte Gesellschaften eher die langfristigen Effekte ihres Handelns etwa für zukünftige Generationen in den Vordergrund stellen (Gupta und Panda 2003). Während die französische Kultur als eher vergangenheits- und traditionsbewusst gilt, was u. a. auch an der damit zusammenhängenden schwierigen Anpassung wirtschaftlicher und gesellschaftlicher Strukturen an das Phänomen der Globalisierung ablesbar ist, sind die amerikanischen Gesellschaften eher gegenwartsorientiert, wohingegen die deutsche Gesellschaft zumal auch wegen der dort stark betonten Handlungsrelevanz von Umweltverträglichkeits- und Nachhaltigkeitsaspekten als eher zukunftsorientiert beschrieben wird (Schugk 2014).

Um ihre Theorie zu testen, interviewten Kluckhohn und Strodtbeck fünf kulturelle Gruppen im Südwesten der USA. Mit Ausnahme der Dimension des Wesens der menschlichen Natur, die sie für messtechnisch als zu komplex erachteten, entwickelten sie für die verbleibenden vier Dimensionen realitätskonforme Messgrößen und Fragestellungen, anhand deren sie die unterschiedlichen kulturellen Gruppen in ihren dimensionalen Werteprofilen vergleichen konnten und im Ergebnisprofil herausstellen konnten, wo sich die Gruppen unterschieden und wo sie sich ähnlich waren (Hills 2002). Der von Kluckhohn und Strodtbeck entwickelte Rahmen grundlegender Wertorientierungen bzw. Kulturdimensionen wird vielfach als Fundament für weitere, in späteren Jahren folgende kulturdimensionale Modelle bezeichnet.

3.3.2 Der Ansatz von Hofstede

Hofstede hat nach herrschender Meinung im Kontext der Managementliteratur die wohl
bekannteste Studie zur Kulturforschung durchgeführt, bei der er in seiner Eigenschaft
als Psychologe in den späten 1960er und frühen 1970er Jahren 116.000 Mitarbeiter im
Unternehmen IBM in ursprünglich 60 verschiedenen Ländern mit dem Ziel befragte,
kulturelle Dimensionen zu entwickeln, anhand deren man kulturelle Unterschiede und
Gemeinsamkeiten zwischen Ländern erklären kann (Hofstede 1983). Dabei fokussierte
sich Hofstede in seiner ursprünglichen ersten Studie auf die vier Dimensionen Machtdistanz, Unsicherheitsvermeidung, Individualismus/Kollektivismus sowie Maskulinität/
Femininität und ergänzte diese später in der folgenden Erhebung in Abb. 3.3 zusätzlich
um eine fünfte Dimension Langfrist-/Kurzfristorientierung wobei der diesbezügliche
Fragebogen, der von der Chinese Culture Connection erarbeitet wurde, und die Popula-
tion, die in diesem Fall aus jeweils 100 Studenten in 23 Ländern bestand, von der ersten
Studie deutlich abwichen (Kutschker und Schmid 2011).

3.3.2.1 Machtdistanz

Die erste der Kulturdimensionen in Hofstedes Ansatz ist die Machtdistanz, die nach seiner Definitorik das Ausmaß beschreibt, bis zu welchem Untergeordnete gegenüber Übergeordneten in einer Gesellschaft eine ungleiche Rollen- bzw. Machtverteilung erwarten
und akzeptieren. Eine hohe Machtdistanz impliziert somit, dass eine Ungleichverteilung
der Macht in einer Gesellschaft eine hohe Akzeptanz genießt. Demzufolge kommt es
häufig zu kulturellen Problemen, wenn die Erwartungen der Mitarbeiter hinsichtlich des
Führungsstils der Vorgesetzten nicht mit deren praktiziertem Führungsstil übereinstimmt
(Hoffjan 2009). Eine hohe Machtdistanz herrscht laut Hofstede vor allem in asiatischen
Ländern wie Malaysia, Philippinen oder China, in lateinamerikanischen Ländern wie

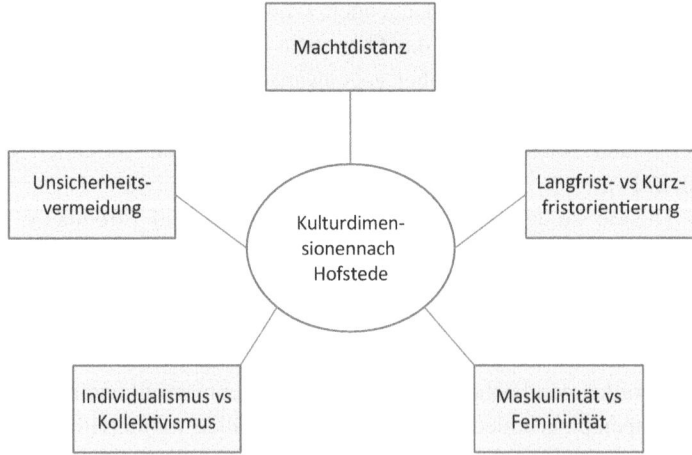

Abb. 3.3 Kulturdimensionen nach Hofstede

Guatemala, Panama oder Mexiko, in osteuropäischen Ländern wie Slowakei, Russland oder Serbien sowie in arabischen Ländern vor, während in angelsächsischen (Großbritannien, die USA, Australien oder Neuseeland) und skandinavischen Ländern (Finnland, Norwegen, Schweden und Dänemark) oder in Deutschland eine niedrige Machtdistanz zu beobachten ist (Hofstede und Hofstede 2011).

Eine hohe Machtdistanzausprägung korrespondiert in der Regel mit einer vergleichsweise höheren Zahl an Hierarchieebenen, mit einem höheren Ausmaß an persönlicher Planung und Kontrolle und mit einer stärkeren emotionalen Bindung zwischen Mitarbeitern und ihren Vorgesetzten. Im Gegensatz dazu trifft man in Kulturen mit niedriger Machtdistanzausprägung häufig auf unpersönliche Systeme, in denen die Mitarbeiter eigeninitiativ mit vergleichsweise wenig Aufsichtspersonal ihren Tätigkeiten nachgehen. Außerdem hat der Tatbestand, dass in Ländern mit vergleichsweise niedriger Machtdistanzausprägung organisationale Rollenverteilung und Vorgesetzten-Mitarbeiter-Beziehungen eher pragmatischer Natur sind, zur Folge, dass Organisationen eher dezentral und mit flachen Hierarchien operieren.

3.3.2.2 Unsicherheitsvermeidung

Unter Unsicherheitsvermeidung als zweiter Kulturdimension Hofstedes ist der Grad zu verstehen, zu dem sich die Mitglieder einer Kultur durch unbekannte oder ungewisse Situationen bedroht fühlen. Entsprechend zeichnen sich nationale Kulturen mit einem hoch ausgeprägten Unsicherheitsvermeidungsgrad dadurch aus, dass sie sich stark infolge von Unsicherheiten bzw. Unwägbarkeiten bedroht fühlen mit daraus resultierenden Angst- und Stressgefühlen, wohingegen Kulturen mit einem niedrigen Unsicherheitsvermeidungsgrad Unsicherheiten als eine Begleiterscheinung des täglichen Lebens wahrnehmen, die das Angstniveau wenn überhaupt nur unwesentlich beeinflussen (Hofstede und Hofstede 2011). Im Gegensatz zur Dimension der Machtdistanz, bei der sich zumeist ähnliche Ausprägungen hinsichtlich einzelner Länder in einer Region herausbilden, zeigt der Grad der Unsicherheitsvermeidung ein differenzierteres Bild der Ausprägungen. So finden sich hohe Unsicherheitsvermeidungsgrade vor allem in lateinamerikanischen und romanisch geprägten Ländern sowie in einigen Ländern Asiens.

Niedrige diesbezügliche Ausprägungen kommen dagegen insbesondere bei angelsächsischen und skandinavischen Ländern, aber auch bei einigen süd(ost-)asiatischen Ländern vor. Deutschland und andere deutschsprachige Länder wie Österreich, Schweiz oder Niederlande weisen eher mittlere Unsicherheitsvermeidungsgrade auf. Ein hoher Unsicherheitsvermeidungsgrad bewirkt, dass kurzfristige Planungsaktivitäten im Vordergrund des Geschehens stehen, zumal die Unsicherheit als permanente Bedrohung angesehen wird, die kontinuierlich eingedämmt werden muss, was eine Vernachlässigung strategischer Planungskomponenten zur Folge hat. Dies geht einher mit einem vergleichsweise hohen Detaillierungsgrad der Planung, der dazu beitragen soll, die Unwägbarkeiten der Zukunft zu minimieren sowie entsprechend kurzfristigen Kontrollen (Hoffjan 2009). Voraussetzung dafür ist wiederum ein ausgeprägtes Berichtssystem.

3.3.2.3 Individualismus/Kollektivismus

Die dritte Kulturdimension Hofstedes beschreibt die Einordnung einer Kultur in ein Spektrum zwischen Individualismus und Kollektivismus als zwei entgegengesetzte Ausprägungen. Charakteristische Merkmale individualistischer Gesellschaften sind deren lockere soziale Bindungen, eine vergleichsweise geringe Loyalität gegenüber Gruppen und der Wille zur Selbstentfaltung. Dementsprechend ist für kollektivistische Gesellschaften eine starke Integration in sich geschlossene Gruppen typisch, welche lebenslang Orientierung und Schutz bieten und dafür uneingeschränkte Loyalität einfordern (Kutschker und Schmid 2011). Insbesondere angelsächsische, aber auch europäische Gesellschaften weisen überwiegend hohe Individualismusgrade auf, während lateinamerikanische, arabische und asiatische Kulturen eher über niedrige Individualismusgrade verfügen (Hofstede und Hofstede 2011).

Ein hoher Grad an Individualismus korrespondiert zumeist mit einer niedrig ausgeprägten Machtdistanz und führt darüber hinaus zu einer stärkeren Betonung der Aufgaben- gegenüber der Personenorientierung, was sich u. a. in einer stärkeren Fokussierung auf individuelle Leistungsbewertung und -kontrolle und damit korrespondierende quantitative bzw. zahlenorientierte Informationen auswirkt. In kollektivistischen Kulturen überwiegt dagegen die Personenorientierung in Kombination mit einer höher ausgeprägten Machtdistanz. Hier werden Leistungsbewertung und -kontrolle eher gruppenorientiert durchgeführt und Beziehungen sowie Kontext und qualitative Zusammenhänge spielen eine vergleichsweise größere Rolle.

3.3.2.4 Maskulinität/Femininität

Bei dieser Kulturdimension differenziert Hofstede zwischen maskulinen und femininen Gesellschaften und thematisiert dabei insbesondere die unterschiedliche Priorität zwischenmenschlicher und leistungsbezogener Werte. Maskuline Kulturen sind geprägt von Erfolgsorientierung. In ihnen agieren Individuen selbstbewusst und sind bereit, Konflikte offen und notfalls in harter Auseinandersetzung auszutragen. Ein wichtiges Merkmal maskuliner Gesellschaften in der Arbeitswelt ist, dass materielle Dinge wie Geld eine wesentlich größere Rolle spielen. Dies impliziert beispielsweise für die Planung, dass finanziellen Kennzahlen bei der Zielformulierung und Budgetierung eine wesentlich höhere Bedeutung beigemessen wird. Außerdem wird das Erreichen beziehungsweise Nichterreichen von Planvorgaben stärker an Anreize und Sanktionen gekoppelt (Hoffjan 2009). Daher steht etwa in Japan als einer sehr maskulin ausgeprägten Kultur das Anreizsystem stark im Vordergrund, sodass in der Regel halbjährliche ausgeschüttete Bonuszahlungen einen signifikanten Bestandteil der Gesamtvergütung darstellen.

Auch in anderen maskulin ausgeprägten Kulturen wie der Schweiz, den USA, Großbritannien oder China finden erfolgsabhängige Vergütungen eine stärkere Verwendung als in femininen Kulturen wie Thailand, Chile, den Niederlanden, Finnland, Dänemark, Norwegen oder Schweden. In femininen Gesellschaften wird stärker auf die Beziehung der Mitarbeiter untereinander fokussiert, was bedeutet, dass Ziel- oder Planabweichungen auf der Beziehungsebene begegnet wird. Der Sachaspekt kann dabei durchaus aus

Rücksicht gegenüber dem Mitarbeiter in den Hintergrund gedrängt werden. Dadurch werden Informationen wesentlich indirekter kommuniziert. Hinzu kommt, dass die Informationen eher qualitativ sind und daher mehr Spielraum für Interpretationen zulassen. Auch ist es in femininen Kulturen üblich, dass Planwerte verhandelt und nicht einfach vorgegeben werden. Dies lässt sich aus der kulturellen Verhaltensweise schließen, Konflikte durch Kompromisse und nicht durch Machtkämpfe zu lösen (Hofstede und Hofstede 2011).

3.3.2.5 Langfrist-/Kurzfristorientierung

Diese Dimension hieß ursprünglich konfuzianische Dimension, da die Werte an beiden Polen dieser Dimension auf die Lehren des Konfuzius zurückgehen. Hofstede beschloss jedoch die Dimension Langzeit- versus Kurzzeitorientierung zu nennen, da die Werte am positiven Pol (konfuzianische Arbeitsdynamik) als dynamisch und zukunftsorientiert bezeichnet werden können, wohingegen die Werte am negativen Pol sich eher an der Vergangenheit und Gegenwart orientieren. Kurzfristige Werte sind etwa Erwiderung von Gruß, Gefälligkeiten und Geschenke, Respekt vor der Tradition, Gesichtswahrung, persönliche Standhaftigkeit und Festigkeit, wohingegen langfristige Werte durch Ausdauer, Sparsamkeit, Ordnung der Beziehungen nach Status und Schamgefühl repräsentiert werden (Hofstede und Hofstede 2011).

Analysiert man die Indexwerte Hofstedes, so wird man vor allem in angelsächsischen Ländern wie den USA, Großbritannien, Australien und Neuseeland kurzfristig orientierte Gesellschaften vorfinden. Kulturen mit langfristiger Orientierung sind in erster Linie ostasiatische Staaten wie China, Hongkong, Taiwan, Japan, Vietnam oder Südkorea. Auch wenn die Auswirkungen dieser Dimension auf die Managementpraxis noch nicht ausreichend erforscht sind, so ist doch offensichtlich, dass Nationen mit langfristigen Werten ihr unternehmerisches Handeln eher am langfristigen Erfolg ausrichten, wohingegen Länder mit kurzfristigen Werten ihren Fokus auf kurzfristige Gewinne legen.

3.3.2.6 Kritik an der Arbeit Hofstedes

Die Kritik an Hofstedes Modell bezieht sich insbesondere auf dessen simple Modellierung und Generalisierung von Nationen zu Kulturclustern im Zuge einer Homogenisierung von Ländergruppen anhand ähnlicher kulturdimensionaler Ausprägungen. Ferner wird kritisiert, dass die Ergebnisse durch eine stark harmonisierende globale Unternehmenskultur des im Fokus der Analyse stehenden Unternehmens IBM möglicherweise beeinflusst wurden und damit nicht zweifelsfrei klar wird, welchen Einfluss national-kulturelle und unternehmenskulturelle Aspekte auf die Studienergebnisse haben. Schließlich wird Hofstede vorgehalten, dass seine ursprüngliche Studie stark von der westlichen kulturellen Sichtweise geprägt gewesen ist.

Trotz dieser Kritik ist festzuhalten, dass die Studie von Hofstede bis dato die mit Abstand einflussreichste ihrer Art sowohl in der internationalen Managementlehre als auch in der unternehmerischen Praxis gewesen ist und dass sie auch vom Umfang der einbezogenen Daten und Informationen her die bisher größte gewesen ist. Darauf fol-

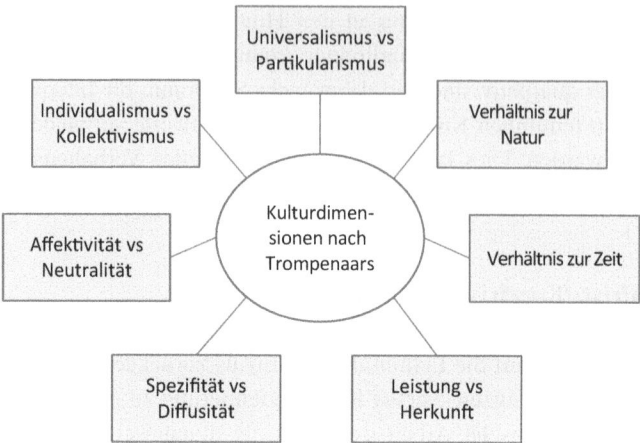

Abb. 3.4   Kulturdimensionen nach Trompenaars

gende kulturdimensionale Untersuchungen, die nachfolgend beschreiben werden, gründen zwar auf einer höheren Datendifferenzierung, übernehmen gleichwohl aber zumindest teilweise Hofstedes Dimensionen (Kutschker und Schmid 2011).

3.3.3   Der Ansatz von Trompenaars

Trompenaars, der stark von den Arbeiten Hofstedes geprägt wurde, unterscheidet in seinem Ansatz sieben Dimensionen (vgl. Abb. 3.4): Universalismus versus Partikularismus, Individualismus versus Kommunitarismus, neutral versus affektiv, spezifisch versus diffus, Errungenschaft versus Zuschreibung, Umgang mit Zeit, interne Kontrolle versus externe Kontrolle. In diesem Kontext dienen die ersten fünf Dimensionen dazu, kulturelle Unterschiede in Beziehungen von Menschen untereinander zu beschreiben. Die sechste Dimension problematisiert das Verhältnis des Menschen zur Zeit und die siebte das Verhältnis des Menschen zu seiner Umwelt. Ein Aspekt, der bei den nachfolgenden Erläuterungen berücksichtigt werden muss, ist, dass Trompenaars keine absolute Einordnung von Kulturen hinsichtlich einer Dimension vornimmt, sondern immer nur Kategorisierungen auf Basis von einzelnen Fragen erstellt.

Dementsprechend handelt es sich immer nur um Tendenzaussagen, wenn eine Kultur der einen oder anderen Ausprägung zugeordnet wird (Trompenaars und Hampden-Turner 2012). Trompenaars' ursprüngliche Studie hatte im Vergleich zu den zeitlich früher liegenden Arbeiten von Hofstede einen wesentlich kleineren Umfang. So umfasste sein Sample ursprünglich insgesamt 15.000 Fragebögen, wobei die Befragten im Gegensatz zur originären Studie Hofstedes aus verschiedenen Unternehmen wie Danone, Philips, Shell oder Volvo kamen. Nach zahlreichen Erweiterungen stützen sich die Erkenntnisse von Trompenaars und seinem Forschungspartner Hampden-Turner mittlerweile auf ca. 80.000 Fragebögen aus mehr als 60 Ländern (Engelen und Tholen 2014).

3.3.3.1 Universalismus versus Partikularismus

Die erste Dimension Trompenaars' beschäftigt sich mit der Frage, ob die Menschen ihr Verhalten immer nach bestehenden Regeln ausrichten sollen (Universalismus) oder ob die entsprechenden Umstände der Situation berücksichtigt und somit Regeln flexibel gehandhabt werden sollten (Partikularismus). Als exemplarisch für universalistisches Handeln gelten angelsächsische Länder wie Großbritannien, die USA oder Kanada, aber auch Deutschland und die skandinavischen Länder. Dagegen gelten asiatische, latein-amerikanische und afrikanische Länder als eher partikularistisch (Trompenaars und Wooliams 2004). In universalistischen Kulturen dominiert das Generelle über das Spezifische, rechtliche Verträge sind dort bindender Maßstab und es existiert dort nur eine Wahrheit, nämlich diejenige, auf die man sich verständigt hat.

Dagegen liegt der Fokus in partikularistischen Kulturen mehr auf persönlichen Beziehungen anstatt auf Regeln, letztere werden bei Bedarf modifiziert und es gibt mehrere Perspektiven hinsichtlich der Realität, die von Individuum zu Individuum verschieden sein können (Rothlauf 2012). Trompenaars fand bei seinen Analysen heraus, dass Länder wie Großbritannien, die USA, Australien, die Schweiz oder Schweden universalistisch geprägt sind, sodass in diesen Gesellschaften Planung und Kontrolle sowie die damit verbundenen Leistungsbeurteilungen nach strikten Standards ablaufen, während Länder wie China, Indonesien, Russland oder Venezuela partikularistisch veranlagt sind mit der Folge, dass in solchen Kulturen den Umständen, in denen geplant, kontrolliert und bewertet wird, wesentlich größeres Gewicht eingeräumt wird und dass demzufolge Abweichungen von der Norm als legitim angesehen werden, sofern es entsprechende Gründe dafür gibt (Tayeb 2003).

3.3.3.2 Individualismus versus Kommunitarismus

Diese Kulturdimension wird wie vorstehend beschrieben bereits von Hofstede in seinem Schema thematisiert. Für Trompenaars ist in diesem Zusammenhang wesentlich, ob Personen sich in einer Gesellschaft primär als Individuum oder als Teil einer Gruppe ansehen. Menschen in individualistischen Kulturen übernehmen für sich und ihren Bereich Verantwortung und treffen eigene Entscheidungen, die sich häufig an ihren individuellen Bedürfnissen orientieren. Das betrifft etwa auch Urlaubsreisen, die zumeist allein oder zu zweit nach eigenen Vorstellungen unternommen werden. Im Unterschied dazu stellen kommunitaristische Kulturen die Ziele und Bedürfnisse der Gruppe, zu der sie gehören, in den Vordergrund.

Entscheidungen werden gemeinsam getroffen, sodass Harmonie und Zusammenhalt in der Gruppe Priorität genießen vor der individuellen Perspektive oder Leistung und etwa Urlaubsreisen zumeist in (familiären) Gruppen durchgeführt werden (Rothlauf 2012). Bezogen auf die Ländereinteilung Trompenaars' gelten Länder wie die USA, Kanada, Rumänien, Tschechien, Nigeria oder Israel als individualistisch, wohingegen

Länder wie Japan, Indien, Ägypten, oder Brasilien als kommunitaristisch klassifiziert werden (Trompenaars und Hampden-Turner 2012). An dieser Stelle zeigt sich also auch hier der bereits im Kontext der Studienergebnisse von Hofstede beobachtbare regionale Trend, wonach angelsächsische und europäische Kulturen eher individualistisch und (süd-)ostasiatische sowie arabische Kulturen eher kommunitaristisch geprägt sind.

3.3.3.3 Affektivität versus Neutralität

Bei dieser Kulturdimension geht es um die Frage, in welcher Form Menschen verschiedener Kulturen mit ihren Emotionen umgehen. Affektive Kulturen äußern ihre Gefühle stark und eindeutig, was sich sowohl in der verbalen als auch non-verbalen Kommunikation zeigt. Gegenseitige Berührungen sind dabei alltäglich. Neutrale Kulturen versuchen hingegen ihre Emotionen zu unterdrücken. Berührungen gelten dabei eher als unerwünscht. In affektiven Gesellschaften wird in der Regel intensiver und lauter diskutiert, wobei der Ranghöchste häufiger derjenige ist, der am meisten redet. Dagegen wird in neutralen Kulturen, wo Schweigen nicht als Schwäche, sondern häufig als Tugend gilt, weniger geredet, wobei sich der Ranghöchste gerade in asiatischen Kulturen in der Regel dadurch auszeichnet, dass er am wenigsten redet, ganz in dem Geist, wie es der chinesische Philosoph Laotse formuliert hat, wonach der Wissende nicht rede und der Redende nicht wisse (Tayeb 2003).

Eine Kategorisierung hinsichtlich bestimmter regionaler Übereinstimmungen fällt bei dieser Dimension ungleich schwerer. Dennoch gelten neben China und Japan vor allem mittel- und nordeuropäische Länder eher als neutrale Kulturen. Affektive Kulturen hingegen sind vor allem in Südeuropa, Lateinamerika, Afrika und der arabischen Welt anzutreffen (Trompenaars und Hampden-Turner 2012). Inwiefern Gefühlsäußerungen bei unterschiedlichen Kulturen Auswirkungen auf das Management haben, kann man nur vermuten. So werden affektive Kulturen tendenziell direkter kommunizieren. Für das Reporting bedeutet dies etwa, dass Informationen schneller zirkulieren und eindeutiger sind. Allerdings birgt eine sehr gefühlbetonte Darstellung auch die Gefahr, dass Informationen verzerrt dargestellt werden. Neutrale Kulturen hingegen tendieren eher zu einer objektiven Darstellung von Informationen und Kontrollergebnissen. Dennoch können, dadurch dass solche Kulturen ihre Gefühle nicht zeigen, wichtige Informationen verschleiert bleiben, da sie nicht direkt kommuniziert werden. So werden beispielsweise in China Emotionen selten offen gezeigt, dies sicher auch vor dem Hintergrund, Konflikten aus dem Weg zu gehen (Trompenaars und Wooliams 2004).

3.3.3.4 Spezifität versus Diffusität

Diese Dimension gibt Aufschluss über das Ausmaß an Betroffenheit und Engagement, die ein Individuum aufgrund einer Situation oder Handlung erfährt und hat einen engen Bezug zu der vorhergehend behandelten Dimension des Affektivitäts- bzw. Neutralitätsgrades. In Kulturen mit hohem Diffusitätsgrad lassen sich verschiedene Lebens- und Arbeitsbereiche nur schwer voneinander trennen. Diffuse Beziehungen entstehen, wenn sich zwei Menschen einen öffentlichen und privaten Kommunikationsraum teilen. In

Kulturen mit hohem Spezifitätsgrad hingegen gibt es zwischen diesen zwei Kommunikationsräumen eine klare Trennung. Spezifische Beziehungen entstehen, wenn nur der öffentliche Raum geteilt wird, der private Raum aber dem gegenüber verschlossen bleibt. Als typisch spezifische Kulturen gelten tendenziell Länder wie die Schweiz, die Niederlande oder Belgien sowie angelsächsische Länder wie Australien, die USA oder Großbritannien (Rothlauf 2012).

Typisch diffuse Kulturen sind hingegen vielfach lateinamerikanische wie Mexiko, Argentinien, Venezuela oder Chile und asiatische wie China, Singapore, Indonesien oder Japan, aber auch südeuropäische wie Italien oder Spanien. Probleme treten dann auf, wenn zwei Kulturen aufeinander treffen. Während in diffusen Kulturen der öffentliche (Arbeitsleben) und der private (Familienleben) Raum nicht getrennt sind, trennt eine spezifische Kultur jedoch privates Leben vom Arbeitsleben. Chinesen beispielsweise agieren als eher diffus geprägtes Kulturvolk für gewöhnlich vorsichtig, wenn sie mit anderen zum ersten Mal in Kontakt treten, zumal, wenn sie jemandem Zugang zu einem Bereich ihres Lebens gewähren, und dies zugleich auch für die anderen Bereiche gilt, was die Gefahr des Gesichtsverlustes generell erhöht (McFarlin und Sweeney 2011). Das bedeutet in der Konsequenz, dass sich Verhandlungen im Geschäftsleben oft lange hinziehen, um genau diese Gefahr zu minimieren.

3.3.3.5 Leistung versus Herkunft

Diese letzte derjenigen Dimensionen, die die Beziehungen der Menschen untereinander beschreiben, beschäftigt sich mit der Frage, ob sich der Status eines Individuums auf seiner Herkunft, seiner religiösen Abstammung oder seines Alters begründet oder ob er auf seinen erzielten Leistungen bzw. Errungenschaften basiert (Mead und Andrews 2009). In Gesellschaften, in denen sich der Status eines Menschen aus dessen Herkunft ableitet, treten also soziale Eigenschaften als Maßgabe für zukünftige Leistungsfähigkeit als Beurteilungskriterien in den Vordergrund, während in Kulturen, in denen sich der Status von Individuen aus deren erbrachter Leistung ableitet, jeder die gleichen Chancen hat, aufzusteigen. Das bedeutet, dass das Alter in leistungsorientierten Kulturen im Gegensatz zu herkunftsorientierten Kulturen grundsätzlich eine untergeordnete Rolle bei Beförderungen im Unternehmen spielt. Ferner werden in leistungsorientierten Kulturen Vorgesetzte eher anhand ihres Wissens bzw. ihrer Informationsmacht beurteilt und geschätzt als aufgrund ihrer hierarchischen Position oder Macht (Rothlauf 2012).

Außerdem spielen in herkunftsorientierten Kulturen Titel und Statussymbole eine tendenziell größere Rolle als in leistungsorientierten, was man häufig an einer stärker ausgeprägten Titelvielfalt, größerer hierarchischer Positionsvielfalt, stärker hierarchieabhängigen Vergütungsstrukturen und auffälliger zur Schau getragenen Statussymbolen erkennen kann. Als leistungsorientierte Länder gelten angelsächsische Länder wie Australien Großbritannien oder die USA sowie Deutschland, die Schweiz oder Schweden, während als herkunftsorientiert Länder wie Indien, China, Thailand, Saudi-Arabien oder Venezuela gelten (Engelen und Tholen 2014).

3.3.3.6 Verhältnis zur Zeit

Bezogen auf den Umgang mit der Zeit differenziert Trompenaars die Bedeutung und Verbindung zwischen Vergangenheit, Gegenwart und Zukunft. Dabei geht es um den konkreten Grad an Gegenwarts-, Vergangenheits- und Zukunftsorientierung einer Gesellschaft. So ist in Ländern wie den USA, Italien oder Deutschland die Zukunft wichtiger als die Vergangenheit oder die Gegenwart, während in Ländern wie Spanien, Indonesien oder Venezuela die Gegenwart die größte Rolle spielt. In Ländern wie Frankreich oder Belgien sind Gegenwart, Vergangenheit und Zukunft in etwa gleich gewichtet (Tayeb 2003). Ähnlich wie Hall hat Trompenaars außerdem die zeitliche Disziplinierung in seine Betrachtung mit aufgenommen. In einigen Kulturen ist das Zeitmanagement eher sequenzieller Natur, in anderen wiederum eher zirkular bzw. synchronisch geprägt (Hall verwendet im Vergleich zu Trompenaars diesbezüglich die Begriffe monochron und polychron).

Sequenzielle Kulturen zeichnen sich durch eine lineare Zeitbetrachtung aus, wonach Aufgaben sequenziell erledigt werden und detaillierte Zeit- bzw. Projektpläne sowie Pünktlichkeit eine große Rolle spielen. Aufgabenorientierung geht in sequenziellen Kulturen eindeutig vor Personenorientierung. Entsprechend können in synchronen Kulturen mehrere Aufgaben gleichzeitig erledigt werden, Unterbrechungen sind nicht besonders störend und Personen stehen eher im Vordergrund als Aufgaben (Hoffjan 2009). Beispiele für Länder mit sequenzieller Orientierung sind Irland, Brasilien, Indien oder die Philippinen, für solche mit synchroner Orientierung sind dies China oder Südkorea.

3.3.3.7 Verhältnis zur Natur

Hier betrachtet Trompenaars das Verhältnis eines Individuums zu Umwelt und Natur. Dabei unterscheidet er zwischen Kulturen, die versuchen, Kontrolle über die Natur zu gewinnen (interne Kontrolle) und zwischen Kulturen, die sich der Naturgewalt unterwerfen (externe Kontrolle). Als Musterbeispiel „interner Kontrolle" gilt die USA. Demgegenüber stehen vor allem asiatische Länder wie China, Japan oder Thailand und arabische Länder wie Ägypten, Kuwait oder Bahrain für „externe Kontrolle" (Trompenaars und Hampden-Turner 2012). Darüber hinaus kann man diese Dimension in Bezug zur Kontingenztheorie setzen.

Während Kulturen mit einer Präferenz für interne Kontrolle wahrscheinlich davon ausgehen auch externe Faktoren wie Umwelt und Kultur zu bestimmen, werden Kulturen mit einer Präferenz für externe Kontrolle diese als nicht beeinflussbar hinnehmen. Dementsprechend ist es zu erklären, dass amerikanische Unternehmen eigenbestimmt versuchen, amerikanische Managementinstrumente zu entwickeln und auf die Umwelt, also andere Länder, zu übertragen. Dagegen versuchen Kulturen externer Kontrollprägung, bereits vorhandene Managementinstrumente zu übernehmen und sie der eigenen Kultur anzupassen, was insbesondere asiatischen Kulturen in westlichen Ländern in diesem und in anderen Kontexten nicht selten den Vorwurf des Kopierens einbringt.

3.3.3.8 Kritik an der Arbeit Trompenaars'

Neben ihren Leistungen hinsichtlich der Bereitstellung wissenschaftlich fundierter wertvoller Erkenntnisse zu menschlichen Verhaltensweisen im privaten und geschäftlichen Bereich sind auch eine Reihe von Kritikpunkten an den Forschungen von Trompenaars und Hampden-Turner aufzuführen. Dazu gehören erstens die Gleichsetzung von nationalen und kulturellen Grenzen, die insbesondere von grenzüberschreitenden Kulturen wie der chinesischen oder Vielvölkerstaaten wie Russland abstrahiert, zweitens die Repräsentativität der Daten, die aufgrund der deutlich stärkeren Betonung von Führungskräften im Rahmen der Befragung keine für die Gesamtbevölkerung repräsentative Struktur reflektiert und drittens der eigene kulturelle Bias der Forschenden, die durch ihren identischen beruflichen Hintergrund und ihre kulturelle Prägung vermutlich im Rahmen ihrer Forschung vor allem bei der Selektion der Fragen beeinflusst worden sind (Engelen und Tholen 2014).

3.3.4 Der Ansatz von Hall

Edward Halls Modell zur Ermittlung von Kulturunterschieden fokussiert sehr stark die Kommunikationsmuster, die in unterschiedlichen Kulturen existieren und betont dabei vier Parameter, anhand deren Gesellschaften verglichen werden können: Kontext, Raum, Zeit und Informationsgeschwindigkeit. Daraus formt er vier, teilweise miteinander korrelierende Dimensionen (vgl. Abb. 3.5): High Kontext versus Low Kontext, monochrones versus polychrones Zeitverständnis, Raumorientierung sowie niedrige versus hohe Informationsgeschwindigkeit (Hall und Hall 1990). Die beiden ersten Dimensionen sind die in der Literatur schwerpunktmäßig diskutierten, weswegen hier der Fokus der Betrachtung liegen soll, zumal die beiden verbleibenden Dimensionen teilweise auf diesen aufbauen bzw. mit diesen in Zusammenhang stehen.

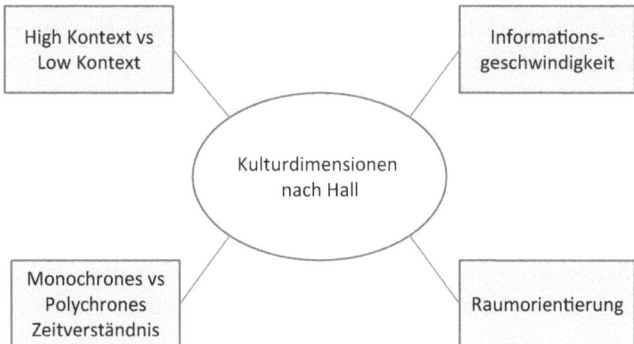

Abb. 3.5 Kulturdimensionen nach Hall

3.3.4.1 High Context versus Low Context

High-Context-Kulturen kommunizieren nicht nur über das gesprochene Wort, sondern binden dies als konkrete Botschaft in die externe Umwelt mit ein. Das bedeutet, dass eine Botschaft aus mehr als nur der verbalen Kommunikation besteht und darüber hinaus noch die Einbeziehung der äußeren Umgebung, der Situation und der non-verbalen Kommunikation bedarf, um vollständig aufgenommen werden zu können. Daraus abgeleitet wird in diesen Kulturen Kommunikation eher indirekt, implizit, schwammig und schnell gestaltet (Hoffjan 2009). Im Gegensatz dazu ist die Kommunikation in Low-Context-Kulturen eher direkt, ausführlich, explizit und präzise, wobei die äußere Umwelt hier im Wesentlichen ausgeblendet wird und auch kein derart dichtes sowie nachhaltiges Beziehungsgeflecht besteht wie in High-Context-Kulturen.

Hinsichtlich der Kontextdimensionen ist insbesondere zu beachten, dass Untergebene in High-Context-Kulturen stärker loyalitätsorientiert gegenüber ihren Vorgesetzten sind und dass Verträge in High-Context-Kulturen eher mündlich geschlossen werden bzw. schriftliche Verträge keinen endgültigen Charakter haben (Mead und Andrews 2009). Kulturen mit hohem Kontext existieren in vielen asiatischen Ländern wie Japan, China, Korea oder Vietnam sowie ferner in arabischen und mediterranen Ländern, wohingegen Beispiele für niedrigen Kontext in angelsächsischen und skandinavischen Ländern sowie in Deutschland zu finden sind, wenngleich dazu ergänzt werden muss, dass Gesellschaften durchaus Phänomene beider Ausprägungen an unterschiedlichen Punkten zeigen können, wofür etwa Frankreich exemplarisch genannt werden kann (Mead und Andrews 2009).

Für Low-Kontext-Kulturen nur sehr schwer zu erfassen ist die mitunter sehr hohe Bedeutung der Symbolik, die sich besonders am Beispiel der chinesischen Kultur festmachen lässt. Dies betrifft beispielsweise die Bedeutung von Zahlen. Viele Chinesen vermeiden die Zahl vier in Telefon- und Hausnummern oder Nummernschildern, denn vier klingt auf Chinesisch wie Tod. Dagegen sind acht oder sechs beliebte Zahlen. Sie symbolisieren Reichtum und Glück. Neben Zahlen spielen Farben eine symbolträchtige Rolle. So verkörpern die Farben Rot und Gold Prosperität und Reichtum und es kommt nicht von ungefähr, dass (Geld-)Geschenke zum chinesischen Neujahr in einem roten Umschlag (sogenannter Hongbao) überreicht werden.

Ein weiteres Beispiel betrifft die Himmelsrichtung. Hier bedeutet die Symbolik, dass der oder das Mächtigere oder Bedeutendere sich in der Regel im Norden befindet. So lautet die simple Übersetzung der Hauptstadt Peking „Stadt im Norden" und auch auf dem Tian'anmen-Platz in Peking schaut man auf das Bildnis Maos am Eingang der Himmelspforte nach Norden (dies tut im Übrigen auch Konfuzius, der seit 2011 auf dem Platz mit einer Statue verewigt ist, man sollte sich also von der vermeintlich überlegenen Größe der Statue gegenüber dem Bildnis Maos nicht täuschen lassen).

3.3.4.2 Monochrones versus polychrones Zeitverständnis

Monochrone Kulturen zeichnen sich durch eine lineare Zeitbetrachtung aus, wonach Aufgaben sequenziell erledigt werden und detaillierte Zeitpläne sowie Pünktlichkeit eine große Rolle spielen. Die Aufgabenorientierung hat in monochronen Kulturen eindeutig Priorität vor Personenorientierung. Entsprechend können in polychronen Kulturen mehrere Aufgaben gleichzeitig erledigt werden, Unterbrechungen sind nicht besonders störend und Personen stehen eher im Vordergrund als Aufgaben (Hoffjan 2009). Demzufolge wird in polychronen Kulturen auch die Einhaltung von Fristen und Verabredungen mit entsprechender Flexibilität gehandhabt. Damit einher geht, dass monochrone Kulturen einen linearen und strukturierten Zeitplan haben, in dem sich Vergangenheit, Gegenwart und Zukunft eindeutig voneinander separieren lassen.

In polychronen Kulturen hingegen kommt es dadurch, dass viele Dinge parallel geschehen, zu einer Verzahnung von Vergangenheit, Gegenwart und Zukunft (Kutschker und Schmid 2011). Monochronistisches Zeitverständnis geht zumeist einher mit individualistisch geprägten Low-Context-Kulturen, während polychrones Zeitverständnis eher mit kollektivistisch ausgerichteten High-Context-Kulturen korrespondiert. Die in polychron geprägten Gesellschaften vorzufindende hohe Flexibilität geht häufig zulasten der Strukturiertheit. Hinsichtlich einer Einordnung konnten westliche Kulturen wie Deutschland, Schweiz, Skandinavien und Amerika der monochronen Zeitorientierung zugeordnet werden. Eine polychrone Zeitorientierung haben viele lateinamerikanische und asiatische, aber auch mediterrane Kulturen.

3.3.4.3 Raumorientierung

Diese Dimension beschreibt einerseits die körperliche Distanz, die Menschen zulassen zwischen ihnen und anderen in verschiedenen sozialen Situationen. Dazu gehören Fragen, ob es in einer Kultur als angemessen gilt, die Hände zu schütteln oder sich zu umarmen und wie weit man für gewöhnlich im Rahmen einer Konversation voneinander entfernt steht. Wird beispielsweise der übliche Raum, der sich in einer Kultur zwischen Personen bildet von einer Person verkürzt, so kann dies in einem entsprechenden Kontext als aggressiv oder als sexuelle Belästigung empfunden werden. Entsprechend kann ein zu großer räumlicher Abstand als Desinteresse, Arroganz oder gar als Feindseligkeit interpretiert werden.

Andererseits wird mit dieser Dimension auch ein Territorium oder ein Gegenstand beschrieben, der von einer Person als ihr persönliches Eigentum angesehen wird (Hall und Hall 1990). Nordeuropäische und angelsächsische Kulturen gelten als körperlich distanzierter und als Kulturen mit größerem Besitzdenken, während in Lateinamerika und Südeuropa eher das Gegenteil der Fall ist. Auch in asiatischen Gesellschaften, beispielsweise in Japan oder in China ist der Abstand vergleichsweise größer und intensive Berührungen sind insbesondere in der Öffentlichkeit häufig tabu.

3.3.4.4 Informationsgeschwindigkeit

Im Rahmen dieser Dimension differenziert Hall zwischen unterschiedlichen Informationsgeschwindigkeiten, die Botschaften in verschiedenen Kulturen haben. So werden Informationen in den USA vergleichsweise schnell übertragen. Man lernt dort relativ schnell und ungezwungen neue Leute kennen, allerdings in einer nach europäischen Maßstäben eher relativ oberflächlichen Art und Weise („short and sweet"). In Europa werden Informationen dagegen langsamer übertragen, dementsprechend dauern auch Entscheidungsprozesse länger und Beziehungen etablieren sich langsamer (Hall und Hall 1990).

Ein weiteres Beispiel für eine vergleichsweise schnelle Informationsgeschwindigkeit sind arabische Gesellschaften, in denen vergleichsweise schnell entschieden wird, wobei allerdings die Entscheidungen einen deutlich provisorischeren Charakter haben, sprich jederzeit geändert werden können, ganz im Gegensatz zu vielen ost-asiatischen Ländern, in denen Entscheidungen deutlich länger brauchen, teilweise wie das Beispiel Japans zeigt auch dadurch bedingt, dass der Weg der Information durch die Organisationshierarchie in Folge der Konsensorientierung und des für High-Context-Kulturen typischen niedrigen Standardisierungsgrades sehr lang ist (Meckl 2014).

3.3.4.5 Kritik an der Arbeit Halls

Hall erhebt keinen Anspruch darauf, dass seine vier Dimensionen sämtliche interkulturellen Unterschiede abdecken. Er betont darüber hinaus, dass es neben den generellen kulturellen Unterschieden weitere Unterschiede auf Basis der Individuen gibt (Rothlauf 2012). Außerdem sind, wie die obigen Ausführungen bereits zeigen, die einzelnen Dimensionen, die Hall in seinen Arbeiten thematisiert, nicht gänzlich voneinander unabhängig. Das ist zugleich der Grund, warum die Darstellung seiner Erkenntnisse von anderen Autoren gelegentlich nur auf die ersten beiden Dimensionen, also High Context vs. Low Context und monochrones vs. polychrones Zeitverständnis beschränkt wird (Kutschker und Schmid 2011).

3.3.5 Die GLOBE-Studie

Das Global Leadership and Organizational Behaviour Effectiveness Research Program (kurz GLOBE-Studie) gilt allgemein als die aufwendigste kulturspezifische Untersuchung hinsichtlich Umfang, Tiefe, Dauer und Differenziertheit, die bisher erstellt worden ist. Die GLOBE-Studie wurde von dem Amerikaner House 1991 initiiert und basiert auf der Befragung von 17.370 Managern aus 951 Unternehmen der Branchen Lebensmittel, Telekommunikation und Finanzwesen in 59 Ländern mit 62 Kulturen mittels eines Fragebogens zu Aspekten der Organisations-, Landes- und Gesellschaftskultur, der Führung und allgemeiner demografischer Daten mit insgesamt 292 Fragen, die mittels einer Nominalskala von 1 bis 7 zu beantworten waren (House und Javidan 2004). House definierte insgesamt neun Dimensionen, die er folgendermaßen bezeichnete: Machtdistanz, Unsicherheitsvermeidung, gruppenbasierter Kollektivismus, institutioneller Kollektivismus, Geschlechtergleichheit, Bestimmtheit, Zukunftsorientierung, Leistungsorientierung und Humanorientierung (vgl. Abb. 3.6).

3.3.5.1 Machtdistanz, Unsicherheitsvermeidung und Kollektivismus

Im Rahmen der GLOBE-Studie orientieren sich die ersten vier Dimensionen – Machtdistanz, Unsicherheitsvermeidung, institutioneller und gruppeninduzierter Kollektivismus –

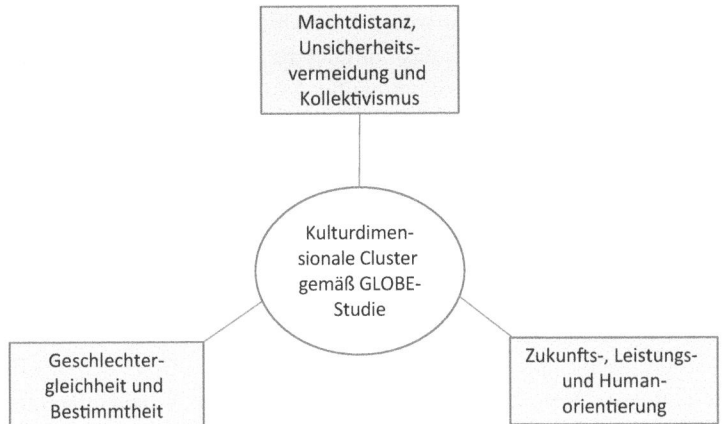

Abb. 3.6 Kulturdimensionale Cluster gemäß GLOBE-Studie

offensichtlich an denjenigen Hofstedes, wobei hinsichtlich der Dimension des Kollektivismus ergänzend zum Ansatz Hofstedes noch differenziert wird in institutionell induzierten Kollektivismus, der zum Beispiel in Japan, Südkorea, Dänemark oder Schweden stark ausgeprägt ist, und gruppeninduzierten Kollektivismus, welcher etwa in China, Indien, Iran oder Ägypten prägend ist, sowie darüber hinaus zu konstatieren ist, dass die Ausprägungen in der GLOBE-Studie und bei Hofstede unter detaillierter Betrachtung mitunter durchaus voneinander abweichen (McFarlin und Sweeney 2011). Institutionell induzierter Kollektivismus stellt dabei stärker auf die Rolle gesellschaftlicher Institutionen bei der Förderung kollektivistischen Verhaltens hinsichtlich der in ihr agierenden Individuen ab, während der gruppenbasierte Kollektivismus nicht auf die Gesellschaft als übergeordnete Instanz, sondern enger auf die unmittelbare Gruppenzugehörigkeit, insbesondere in Gestalt der Familie abstellt und dabei den familiären Zusammenhalt in Form und Beständigkeit betrachtet bzw. eruiert (Engelen und Tholen 2014).

3.3.5.2 Geschlechtergleichheit und Bestimmtheit

Auch bei diesen beiden Dimensionen werden einzelne Aspekte aus Hofstedes Rahmenwerk übernommen, und zwar insbesondere aus seiner Dimension Maskulinität versus Femininität. Bezüglich der Geschlechtergleichheit wird in der GLOBE-Studie untersucht, welche Rollen Männer und Frauen in einer Gesellschaft einnehmen bzw. ob und wie sich diese unterscheiden. In Kulturen mit hoher Geschlechtergleichheit übernehmen Männer und Frauen ähnliche Rollen, sie werden mit der gleichen Erwartungshaltung behandelt, ihnen stehen gleiche (Berufs-)Wege offen und sie werden gegenüber dem jeweils anderen Geschlecht weder benachteiligt noch bevorzugt. Männer und Frauen bekleiden also gleichermaßen Managementpositionen, im privaten Umfeld agieren beide gleichberechtigt und auch in der Erziehung bzw. der schulischen Ausbildung werden keine Unterschiede gemacht. Ungarn, Polen oder Singapore sind eindrückliche Beispiele für Geschlechtergleichheit (Engelen und Tholen 2014).

Dagegen herrscht in Kulturen mit weniger Geschlechtergleichheit eine stärkere Rollenstereotypisierung etwa dergestalt, dass in aller Regel Führungspositionen von Männern besetzt werden und Frauen dagegen häufig Assistenz- oder Sekretariatspositionen einnehmen. Damit einher gehen auch eine geschlechterspezifische Rollenverteilung bei den Berufsgruppen und eine Unterteilung in sogenannte Männer- und Frauenberufe sowie eine generelle stärkere Präsenz von Männern im Arbeitsleben, zumal diese auch häufig der Alleinverdiener in einer Familie sind, während die Frauen sich um Familie und Haushalt kümmern, was in gewisser Weise schon in den Erziehungssystemen solcher Länder vorgegeben wird, wofür Japan, die Türkei oder Marokko als markante Beispiele genannt werden können (Engelen und Tholen 2014).

Die Dimension der Bestimmtheit fokussiert weniger auf die Rolle der Geschlechter als vielmehr auf bestimmte Werte, die in einer Gesellschaft Überleben und Fortkommen bestimmen, insbesondere reflektiert durch den Grad an Durchsetzungs- und Widerstandsfähigkeit, Aggressivität und Dominanz. In Kulturen mit hohem Bestimmtheitsgrad dominieren Leistungsprinzip und Konkurrenzdenken, weswegen Einsatz und Beharrlichkeit als karriereförderlich gelten. Derartige Einstellungen dominieren in Ländern mit hohem Bestimmtheitsgrad wie Deutschland, Österreich oder Hongkong (McFarlin und Sweeney 2011). Dagegen ist das tägliche Miteinander in Kulturen mit niedrigem Bestimmtheitsgrad stärker durch Kooperation und Konsens geprägt, sodass Aggressivität oder dominantes Auftreten in der Regel als inadäquat und destruktiv empfunden werden, was in vielen asiatischen Ländern wie beispielsweise Japan oder Thailand, aber auch in einigen europäischen Ländern wie Schweden oder der Schweiz und auch in Neuseeland der Fall ist (Engelen und Tholen 2014).

3.3.5.3 Zukunfts-, Leistungs- und Humanorientierung

Auch diese Dimension lehnt sich offensichtlich an die Terminologie Hofstedes an, und zwar an die Langfristigkeitsorientierung bzw. konfuzianische Dynamik. Zukunftsorientierte Kulturen gewichten die Zukunft höher als die Gegenwart, sodass letztere konsequenterweise von einem höheren Grad an Komplexität und Flexibilität geprägt ist, um auf unterschiedliche Zukunftsszenarien reagieren zu können und demzufolge entsprechendes Augenmerk auf Zieldefinitionen und Plänen zur zukünftigen Zielerreichung sowie intrinsischer Motivation liegt, wie das in besonderem Maße in Ländern wie Singapore, der Schweiz oder den Niederlanden der Fall ist.

Dagegen liegt in Kulturen, die weniger zukunftsorientiert sind der Fokus eher auf der Gegenwart mit entsprechend kurzfristiger Orientierung im Arbeits- und Privatleben mit der Folge einer extrinsisch geprägten Motivation und einer generellen Ausrichtung auf das alltägliche Leben und seine Routinen (Engelen und Tholen 2014). Die Dimension der Leistungsorientierung, die Anleihen bei Hofstedes (Dimension Maskulinität vs. Femininität) und Trompenaars' (Dimension Leistung vs. Herkunft) Rahmenwerk nimmt, stellt auf den Wert und die Bedeutung der Leistung ab. Leistungsorientierte Kulturen weisen der steten Leistungsverbesserung und der damit verbundenen Anerkennung und Würdigung eine hohe Bedeutung zu. Initiative, Weiterbildung, individuelle Förderung sowie leistungsinduzierte Belohnungen und Beförderungen spielen eine wichtige Rolle in leistungsorientierten Ländern wie Singapore, Hongkong oder der Schweiz.

Im Gegensatz dazu werden in Kulturen mit niedriger Leistungsorientierung Harmonie, Konsens und Tradition höher gewichtet als individuelle Leistung, weswegen negatives Feedback sowie direkte Kritik vermieden werden und Beförderungen eher nach Erfahrung oder Seniorität erteilt werden als nach Performance wie etwa in Russland, Venezuela oder Griechenland (McFarlin und Sweeney 2011). Die letzte Dimension in der GLOBE-Studie betrifft die Humanorientierung, welche sich auf das Ausmaß bezieht, zu welchem eine Kultur ihre Mitglieder dazu ermutigt bzw. dafür belohnt, sich fair und rücksichtsvoll gegenüber anderen Mitmenschen zu verhalten. Kulturen mit einer ausgeprägten Humanorientierung zeigen eine größere Beachtung für wenig privilegierte und einflussarme Mitmenschen in ihrer Gesellschaft, wofür Länder wie Thailand, die Philippinen oder Irland beispielhaft stehen. Fürsorge, Freundlichkeit und Toleranz spielen dabei naturgemäß eine große Rolle. Auf der anderen Seite stehen Gesellschaften, die mehr Wert auf individuellen Einfluss und materiellen Besitz legen wie Singapore oder Deutschland (McFarlin und Sweeney 2011).

3.3.5.4 Kritik an der GLOBE-Studie

Die GLOBE-Studie konsolidiert ihre Ergebnisse in Analogie zu anderen interkulturellen Studien wie insbesondere derjenigen von Hofstede, indem sie die analysierten Kulturen gemäß ihren prägnantesten Resultaten in zehn regionale Cluster einordnet. Konzeptionelle Vorteile bzw. Weiterentwicklungen der GLOBE-Studie gegenüber der Studie Hofstedes sind vor allem in der Erweiterung und der Präzisierung der Dimensionen auszumachen, wodurch managementspezifische kulturelle Aspekte noch genauer dokumentiert werden können, zumal sich aufgrund der wissenschaftlichen Anforderungen genügenden methodischen Fundamente der Studie empirisch überprüfbare Aussagen zu kulturspezifisch erfolgreichen Führungseigenschaften ableiten lassen (Meckl 2014).

Darüber hinaus lassen sich auch für andere kulturvergleichende Studien bereits akzentuierte Kritikpunkte aufzählen. Dazu zählen zuvorderst die Gleichsetzung kultureller und nationaler Grenzen, die vergleichsweise einseitige Fokussierung auf Führungskräfte in der Befragung, die starke US-Lastigkeit des Forscherteams hinsichtlich der akademischen Ausbildung und Historie sowie die Unterteilung in Ist- und Sollzustände bezüglich der kulturellen Prägung, wobei vor allem die große Anzahl von Kulturen auffällt, in denen man sich einen anderen kulturellen Sollzustand wünscht als der aktuell tatsächlich gelebte (Engelen und Tholen 2014).

3.3.6 Gesamtbeurteilung

Schlussfolgernd aus den Ergebnissen der Analyse unterschiedlicher kulturvergleichender Modelle lässt sich ableiten, dass es kulturelle Unterschiede zwischen Nationen im Bereich der Werte, Normen, Einstellungen oder Verhaltensweisen gibt, wenngleich sich diese Unterschiede nicht ohne weiteres in ihren Konsequenzen für das Management von Unternehmen und Organisationen bestimmen lassen und damit in gewisser Weise spekulativ bleiben (Kutschker und Schmid 2011). Bezüglich der Anzahl betrachteter Dimensionen gibt es prinzipiell kein Limit, wobei sich mit der Anzahl der Dimensionen generell die Wahrscheinlichkeit von Überschneidungen erhöht und damit die ohnehin herrschende Problematik fehlender eindeutiger Ursache-Wirkungsbeziehungen weiter verschärft. Diese prinzipiell unlimitierte Zahl an kulturellen Dimensionen lässt auch die in kulturvergleichenden Studien häufiger angestrebte Einordnung von Nationen in kulturelle Cluster fragwürdig erscheinen, sodass man entsprechend der Argumentation von Kutschker und Schmid eher von kulturverwandten Nationen sprechen sollte, wodurch besser reflektiert wird, dass zwischen den betrachteten Ländern zwar kulturelle Gemeinsamkeiten, aber auch Differenzen bestehen.

Ergänzend dazu besteht das Problem der mangelnden Präzision der Dimensionsdefinitorik, sodass Vergleiche und Interpretationen erschwert werden bzw. nicht vollständig validierbar sind. Dennoch lassen sich aus solchen Studien in der Regel allgemeine Kulturstandards ableiten, die innerhalb einer Kultur als normal oder typisch gelten und deren Kenntnis für Kulturfremde im täglichen Privat- und Berufsleben nützliche Unterstützung leisten können. Gleichwohl ist dabei aber auch zu berücksichtigen, dass sich diese mit der Zeit aufgrund unterschiedlicher gesellschaftlicher Einflussfaktoren verändern können und insofern einer kontinuierlichen Überprüfung bedürfen (Kutschker und Schmid 2011).

3.4   Unternehmenskultur im internationalen Kontext

Nachdem im vorstehenden Abschnitt unterschiedliche Ansätze zur Erfassung und Erklärung kultureller Unterschiede zwischen nationalen Kulturen und Gesellschaften diskutiert worden sind, soll nun die unternehmensspezifische Kultur in Form ihrer Inhalte und Gestaltungsfaktoren im internationalen Kontext in den Fokus der Betrachtung rücken.

3.4.1   Inhalte, Merkmale und Ebenen von Unternehmenskulturen

▶ **Unternehmenskultur** Unter einer Unternehmenskultur versteht man gemeinhin ein Set an gemeinsamen Grundannahmen, Werten, Normen, Einstellungen und Überzeugungen, die ein Unternehmen in seinem Umgang mit seinen Stakeholdern nach innen und nach außen prägen und sich als Antwort auf deren Anforderungen im Zeitablauf herausgebildet hat.

Es geht dabei also nicht um die Aggregation individueller Werte, Einstellungen oder Überzeugungen, sondern um geteilte, d. h., durchgängig über alle Individuen im Unternehmen verankerte Gemeinsamkeiten (Kutschker und Schmid 2011). In diesem Zusammenhang interessiert insbesondere, welchen Einfluss die Unternehmenskultur auf Effektivität und Effizienz eines internationalen Unternehmens hat und wie einheitlich oder verschiedenartig diese über verschiedene internationale Standorte eines Unternehmens hinweg formuliert bzw. gelebt werden kann. Zur Beantwortung dieser Frage können verschiedene Merkmale einer Unternehmenskultur identifiziert werden, welche maßgeblichen Einfluss auf das Verhalten eines Unternehmens ausüben und die Mobey et al. (2005) insbesondere unter den Schlagworten Mission, Anpassungsfähigkeit, Konsistenz und Einbindung subsumieren (vgl. Abb. 3.7).

Unter dem Merkmal Mission wird dabei die langfristige Ausrichtung eines Unternehmens verstanden, die mittels strategischer Zielsetzungen konkretisiert wird. Das Merkmal Anpassungsfähigkeit umschreibt die Fähigkeit eines Unternehmens, auf Umwelteinflüsse wie Veränderungen der Kundenpräferenzen oder neue regulatorische bzw. marktliche Rahmenbedingungen adäquat zu reagieren, während das Merkmal der Konsistenz das Ausmaß an Durchgängigkeit bzw. Reflexion der Unternehmenskultur in den das Unternehmen prägenden Strukturen und Prozessen definiert. Schließlich bezeichnet das Merkmal der Einbindung das Ausmaß an Verantwortungsdelegation, Förderung und Informationsweitergabe, welches das Unternehmen seinen Mitarbeitern zu teil werden lässt. Entsprechende empirische Studienergebnisse legen einen Einfluss dieser Merkmale auf Umsatzwachstum, Gewinn, Gesamtkapitalrendite, Qualität und Mitarbeiterzufriedenheit nahe (Rothlauf 2012).

Unternehmenskulturen werden auf der makrokulturellen sowie der mikrokulturellen Ebene beeinflusst. Zur makrokulturellen Einflussebene gehören zuvorderst die jeweilige Landeskultur und die Branchenkultur, während auf der mikrokulturellen Ebene vor allen Dingen die Thematik der Subkulturen eine Rolle spielt, d. h., inwieweit in unterschiedlichen Organisationseinheiten, Bereichs- oder Gruppenebenen Teil- oder Subkulturen vorherrschen, die innerhalb des gesamtunternehmenskulturellen Rahmens aufgrund verschiedenartiger Rahmenbedingungen oder Aufgabenstellungen entstehen. Beispielhaft dafür sei das Investmentbanking großer Geschäftsbanken wie der Credit Suisse oder der

Abb. 3.7 Merkmale einer Unternehmenskultur

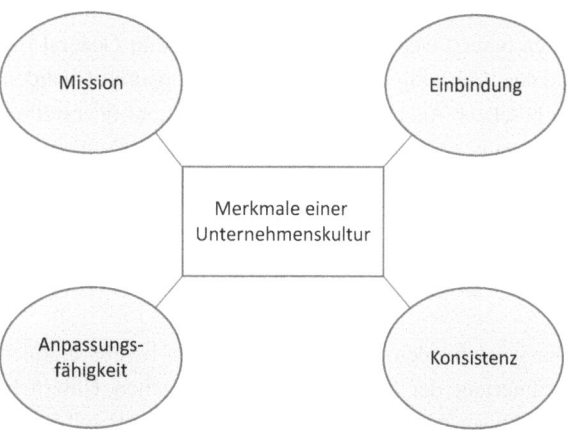

Deutschen Bank genannt, deren Gesellschaften insbesondere an den Finanzplätzen New York und London im Zuge ihrer Geschäftspolitik regionale Sub-Kulturen entwickelten, die sich von den traditionellen Werten ihrer Mutterkonzerne nicht unwesentlich unterschieden.

Die Frage, welche sich diesbezüglich stellt ist diejenige, ob unternehmenskulturelle Werte und Einstellungen national-kulturelle beeinflussen oder gar ersetzen können, zumal die zugehörige Evidenz ambivalent bleibt. Zweifellos wird eine Unternehmenskultur auf globaler oder sub-kultureller Ebene die Mitarbeiter eines Unternehmens auf lange Sicht beeinflussen und dabei uniforme Muster hinsichtlich deren Verhalten, Grundannahmen, Werten oder Einstellungen generieren, doch dabei wird die Länge der Zeit, die ein Individuum in einem Unternehmen verweilt, tendenziell eine größere Rolle spielen als das eigentliche Managementsystem des Unternehmens (Mead und Andrews 2009). Das Managementsystem wiederum ist unternehmenskulturell umso tiefer verwurzelt, je länger Mitarbeiter im Unternehmen verweilen, was beispielsweise bezogen auf Unternehmen des deutschen Mittelstands häufig als eines der Argumente für deren im Vergleich zu Kapitalmarktunternehmen ausgeprägtere Unternehmenskulturen herangezogen wird.

Dass auch dieses Argument relativierbar ist, zeigen große Unternehmen wie McKinsey oder General Electric. McKinsey legt etwa bereits beim Einstellungsprozess von neuen Mitarbeitern sehr großen Wert auf die Einhaltung der zentralen Unternehmenswerte, die seit den Gründungsjahren des Unternehmens in den 1920er Jahren fundamentale Bedeutung erlangt haben und weiterhin haben. Es geschieht dort eine Differenzierung gegenüber Wettbewerbern über die zentralen Unternehmenswerte, die auf jedem Mitarbeiterdesktop in jeder Niederlassung weltweit zu sehen sind und deren Befolgung zugleich wichtiges Bewertungskriterium im Rahmen der regelmäßigen Leistungsbeurteilungen (Counsellings) ist, die ganz bewusst auch darauf ausgelegt sind, diejenigen Mitarbeiter, die die gesetzten Leistungsstandards nicht erfüllen, zu identifizieren und sich in der Konsequenz von diesen zu trennen (Lorsch und Durante 2013).

Die zentralen Kernwerte repräsentieren globale unternehmenskulturelle Standards, die für jeden Mitarbeiter gelten und auf Außenstehende deswegen häufig als wahrnehmbares Differenzierungskriterium wirken. Ausfluss dieser starken Unternehmenskultur ist zugleich, dass Führungs-, insbesondere Partner- und Direktorpositionen überwiegend mit internen Kandidaten besetzt werden, was übrigens auch für General Electric gilt, wo interne Potenzialkandidaten frühzeitig ausgewählt und herangeführt werden, um Top-Management-Positionen zu besetzen. Auch General Electric setzt auf übergreifende globale Standards, die in einem sogenannten Betriebssystem, einem Regelwerk, in dessen Herz die Personalentwicklung und die diese prägende Performance-Kultur stehen, dokumentiert sind (Bergmann 2002).

3.4.2 Unternehmenskultur und Internationalisierungsgrad

Die vorstehenden Ausführungen lassen bereits erahnen, dass es ein Standardmodell zur Erläuterung der Zusammenhänge zwischen Unternehmenskultur und Internationalisierung bisher nicht zu geben scheint. Dennoch soll an dieser Stelle ein Ansatz beschrieben werden, der einen Rahmen bietet, um unternehmenskulturelle Anpassungsprozesse im Internationalisierungskontext zu erklären und dabei zwischen drei unterschiedlichen Entwicklungsstufen hinsichtlich des Internationalisierungsgrades differenziert. Auf der ersten Entwicklungsstufe werden Unternehmenskultur sowie Organisations- und Steuerungsprozesse relativ deutlich von der Stammhausmentalität geprägt, was im Ergebnis zu einer sogenannten ethnozentrischen Ausrichtung der Unternehmenskultur führt, die sich dadurch auszeichnet, dass im Stammhaus funktionierende Prozesse auf die unterschiedlichen Auslandsgesellschaften übertragen werden und demzufolge Standardregeln überwiegend von Führungskräften aus dem Stammhaus implementiert werden, welche von länderspezifischen Besonderheiten größtenteils abstrahieren (Rothlauf 2012).

Im Übergang zur zweiten, mit dem Begriff polyzentrisch bezeichneten Entwicklungsstufe vollzieht sich eine Bewegung hin zu einer stärkeren Betonung der Dezentralisierung von Verantwortung und Entscheidungen, was hinsichtlich der Gestalt der Unternehmenskultur zu mehr kultureller Vielfalt in Form von länderspezifischen Kulturen bzw. zur Ausprägung von Subkulturen führt. Das bedeutet auch, dass lokale Fach- und Führungskräfte stärker Berücksichtigung finden im Vergleich zur ethnozentrischen Ausrichtung. Schließlich bildet als dritte und letzte Entwicklungsstufe die regio-/geozentrische Ausrichtung die finale Stufe der Kompromissbildung zwischen international standardisierten Führungs- und Steuerungsprinzipien und länderspezifischen Faktoren, was in der Konsequenz zu einer einheitlichen globalen Unternehmenskultur und -identität führt, die durch interkulturelle Spielräume auf der Ebene der Ländergesellschaften ergänzt wird. Dies führt zu einer gemeinsamen Vision unter den Führungskräften, sodass auf der Ebene der Ländergesellschaften größtenteils lokale Führungskräfte tätig sind.

Die Übergänge zwischen den unterschiedlichen Stufen sind offensichtlich fließend und sollen über die Transformation der Kultur zu einer regio-/geozentrischen Kultur in eine Lernkultur münden, die offen und bereit für kontinuierliche und aus geschäftspolitischer bzw. strategischer Unternehmenssicht notwendige Anpassungen und Veränderungen ist (Rothlauf 2012). Dass dies in der betrieblichen Praxis alles andere als einfach zu bewerkstelligen ist, zeigen auch zahlreiche Beraterprojekte, die von den Unternehmen zur Thematik des kulturellen Wandels angestoßen wurden und weiterhin werden.

Es hat sich diesbezüglich mittlerweile in vielen Unternehmen die Erkenntnis durchgesetzt, dass eine von Beratern in Verbindung mit dem Management oder vom Management isoliert konzipierte neue Unternehmenskultur selten optimale Ergebnisse hervorbringt, sondern stattdessen eine kooperative Konzeption unter Einbeziehung der Mitarbeiter zu besseren Ergebnissen führen kann, wenn sich alle darauf einlassen und wenn genügend Zeit dafür verbleibt, was in Krisensituationen eines Unternehmens, in denen schnelle und kompromisslose Veränderungen eingeführt werden müssen, leider nicht immer der Fall ist bzw. sein kann (Mead und Andrews 2009).

3.5   Unternehmensethik und Corporate Social Responsibility

Ethik im Arbeitsleben ist ein noch relativ neues Thema. Das liegt vor allem daran, dass sich durch die fortschreitende Globalisierung der Wirtschaft auch die Arbeitsmärkte zunehmend internationalisiert haben und infolgedessen starke Migrationsbewegungen eingesetzt haben, die dazu führen können, dass vormals starke ethisch-religiöse Verhaltensstandards in einer Gesellschaft nicht mehr für selbstverständlich erachtet werden können, was dann häufig Bedenken auslöst. Dazu kommen eine zunehmende Sensibilisierung in den Medien für ethisch-moralische Themen und eine damit korrespondierende öffentliche Sanktionierung unethischen Verhaltens von Unternehmensmanagern (Mead und Andrews 2009). Im Kontext der Internationalisierung eines Unternehmens werden seine Manager mit vielen unterschiedlichen kulturellen Aspekten konfrontiert, die menschliches Verhalten prägen. Obwohl rechtliche Rahmenbedingungen in einer Nation die Grenzen setzen, in denen individuelles und Unternehmensverhalten sich bewegen dürfen, sind diese dennoch in den meisten Fällen untauglich für die Bewertung von Dilemmata der Ethik oder sozialer Verantwortung von bzw. in Unternehmen.

Das Ziel der Gewinnmaximierung verleitet etwa Unternehmen regelmäßig dazu, unterschiedliche Rechtssysteme und deren Gesetze bzw. Vorschriften zwischen einzelnen Staaten auszunutzen, sei es um von besseren Produktionsbedingungen, niedrigeren Arbeitslöhnen oder Sozialstandards, laxeren Umweltvorschriften oder großzügigeren Steuervorschriften profitieren zu können, was wiederum unter ethisch moralischen Gesichtspunkten fragwürdig erscheint. Der Unterschied zwischen der rechtlichen und der ethischen Betrachtung liegt dabei darin, dass es in einem ethischen Dilemma keine richtigen oder falschen Entscheidungen gibt (Wild und Wild 2014). Ethisches Verhalten repräsentiert persönliches Verhalten, welches sich im Einklang mit moralischen Standards befindet, deren Gültigkeit aber von der jeweiligen Perspektive abhängt.

Zusätzlich zu dem Erfordernis eines ethisch korrekten persönlichen Verhaltens, dem sich Mitarbeiter und insbesondere Manager eines Unternehmens gegenüber sehen, wird von Unternehmen heute erwartet, dass sie eine soziale Verantwortung zeigen, sich also jenseits dessen zu bewegen, was rechtlich geboten ist und dabei die Interessen von Stakeholdern, Gesellschaft und Umwelt zu berücksichtigen und zu unterstützen. Corporate Social Responsibility umfasst in diesem Kontext eine große Breite von Aktivitäten von Armenspenden über Katastrophenhilfe, Schulbau und Umweltschutzmaßnahmen. Dabei spielt die wachsende Erkenntnis verantwortungsvoller Manager eine Rolle, dass die Zukunft ihres Unternehmens maßgeblich von gesunden Mitarbeitern und einer intakten Umwelt abhängt (Wild und Wild 2014). Als wesentliche Aktionsfelder einer Corporate Social Responsibility gelten Betrug und Korruption, Arbeitsbedingungen und Menschenrechte, faire Handelspraktiken sowie Umweltschutz.

Der Tatbestand der Korruption variiert in Form und Inhalt zwischen unterschiedlichen Kulturen teilweise recht deutlich (vgl. Abb. 3.8). Während beispielsweise Schmiergelder in manchen Ländern an der Tagesordnung sind, um Zugang zu Aufträgen oder Netzwerkkanälen zu bekommen, ist dies in anderen Ländern strikt unter Strafe gestellt.

1	Denmark		53	Czech Republic
2	New Zealand		55	Saudi Arabia
3	Finland		64	Turkey
4	Sweden		67	South Africa
5	Norway		69	Brazil
5	Switzerland		69	Bulgaria
7	Singapore		69	Greece
8	Netherlands		69	Italy
9	Luxembourg		69	Romania
10	Canada		85	India
11	Australia		85	Thailand
12	Germany		94	Egypt
14	United Kingdom		100	China
15	Japan		103	Mexico
17	United States		107	Argentina
25	United Arab Emirates		107	Indonesia
26	France		119	Vietnam
26	Qatar		136	Iran
31	Portugal		136	Nigeria
35	Poland		136	Russia
35	Taiwan		170	Iraq
37	Israel		172	Afghanistan
37	Spain		173	Sudan
43	Korea (South)		174	Somalia
47	Hungary			
50	Malaysia			

Abb. 3.8 Auszug aus dem Transparency International Corruption Perceptions Index 2014. (Quelle: Corruption Perceptions Index (www.transparency.org))

Geschenke gehören beispielsweise in China zum normalen Alltag im Geschäftsleben, um sich bestimmte Vorteile oder Zugänge zu verschaffen, während dies in Deutschland mittlerweile nur noch in sehr engen betraglichen Grenzen erlaubt ist und jenseits solcher Wertgrenzen den Tatbestand der Bestechung erfüllt. Derart unterschiedliche Praktiken machen es für internationale Unternehmen schwierig, einheitliche Compliance-Codes zu formulieren und vor allem diese konsequent durchzusetzen.

Welchen Schaden gebrochene Compliance-Codes verursachen können, zeigt das Beispiel Siemens, wo zwischen 2001 und 2007 über 4000 illegale Zahlungen in Höhe von ca. 1,4 Mrd. US$ an andere Unternehmens- und Behördenvertreter an mehreren internationalen Standorten geleistet wurden, die Siemens nicht nur hohe Strafzahlungen und Anwaltskosten, sondern auch einen nicht unerheblichen Vertrauensverlust eingebracht haben, was auch vor dem Hintergrund zu betrachten ist, dass solche Bestechungsgelder bis 1999 in Deutschland noch keinen Straftatbestand darstellten und steuerlich absetzbar waren (McFarlin und Sweeney 2011).

Die Anfälligkeit von Kulturen für Korruption und Betrug wird regelmäßig von der Organisation Transparency International für 180 Länder erhoben und in einer Rangliste veröffentlicht. Eine zunehmende Zahl an international operierenden Unternehmen versucht mittlerweile, auch getrieben durch gestiegene Sensibilisierung aufseiten ihrer Kunden und Abnehmer, die lokalen Arbeitsbedingungen bei ihren Lieferanten stärker zu kontrollieren und zu verbessern bzw. auf die Einhaltung von Mindeststandards zu achten.

Dass dies kein einfaches Unterfangen ist, zeigt das Beispiel Nike, wo man sich im Jahre 2005 entschloss, die Namen und Standorte der Lieferanten und ihrer Fabriken zu veröffentlichen, um entsprechenden Druck zur Verbesserung der Arbeitsstandards auszuüben, was angesichts der Tatsache, dass es sich um ca. 800.000 Beschäftigte in 52 Ländern (95 % davon in China, Vietnam, Thailand und Indonesien) mit vielfach sehr laxen lokalen Gesetzgebungen handelte, eine schwierige Aufgabe war. So musste denn auch das Unternehmen gegen Ende des Jahres 2006 einräumen, dass sich die Arbeitsbedingungen bei fast 80 % der Lieferanten nicht verbessert, ja sogar zum Teil weiter verschlechtert hatten (McFarlin und Sweeney 2011).

Auch die Einhaltung von Menschenrechten wie die Gleichberechtigung von Frauen oder das Verbot von Kinderarbeit geraten zunehmend in den öffentlichen Fokus und setzen insbesondere die großen internationalen Konzerne unter Druck, die in solchen Ländern, wo diese Rechte regelmäßig missachtet werden wie beispielsweise in Indien, Pakistan oder Bangladesh, fertigen lassen. Einige reagieren darauf mit strengen Codes of Conduct und ggfs. Rückzug bei dessen Missachtung wie etwa Levi Strauss oder Nike, andere wiederum wie Ford oder Mobil führen das Geschäft fort unter der Argumentation, dass sich durch die fortgeführte geschäftliche Präsenz mehr erreichen lasse als durch Rückzug (McFarlin und Sweeney 2011).

Den größten Aufmerksamkeitsschub hat jedoch im Kontext der Corporate Social Responsibility spätestens seit Beginn der 2010er Jahre die Umweltverschmutzung und dabei insbesondere der Klimawandel erfahren, der sich anschickt, in zunehmendem Maße die natürlichen Existenzgrundlagen auf der Erde zu bedrohen. Während in der Vergangenheit vor allem Explorationsunternehmen wegen vermeintlicher Verstöße gegen Umweltauflagen mit wachsenden Straf- und Ausgleichszahlungen konfrontiert wurden (exemplarisch seien hier genannt: Shell in Nigeria, British Petrol im Golf von Mexiko, ChevronTexaco in Ecuador oder Vale & BHP Billiton in Brasilien), so betrifft dies mittlerweile auch Unternehmen anderer Wirtschaftszweige, die als Folge davon vermehrt Ausgleichsprojekte initiieren, lokal in Bildungs- und Gesundheitseinrichtungen investieren oder ihre Geschäftsmodelle grundsätzlich verändern, um ihrer Umweltverantwortung besser gerecht werden zu können.

In diesem Zusammenhang spielt natürlich ebenfalls das Thema des nachhaltigen Wirtschaftens eine maßgebliche Rolle, was u. a. durch den Dow Jones Sustainability Index (DJSI) symbolisiert und repräsentiert wird, dem die 10 % nachhaltigsten unter den 2500 größten im Dow Jones Global Total Stock Market Index (DJGTSM) vertretenen Unternehmen angehören, wodurch eine gute Vergleichbarkeit von ökonomischer und nachhaltiger Leistungsfähigkeit der Unternehmen erzielt wird. Indices wie der DJSI finden mittlerweile große Beachtung bei institutionellen Großanlegern wie etwa amerikanischen Pensionsfonds, die ihr Investitionsverhalten danach ausrichten, wodurch der Druck auf die Unternehmen, nachhaltiges Wirtschaften zur Maxime ihres Handelns zu machen, steigt. Dass solche Indices in ihrer Zusammensetzung durchaus schnell auf mangelnde Nachhaltigkeit im Geschäftsgebaren von Unternehmen zu reagieren vermögen, zeigt die rasche Auslistung des Volkswagenkonzerns im Herbst des Jahres 2015 aus dem DJSI unmittelbar nach Bekanntwerden großflächig manipulierter Abgaswerte in VW-Dieselaggregaten in den USA.

1. Welche generellen Elemente prägen grds. die Kultur von Gesellschaften?
2. Vergleichen Sie die gängigen kulturdimensionalen Modelle von Kluckhohn/Strodtbeck, Hofstede, Trompenaars, Hall und die GLOBE-Studie hinsichtlich ihrer Annahmen und Aussagekraft.
3. Welchen Einfluss kann die Unternehmenskultur auf den Internationalisierungsgrad von Unternehmen haben?
4. Geben Sie Beispiele für die gestiegene Bedeutung von Ethik- und Compliance-Standards in internationalen Unternehmen.

Literatur

Bergmann J (2002) Der tanzende Elefant. Brandeins 2002(1):46–51

Chow CW, Shields MD, Wu A (1999) The importance of national culture in the design of and preference for management controls for multinational operations. Acc Organ Soc 24(5–6):441–461

Engelen A, Tholen E (2014) Interkulturelles Management. Schäffer-Poeschel, Stuttgart

Griffin RW, Pustay MW (2015) International business: a managerial perspective, 8. Aufl. Pearson Education, Harlow

Gupta RK, Panda A (2003) Major cultural characteristics. In: Tayeb M (Hrsg) International management: theories and practices. Financial Times, Prentice Hall

Hall ET, Hall MR (1990) Understanding cultural differences. Intercultural Press, Yarmouth

Hills MD (2002) Kluckhohn and Strodtbeck's values orientation theory. Online readings in psychology and culture, Nr. 4. http://dx.doi.org

Hoffjan A (2009) Internationales Controlling. Schäffer-Poeschel, Stuttgart

Hofstede G (1983) The cultural relativity of organizational practices and theories. J Int Bus Stud 14(2):75–89

Hofstede G, Hofstede GJ (2011) Lokales Denken, globales Handeln. Interkulturelle Zusammenarbeit und globales Management, 5. Aufl. Beck, München

House RJ, Hanges PJ, Javidan M (2004) Culture, leadership, and organizations: the globe study of 62 societies. Sage Publications, Thousand Oaks

Kieser A, Ebers M (2014) Organisationstheorien, 7. Aufl. Kohlhammer, Stuttgart

Kluckhohn FR, Strodtbeck FL (1961) Variations in value orientations. Row Peterson & Co., Evanston

Kutschker M, Schmid S (2011) Internationales Management, 7. Aufl. Oldenbourg, München

Lorsch JW, Durante K (2013) McKinsey & Company. A Harvard Business School Case Study

McFarlin DB, Sweeney PD (2011) International management. Strategic opportunities and cultural challenges, 4. Aufl. Routledge, London

Mead R, Andrews TG (2009) International management, 4. Aufl. Wiley, Chichester

Meckl R (2014) Internationales Management, 4. Aufl. Vahlen, München

Mobey WH, Wang L, Fang K (2005) Organizational culture. Measuring and developing it in your organization. Harvard Bus Rev 3:128–139

Piketty T (2014) Das Kapital im 21. Jahrhundert. Beck, München

Rodrigues C (2009) International management. A cultural approach. Sage Publications, Thousand Oaks

Rothlauf J (2012) Interkulturelles Management, 4. Aufl. Oldenbourg, München

Schugk M (2014) Interkulturelle Kommunikation. Grundlagen und interkulturelle Kompetenz für Marketing und Vertrieb, 2. Aufl. Vahlen, München

Tayeb M (2003) International management: theories and practices. Prentice Hall, Financial Times

Trompenaars F, Hampden-Turner C (2012) Riding the waves of culture. Understanding cultural diversity in business, 3. Aufl. Brealey Publishing, London

Trompenaars F, Woolliams P (2004) Business weltweit. Der Weg zum interkulturellen Management. Murmann, Hamburg

Wild JJ, Wild KJ (2014) International business, 7. Aufl. Pearson Education, Harlow

Teil II

Strategisches Management und Organisation internationaler Unternehmen

Internationales Strategiemanagement 4

Zusammenfassung

In diesem Kapitel wird zunächst die Thematik der Strategieformulierung im internationalen Geschäftskontext beschrieben sowie die darin zu erörternden Aspekte der Unternehmensmission, der strategischen Zielidentifikation und der Identifikation von Kernkompetenzen sowie der damit korrespondierenden Wertschöpfungsaktivitäten. Anschließend werden die generellen Cluster von Internationalisierungsstrategien diskutiert gefolgt von in diesem Zusammenhang zu spezifizierenden Markt- und Standortselektionsstrategien, Markteintrittsstrategien bezüglich Marktform und Eintrittszeitpunkt sowie Wettbewerbsstrategien, die insgesamt als strategischer Rahmenplan den internationalen Erfolg einer Unternehmung maßgeblich prägen und sicherstellen sollen.

4.1 Strategieformulierung und internationale Strategieoptionen

Internationale Strategien werden entwickelt bzw. formuliert nach grundsätzlich ähnlichen Prinzipien und unterliegen dabei gleichartigen Prozessen und konfrontieren das Management mit ähnlichen Problemen wie das bei domestischen Strategien der Fall ist. Sowohl nationale als auch internationale Unternehmen müssen in diesem Zuge entscheiden, welche Produkte sie anbieten wollen, wo sie diese produzieren oder einkaufen wollen und auf welchen Märkten sie diese anbieten wollen. Einzig die Komplexität ist im internationalen Kontext deutlich höher, zumal hinsichtlich der Anzahl und Vielfalt unterschiedlicher Märkte sowie ihrer jeweiligen kulturellen, soziodemografischen und anderen Einflussfaktoren, die das Unternehmensgeschäft substanziell beeinflussen (Wild und Wild 2014). Die meisten Unternehmen besitzen einen generellen Existenzzweck, den sie in einem sogenannten Mission Statement konkretisieren.

© Springer Fachmedien Wiesbaden GmbH 2017   81
M. Sure, *Internationales Management,* DOI 10.1007/978-3-658-16163-7_4

4.1.1 Strategiefindungsprozess

Das Mission Statement enthält zumeist einen klaren Hinweis auf die prioritär zu verfolgende Zielsetzung, welche das Unternehmensgeschehen prägen soll und häufig mit einem zentralen Werbeslogan verknüpft ist. Das kann etwa eine Qualitäts- und Servicefokussierung sein wie bei Daimler („Das Beste oder Nichts") bzw. Singapore Airlines („A Great Way to Fly") oder eine Kostenfokussierung wie bei Dacia („das Statussymbol für alle, die kein Statussymbol brauchen") bzw. Ryanair („Low Fares. Made Simple.") oder auch eine Innovationsfokussierung wie bei Apple („Think Different"), Bayer („Science for a better Life") bzw. General Electric („Imagination at Work"). Mission Statements haben darüber hinaus häufig einen direkten Bezug zu den Belangen ihrer jeweiligen Stakeholder. Diesbezüglich stellen die meisten Unternehmen heutzutage den Kunden und sein Erlebnis ins Zentrum, decken aber darüber hinaus in ihren Statements auch die anderen relevanten Stakeholdergruppen wie Mitarbeiter, Aktionäre und Umwelt ab. Letztlich dient ein Mission Statement zur Präzisierung des Unternehmensprofils hinsichtlich des Geschäftsmodells und der damit verbundenen übergreifenden Zielsetzungen.

Bevor nun mit der Formulierung konkreter strategischer Zielsetzungen begonnen werden kann, bedarf es einer Analyse und Identifikation von unternehmerischen Kernkompetenzen und damit korrespondierenden Wertschöpfungsaktivitäten (Wild und Wild 2014). Das schließt die Analyse des Unternehmens, der von ihm besetzten Branchen oder Industrien und der jeweiligen nationalen wirtschaftlichen Rahmenbedingungen ein. Kernkompetenzen sind in diesem Zusammenhang als unternehmerische Fähigkeiten zu bezeichnen, die für konkurrierende Unternehmen schwierig oder unmöglich nachzuahmen sind. Sie sind häufig nicht einfach durch Ausbildung oder persönliche Erfahrungen erlernbar, sondern sind das Ergebnis langwieriger organischer Prozesse und Zusammenspiele von persönlichen und technologischen Ressourcen. Die Identifikation und Analyse von Kernkompetenzen kann dabei u. a. anhand der Wertkette erfolgen. Die Wertkette unterteilt die Aktivitäten eines Unternehmens in primäre und sekundäre bzw. Unterstützungsaktivitäten und identifiziert in diesem Rahmen Prozesse, die zu Wertschöpfung für die Kunden führen (Porter 1985).

Bei der Analyse primärer Aktivitäten geht es folglich um die Steigerung der direkten Wertschöpfung für den Kunden etwa durch die Verbesserung des Kundenservice oder die Verkürzung von Logistikprozessen zur Reduktion von Lieferzeiten für den Kunden oder durch ein höheres Automatisierungsniveau in den Produktionsprozessen. Die sekundären Aktivitäten bilden Prozesse ab, die die Abwicklung der primären Prozesse unterstützen und zum Beispiel durch eine Intensivierung von Ausbildungsmaßnahmen oder durch die Einrichtung einer modernisierten IT-Infrastruktur die Kommunikations- und Koordinationsprozesse und das Qualitätsmanagement verbessern können, wovon wiederum die Produktions-, Logistik- oder Vertriebsprozesse profitieren. Gleiches gilt für den Beschaffungsprozess, dessen Optimierung zu besserer Qualität und günstigeren Einkaufkonditionen führen kann oder zu einer Verkürzung von Wartezeiten und Puffern und damit der Kapitalbindung im Fertigungsprozess führen kann.

Ein Unternehmen kann in diesem Kontext seine Wertschöpfung und damit seine internationale Wettbewerbsfähigkeit verbessern, indem es Aktivitäten dorthin verlagert, wo Standortvorteile bestehen. Wenn etwa die effizienteste und günstigste Art ein Auto zusammenzubauen in Vietnam möglich ist, dann wird ein Unternehmen idealtypisch seine Fabrikationsanlagen dorthin verlagern und wenn die besten Entwicklungsingenieure für ein bestimmtes Produkt in den USA zu finden sind, wird das Unternehmen seine Forschungs- und Entwicklungsaktivitäten dort ansiedeln (McFarlin und Sweeney 2011). Dass abgesehen von dieser idealtypischen, primär effizienz-fokussierten Betrachtungsweise noch weitere Faktoren vor allem hinsichtlich der jeweiligen lokalen Umweltbedingungen eine Rolle spielen, ist offensichtlich. Dazu gehören unterschiedliche politische, bürokratische und klimatische Bedingungen oder auch das wirtschaftliche Umfeld. Ein ökonomisch prosperierendes Umfeld mit relativ freien unternehmerischen Entfaltungsmöglichkeiten sowie niedrigen bürokratischen Hürden und Steuern wird naturgemäß tendenziell mehr Investitionen anlocken und unternehmerische Aktivität entfalten als ein stark reguliertes oder eines mit lokalen negativen Bevölkerungsstimmungen gegen ausländische Investitionen.

Je unterschiedlicher die unterschiedlichen nationalen ökonomischen Systeme sind, in denen ein Unternehmen tätig werden möchte, desto komplizierter wird die internationale Strategiefindung. Für ein multinationales Unternehmen kommt es für die Generierung von Wettbewerbsvorteilen entscheidend darauf an, in einer Gesamtbetrachtung seine jeweiligen Auslandsengagements und weltweiten Aktivitäten integrativ zu koordinieren und zu optimieren, wobei ein steter Trade-off zwischen Anforderungen lokaler Anpassung bzw. Unifikation und globaler Integration besteht, der je nach Branche, in der das Unternehmen tätig ist, variiert und dessen mögliche Ausprägungen mittels vier idealtypischen internationalen Strategiealternativen abgebildet werden kann (Holtbrügge und Welge 2015).

4.1.2   Idealtypische strategische Optionen

Die internationale Strategie eines multinationalen Unternehmens reflektiert in der Regel das Wesen der Branche oder Industrie, in der es mit anderen Wettbewerbern konkurriert. Die Kategorisierung strategischer Optionen geschieht vor dem Hintergrund des zuvor erwähnten Gegensatzes zwischen lokalem Anpassungsdruck und globalem Integrationserfordernis und dem damit verbundenen Spannungsfeld zwischen einer (globalen) Standardisierung und einer (nationalen bzw. regionalen) Differenzierung (vgl. Abb. 4.1). Sie geht zurück auf die Theorie von Bartlett und Ghoshal (1990) zur Einteilung von vier Strategietypen für das internationale Geschäft. Bartlett und Ghoshal führen in diesem Zuge insbesondere einen kosteninduzierten Integrationsdruck als Standardisierungsgrund an, wohingegen sie vor allem spezifische Kundenpräferenzen als Grund für nationale Differenzierung bzw. lokalen Anpassungsdruck erwähnen (Meckl 2014).

Abb. 4.1 Idealtypisches
Strategiespektrum
multinationaler Unternehmen.
(Quelle: in Anlehnung an
McFarlin und Sweeney 2011)

4.1.2.1 Internationale Strategie

Die internationale Strategie ist dadurch gekennzeichnet, dass Strukturen, Prozesse, Systeme und Ressourcen von der Muttergesellschaft auf die jeweiligen ausländischen Einheiten weitgehend übertragen werden, weswegen diese auch zuweilen als ethnozentrische oder Exportstrategie bezeichnet wird (Holtbrügge und Welge 2015). Wenn also Unternehmen wenig Druck verspüren, ihre Produkte und Services über verschiedene ausländische Märkte anzupassen, Kosten zu senken oder effizienter zu werden, wählen sie die internationale Strategie und verkaufen im Wesentlichen gleiche oder ähnliche Produkte und Services an sämtlichen Standorten, wobei die Entwicklung der Produkte und Services zumeist im Heimatland stattgefunden hat und gelegentlich Produktions-, Vertriebs- und Marketingeinheiten im Ausland gegründet werden, die hinsichtlich ihrer Geschäftsaktivitäten und Entscheidungsprozesse unter vollständiger zentraler Kontrolle bleiben (Hill 2012).

Diese strategische Auslegung wird mitunter noch dadurch unterstützt, dass Stammhausdelegierte in die Auslandsgesellschaften entsandt werden, um die Erreichung der strategischen Zielsetzungen der Muttergesellschaft sicherzustellen. Eine internationale Strategie passt prinzipiell gut zu Unternehmen, die sich in Märkten mit wenig ernsthafter Konkurrenz und homogenen Bedürfnissen oder in Nischenmärkten bewegen. Ein Beispiel dafür sind Spezialmaschinenmärkte, die vielfach von deutschen mittelständischen Maschinenbauern dominiert werden, welche teilweise weitgehend konkurrenzlos auf den Weltmärkten agieren.

4.1.2.2 Multinationale Strategie

In manchen Branchen ist dagegen der Druck, Produkte und Services an lokale Nachfragepräferenzen anzupassen entsprechend hoch, sodass sich hier die Unternehmen für gewöhnlich für eine multinationale Strategie entscheiden, die sich dadurch auszeichnet, dass Produkte und Services spezifisch an die jeweiligen Bedürfnisse der lokalen Kunden in den ausländischen Märkten angepasst werden, sodass in der Konsequenz in jedem Land, in dem ein Unternehmen seine Produkte am Markt anbietet, eine separate Strategie verfolgt wird. Um eine multinationale Strategie implementieren zu können, bedarf es dazu in der Regel großer, unabhängiger und eigenständiger ausländischer

Unternehmenseinheiten, die typischerweise ihre eigenen und weitgehend unabhängige Forschungs- und Entwicklungs-, Produktions-, Vertriebs- und Marketingaktivitäten betreiben und dabei wenig Einmischung aus der Muttergesellschaft erfahren (Wild und Wild 2014).

Das führt zu hoher Motivation und Effizienz auf der Seite der jeweiligen Tochtergesellschaft, verhindert jedoch die Ausnutzung von Skalen- bzw. Synergieeffekten über verschiedene Gesellschaften hinweg und impliziert ferner steigende konzerninterne Koordinationskosten sowie häufig eine Aufblähung des Produktportfolios, was in Summe zu steigenden Preisen führt und im schlimmsten Fall Kostensenkungs- und Restrukturierungsprogramme nach sich zieht, wenn die gestiegenen Kosten nicht mehr über Preissteigerungen an die Kunden weitergegeben werden können, wie das beispielsweise beim Kosmetikhersteller Avon vor einigen Jahren der Fall war (McFarlin und Sweeney 2011).

Solche Restrukturierungen bedeuten aber in der Regel keine Abkehr von einer multinationalen Strategie, sondern lediglich eine Reduktion von Komplexität etwa durch den Rückzug aus weniger wichtigen oder ertragreichen Ländern. Welchen Sinn sollte denn auch eine Zentralisierung der Produktion etwa von Nahrungsmitteln für Food-Konzerne wie Danone oder Nestlé haben, die sich an lokalen Konsumenten-Geschmäckern hinsichtlich Produkt-Aroma, -Design und -Verpackung wie im Fall Nestlés in 197 Ländern mit 447 Standorten orientieren müssen, um erfolgreich ihre Produkte in den entsprechenden Auslandsmärkten zu verkaufen, zumal potenzielle Synergien als Folge einer Zentralisierung in Form affiner Kunden-Präferenzen zwischen manchen Lokationen durch drastisch steigende Transportkosten aufgezehrt würden (McFarlin und Sweeney 2011).

4.1.2.3 Globale Strategie

In Industrien bzw. Branchen, in denen länderspezifische Präferenzen für Produkte und Services minimal ausgeprägt sind und globale Integration zu für ein profitables Geschäftsmodell notwendigen Kostenreduktionen und Effizienzsteigerungen führt, bieten sich globale Strategien an. Diese setzen auf global standardisierte Produkte und Dienstleistungen, die sich überall auf der Welt mit vergleichsweise kleinen oder überhaupt keinen Modifikationen verkaufen lassen, wobei Ziele und Zielrichtungen auf globaler Ebene gesetzt werden (Hill 2012). Demzufolge erfüllt die Muttergesellschaft eine zentrale Rolle bei der Integration, Steuerung und Kontrolle weltweiter standardisierter Aktivitäten, um Geschäftsprozesse zu vereinfachen, Redundanzen zu reduzieren und es für das Management einfacher zu machen, um auf Marktveränderungen zu reagieren. Dies zusätzlich vor dem Hintergrund einer damit verbundenen Verbesserung der Leistungsqualität. Unternehmen, die eine solche globale Strategie betreiben, platzieren häufig wichtige Wertschöpfungsaktivitäten wie Produktion oder Produktentwicklung an internationalen Schlüsselstandorten, um ihre Kosten zu drücken und damit ihre Effizienz zu steigern wie dies etwa der Chiphersteller Intel in den USA, in China, Costa Rica, Irland oder Israel tut (McFarlin und Sweeney 2011).

Der Hauptvorteil einer globalen Strategie liegt also in deren Kosteneinsparung aufgrund von Produkt- und Marketingstandardisierungen, die dann wiederum an die Kunden weitergegeben werden können mit der Folge der potenziellen Gewinnung weiterer

Marktanteile in den vom Unternehmen bedienten Märkten. Außerdem ermöglicht eine globale Strategie die Weitergabe und Übernahme von Erfahrungen unter gleichartigen Rahmenbedingungen. Problematisch ist dagegen, dass die Modifikation von Produkten nur in einem sehr engen Rahmen möglich ist wie etwa hinsichtlich der Applikation einer anderen Oberflächenfarbe, sodass mögliche Präferenzänderungen auf der Käuferseite verpasst oder übersehen werden und von Wettbewerbern aufgenommen und umgesetzt werden können (Wild und Wild 2014).

4.1.2.4 Transnationale Strategie

Schließlich verfolgt die transnationale Strategie als in dem hier dargestellten Kontext vierte strategische Option das Ziel einer multifokalen internationalen Marktbearbeitung, die nicht strikt auf globale Standardisierung setzt, sondern die Vorteile der Skaleneffekte mit denen der lokalen Produktanpassung zu verbinden versucht. Der daraus resultierende Mix aus Standardisierungs- und Differenzierungsmöglichkeiten muss folglich und konsequenterweise von Markt zu Markt individuell analysiert und gestaltet werden (Hill 2012). So wählen Unternehmen, die eine transnationale Strategie verfolgen, häufiger einen Ansatz, bei dem sie wie der Baumaschinenhersteller Caterpillar Produkte mit einer großen Zahl identischer Bauteile an wenigen Standorten produzieren und diese dann vor Ort in den jeweiligen Ländern mit zusätzlichen Komponenten oder Services ausstatten, die für die lokalen Konsumenten von besonderer Bedeutung sind.

Eine transnationale Strategie führt demzufolge zu multiplen und intensiven Leistungs- und Lieferantenverflechtungen, die die Komplexität der Steuerung mitunter nicht unwesentlich erhöhen (Holtbrügge und Welge 2015). Insgesamt hängt der Erfolg einer transnationalen Strategie davon ab, ob die Unternehmen in der Lage sind, ihre Kernkompetenzen innerhalb ihrer weltweiten Organisation zu navigieren und neue oder verbesserte Kernkompetenzen zu materialisieren, wo auch immer diese entwickelt werden. Gelegentlich wird in Ergänzung der vorstehend analysierten strategischen Optionen noch die regionale Strategie diskutiert.

Diese führt letztlich zusätzlich zu der bisher betrachteten globalen und lokalen, länderbasierten Perspektive eine regionale Perspektive ein, die diesbezüglich die länderweise Betrachtung auf einer höheren Aggregationsebene, nämlich der regionalen Ebene anstellt und letztere dabei ersetzt. Das bedeutet, dass sich die Differenzierungsperspektive regional ausrichtet, also regionale Unterschiede bei Geschmack, Design oder Verpackung berücksichtigt werden, was im Übrigen auch mit dem zunehmenden Einfluss regional basierter Handelsabkommen koinzidiert.

4.2   Internationalisierungsstrategien

Internationalisierungsstrategien haben bestimmte strategische Dimensionen, über deren Ausprägungen im Rahmen der strategischen Ausrichtung der Internationalisierung in einem multinationalen Unternehmen entschieden werden muss.

Zu den strategischen Dimensionen von Internationalisierungsstrategien gehören die Markt- bzw. Standortwahl, die Wahl der Markteintrittsform und des Markteintrittszeitpunkts sowie die Selektion des Produkt- und Service-Portfolios.

4.2.1 Markt- und Standortwahl

Die Markt- und Standortwahl basiert auf der Selektion geeigneter Kriterien zur Identifikation von Ländern, in denen ein unternehmerisches Engagement die besten Chancen bzw. die höchste Erfolgswahrscheinlichkeit bietet (Holtbrügge und Welge 2015). Dabei besteht die Problematik nicht nur in der grundsätzlichen Bestimmung dieser Kriterien, sondern insbesondere auch in der Beschaffung von Informationen über deren Ausprägungen inklusive einer Interpretation derselben. Hierzu kann allgemein auf eine Reihe von qualitativen und quantitativen Informationsquellen zurückgegriffen werden, wozu etwa folgende Informationsquellen zählen:

1. Informationen des Bundesministeriums für Wirtschaft und dessen Servicestelle Germany Trade & Invest
2. Informationen in Investitionsführern großer Wirtschaftsprüfungs- und Beratungsunternehmen wie KPMG oder PWC
3. Informationen in Berichten der Vereinten Nationen etwa über deren Organisationen UNCTAD oder UNDP
4. Informationen der großen amerikanischen Rating-Agenturen Standard & Poor's, Moodys & Fitch
5. Informationen anderer Organisationen wie Transparency International oder Business Environment Risk Intelligence.

Allgemein ist zu konstatieren, dass sich die Prognosequalität dieser Quellen in der Vergangenheit als nicht besonders hoch erwiesen hat, insbesondere was deren Fähigkeit anbelangt, substanzielle Veränderungen oder Strukturbrüche vorherzusagen, wofür die jüngste Finanz- und Wirtschaftskrise ein gutes Beispiel ist. Die Attraktivität von Standorten oder Märkten wird normalerweise anhand von Standortfaktoren ermittelt, die sich grundsätzlich in Standortfaktoren zur globalen oder Makroumwelt einerseits und zur Mikroumwelt andererseits unterscheiden (vgl. Abb. 4.2). Diese Grundclusterung von Standortfaktoren wird dann weiter untergliedert, wobei die Untergliederung im Wesentlichen der Einteilung von Kutschker und Schmid (2011) folgen soll.

1. Politische, rechtliche und steuerliche Faktoren
Unter diese Kategorie fallen das politische System und seine Stabilität sowie die Sicherheit und Verlässlichkeit des Rechtssystems eines Landes, die maßgeblich auch das entsprechende Länderrisiko beeinflussen. Daneben geht es um rechtliche Rahmenbedingungen

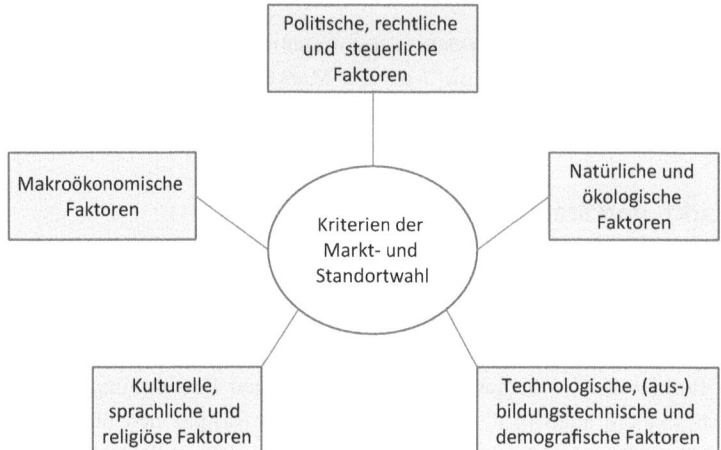

Abb. 4.2 Kriterien der Markt- und Standortwahl

und Auflagen bzw. um die damit verbundene Bürokratie sowie um Investitionsanreize, die den Unternehmen an einem Standort geboten werden und um das Korruptionsniveau. Schließlich fällt unter diese Kategorie das Steuersystem, welches in den letzten Jahren immer mehr zu einem maßgeblichen Faktor für Standorte im Wettbewerb um Investitionskapital avanciert ist.

2. Makroökonomische Faktoren
Zu diesen Faktoren zählen die konjunkturelle Entwicklung in einem Land, das Inflationsniveau und die Stabilität von Heimatwährung und Zinssätzen, wobei diese Faktoren nicht nur einen engen gegenseitigen Bezug aufweisen, sondern zugleich auch mit den zuvor thematisierten regulatorischen Faktoren zusammenhängen. Ferner geht es in dieser Kategorie um die Produktionsfaktorausstattung, das Pro-Kopf-Einkommen sowie um Umfang und Qualität der Infrastruktur. Schließlich spielen auch das generelle Wirtschaftssystem, die nationale Wettbewerbsfähigkeit und das aktuelle bzw. potenzielle Marktvolumen eine Rolle.

3. Kulturelle, sprachliche und religiöse Faktoren
Diese Faktoren, die im vorausgehenden Kapitel bereits ausführlich erörtert worden sind, betreffen Werte und Einstellungen, insbesondere zur Arbeit und zum Kapital, religiöse Gebote und Verbote sowie die Schwierigkeit und Einheitlichkeit der am Standort gesprochenen Sprache(n).

4. Technologische, (aus-)bildungstechnische und demografische Faktoren
Unter diese Rubrik werden die technologische Leistungsfähigkeit und der Schutz des diesem zugrunde liegenden geistigen Eigentums, das Niveau der schul- und hochschulseitigen Bildung sowie die Altersstruktur der Bevölkerung subsumiert.

5. Natürliche und ökologische Faktoren

Bei diesen Faktoren geht es um die geografische Lage, die klimatischen Bedingungen und die Topografie sowie um den Bestand an natürlichen Ressourcen, die an einem Standort zur Verfügung stehen inklusive potenzieller ökologischer Belastungen.

4.2.2 Wahl der Markteintrittsform

Im Kontext der Selektion von Strategien des Markteintritts und der Marktbearbeitung geht es um die Herausarbeitung und den Vergleich von entsprechenden Alternativen, die sich einem multinationalen Unternehmen stellen. Dabei unterscheidet sich die Marktbearbeitung vom Markteintritt in erster Linie dadurch, dass letztere den originären Marktzugang beinhaltet, während erstere die sich im Zeitablauf herausbildende Bearbeitung von Märkten betrifft, in die das Unternehmen bereits eingetreten ist. Für eine Systematisierung der Markteintritts- und Marktbearbeitungsformen bietet sich eine Vielzahl von Kriterien an, von denen die Kriterien der Kontroll- bzw. Steuerungsmöglichkeit und des Kapital- bzw. Ressourceneinsatzes im Ausland am häufigsten gewählt werden (Eichinger 2008). Im Folgenden werden die verschiedenen Alternativen zu Markteintritt und Marktbearbeitung einzeln thematisiert (vgl. Abb. 4.3).

4.2.2.1 Export

Die Exportstrategie fokussiert sich auf die betrieblichen Funktionen des Vertriebs bzw. Absatzes und kann in direkter oder indirekter Form ausgestaltet sein. Beim indirekten Export werden Güter mittelbar über Mittlerunternehmen in Form von Agenten, Händlern oder Firmen in das Ausland exportiert. Solche Mittlerunternehmen können im Inland oder im Ausland domiziliert sein. Wenn ein Unternehmen keine oder nur geringe Erfahrungen mit Exporten in einen ausländischen Markt besitzt, wird es für gewöhnlich die indirekte Exportvariante wählen, um sich und seine Produkte im ausländischen Markt zunächst einmal zu etablieren und später möglicherweise mit zunehmender eigener Expertise zu der direkten Exportvariante übergehen (Rodrigues 2009).

Abb. 4.3 Markteinritts-
und -bearbeitungsformen
im Vergleich. (Quelle: in
Anlehnung an Eichinger 2008)

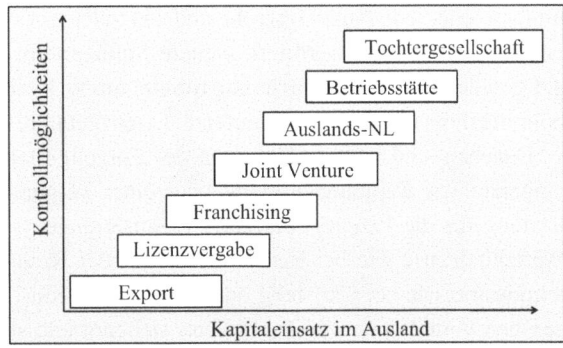

Neben dem Expertise-Argument sprechen für die indirekte Variante der geringere Ressourceneinsatz und das geringere Risiko der Auslandsmarktbearbeitung. Dem stehen als wesentliche Nachteile die auf Dauer höheren Transaktionskosten, der mangelnde direkte Kundenkontakt sowie die damit zusammenhängende Problematik des Vertriebs komplexer, betreuungs- und erklärungsintensiver Produkte und die schwierigere Kontrollierbarkeit der Aktivitäten des Mittlerunternehmens gegenüber, insbesondere bei dessen Präsenz im zu bearbeitenden Auslandsmarkt.

Beim direkten Export wird entsprechend ohne Einschaltung von Intermediären unmittelbar an einen ausländischen Abnehmer exportiert. Die damit verbundenen Vorteile liegen in besseren Steuerungs- und Kontrollmöglichkeiten und auf Dauer niedrigeren Transaktionskosten sowie dem vergleichsweise leichteren Vertrieb komplexer Produkte und stehen vor allem den Nachteilen eines höheren Risikos gegenüber. Ein wichtiger Parameter im Exportgeschäft sind die Regelungen zum Gefahren- und Verfügungsübergang sowie zur Kostenverteilung, welche die Geschäftsbeziehung zwischen Exporteur und Importeur bestimmen. Standardbestimmungen zu solchen Regelungen bietet den Vertragsparteien die Internationale Handelskammer in Paris, die mit ihren international maßgebenden Incoterms (International Commercial Terms) unterschiedliche Optionen zur Vertragsgestaltung bieten, von denen im Allgemeinen die Bestimmungen Free on Board (FOB) und Cost Insurance Freight (CIF) die meist verwendeten sind (Holtbrügge und Welge 2015). Auf diese wird zu einem späteren Zeitpunkt in Kap. 12 noch einmal eingegangen.

4.2.2.2 Lizenzierung

Eine Lizenzierung beinhaltet die in der Regel zeitlich befristete vertragliche Übertragung von immateriellen Vermögensgegenständen von einem Rechte-Eigentümer auf einen Dritten in Form von Verfügungs- bzw. Nutzungsrechten. In erster Linie bezieht sich die Lizenzierung dabei als Markteintritts- bzw. Marktbearbeitungsstrategie auf die Funktionsbereiche Forschung & Entwicklung, Produktion, Vertrieb und Service und betrifft als Objekte insbesondere Patente, Marken- und Urheberrechte, Gebrauchs- und Geschmacksmuster sowie sonstiges spezifisches technisches oder kaufmännisches Know-how (Kutschker und Schmid 2011). Die Lizenzierung kann von ihrem Wesen her Abstufungen unterliegen, was bedeutet, dass sie beispielsweise ein Gebrauchsrecht umfasst oder ein Nutzungsrecht abdeckt oder ein Weiterentwicklungsrecht beinhaltet oder auch das Recht verbrieft, weitere Sublizenzen zu vergeben. Hinsichtlich der Entgeltgestaltung einer Lizenzierungsvereinbarung können entweder pauschale Lizenzgebühren erhoben werden oder laufende Lizenzgebühren bzw. Royalties vereinbart werden.

Daneben sind weitere Varianten der Entgeltgestaltung möglich, etwa in Form einer eingeräumten Kapitalbeteiligung oder einer vergünstigten Produktnutzung als Gegenleistung für die Lizenzgewährung. Lizenzierungen sind zum Beispiel verbreitet in der Waffenindustrie wie bei Heckler & Koch oder Krauss Maffei und in der Nahrungsmittelindustrie wie bei Carlsberg oder Coca Cola (Kutschker und Schmid 2011). Sie besitzen den Vorteil einer vergleichsweise sicheren und stetigen Ertragsquelle bei niedrigem

Risiko. Außerdem eröffnen Lizenzierungen die Möglichkeit, von der Marktkenntnis und den potenziellen Kundenbeziehungen des Lizenzvertragspartners profitieren zu können und unterliegen nicht der Gefahr der Konfiszierung durch ausländische Regierungen, zumal hier kein Vermögenstransfer stattfindet. Ferner lassen sich im Vergleich zum Export Transportkosten vermeiden und Wechselkursrisiken minimieren.

Dem stehen allerdings als Nachteile die Kontrollproblematik bezüglich der Einhaltung der Lizenzvertragsvereinbarungen durch den Partner sowie der mangelnde Einfluss auf Geschäftspolitik und Image des Partners gegenüber. Die mit der Kontrollproblematik zusammenhängende Gefahr der unerlaubten Weitergabe von Know-how bzw. Geschäftsgeheimnissen an Dritte und die damit verbundene Konsequenz einer zumindest auf lange Sicht möglichen Schaffung neuer Wettbewerber ist insbesondere in Ländern mit unzureichendem Patentschutz bzw. Schutz des geistigen Eigentums evident und kann im schlimmsten Fall existenzbedrohende Wirkung entfalten. Aus diesem Grund werden Lizenzverträge insbesondere in solchen, aber auch in anderen Ländern zumeist nur über Technologien und Know-how mit niedrigerer bis mittlerer strategischer Bedeutung abgeschlossen (Holtbrügge und Welge 2015).

4.2.2.3 Franchising

Ein Franchising-Arrangement verkörpert eine Markteintritts- bzw. Marktbearbeitungsstrategie, die in erster Linie Vertriebszwecken dient und im Rahmen deren ein inländischer Franchisegeber seinem ausländischen Franchisenehmer als Kontraktpartner ein Standard-Paket an Produkten, Systemen und Managementdienstleistungen auf der Grundlage eines Dauerschuldverhältnisses offeriert. Der Franchisegeber erlaubt also dem Franchisenehmer die Nutzung von Produkten inklusive der dahinterstehenden Markennamen und oftmals auch inklusive dahinterstehender Verfahren oder Rezepturen zur Herstellung der Produkte, wobei sich der Franchisenehmer in aller Regel Kontroll- und Mitwirkungsrechte einräumt, die es ihm erlauben, Standards zu bewahren bzw. durchzusetzen (Rodrigues 2009).

Solche Rechte bestehen je nach Ausgestaltung etwa darin, die Lage, Größe und Breite von Franchise-Outlets vorzuschreiben wie bei Body Shop oder die Mindestinvestitionssumme für Werbungsmaßnahmen in Abhängigkeit vom Franchise-Umsatz zu bestimmen bzw. die Bereitschaft des Franchisenehmers einzufordern, ein umfangreiches Franchisenehmer-Ausbildungsprogramm zu absolvieren wie bei McDonald's. Franchise-Systeme müssen jedoch nicht unbedingt durchgängig ein Geschäftsmodell prägen. So betreiben etwa McDonald's oder Rewe als klassische Franchise-Unternehmen auch Filialen in eigener Regie. Die Gebühren für Franchise-Arrangements treten in der Regel als einmalige Eintritts- oder Abschlussgebühren oder als laufende Gebühren auf, wobei letztere zumeist in Abhängigkeit vom Umsatz erhoben werden. Walt Disney als ein weiterer internationaler Franchisegeber für Disneyparks beispielsweise in Paris oder Tokyo erhält als Franchisegebühr von letzterem einen zehnprozentigen Anteil an den Park-Eintrittsgebühren sowie jeweils fünfprozentige Umsatzanteile der dort ansässigen Geschäfte und Restaurants (Rodrigues 2009).

Die im Franchisevertrag vereinbarten Vertragspflichten bestehen auf der Seite des Franchisegebers vor allem in der Pflicht zur Übertragung von Know-how und den damit verbundenen Rechten sowie in der Beratung und Unterstützung beim Aufbau des Geschäftes und der laufenden Geschäftstätigkeit, während auf der Seite des Franchisenehmers die Vertragspflichten vor allem in der Tätigung der vereinbarten Investitionen und der Umsetzung sonstiger erforderlicher betrieblicher Maßnahmen sowie in der Beachtung und Erfüllung sämtlicher betrieblicher Regeln und Vorschriften, die häufig in einem Standard-Betriebshandbuch festgelegt sind. Die von McDonald's per 2015 bezifferten durchschnittlichen Investitionskosten für ein neues Restaurant in Deutschland lagen zum Beispiel für einen Franchisenehmer bei ca. 760.000 EUR (McDonald's Deutschland 2016).

Die Vorteile des Franchising liegen aus der Sicht des internationalisierenden Franchisegebers in der Opportunität, mit überschaubarem Kapitaleinsatz und aufgrund der rechtlichen Selbstständigkeit des Franchisenehmers mit relativ geringem Risiko und vergleichsweise hoher Geschwindigkeit Auslandsmärkte zu penetrieren und dabei über vertraglich vereinbarte Kontroll- und Weisungsrechte die Einheitlichkeit und Qualität des Auftritts und der Leistung abzusichern, wobei sich mit der Anzahl der Franchise-Beziehungen sukzessive die ökonomischen Skalenerträge erhöhen (Kutschker und Schmid 2011).

Demgegenüber stehen als Probleme bzw. Nachteile des Franchisings die im Falle differenzierter und nicht standardisierbarer Produkte und Leistungen deutlich abnehmende Attraktivität des Modells sowie potenzielle demotivierende Effekte für Franchisenehmer, die sich aufgrund enger Vorgaben trotz rechtlicher Selbstständigkeit mitunter unternehmerisch nicht so entfalten können wie sie dies wünschen. Zudem besteht die Gefahr des Reputations- und Imageverlustes für den Franchisegeber, wenn sich einzelne Franchisenehmer nicht system- bzw. regelkonform verhalten und dabei die Marke des Franchisegebers droht Schaden zu nehmen, wie dies im Jahr 2014 bei Burger King in Deutschland der Fall war (Kanning 2014).

4.2.2.4 Joint Venture

Ein Joint Venture ist die im Allgemeinen gängigste Form internationaler Gemeinschaftsunternehmen, bei denen sich zwei oder mehrere rechtlich und wirtschaftlich getrennte Unternehmen zur gemeinsamen Führung einer rechtlich selbstständigen Unternehmung zusammenschließen, wobei die Kooperationspartner in der klassischen Form des Joint Ventures paritätische Kapital- und Stimmrechtsanteile am gemeinsamen Unternehmen besitzen, aber auch andere asymmetrische Anteilskonstellationen üblich sind (Perlitz und Schrank 2013). Einige Regierungen insbesondere in Schwellenländern lassen nur Joint Venture-Strukturen zu, bei denen heimische Unternehmen, Mehrheitsbeteiligungen an Gemeinschaftsunternehmen halten, um auf diese Weise nicht nur diesen die unternehmerische Führung zu garantieren, sondern auch damit verbundene Know-how- oder Effizienzvorteile besser realisieren zu können.

Gerade bei der klassischen paritätischen Form des Joint Ventures treten nicht selten Konflikte bei Uneinigkeiten über strategische Ausrichtungen und damit verbundene

Themenstellungen auf, sodass die Organe eines Joint Ventures, seine ressourcentechnische Ausstattung und seine Geschäftsbefugnisse präzise festgelegt werden müssen und in der Praxis häufig durch weitere Absprachen zu Lizenzgewährungen, Lieferverpflichtungen oder Darlehensvergaben ergänzt werden (Perlitz und Schrank 2013).

Aufgrund des Konfliktpotenzials empfiehlt es sich, Mechanismen zur Konfliktbereinigung von vornherein in den Joint-Venture-Vertrag zu integrieren. Dazu gehören zum Beispiel auch vordefinierte Bedingungen für einen Ausstieg einzelner Partner. Ein Beispiel für die klassische paritätische Form eines internationalen Joint Ventures war das Gemeinschaftsunternehmen zwischen Sony und Ericsson, welches schließlich mit der Übernahme der Anteile von Ericsson durch Sony aufgelöst und von Sony allein fortgeführt wurde, während ein Beispiel für eine nicht-paritätische Form eines internationalen Joint Ventures das Gemeinschaftsunternehmen Engine Alliance ist, in der sich unter der Führung von General Electric und Pratt & Whitney drei weitere Turbinenhersteller – MTU, Snecma und Techspace Aero – mit diesen zusammenschlossen, um die Entwicklungskosten der A-380-Flugzeugturbine auf mehrere Schultern zu verteilen. Zu den Vorteilen eines internationalen Joint Ventures gehören das geringere Risiko und der geringere Kapital- und Ressourcenbedarf der einzelnen Partner etwa im Vergleich zu einer hundertprozentigen eigenen Tochtergesellschaft.

Daneben gehören zu den Vorteilen einer Joint Venture-Struktur der Zugang zu lokalen Märkten und lokalen Ressourcen etwa in Form von Rohstoffen oder Förderprogrammen, die Möglichkeit durch den Joint Venture-Partner von Lern- und Skaleneffekten zu profitieren, die Umgehung von so genannten Local Content-Vorschriften und die Verbesserung des Unternehmensimage durch die Liaison mit einem (attraktiven) lokalen Partner. Dagegen stehen als Nachteile internationaler Joint Venture-Strukturen die bereits angesprochenen potenziellen strategischen Zielkonflikte beispielsweise zur Marktbearbeitung oder zur Gewinnverwendung und die vergleichsweise hohen Koordinations- und Kontrollaufwendungen solcher Strukturen sowie ferner interkulturelle Differenzen zwischen den Partnern, Probleme bei der Erfolgsmessung und im Vergleich zu hundertprozentigen Tochtergesellschaften ggfs. langsamere Anpassungsmechanismen an lokale Rahmenbedingungen (Perlitz und Schrank 2013).

4.2.2.5 Strategische Allianz

Strategische Allianzen verkörpern strategische Partnerschaften zwischen zwei oder mehreren Unternehmen in definierten Bereichen, wobei diese im Vergleich zu Joint Ventures nicht mit einer separaten Unternehmensgründung bzw. wechselseitiger Kapitalbeteiligung einhergehen und häufig spezifischer im Fokus, weniger stabil in der Zusammensetzung und kürzer in ihrer Lebensdauer sind (McFarlin und Sweeney 2011). Internationale strategische Allianzen dienen den sich in diesen zusammenfindenden Unternehmen vor allem dem Zweck der Nutzung von Verbundeffekten, die wiederum in erster Linie Skalen- und Kostendegressionseffekte im Rahmen der gemeinsamen Leistungserstellung betreffen.

Die Beziehung zwischen den beteiligten Unternehmen basiert häufig nicht auf formalen Kontrakten, ist also lose und damit relativ leicht jederzeit lösbar, was sie zugleich flexibler in der Gestaltung, aber anfälliger in der Substanz macht. Als besonders repräsentativ gelten strategische Allianzen etwa in der Luftfahrt, wo sich in den drei Allianzen Star Alliance, Oneworld und Skyteam große Teile der Branche zusammengeschlossen haben und insbesondere über gemeinsam praktiziertes so genanntes Codesharing Auslastungen, Destinationszahlen, Slots und Reichweiten optimieren. Daneben existieren andere Beispiele für strategische Allianzen, die sich von produktionsorientierten über forschungs- und entwicklungsorientierte bis zu marketing- und vertriebsorientierten Allianzen erstrecken (McFarlin und Sweeney 2011).

Neben den angesprochenen Verbund- und Skaleneffekten bieten strategische Allianzen vor allem eine höhere Ressourcenflexibilität und Risikoverteilung bezüglich internationaler Markteintrittsstrategien, die für ein Unternehmen allein häufig nicht erreichbar wären. Nachteilig wirkt sich dagegen aus, dass strategische Allianzen die Handlungsfähigkeit des einzelnen Allianzpartners einschränken können und hohe Koordinations- und Steuerungskosten bei den beteiligten Unternehmen verursachen. Daneben besteht durch den vergleichsweise losen Verbund die permanente Gefahr von Zielkonflikten, deren Folge möglicherweise durch einseitiges Handeln verursachte Verschiebungen der Machtpositionen im Allianzgefüge sein können gepaart mit der potenziellen Bildung dominanter Positionen bestimmter Partner oder kurzfristigen Know-how-Abflusses infolge des Austritts anderer Partner (Perlitz und Schrank 2013). Insgesamt erfordert die erfolgreiche Gestaltung einer strategischen Allianz eine sensible Abwägung zwischen Kooperations- und Konkurrenzstreben seitens der beteiligten Unternehmen. Außerdem wird in der Zusammenarbeit ein hohes Ausmaß an Vertrauen und Commitment vorausgesetzt.

4.2.2.6 Auslandsniederlassung

Eine Auslandsniederlassung repräsentiert eine Markteintritts- bzw. Marktbearbeitungsstrategie, bei der Vermögenswerte oder Ressourcen langfristig angelegt auf eine rechtlich unselbstständige Unternehmenseinheit im Ausland verlagert werden. Solche Niederlassungen können als Betriebsstätte, Filiale oder Repräsentanz ausgestaltet sein und können darüber hinaus auf einzelne Funktionsbereiche wie Vertrieb, Forschung & Entwicklung, Produktion oder Einkauf spezialisiert sein. Vorteile von Auslandsniederlassungen liegen in den im Vergleich zu Export- oder Ressourcentransferstrategien größeren Gestaltungs- und Kontrolloptionen sowie in der Vermeidung von potenziellen Handelsbeschränkungen und Wechselkursrisiken. Nachteile bestehen dagegen in dem vergleichsweise höheren Kapital- und Ressourceneinsatz und der damit verbundenen stärkeren Beeinträchtigung der Ressourcenflexibilität, in höheren Länderrisiken sowie damit einhergehenden höheren Koordinations- bzw. Steuerungskosten aufseiten der Mutter- bzw. Konzernobergesellschaft (Holtbrügge und Welge 2015).

4.2.2.7 Tochtergesellschaft

Tochtergesellschaften sind eine Form der internationalen Markteintritts- bzw. Marktbearbeitungsstrategie, bei der es sich um rechtlich selbstständige Gesellschaften handelt und an denen die Muttergesellschaft eine Mehrheitsbeteiligung hält bzw. die Gesellschaft vollständig beherrscht, also in Kapital- oder Stimmrechtsanteilen ausgedrückt mehr als fünfzig und bis zu hundert Prozent hält, was ihr in der Regel die unternehmerische Führung ermöglicht. Im Folgenden soll die Argumentation auf die hundertprozentige Tochtergesellschaft konzentriert werden. Tochtergesellschaften erstellen aufgrund ihrer eigenen Rechtspersönlichkeit eigene lokale Abschlüsse und können hinsichtlich ihrer Wertschöpfungsaktivitäten unterschiedlichste Formen annehmen – von der Abwicklung der kompletten Wertschöpfungskette und der Bearbeitung externer Märkte bis zur Abwicklung spezialisierter Teilbereiche der Wertschöpfung und der ausschließlichen Bereitstellung konzerninterner Wertschöpfungsaktivitäten.

Tochtergesellschaften können grundsätzlich auf zwei verschiedene Arten gegründet werden, und zwar einerseits durch eine komplette Neugründung in einem ausländischen Markt (Greenfield Approach) sowie andererseits durch Akquisition einer bereits bestehenden anderen Gesellschaft (Brownfield Approach). Zu den Vorteilen einer Neugründung im Vergleich zur Akquisition einer ausländischen Tochtergesellschaft gehören die größere strategische und strukturelle Flexibilität, die leichtere Integrierbarkeit bzw. Einordnung in den Konzern, die Möglichkeit der Nutzung neuester Technologien, das Wegfallen wettbewerbsrechtlicher, durch Kartellbehörden überwachter Regeln und Gesetze (Kutschker und Schmid 2011).

Vorteile einer Akquisition sind in erster Linie der rasche Markteintritt inklusive dessen Penetration, zumal auf bestehende Geschäftsbeziehungen des vorherigen Eigentümers aufgebaut werden kann. Daneben eröffnet eine Akquisition den Erwerb von Kenntnissen und Fertigkeiten, die bisher nicht oder nicht in ausreichendem Maße im Portfolio des erwerbenden Unternehmens vorhanden waren. Außerdem lassen sich die Kosten einer Akquisition leichter kalkulieren, weil diese durch den Kaufpreis zumindest in erheblichen Teilen (vorbehaltlich von Integrationskosten und Restrukturierungskosten) präziser beziffert werden können als im Rahmen einer Kalkulation für die Neugründung einer Tochtergesellschaft. Darüber hinaus kann das akquirierende Unternehmen unter Umständen vom Image des bisherigen Eigentümers profitieren (Kutschker und Schmid 2011).

4.2.3 Wahl des Markteintrittszeitpunkts

Neben der grundsätzlichen Entscheidung für die Form des Markteintritts spielt auch dessen Zeitpunkt eine wesentliche Rolle. Dabei ist zunächst einmal zu unterscheiden zwischen länderspezifischen und länderübergreifenden Zeitpunktstrategien. Bei der Betrachtung eines einzelnen Landes bestehen zwei Optionen, die Pionierstrategie und die Folgerstrategie.

4.2.3.1 Pionierstrategie
Der Pionier tritt als erster in einen ausländischen Markt ein und besetzt diesen mit seinen Produkten und Services, wobei diese Strategie in bestehenden Märkten nur gegenüber internationalen Konkurrenzunternehmen angewendet werden kann. Die Vorteile einer solchen Strategie liegen insbesondere in der Möglichkeit,

1. Pioniergewinne abzuschöpfen
2. Markteintrittsbarrieren aufzubauen und Monopolisierungspotenziale zu nutzen
3. Produktstandards zu setzen
4. Reputationsvorsprung zu generieren
5. langfristige Kunden- und Lieferantenbindungen zu etablieren.

Nachteilig sind bei einer Pionierstrategie dagegen die hohen Kosten der Markterschließung sowohl auf der Absatz- als auch auf der Beschaffungsseite und das dem Pionierdasein innewohnende Innovationsrisiko bzw. das Risiko des Scheiterns (Macharzina und Wolf 2012).

Daneben bestehen die latente Gefahr hoher Anpassungserfordernisse als Folge sich schnell verändernder Rahmenbedingungen und das Risiko von Nachahmern schnell und vergleichsweise kostengünstig imitiert zu werden mit der Konsequenz sinkender Marktanteile und Margen. Pionierstrategien lassen sich etwa an der Pharmabranche exemplarisch darstellen. Dort verfolgen die selbsternannten forschenden Unternehmen wie Bayer, Eli Lilly, Glaxo Smith Kline oder Pfizer entsprechende Pionierstrategien, indem sie Milliardeninvestitionen in die Entwicklung neuer Wirkstoffe und Medikamente investieren, um sich diese nach erfolgreichem Durchlaufen der Zulassungsstufen patentieren zu lassen und in der Folge für den Zeitraum der Patentlaufzeit Pioniergewinne zu realisieren.

Das Risiko liegt für die Pioniere der Pharmaindustrie dabei insbesondere in hohen Abschreibungen für Forschungs- und Entwicklungsaufwendungen von Produkten, die als zukünftige Hoffnungsträger mit sogenanntem Blockbuster-Marktpotenzial (so werden in der Branche mitunter Produkte genannt, die ein Umsatzpotenzial von mindestens einer Milliarde € haben) in der zweiten und insbesondere in der dritten klinischen Forschungsphase scheitern. Dass selbst eine erfolgreiche Markteinführung nach erfolgreichem Durchlaufen auch der finalen Zulassungsprüfung durch die Arzneimittelbehörden noch mit beträchtlichen Risiken verbunden sein kann, zeigt der Fall des Cholesterinsenker-Präparates Lipobay, welches im Jahr 2001 aufgrund von potenziellen gesundheitsschädlichen Nebenwirkungen vom Hersteller Bayer vom Markt genommen werden musste und in diesem Zuge tausende von Schadensersatzklagen gegen das Unternehmen anhängig wurden. Ein ähnlich gelagerter Fall vollzog sich beim Arthritis-Medikament Vioxx des US-Pharmakonzerns Merck & Co. im Jahr 2010.

4.2.3.2 Folgerstrategie

Im Rahmen dieser Strategie folgt ein Unternehmen bei seinem Auslandsmarktengagement einem anderen Unternehmen, dem Pionier in diesem Auslandsmarkt. Der Folger hat gegenüber dem Pionier den Vorteil, dass er von dessen Fehlern profitieren kann. Auch kann der Folger von der Pionierarbeit profitieren, indem er auf der durch den Pionier geschaffenen Produktbekanntheit aufbaut und die von diesem gelegte Infrastruktur auf den Absatz- und Beschaffungsmärkten nutzen kann. Außerdem kann der Folger durch Beobachtung der bisherigen Marktaktivitäten Erkenntnisse über die richtige Marktbearbeitung sammeln und auf diese Weise zusätzlich seinen Ressourceneinsatz effizienter gestalten (Meckl 2014).

Nachteilig kann sich für den Folger auswirken, dass er potenziell Markteintrittsbarrieren überwinden muss, falls der Pionier seine Stellung zum Aufbau derselben genutzt hat. Außerdem läuft der Folger Gefahr, als zweite Wahl im Markt angesehen zu werden und aufgrund des damit verbundenen Reputationsdefizits verstärkten Preiskämpfen ausgesetzt zu sein, die es mittels geeigneter Gegenstrategie zu kompensieren gilt. Schließlich verfügt er über ein Erfahrungsdefizit gegenüber dem Pionier und damit auch nicht über die damit verbundenen Kostendegressionseffekte des Pioniers.

So verdeutlicht etwa die Entwicklung in der schnell-lebigen Smartphone-Branche, dass Folgerstrategien von den Konsumenten nicht generell goutiert bzw. akzeptiert werden wie die Beispiele Blackberry, Nokia oder Sony mit ihren kontinuierlichen Marktanteilsrückgängen zeigen, was möglicherweise aus Sicht der Konsumenten auch dadurch potenziert wird, dass diese Unternehmen in früheren Marktphasen als Pioniere ihrer Branche galten. Um an das vorstehende Beispiel der Pharmabranche anzuknüpfen, zeigen hier die Folgerstrategien nachhaltigere Positionen, was durch die solide und profitable Unternehmenssituation vieler Generika-Hersteller dokumentiert wird, die sich seitens der forschenden Pharmaunternehmen trotz ihrer Folgerstrategie wegen ihrer oftmals soliden und vor allen Dingen stabilen Ertragssituation auf Basis von Nachahmer-Präparaten zunehmenden Interesses erfreuen, wofür exemplarisch die jüngste Akquisition der Generikasparte von Merck & Co durch Bayer im Jahr 2014 für einen zweistelligen Milliarden €-Betrag steht.

Nachdem nun die bei Betrachtung eines einzelnen Landes bestehenden Optionen besprochen worden sind, geht es ergänzend um die Darstellung von Timingstrategien bei länderübergreifender Betrachtung, zu denen insbesondere die Wasserfallstrategie und die Sprinklerstrategie gehören (vgl. Abb. 4.4). Folgerstrategien sind hinsichtlich ihrer Nachhaltigkeit umstritten und nicht in jeder Branche dauerhaft gangbar.

4.2.3.3 Wasserfallstrategie

Ein Unternehmen, welches die Wasserfallstrategie als Maßgabe bei der Gestaltung ihrer zeitlichen Marktbearbeitung anwendet, penetriert zunächst nur einen Markt und weitet dann sein Auslandsengagement sukzessive und kontinuierlich auf andere Auslandsmärkte aus. Damit einher geht ein eher längerer Zeitraum der Auslandsmarktbearbeitung, insbesondere dann, wenn es sich um einen Markteintritt in zahlreiche unterschiedliche Ländermärkte handelt. Die Wasserfallstrategie setzt stark auf Lerneffekte, die bei der Bearbeitung einzelner Ländermärkte erzielt und auf andere später zu bearbeitende Auslandsmärkte angewendet werden können.

Häufig wird in diesem Kontext zunächst auf Länder mit vertrauteren bzw. weniger komplexen Gegebenheiten gesetzt. Gleichzeitig ist die Wasserfallstrategie für viele, vor allem mittelständische Unternehmen, die einzige realistisch anwendbare strategische Option, da für eine parallele Auslandsmarktbearbeitung in mehreren Ländern in der Regel die Management-Ressourcen und häufig auch die finanziellen Ressourcen fehlen (Meckl 2014). Außerdem können strategische Fehler im Rahmen einer Wasserfallstrategie vergleichsweise leichter verkraftet und korrigiert werden als bei einem gleichzeitigen Eintritt in mehrere Auslandsmärkte, wo bei Fehlern ggfs. hohe Verluste drohen.

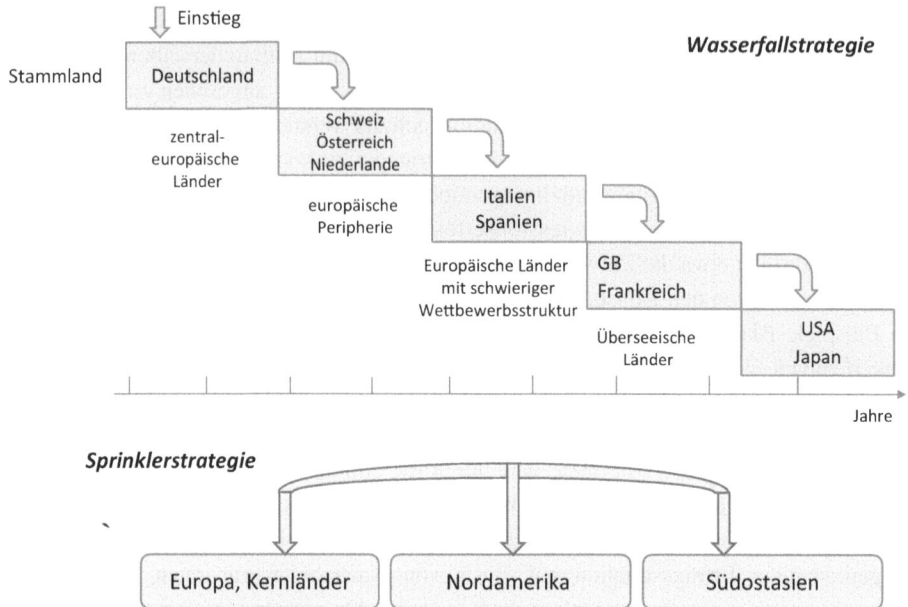

Abb. 4.4 Wasserfall- und Sprinklerstrategie der Internationalisierung. (Quelle: in Anlehnung an Perlitz und Schrank 2013)

4.2.3.4 Sprinklerstrategie

Die Sprinklerstrategie setzt im Gegensatz zur Wasserfallstrategie auf simultane Marktbearbeitung, was bedeutet, dass von einem Unternehmen entweder zeitgleich oder in kurzem zeitlichen Abstand mehrere Auslandsmärkte erschlossen werden. Der Vorteil dieser Strategie liegt in der schnelleren Realisierung von Profit- und Cash flow-Potenzialen. Voraussetzungen dafür sind allerdings ein solides Erfahrungspotenzial bei der Bearbeitung von Auslandsmärkten sowie ein ausreichendes Ressourcenkontingent in personeller, finanzieller und technologischer Hinsicht, um die Parallelität überhaupt professionell bewerkstelligen zu können. Im Zeitalter globaler Märkte ist zu beobachten, dass eine sukzessive Markteinführung von Produkten in unterschiedlichen Ländern gerade in den Konsumgütermärkten zunehmend unpraktikabel wird, sodass die Wasserfallstrategie immer weniger praktikabel erscheint (Meckl 2014).

Vielmehr wird die Anwendung einer Sprinklerstrategie vermehrt zur unabdingbaren Voraussetzung, nicht nur um Ertrags- und Liquiditätspotenziale zu heben, die wiederum die Voraussetzung für die Finanzierung der nachfolgenden Produktgeneration darstellen, sondern auch, um die notwendige Reputation der Produkte und Marken beim Kunden zu gewährleisten, zumal sich die Kunden auf den globalen Märkten eine verspätete Einführung von Produkten oder Leistungen in ihren Ländern immer weniger bieten lassen, was die Unternehmen weiter unter Druck setzt, um ressourcenflexibel simultane Aktivitäten in den relevanten Auslandsmärkten entfalten zu können.

4.2.4 Selektion der Wettbewerbsstrategie

Das von Porter (1980) entwickelte Konzept der generischen Wettbewerbsstrategien basiert auf strategischen Wettbewerbsvorteilen, welche sich für ein Unternehmen entweder aus einer den gegenüber Wettbewerbern überlegenen Kostenposition oder aus einem Nutzenvorteil der Produkte und Leistungen im Vergleich zum Wettbewerb ableiten, woraus sich nach Porter insgesamt drei unterschiedliche Wettbewerbsstrategien ableiten lassen: die Kostenführerschafts-, die Differenzierungs- und die Spezialisierungsstrategie. Porter hat dies ursprünglich in einer Wettbewerbsmatrix dargestellt.

4.2.4.1 Generische Wettbewerbsstrategien

Ein Unternehmen, welches die Kostenführerschaftsstrategie verfolgt, zielt auf eine optimierte Kostenstruktur mit minimalen Stückkosten ab. Da minimale Stückkosten mit einer maximalen Ausbringungsmenge einhergehen, sind hohe Marktanteile als Indikator für ein hohes Produktionsvolumen erforderlich, um mit dieser das niedrigste Kostenniveau aufgrund der dabei erzielten größten Erfahrung zu erzielen und dadurch Kostenführer zu werden. Diese Strategie steht zumeist in Verbindung mit einer Massenfertigung, die die Herstellung standardisierter Produkte beinhaltet und benötigt daher hohe Investitionsvolumina. Eine eigenständige Zielmarktabgrenzung erfolgt im ursprünglichen Model nicht, stattdessen werden in der Regel sämtliche Marktsegmente bedient.

Gleichwohl kann ein Unternehmen grundsätzlich zwischen einer globalen bzw. gesamtmarktbezogenen Kostenführerschaftsstrategie und einer auf Teilmärkte konzentrierten Kostenführerschaftsstrategie wählen. Kostenführerschaft ist oft die Voraussetzung für Preisführerschaft, aber keine Bedingung für diese. Beispiele für globale Kostenführer im internationalen Wettbewerb sind etwa Handelsunternehmen wie Aldi oder Walmart, Billigairlines wie Ryan Air oder Easy Jet oder auch japanische Chip- und Automobilhersteller (Perlitz und Schrank 2013). Kostenführer wie diese zeichnen sich auch durch ein rigides und oftmals kompromissloses Kostenmanagement aus, welches erst die Voraussetzung schafft, minimale Stückkostenpositionen zu erreichen.

Ryan Air – Konsequente Kostenführerschaftsstrategie in der Airline-Branche
Ryan Air gehört zu den aggressivsten Wettbewerbern im Markt für Flugreisen. Die Airline bietet ihren Kunden Flugticketpreise an, die nicht selten 50 % und mehr unterhalb der Preise traditioneller Airlines wie Lufthansa oder Air France KLM liegen. Die Fähigkeit, solche niedrigen Ticketpreise kalkulieren und anbieten zu können, erlangt das Unternehmen mit einer konsequenten Kostensenkungsphilosophie. So nutzt Ryan Air eher kleinere regionale Flughäfen wie Stansted (London), Hahn (Frankfurt) oder Ciampino (Rom), um Kosten für Landegebühren und Abfertigung zu drücken. Darüber hinaus erhebt die Airline Gebühren für jegliche Art von Verpflegung an Bord sowie Gepäckgebühren. Ferner spart das Unternehmen Vertriebskosten und -provisionen durch konsequente Penetration des Vertriebskanals Internet über seine

Unternehmenswebsite. Schließlich sind die Personalkosten für Piloten und Bordser-
vicepersonal im Durchschnitt niedriger als bei traditionellen Airlines.

Eine hinsichtlich des genutzten Flugzeugtyps weitgehend standardisierte Flugzeug-
flotte trägt zu weiterer Kosteneinsparungen in Form von niedrigeren Anschaffungs-
und Wartungskosten für Fluggerät bei. Die Strategie von Ryan Air ist auf konsequentes
Wachstum und Kostenführerschaft ausgerichtet. So ist das Angebot der Airline in
einem Zeitraum von 25 Jahren von einer einzigen Strecke zwischen Irland und England
auf mehr als 1100 Strecken zwischen 28 Ländern und 168 Destinationen angestiegen.
Ryan Air CEO Michael O'Leary beschrieb sein Unternehmen in diesem Zusammenhang einmal als mit Walmart in den USA vergleichbar (Wild und Wild 2014).

Unternimmt ein Unternehmen dagegen eine Differenzierungsstrategie, so versucht es,
sich durch Bereitstellung produkttechnischer Zusatznutzen in Form von Design, Funktionalität, Innovation, Service, Verarbeitungsqualität oder kurze Lieferzeiten vom Wettbewerb abzuheben. Auf diese Weise kann ein monopolistischer Preisspielraum geschaffen
werden, der durch das Unternehmen in Form von Preisaufschlägen ausgenutzt werden
kann. Im Gegensatz zur Kostenführerschaftsstrategie ist die Differenzierungsstrategie in
der Regel unvereinbar mit hohen Marktanteilen, zumal diese den Exklusivitätsanspruch
der Produkte und die damit verbundene Preismarge konterkarieren würden. Demzufolge
ist die Differenzierungsstrategie zwar auf die komplette Branche ausgerichtet, ist aber
dennoch nur auf einen Teil der Nachfrager ausgelegt (Baum et al. 2013).

Auch hinsichtlich der Differenzierung kann man unterscheiden zwischen einem strategischen Gesamtmarktansatz und dem Ansatz einer Differenzierung auf Teilmärkten.
Beispiele für Differenzierungsstrategien auf Gesamtmarktbasis in Form von globaler
Differenzierung sind Apple, BMW, Boss oder Sony, die Leistungsvorteile ausnutzen und
dabei von höheren Margen profitieren. Dagegen ist die dritte generische, die Spezialisie-
rungs- oder Fokussierungsstrategie im Vergleich mit den beiden zuvor besprochenen von
vornherein nicht auf die gesamte Branche ausgerichtet, sondern nur auf ein spezifisches
Marktsegment. Die Spezialisierungsstrategie richtet sich dabei auf ein in Bezug auf ein
bestimmtes Kundenbedürfnis homogenes Marktsegment, sodass die Abgrenzung vom
Wettbewerb über das Kundenbedürfnis erfolgt. So kann beispielsweise im Rahmen einer
Spezialisierungsstrategie eine bestimmte Alters- oder Berufsgruppe, eine bestimmte
Region oder Religion oder ein bestimmter Vertriebsweg fokussiert werden.

Die Spezialisierungsstrategie kann zugleich als fokussierte Kostenführerschafts- oder
Differenzierungsstrategie bezeichnet werden, zumal der ökonomische Vorteil entweder über den Kosten- oder den Nutzenvorteil realisiert werden kann (Baum et al. 2013).
Klassische internationale Spezialisierer agieren beispielsweise in wettbewerbsarmen
Branchen oder in Branchen, die eine Preisdifferenzierung in Verbindung mit einer entsprechenden Segmentierung auf breiter Front ermöglichen, wie Bahnunternehmen dies
für gewöhnlich vorexerzieren.

Eine zusammenfassende Übersicht über Porters generische Wettbewerbsstrategien liefert die Abb. 4.5.

Abb. 4.5 Generische Wettbewerbsstrategien im Überblick. (Quelle: in Anlehnung an Macharzina und Wolf 2012)

4.2.4.2 Hyperwettbewerb und Outpacing-Strategie

Porters strategische Empfehlungen sind in den letzten Jahren aufgrund sich verändernder Wettbewerber immer stärker unter Druck geraten und kritisiert worden. So hat sich der Wettbewerb in den meisten Branchen über die Jahre auch wegen der zunehmenden Internationalisierung und der in diesem Zuge auftretenden neuen Konkurrenten, die in immer kürzeren Abständen Wettbewerbsvorteile aufholen oder umgehen – wie an anderer Stelle bereits ausgeführt – drastisch verschärft, was mitunter mit dem Phänomen des sogenannten Hyperwettbewerbs beschrieben wird. Das bedeutet für die Unternehmen, dass weniger ihre aktuelle Marktposition als vielmehr ihre Fähigkeit zu permanenter Veränderung und Anpassung an neue Rahmenbedingungen für den nachhaltigen Unternehmenserfolg entscheidend ist. In der Konsequenz dessen muss ein Unternehmen in der Lage sein, sowohl Qualität als auch niedrige Kosten offerieren zu können, womit das Phänomen des Entweder/Oder, welches der Theorie Porters zugrunde liegt, abgelöst wird.

Das führt zur sogenannten Outpacing-Strategie, bei der das Unternehmen in Abhängigkeit von der jeweiligen Markt- und Wettbewerbssituation zwischen den beiden Strategiealternativen Kostenführerschaft und Differenzierung wechselt, um auf diese Weise zu nachhaltigeren bzw. längerfristigeren Wettbewerbsvorteilen zu kommen, was durch empirische Studien in der Elektronikindustrie in den USA, Europa und Japan insofern belegt werden konnte, als in derartig technologisch schnell verändernden Branchen nur diejenigen Unternehmen erfolgreich sind, die in entsprechend dynamischer Form Differenzierung und Kostenführerschaft kombinieren können (Baum et al. 2013).

Bezogen auf die zuvor genannten Unternehmensbeispiele wird diese Argumentation insofern nachvollziehbar, als das Unternehmen Aldi etwa nur deshalb nachhaltig erfolgreich im Wettbewerb agiert, weil es neben der Kostenführerschaft auch qualitativ hochwertige Produkte anbietet und deswegen seine Kunden an sich bindet. Dem durch die Kunden forcierten Markenfokus entspricht das Unternehmen durch zunehmende Listung von Markenartikeln und schwenkt damit stärker in Richtung Differenzierung. Gleiches betrifft zunehmende Bestrebungen zur höherwertigen Präsentation in Regalfächern anstatt in Pappkartons. Ein anderes diesbezügliches Beispiel betrifft Mercedes, wo die Standardisierung von Produktionsprozessen so weit vorangetrieben wurde, dass an ausländischen Standorten wie in China, Südafrika und den USA im Vergleich zu deutschen Produktionsstandorten deutlich kostengünstiger produziert werden kann, um damit die in diesen Märkten deutlich preissensitivere Automobilnachfrage bei vergleichbarer Produktqualität kostentechnisch realisieren zu können und bestehende Marktanteile erhalten bzw. neue erschließen zu können.

4.2.4.3 Blue Ocean-Strategie

Neuere empirisch fundierte Forschung verlagert die Diskussion von der grundsätzlichen strategischen Ausrichtung in Form von Alternativen zwischen Kostenführerschaft und Differenzierung bzw. einer Kombination der beiden im Zeitablauf auf die Ebene eines einzelnen strategischen Manövers, welches anstelle einer grundsätzlichen Ausrichtung über strategischen Erfolg oder Misserfolg eines Unternehmens entscheidet und damit den Zeit- und Erfolgshorizont strategischer Handlung potenziell deutlich verkürzen kann. Diese unter dem Namen Blue Ocean-Strategie bekannt gewordene Strategietheorie suggeriert, dass erfolgreiche Unternehmen sich nicht am Wettbewerb orientieren, sondern eigene innovative Wege finden müssen, um neue Märkte zu kreieren, auf denen sie nicht mehr mit dem Wettbewerb konkurrieren müssen (sogenannte blaue Ozeane).

Innovationen gründen sich dabei zumeist nicht auf bahnbrechenden technologischen Neuerungen, sondern eher auf einer Neubewertung und -definition des unternehmerischen Wertangebots, mit dem eine neue Wertkurve für die Kunden gestaltet wird, die sich vom traditionellen sogenannten Value-Cost-Trade-off löst, also dem ehernen Gesetz, dass mehr Wertschöpfung oder Wertangebot für den Kunden nur mit höheren Kosten erreichbar ist (Kim und Mauborgne 2005). Diese neue Wertkurve wird erreicht, indem die bisherigen Erfolgsfaktoren hinterfragt und verändert werden, je nachdem wie wichtig sie tatsächlich für den Kunden sind. Dabei wird auf ein Rahmenwerk mit vier Handlungsfeldern zurückgegriffen, um zu definieren, welche Faktoren verstärkt und welche vermindert werden sollen und welche neu kreiert oder abgeschafft werden sollen (vgl. Abb. 4.6).

Cirque du Soleil – ein Beispiel erfolgreicher Blue Ocean-Strategie

Wie die Neugestaltung des Geschäftsmodells mit hilfe dieses 4-Faktoren-Rahmenwerks funktioniert, soll am Beispiel des kanadischen Unternehmens Cirque du Soleil, welches den Zirkus zweifelsohne international revolutioniert hat, beschrieben werden. Der Cirque du Soleil hat vom ursprünglichen Zirkus-Geschäftsmodell nur die Produktions- bzw. Wertfaktoren Zelt, Clowns und akrobatische Akte übernommen, während andere Faktoren wie Bänke oder Sandboden entfernt worden sind. Stattdessen werden die Zirkus-Vorstellungen ergänzt um musische und intellektuelle Elemente, die sich jeweils um ein durchgehendes Showthema ranken. Verzichtet wird im Gegensatz zum traditionellen Zirkus darüber hinaus insbesondere auf teure Stars und vor allen Dingen wilde Tiere, die zu den klassischen Differenzierern traditioneller Zirkusunternehmen zählen und in der Vergangenheit nachhaltig zu einer Erodierung von deren Margen beigetragen haben (Kim und Mauborgne 2005).

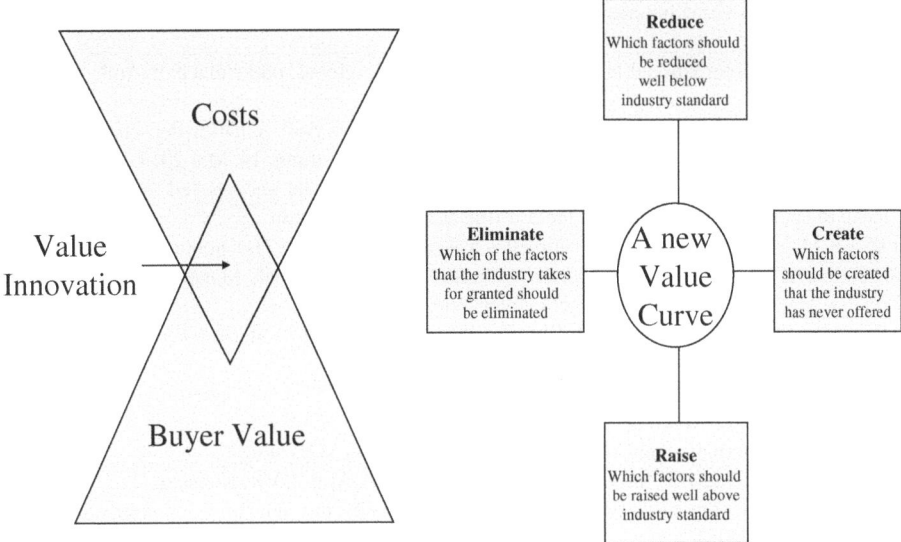

Abb. 4.6 Value-Cost-Trade-off und 4-Faktoren-Modell in der Blue Ocean-Strategie. (Quelle: in Anlehnung an Kim und Mauborgne 2005)

Wie vergleichsweise wenig letztlich diese teuersten Produktionsfaktoren dennoch offensichtlich zum Kundenerlebnis beitragen zeigt die Tatsache, dass Veranstaltungen des Cirque du Soleil die Kunden ein Vielfaches von traditionellen Zirkusveranstaltungen kosten und diese offensichtlich bereit sind solche Preise zu bezahlen bzw. in diesem neuen Zirkusmodell mit seinen theater- und musicalbezogenen Einlagen und Komponenten und seinem Verzicht auf teure Clowns und Tiere ein größeres Werterlebnis empfinden.

Kontrollfragen

1. Welche idealtypischen strategischen Optionen stehen internationalen Unternehmen zur Verfügung?
2. Welche strategischen Dimensionen prägen Internationalisierungsstrategien?
3. In welcher Form trägt die sogenannte Blue Ocean-Strategie zu einer Relativierung der generischen Wettbewerbsstrategien Porters bei?

Literatur

Bartlett CA, Ghoshal S (1990) Internationale Unternehmensführung. Innovation, globale Effizienz, differenziertes Marketing. Campus, Frankfurt
Baum H-G, Coenenberg AG, Günther T (2013) Strategisches Controlling, 5. Aufl. Schäffer-Poeschel, Stuttgart

Eichinger N (2008) Verrechnungspreise und Währungsumrechnung im internationalen Controlling. Linde, Wien

Hill CWL (2012) International business. Competing in the global marketplace, 9. Aufl. McGraw-Hill, New York

Holtbrügge D, Welge M (2015) Internationales Management, 6. Aufl. Schäffer-Poeschel, Stuttgart

Kanning T (2014) Damen vom Grill. Frankfurter Allgemeine Zeitung, 14. Mai 2014. www.faz.net

Kim WC, Mauborgne R (2005) Blue ocean strategy. How to create uncontested market space and make the competition irrelevant. Harvard Business School, Boston

Kutschker M, Schmid S (2011) Internationales Management, 7. Aufl. Oldenbourg, München

Macharzina K, Wolf J (2012) Unternehmensführung. Das internationale Managementwissen. Konzepte – Methoden – Praxis. Springer Gabler, Wiesbaden

McDonald's Deutschland (2016) McDonald's Franchise-Modell – Stand 09/2016. www.mcdonalds.de

McFarlin DB, Sweeney PD (2011) International Management. Strategic opportunities and cultural challenges, 4. Aufl. Routledge, London

Meckl R (2014) Internationales Management, 4. Aufl. Vahlen, München

Perlitz M, Schrank R (2013) Internationales Management, 6. Aufl. UVK, Konstanz

Porter ME (1980) Competitive strategy. Techniques for analyzing industries and competitors. The Free Press, New York

Porter ME (1985) Competitive advantage. Creating and sustaining superior performance. The Free Press, New York

Rodrigues C (2009) International management. A cultural approach. Sage, Thousand Oaks

Wild JJ, Wild KJ (2014) International business, 7. Aufl. Pearson Education, Harlow

Internationale Organisationsstrukturen 5

Zusammenfassung

In diesem Kapitel werden internationale Organisationsstrukturen thematisiert, wie sie sich aus dem internationalen Strategiemanagement ergeben bzw. mit diesem einhergehen. Dabei geht es zunächst um den organisatorischen Trade-off zwischen Zentralisierung und Dezentralisierung sowie um die Bedeutung und den Einfluss von Koordination und Flexibilität bei der Organisationsgestaltung. In der Folge geht es um sich daraus ergebende Möglichkeiten organisatorischer Strukturgestaltung von divisionalen über funktionale bis hin zu Matrix- und Netzwerkstrukturen. Darüber hinaus werden auch damit im Zusammenhang stehende Koordinations- und Steuerungsmechanismen analysiert. Zudem wird der Einfluss von Corporate Governance-Strukturen und dessen Interdependenz mit organisatorischen Gestaltungsformen untersucht.

Im Rahmen der internationalen Unternehmensführung kommt neben der grundsätzlichen strategischen Unternehmensausrichtung auch der Strukturierung des organisatorischen Aufbaus und Ablaufs eine wichtige Bedeutung zu. Dabei reflektiert sich das zuvor thematisierte Spannungsverhältnis zwischen Standardisierung und Differenzierung konsequenterweise auch in der aus der strategischen Grundausrichtung abgeleiteten Organisationsstruktur und mündet dort in erster Linie in die Frage nach zentraler oder dezentraler organisatorischer Ausrichtung (Meckl 2014). Die organisatorische Struktur eines nationalen wie internationalen Unternehmens verkörpert die Art und Weise, wie ein Unternehmen seine Aktivitäten zwischen verschiedenen organisatorischen Einheiten aufteilt und koordiniert. Wenn ein Unternehmen seine Organisationsstruktur in adäquater Weise an seine strategische Ausrichtung anpasst, dann wird es potenziell effektiver bei der Umsetzung seiner strategischen Ziele sein, worauf u. a. Chandler (1962) im Rahmen von Fallstudienuntersuchungen zu amerikanischen Konzernen in seinem Standardwerk hingewiesen hat.

© Springer Fachmedien Wiesbaden GmbH 2017
M. Sure, *Internationales Management,* DOI 10.1007/978-3-658-16163-7_5

5.1   Grundlagen internationaler Organisationsstrukturen

Ein wichtiges Thema für die Unternehmensleitung ist in diesem Zusammenhang die
Frage, welche Entscheidungen im Unternehmen zentralisiert und welche dezentrali-
siert werden. Zentralisierte Entscheidungsfindung konzentriert den Entscheidungsprozess dabei auf die oberen Ebenen an einem Standort, in der Regel dem Stammsitz oder
Headquarter, wogegen dezentralisierte Entscheidungsfindung auf niedrigeren Organisationsebenen, insbesondere auf der Ebene der internationalen Tochtergesellschaften stattfindet. Die Frage, welche sich in diesem Zusammenhang stellt, ist diejenige, ob sich das
Management in der Unternehmenszentrale aktiv in den Entscheidungsprozess auf der
Ebene der internationalen Tochtergesellschaften einmischt oder ob es nur bei wenigen
wichtigen Entscheidungen interveniert.

Auf der einen Seite kann das zentrale Management nicht in jeden Entscheidungsprozess beispielsweise zur Einstellung von Mitarbeitern involviert sein, auf der anderen
Seite ist aber eine Delegation von Entscheidungen zum strategischen Management an
das Tochtergesellschaftsmanagement aufgrund von dessen eingeschränkten Perspektiven
zumeist nicht sinnvoll (Wild und Wild 2014). Schließlich ist die Frage nach Zentralisierung oder Dezentralisierung keine wirklich absolut zu beantwortende, sondern muss im
Einzelfall differenziert betrachtet werden.

5.1.1   Situationen sinnvoller Zentralisierung

Zentralisierungsoptionen können im Rahmen der Entscheidungsprozessgestaltung die
Koordination internationaler Tochtergesellschaften unterstützen. Dies ist zum Beispiel
von Vorteil in Unternehmen, die in verschiedenen Branchen oder in vielen internationalen Märkten vertreten sind. Zentralisierte Entscheidungen können ebenso zielführend
sein, wenn sich zwei Tochtergesellschaften mit Gütern beliefern, es sich aus Konzernsicht also um Innenumsätze handelt. In derartigen Fällen ist eine Koordination der
Aktivitäten von einem zentralen Punkt aus effizienter. Zum Beispiel hat sich in vielen
internationalen Unternehmen eine Zentralisierung zumindest von Teilen des Einkaufs
bewährt, wenn gleiche Rohstoffe, Komponenten oder Einstandswaren benötigt werden,
zumal wegen der tochterunternehmens-übergreifenden, volumenmäßig entsprechend
größeren Einkaufsmengen, die mit niedrigeren Einkaufspreisen einhergehen, von denen
wiederum sämtliche internationalen Tochtergesellschaften profitieren und so ihre Margen
verbessern können (Wild und Wild 2014).

Ein weiteres Beispiel für effektive Zentralisierungsmöglichkeiten ist der Finanzbe-
reich, in dem etwa viele international tätige Unternehmen Verträge zur Gewinnabführung
mit ihren Tochtergesellschaften schließen, um zum einen Kontrolle über die finanziellen
Ressourcen zu bewahren und zum anderen die Redistribution der finanziellen Mittel je
nach Bedürftigkeit bzw. Notwendigkeit den internationalen Tochtergesellschaften entsprechend zuzuleiten. Schließlich kann ein weiterer Grund für eine Zentralisierung von

Policies, Methoden und Verfahren in dem Bestreben eines Unternehmens liegen, eine globale Organisationskultur zu etablieren und die dafür nötige diesbezügliche Uniformität zwischen den einzelnen Gesellschaften zu schaffen (Hill 2012).

5.1.2 Situationen sinnvoller Dezentralisierung

Eine Dezentralisierung von Entscheidungen ist grundsätzlich von Vorteil in schnelllebigen und volatilen Geschäftsumfeldern, die rascher lokaler Management-Reaktionen bedürfen. Lokale Manager sind in der Hinsicht flexibler, als sie Veränderungen der lokalen Umwelt eher bemerken und darauf reagieren können als das zentrale Management. Ihre dezentralen Entscheidungen passen zumeist besser auf die Anforderungen der lokalen Märkte und führen zu Produkten, die den Geschmack der Kunden vor Ort besser treffen, weil der Kontakt zwischen lokalen Entscheidungsträgern und Kunden intensiver ist. Im Gegenzug liegt die Problematik zentral gesteuerter Entscheidungen in einer Situation, die geprägt ist von schnellen Umweltveränderungen, in potenziell verspäteten Entscheidungen und missinterpretierten Sachverhalten mit der möglichen Folge verlorener Aufträge, stockender Produktion und sinkender Wettbewerbsfähigkeit (Wild und Wild 2014).

Eine zusätzliche Folge dezentraler Entscheidungen liegt in der Stärkung des partizipativen Managements. Dieses stärkt häufig die Motivation der lokalen Mitarbeiter dadurch, dass Manager und ihre Mitarbeiter Bestandteil des Entscheidungsprozesses sind. Außerdem fördert Dezentralisation die persönliche Verantwortung für Entscheidungen, was wiederum zu einer intensiveren und fundierteren Vorbereitung von Entscheidungen und damit häufig auch zu deren größerer Ausgewogenheit führt. Insgesamt ist zu konstatieren, dass solche Entscheidungen häufig zu besserer Entscheidungsqualität und Unternehmensleistung beitragen (Hill 2012).

5.1.3 Koordination und Flexibilität

Bei der Konzeption organisatorischer Strukturen sucht das Management Antworten auf die Fragen nach der effizientesten Methode, um Unternehmensbereiche miteinander zu verzahnen und zu koordinieren, um Informationen bestmöglich zu verarbeiten und den Empfängern zum richtigen Zeitpunkt zuzustellen, um Aktivitäten und Leistungen zu messen und zu überwachen sowie diese je nach Ausprägung zu incentivieren oder zu sanktionieren und um Korrekturmaßnahmen zu etablieren und erfolgreich umzusetzen. Dabei spielen Koordination und Flexibilität eine entscheidende Rolle. Jede Unternehmensstruktur – unabhängig davon, ob es sich um ein Unternehmen mit multipler Präsenz in Auslandsmärkten handelt oder um ein Unternehmen mit einem inländischen Stammsitz, der vornehmlich auf Exportaktivitäten zur Bedienung ausländischer Märkte setzt, – muss über eindeutige Verantwortungsbereiche und Weisungsstrukturen verfügen, die sich zudem in internen Berichtsstrukturen niederschlagen.

Dabei ist zu berücksichtigen, dass jedes multinationale Unternehmen organisatorischer Strukturen bedarf, die sicherstellen, dass Unternehmensbereiche strukturell verbunden werden, die enge gegenseitige Kooperation erfordern. In diesem Zusammenhang ist es vor dem Hintergrund der vorstehend thematisierten Bedingungen und Sachverhalte wichtig, dass die organisatorische Struktur flexibel und modifizierbar bleibt, um adäquat auf interne und externe Veränderungen inhaltlich und zeitlich in angemessener Form reagieren zu können (Wild und Wild 2014). Dazu ist es erforderlich, dass nationale und regionale Veränderungen des Geschäftsumfeldes kontinuierlich und präzise überwacht werden, um aus diesen notwendige strategische Veränderungen und damit rechtzeitig konsekutive, organisatorisch-strukturelle Veränderungen ableiten und vollziehen zu können. Zur organisatorisch-strukturellen Gliederung von multinationalen Unternehmen wird in der Literatur eine Reihe von Standardmodellen aufgeführt, die Gegenstand des nächsten Kapitels sind.

5.2   Standardformen internationaler Organisationsstrukturen

Offensichtlich existieren theoretisch viele Wege, wie man ein multinationales Unternehmen organisatorisch strukturieren kann, um im internationalen Geschäft erfolgreich agieren zu können.

> Fünf Formen stechen dabei aus der Masse der Organisationsformen heraus, da sie zu den am häufigsten genutzten und damit zugleich geläufigsten gehören: die divisionale, die funktionale, die regionale, die Produkt- und die Matrixstruktur, welche nachfolgend einzeln beleuchtet werden.

5.2.1   Internationale Divisions-Struktur

Eine internationale Divisionsstruktur trennt die internationale von der nationalen Organisation, indem eine separate internationale Division mit eigenem verantwortlichen Management kreiert wird (vgl. Abb. 5.1). Eine solche separate internationale Einheit ist dabei typischerweise nach Ländern untergliedert, in denen internationales Geschäft betrieben wird. Jede Landesgesellschaft managed darin häufig die komplette Wertschöpfungskette unternehmerischer Tätigkeit vom Marketing der Produkte über deren Vertrieb und Produktion bis hin zu Einkauf, Finanz- und Rechnungswesen.

Da eine internationale Division konsequenterweise in der Regel eine spezifische Expertise zur internationalen Geschäftstätigkeit aufbauen wird, werden die in ihr tätigen Manager zu Spezialisten bezüglich einer ganzen Reihe von besonderen Themenstellungen wie Währungs- und Inflationsmanagement, Dokumentationspflichten im Auslandsgeschäft oder Beziehungsgestaltung zu ausländischen Behörden und Institutionen. Durch

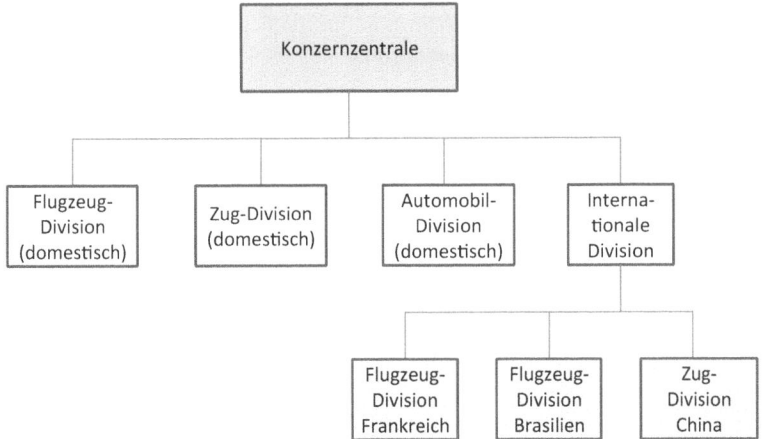

Abb. 5.1 Internationale Divisions-Struktur. (Quelle: in Anlehnung an Wild und Wild 2014)

die Konsolidierung internationaler Aktivitäten in einer Unternehmenseinheit und die damit verbundenen kurzen Kommunikationswege kann das Unternehmen Skaleneffekte realisieren, Effizienz steigern und Kosten reduzieren sowie unproduktive Kollisionen zwischen internationalem und nationalem Geschäft vermeiden (Holtbrügge und Welge 2015).

Eine solche Struktur bietet sich aus diesen Gründen für Unternehmen an, deren internationales Geschäft noch recht jung ist oder dessen internationaler Umsatz nur einen relativ kleinen Teil am Gesamtunternehmensumsatz ausmacht (Wild und Wild 2014). Probleme liegen bei dieser Form der Organisationsstruktur einerseits in der potenziell unzureichenden Koordination zwischen der Leitung der internationalen Division und dem Konzern-Management im Stammland, die die Leistungsfähigkeit nicht nur der internationalen Division, sondern auch des gesamten Unternehmens negativ beeinflussen kann. Andererseits können aufgrund von Rivalitäten und schlechter Koordination zwischen den verantwortlichen Landesmanagern und deren übergeordneter Instanz der Leitung der internationalen Division suboptimale Leistungen entstehen (Hill 2012).

5.2.2 Internationale Funktions-Struktur

Die Organisationsform einer internationalen Funktions-Struktur ist auf eine Integration der ausländischen Tochtergesellschaften in die funktionalen Bereiche der Muttergesellschaft ausgerichtet, was insbesondere solchen Unternehmen Vorteile bietet, die sich strategisch vor allem über ihre wesentlichen Funktionsbereiche positionieren und koordinieren (vgl. Abb. 5.2). Integrierte Funktionsstrukturen bieten sich daher für solche multinationalen Unternehmen an, die vergleichsweise gering diversifiziert sind und deren Auslandsgeschäft wenig bedeutsam ist bzw. sich in erster Linie auf den Export

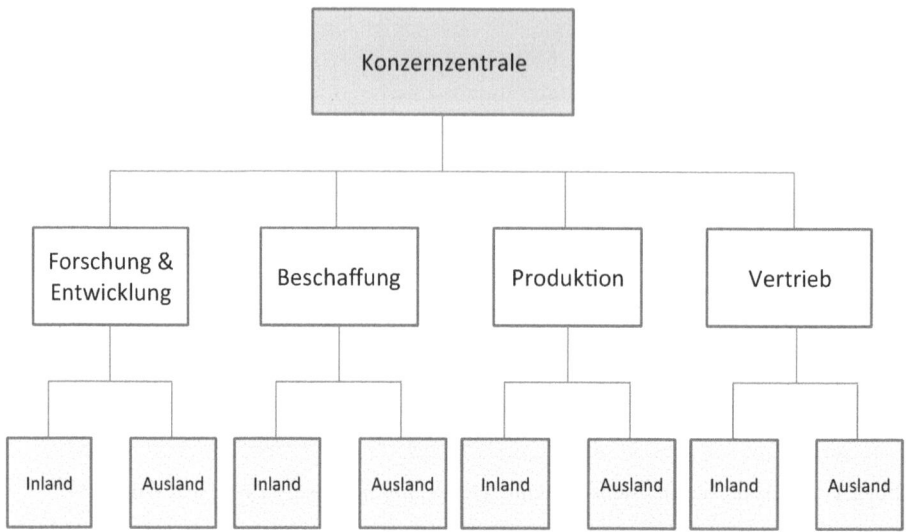

Abb. 5.2 Internationale Funktions-Struktur. (Quelle: in Anlehnung an Meckl 2014)

konzentriert. Damit zumeist einhergehende geringe Anpassungserfordernisse in den relevanten Funktionen der Auslandsgesellschaften bieten entsprechende Effizienzvorteile (Holtbrügge und Welge 2015).

Die Problematik solcher funktionaler Organisationsstrukturen entsteht dann, wenn ausländische Tochtergesellschaften nicht einer einzelnen Funktion zugeordnet werden können, sondern möglicherweise mehreren zugeordnet werden müssen. Daneben können sich innerhalb der funktionalen Organisation zwischen Muttergesellschaft und ausländischem Tochterunternehmen informelle Strukturen entwickeln, die der Autorität und Effektivität der Führung der Auslandsgesellschaft unter Umständen nicht förderlich sind und damit zu suboptimalen Leistungen der Tochtergesellschaften führen können.

5.2.3 Internationale Regional-Struktur

Eine internationale Regional-Struktur gliedert eine multinationale Unternehmung nach Regionen oder Ländern, in bzw. mit denen das Unternehmen Geschäfte betreibt, wobei die Untergliederung nach Regionen, beispielsweise Amerika, Europa, Asien-Pazifik, umso wahrscheinlicher und logischer wird, je größer die Anzahl an Ländern ist, in denen das Unternehmen geschäftlich agiert (vgl. Abb. 5.3). In einer solchen Struktur trifft jede regionale Division ihre Entscheidungen größtenteils selbst auf dezentraler regionaler oder länder-bezogener Management-Basis (Hill 2012). Jede regionale Division verfügt in einer solchen Struktur über ihr eigenes Portfolio an Abteilungen, die zumeist die komplette Wertschöpfungskette umfassen, also Marketing & Vertrieb, Forschung & Entwicklung,

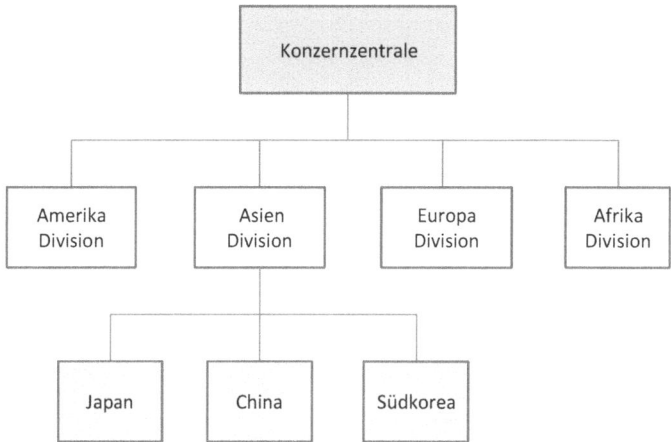

Abb. 5.3 Internationale Regional-Struktur. (Quelle: in Anlehnung an Wild und Wild 2014)

Produktion, Logistik und Einkauf, HR sowie Finanz- und Rechnungswesen. Dabei wird auch ein großer Teil des strategischen Managements mit Bezug auf die Region vom regionalen General Management selbst übernommen, während strategische Vorgaben und Entscheidungen auf Gesamtunternehmensebene naturgemäß dem Konzern-Management vorbehalten bleiben.

Diese Organisationsstruktur eignet sich am besten für Unternehmen, die ihre regionalen oder Landesstrukturen und die von diesen bedienten und verantworteten Märkte als einzigartig ansehen, was insbesondere mit gravierenden Unterschieden in der ökonomischen, regulatorischen und kulturellen Situation in den Märkten einhergeht. Dadurch werden die verantwortlichen General Manager der Regionen oder Länder zu Experten für die Bedürfnisse der von ihren Divisionen bedienten Märkte. Andererseits besteht in solchen Strukturen die Gefahr von Ressourcenredundanzen, da sämtliche Divisionen zumeist über gleiche, potenziell überlappende Abteilungs- und Ressourcenstrukturen verfügen (Wild und Wild 2014). In der Unternehmenspraxis hat diese Organisationsform relativ wenig Bedeutung, etwas verbreiteter ist sie etwa in (nord-)amerikanischen Unternehmen. Meist findet die regionale Komponente ihren Niederschlag eher in mehrdimensionalen Matrixstrukturen, in denen sie eine von zwei oder drei Steuerungsparametern darstellt.

5.2.4 Internationale Produkt-Struktur

Eine globale Produkt-Struktur unterteilt weltweite Unternehmensaktivitäten nach unternehmerischen Produktkategorien bzw. -gruppen (vgl. Abb. 5.4). So ist beispielsweise ein internationales Automobilunternehmen unterteilt in die produktbezogenen Sparten

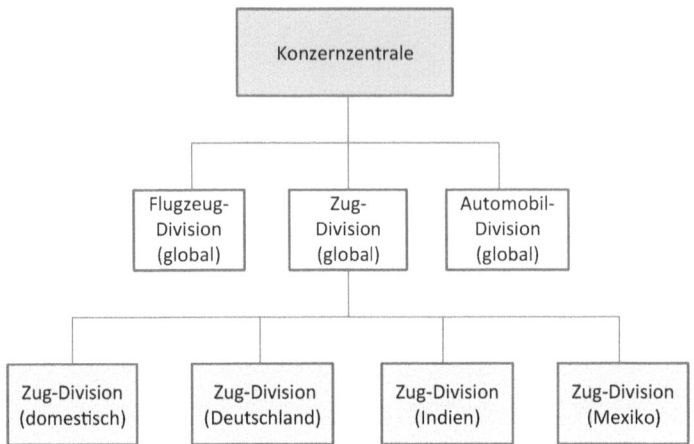

Abb. 5.4 Internationale Produkt-Struktur. (Quelle: in Anlehnung an Wild und Wild 2014)

Personenkraftwagen, Lastkraftwagen, Busse und Spezialkraftwagen sowie Finanzdienst-leistungen oder eine internationale Universal-Bank untergliedert in die Produktbereiche Investment-Banking, Asset-Management und Retail Banking. Jede Produkt-Division ist ihrerseits wieder unterteilt in nationale und internationale. Jede Funktion wie Forschung und Entwicklung, Marketing, Produktion etc. ist somit dupliziert in jeder nationalen und internationalen Division vorhanden. Eine solche Struktur ist geeignet für Unternehmen, welche unterschiedliche Produkte und Services auf globaler Ebene anbieten, zumal es einige Koordinationsprobleme der internationalen Divisions-Struktur beseitigt. Weil der primäre Fokus der Unternehmenssteuerung auf den Produkten liegt, müssen die Unter-nehmensaktivitäten zwischen den nationalen und internationalen Divisions-Managern koordiniert werden, damit es zu keinen Konflikten kommt (Wild und Wild 2014).

5.2.5   Internationale Matrix-Struktur

Eine globale Matrix-Struktur unterteilt die Berichtswege zwischen Produkt-Divisionen einerseits und regionalen Strukturen andererseits und vernetzt diese berichtsstrukturtech-nisch untereinander, sodass jeder Manager eine Berichtslinie an zwei Vorgesetzte hat, und zwar sowohl an den Leiter der Produktdivision als auch an den Leiter der regionalen Division im Sinne geteilter operativer Verantwortlichkeiten zwischen Produkt- und Regi-onalverantwortlichen (Hill 2012). Ein wesentliches Ziel solcher Strukturen ist es, den Diskussionsfluss zwischen den unterschiedlichen Divisionskategorien zu beleben und damit zu intensiveren Entscheidungsabstimmungen und besseren Entscheidungsqualitä-ten zu kommen, sodass auch die Effizienz hoch spezialisierter Mitarbeiter verbessert wird (vgl. Abb. 5.5). Außerdem soll durch eine Matrix-Struktur eine Art Teamorganisation

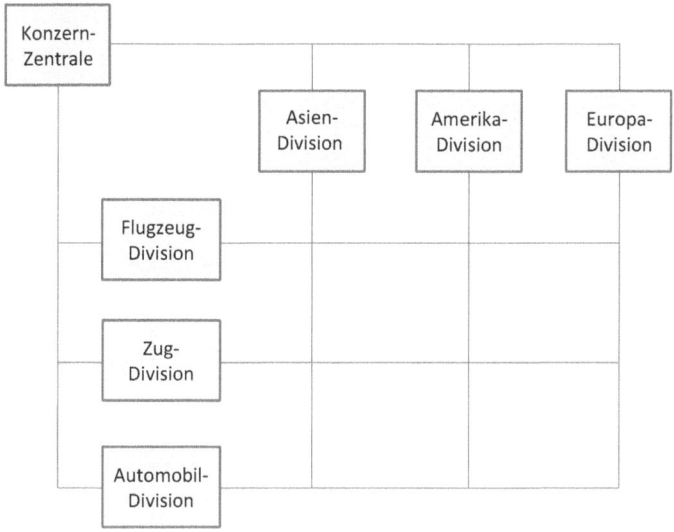

Abb. 5.5 Globale Matrix-Struktur. (Quelle: in Anlehnung an McFarlin und Sweeney 2011)

geschaffen werden. Idealerweise erhöhen mehrdimensionale Organisationsstrukturen wie eine Matrix-Struktur die Koordination und verbessern gleichzeitig die organisatorische Dynamik und die lokale Reaktionsfreudigkeit.

Als Nachteile einer derartigen Struktur lässt sich deren Schwerfälligkeit anführen, da im Rahmen der Koordination zahlreiche Meetings und Abstimmgespräche erforderlich sind, was zur Verlangsamung von Entscheidungsprozessen und zu langen Reaktionszeiten führen kann (Kutschker und Schmid 2011). Außerdem kann die Zuordnung von guten und schlechten Leistungen zu Aktionen einzelner Manager nicht immer zweifelsfrei bestimmt werden, sodass leichter Exkulpationsgründe für schlechte Leistungen durch Attribution solcher auf andere Bereiche oder Manager gefunden werden können.

5.2.6   Internationale Netzwerk-Struktur

Mit der zunehmenden Globalisierung der Unternehmen und ihrer Aktivitäten treten Netzwerke als Organisations- und Koordinationsformen immer mehr in den Vordergrund. Netzwerke profitieren dabei von ihrer mitunter höheren Gestaltungs- und Veränderungsflexibilität gegenüber anderen Strukturen und können sich dadurch wenn notwendig veränderten Rahmenbedingungen schneller zum Beispiel hinsichtlich ihrer Steuerungsphilosophie oder der Anzahl ihrer Mitglieder anpassen. Dies ist insbesondere vor dem Hintergrund der zunehmenden Verschachtelung und Modularisierung der Geschäfte internationaler Konzerne und des damit zusammenhängenden Entstehens von oftmals mehreren hundert oder gar tausend Tochtergesellschaften als eine wichtige Eigenschaft von Netzwerk-Strukturen gefragt (McFarlin und Sweeney 2011).

Zu unterscheiden ist in diesem Kontext zwischen intraorganisationalen und interorganisationalen Netzwerken, wobei erstere die Koordination und Steuerung zwischen internationalen Gesellschaften innerhalb eines Konzerns und zweitere diejenige zwischen Tochtergesellschaften unterschiedlicher Konzerne betrifft. Intranationale Netzwerke funktionieren am effektivsten, wenn sie gleichzeitig die multidimensionalen Ziele anderer Organisationsformen erfüllen können, was gemäß Bartlett und Ghoshal in deren bereits im Kap. 4 ausführlich erläuterten theoretischen Ansatz nur von sogenannten transnationalen Unternehmen bewerkstelligt werden kann. Transnationale Unternehmen verkörpern ein integriertes Netzwerk, welches das Dilemma zwischen Globalisierung und Lokalisierung einerseits und Integration und Differenzierung andererseits auflöst, sodass eine Organisation interdependenter Netzwerkmitglieder entsteht, die sich in ständigem Austausch miteinander bewegen (Bartlett und Ghoshal 1990).

In diesem Konstrukt übernimmt die Muttergesellschaft die Rolle des Orchestrators, der die Kooperation der einzelnen funktionalen und regionalen Tochtergesellschaften steuert, wohingegen die Tochtergesellschaften selbst für einen spezifischen strategischen Teilbereich innerhalb des Netzwerks die Verantwortung übernehmen, sodass ein intraorganisatorisches Netzwerk entsteht, welches im Sinne des Transaktionskostenansatzes eine hybride Organisationsform zwischen Markt und Hierarchie darstellt, was zugleich hohe Anforderungen an die Koordination innerhalb des Netzwerks stellt und die Gefahr ständiger Spaltung und Zersplitterung birgt (Perlitz und Schrank 2013).

Interorganisationale Netzwerke beinhalten dagegen Verflechtungen zwischen rechtlich selbstständigen Unternehmen, die vertragliche Beziehungen mit anderen Unternehmen eingehen, um finanzielle oder andere ressourcentechnische Vorteile erzielen zu können, wobei derartige Netzwerke häufig dadurch entstehen, dass betriebliche Funktionen entweder ausgegliedert werden oder dass externe Funktionen partiell integriert werden (Kutschker und Schmid 2011). Interorganisationale Netzwerke bewegen sich zunehmend in einem Spannungsverhältnis zwischen Kooperation und Wettbewerb, wobei das eine das andere nicht ausschließen muss, was man beispielsweise an Koopetitions-Arrangements zwischen Mercedes und Renault bei verschiedenen Fabrikationstypen beobachten kann.

Internationale Netzwerk-Strukturen können grundsätzlich formellen und informellen Charakter annehmen. Im Fall formeller internationaler Netzwerkstrukturen können intraorganisationale Netzwerke strukturelle Gestaltungsanleihen bei den in den vorherigen Unterkapiteln beschriebenen Organisations-Strukturen nehmen, müssen es aber nicht notwendigerweise. So können sich globale Teams, die sich etwa fallweise nach funktionalen, produkttechnischen oder regionalen Aspekten zusammensetzen, problembezogen und selbstbestimmt bzw. selbst organisiert zusammenfinden und dabei informellen Charakter annehmen (Holtbrügge und Welge 2015). Gleiches gilt prinzipiell auch für interorganisationale Netzwerke, wobei informelle Strukturen hier deutlich schwieriger zu organisieren und zu beherrschen sind. Insgesamt ist in jüngster Zeit eine starke Zunahme interorganisationaler Netzwerk-Strukturen zu beobachten.

Diese vor allem von Technologieunternehmen vorangetriebenen Netzwerke dienen einerseits dem gegenseitigen Know-how-Austausch im Bereich der (Technologie-) Forschung und andererseits der Verteilung von Risiken und Kosten zwischen den Netzwerkpartnern, die gerade in der technologischen Forschung zuweilen für einzelne Unternehmen nicht mehr tragbar bzw. kalkulierbar sind. Beispiele dafür finden sich in der Automobilindustrie im Bereich alternativer Antriebe wie der Brennstoffzellentechnologie, wo BMW und Toyota kooperieren oder aber bei amerikanischen Technologieunternehmen wie Google, Apple oder Amazon, die mit anderen Hightech-Firmen Netzwerke bilden, um von deren Wissen zu profitieren und dadurch in die Lage versetzt zu werden, neue Produkte wie etwa selbstfahrende Autos oder Paketdrohnen zu entwerfen.

5.2.7 Internationale Holdingstrukturen

Schließlich sind im Zuge der wachsenden Internationalisierung auch sogenannte Holding-Strukturen entstanden, die vor allem im Zuge internationaler Steueroptimierungsaktivitäten stark in den Fokus der Öffentlichkeit geraten sind. Holdinggesellschaften sind dauerhaft an einer oder mehreren rechtlich selbstständigen Gesellschaften beteiligt und tragen insbesondere Verantwortung für unternehmensstrategische Aufgaben. Zu den typischen Merkmalen einer Holding gehören die Finanz- und Steuergestaltungshoheit, die sich für gewöhnlich u. a. in einer Zentralisierung des Cash- und Treasurymanagements sowie in der steuerlichen Verrechnungspreisgestaltung niederschlagen, der Abschluss von Beherrschungs- bzw. Gewinnabführungsverträgen mit den Tochtergesellschaften sowie die Verknüpfung von Leistungsfunktionen in Personalunion zwischen Konzern- und Tochtergesellschaften, um die Durchgängigkeit der Führung zu gewährleisten.

In Abhängigkeit von den Kompetenz- und Aufgabenregelungen zwischen Holding-Gesellschaft und Tochtergesellschaften existieren grundsätzlich drei Holding-Formen: die operative Management-Holding in Verbindung mit dem Stammhauskonzern, die strategische Management Holding und die Finanzholding. Während sich die Finanzholding neben der strategischen Führung auf Konzernebene insbesondere auf das Finanzmanagement konzentriert und von Themenstellungen auf darunter liegenden Organisationsebenen wie Geschäftsbereichen oder Funktionen sowie operativen Inhalten generell abstrahiert, nimmt die strategische Management-Holding neben der Fokussierung auf zentrale strategische und finanzielle Führungsthemen auch auf strategische Themenstellungen auf der Ebene der Geschäftsbereiche Einfluss (Perlitz und Schrank 2013).

Dagegen bezieht die operative Management-Holding neben der strategischen Führung auf Konzern- und Geschäftsbereichsebene sowie der finanziellen Führung auch die operative Führung in ihr Aufgabenspektrum ein und greift damit explizit in operative Entscheidungen ein. In einem multinationalen Unternehmen können Holdingstrukturen einerseits als Konzernüberbau über nationalem Stammhaus und Auslandsgesellschaften gestaltet sein oder andererseits als Zwischenholding zwischen der Konzernzentrale und den Auslandsgesellschaften stehen bzw. fungieren. Holdingstrukturen bieten gegenüber herkömmlichen Organisationsstrukturen eine Reihe von Vorteilen.

Dazu gehören neben den bereits erwähnten Steuervorteilen die verbesserte Leistungstransparenz über unterschiedliche Geschäftsbereiche, die flexiblere Portfoliogestaltung hinsichtlich Integration neuer und Verkauf bestehender Gesellschaften bzw. Geschäftsbereiche und die Möglichkeit stärkerer Fokussierung von Kernkompetenzen. Nachteilig sind dagegen die Gefahr der zu starken Zersplitterung und der damit verbundenen Verselbstständigung von Geschäftsbereichen mit der Gefahr von Fehleinschätzungen, Reibungsverlusten und mangelnder Synergienutzung (Perlitz und Schrank 2013).

5.3   Internationale Corporate Governance-Strukturen

Nachdem in der jüngeren Vergangenheit das Vertrauen der Investoren in die Unternehmensführung und -kontrolle durch zahlreiche Missstände und Skandale erschüttert worden ist, ist als Folge davon eine intensive Diskussion um das Themengebiet der Corporate Governance entstanden, welche dieses zu einem zentralen Management-Thema hat werden lassen und für den gesamten Kreis der Stakeholder eines Unternehmens von unmittelbarer Relevanz ist (Welge und Eulerich 2014). Dabei ist zu beachten, dass sich tatsächlich noch keine allgemeingültige Theorie, geschweige denn Definition zum Begriff der Corporate Governance durchgesetzt hat.

▶ **Corporate Governance** Gemäß einer Definition von Werder (2008) lässt sich Corporate Governance als ein „rechtlicher und faktischer Ordnungsrahmen für die Leitung und Überwachung eines Unternehmens beschreiben".

Corporate Governance symbolisiert also eine Spitzenverfassung im Unternehmen, die sämtliche Bestimmungen zur Leitung und Kontrolle und ihre Verteilung auf die unternehmerischen Spitzenorgane umfasst. Sie zielt auf den Ausgleich und die Regulierung unterschiedlicher Interessengruppen in einem Unternehmen ab (vgl. Abb. 5.6). Für die Konzeption einer Corporate Governance ist es daher erforderlich, die relevanten Stakeholder zu definieren und ihre jeweiligen Ziele zu erkennen, die sie jeweils gegenüber dem Unternehmen formuliert haben und über ihre Stakeholder-Position versuchen durchzusetzen. Insoweit normiert also die Corporate Governance die Entscheidungsbeteiligung der Stakeholder (Macharzina und Wolf 2012).

Theoretisch fußt die Corporate Governance-Thematik insbesondere auf der Prinzipal-Agenten-Theorie, die die bereits Ende des 18. Jahrhunderts von Adam Smith beschriebenen Interessenskonflikte zwischen Anteilseignern und angestellten Managern zu erklären versucht. Außerdem wird häufig der Transaktionskostenansatz bemüht, um Corporate Governance-Modelle zu fundieren, zumal ein effektiver Regelungsrahmen die Transaktionskosten potenziell zu senken vermag (Meckl 2014). Corporate Governance-bezogene Regelungen lassen sich grundsätzlich in gesetzlich vorgegebene und damit verpflichtende sowie gesetzlich nicht bindende und damit empfohlene Regelungen unterteilen.

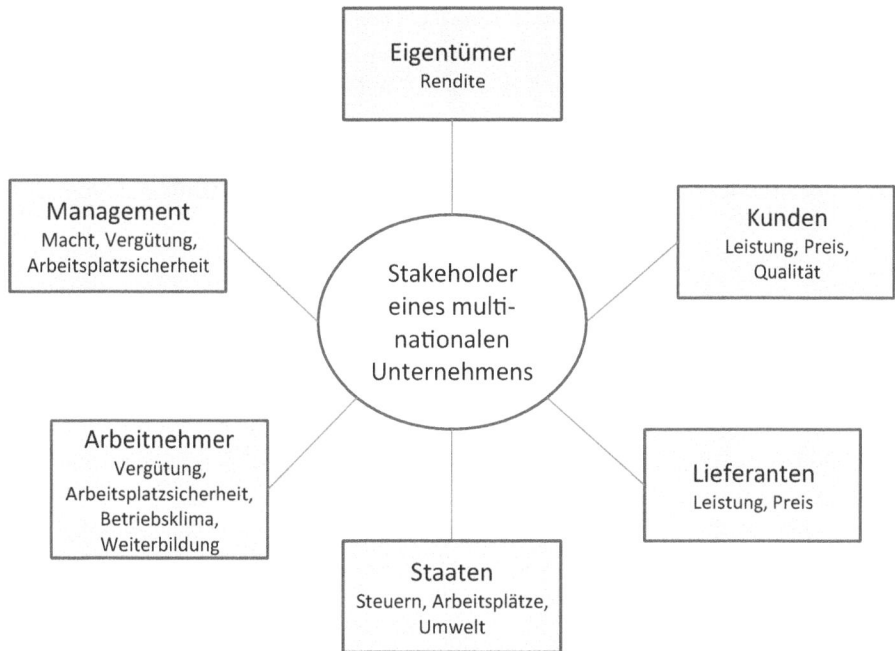

Abb. 5.6 Stakeholder und deren wesentliche Interessen. (Quelle: in Anlehnung an Meckl 2014)

Zu den gesetzlich bindenden Regelungen gehören etwa das in Deutschland 1998 eingeführte Gesetz zur Kontrolle und Transparenz im Unternehmensbereich (KonTraG) oder der amerikanische Sarbanes-Oxley-Act von 2002, der vor allem nach den großen Bilanzskandalen von Unternehmen wie Enron oder WorldCom auf den Weg gebracht wurde. Zu den nicht-bindenden Regelungen mit Empfehlungscharakter zählen beispielsweise die Bestimmungen des Deutschen Corporate Governance Kodex, einer Art Best Practice-Katalog von Governance-Regelungen, der von einer Expertenkommission erarbeitet und im Jahr 2002 erstmals vorgelegt wurde im Sinne einer Selbstregulierungseinrichtung der Unternehmen.

Der Schwerpunkt der aktuellen Diskussion zur Corporate Governance beschäftigt sich mit der Rolle des Aufsichtsrates als Überwachungsorgan und seiner Beziehung zum Vorstand als geschäftsführendem Organ einer Kapitalgesellschaft. Im internationalen Management erhöht sich die Komplexität der Corporate Governance-Thematik insofern, als für die Steuerung und Kontrolle von Kapitalgesellschaften unterschiedliche Governance-Systeme in unterschiedlichen Ländern und Regionen vorherrschen, die sich insbesondere in Leitungs- und Überwachungsaufgaben differenzieren, welche die jeweiligen Organe übernehmen und sich auf im Wesentlichen zwei zentrale Modelle, nämlich das monistische und das dualistische kondensieren lassen (Welge und Eulerich 2014). Im Folgenden soll eine Reihe von Corporate Governance-Modellen vorgestellt werden, die sich im internationalen Management in verschiedenen Ländern bzw. Regionen herausge-bildet haben. Dazu gehören insbesondere das angelsächsisch geprägte monistische und das deutsche dualistische Corporate Governance-Modell.

5.3.1　Angelsächsisches monistisches Corporate Governance-Modell

Das sogenannte monistische Modell der Corporate Governance wurde wesentlich geprägt von US-amerikanischen und britischen Vorstellungen und enthält als entschei-dendes Merkmal, dass eine Trennung zwischen Leitung und Kontrolle eines Unterneh-mens hier nicht erfolgt (Tricker 2012). Vielmehr werden beide Funktionen gleichzeitig von einem integrierten Gremium, dem sogenannten Board of Directors wahrgenommen, welches für gewöhnlich mit dem deutschen Wort Verwaltungsrat gleichgesetzt wird (vgl. Abb. 5.7). Das Board of Directors besteht aus unternehmensinternen (Inside Directors oder Executive Directors) und unternehmensexternen (Outside Directors oder Non-Executive Directors) Mitgliedern, wobei die sogenannten Inside Directors ihre Tätigkeit hauptberuflich und die sogenannten Outside Directors ihre Tätigkeit nebenberuflich aus-üben.

Im Durchschnitt besteht ein Board of Directors aus 13 Mitgliedern, wovon in der Regel acht bis zehn Mitglieder Outside Directors sind (Kutschker und Schmid 2011). Neben dem Board of Directors besteht als weitere Institution das Shareholders' Meeting, also die Aktionärsversammlung, die jährlich stattfindet, in diesem Zuge die Mitglieder des Board of Directors wählt und sich mit diesem die Kontrollfunktion teilt. Das Board of Directors überträgt seine Leitungs- und Kontrollaufgaben häufig auf sogenannte Com-mittees, also Ausschüsse, die die entsprechenden Aufgaben erledigen. Dazu gehören das Executive Committee, welches sich auf die Leitungsaufgaben konzentriert. Weiterhin besteht zumeist ein Audit Committee mit einem Fokus auf Kontrollaufgaben insbeson-dere zu den Bereichen Rechnungslegung und Finanzen (Meckl 2014).

Daneben existieren weitere Ausschüsse wie das Nominating Committee und das Compensation Committee, in denen in der Regel die Outside Directors schwerpunkt-mäßig vertreten sind und wo sich die Ausschussmitglieder mit der Besetzung von Füh-rungspositionen sowie mit der Gestaltung der Entlohnung befassen. Schließlich existiert mitunter noch ein Proxy Committee, welches häufig im Vorfeld einer Board-Wahl einbe-rufen wird und auf das Aktionäre ihre Stimmrechte übertragen können, was dem Board mitunter dabei hilft, für seine Wiederwahl zu sorgen. Den Vorsitz im Board of Directors führt der Chairman, der sowohl ein Inside als auch ein Outside Director sein kann. Für den Fall, dass der Chairman ein Inside Director ist, bekleidet er normalerweise auch in Personalunion die Position des CEO, was ihm eine besondere Machtfülle im Unterneh-men verschafft, eine Konstellation, die besonders häufig in US-amerikanischen Unter-nehmen anzutreffen ist, weniger dagegen in britischen Unternehmen (Meckl 2014).

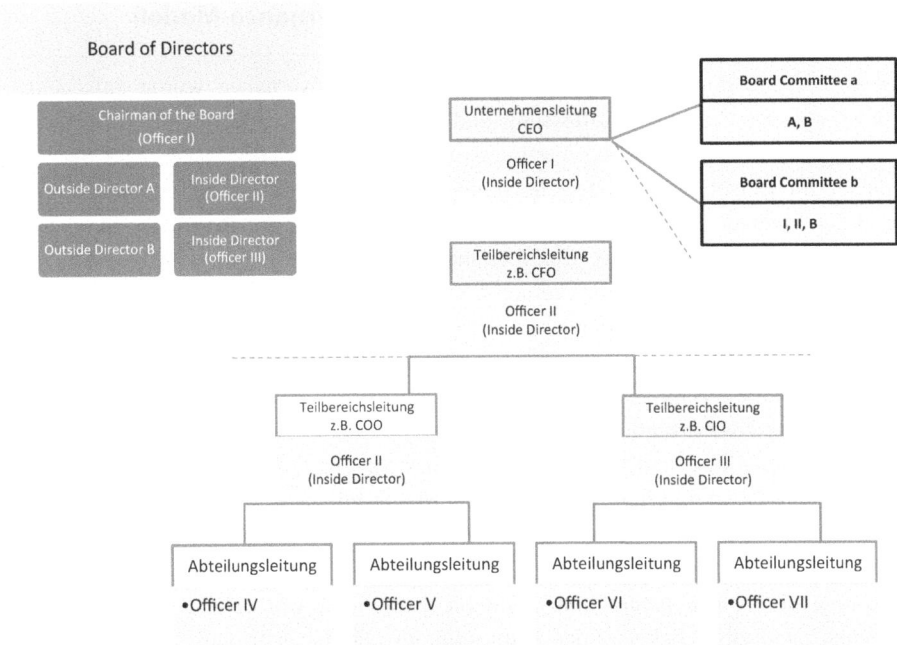

Abb. 5.7 Angelsächsisches monistisches Corporate Governance-Modell. (Quelle: in Anlehnung an Macharzina und Wolf 2012)

Unterhalb der Ebene des Board of Directors befindet sich die Ebene der Officers, die gleichsam als Bereichsvorstände die betrieblichen Funktionsbereiche führen wie Chief Financial Officer, Chief Operating Officer oder Chief Human Resources Officer. Vorteile des monistischen Systems liegen in dessen klaren Führungsstrukturen und Verantwortlichkeiten, was zu schnellen Entscheidungsprozessen beiträgt, die zumeist klar auf die Interessen der Anteilseigner ausgerichtet sind, weswegen dieses Governance-Modell auch mit dem Terminus Market Governance belegt wird (Paetzmann 2008). Nachteile liegen dagegen darin, dass die Kontrollfunktion in diesem System häufig nur eingeschränkt gegeben ist, was besonders dann deutlich wird, wenn der CEO zugleich Chairman des Board of Directors ist.

Eine Erhöhung der Outside Directors, wie es der Sarbanes-Oxley Act vorschlägt, um die Kontrollqualität im Unternehmen zu erhöhen, wird umso weniger der Thematik dienlich sein, als die externen Direktoren Beziehungen zum Unternehmen auf Kunden- oder Lieferantenbasis pflegen und damit eigene Interessen verfolgen, die nicht notwendigerweise immer im Einklang mit den Interessen des Unternehmens stehen müssen. Dazu kommt die Tendenz zur Mandatsfülle, die bei externen Direktoren auch aufgrund der über die letzten Jahre erfolgten Anstiege in den Gehalts- und Kompensationszahlungen zu beobachten ist und die zur Folge haben kann, dass Kontrollaufgaben mangels verfügbarer Zeit nicht mehr adäquat ausgeführt werden können (Meckl 2014).

5.3.2   Deutsches dualistisches Corporate Governance-Modell

Das sogenannte dualistische Modell der Corporate Governance wurde entscheidend geprägt von der deutschen Auffassung und beinhaltet als maßgebliches Kriterium die eindeutige Trennung zwischen Leitungs- und Kontrollfunktion (vgl. Abb. 5.8). Das bedeutet im Einzelnen, dass jeweils mindestens ein Organ im Unternehmen, in der Regel der Vorstand, mit dessen Leitung und ein Organ, in der Regel der Aufsichtsrat, mit dessen Kontrolle betraut ist. Der Vorstand als Führungsgremium wird vom Aufsichtsrat bestellt und kann, muss aber keinen Vorsitzenden aufweisen. Grundsätzlich gilt die Ressortzuständigkeit der Vorstände, wonach diese in den von ihnen zu verantwortenden Ressorts grundsätzlich allein entscheiden können und ansonsten gemeinschaftlich zur Gesamtgeschäftsführung befugt sind (Welge und Eulerich 2014).

Der Vorstandsvorsitzende besitzt eine herausgehobene Stellung, die insbesondere in einer Repräsentations- und Sprecherfunktion besteht. Eine wie im monistischen Modell der Corporate Governance zu konstatierende Machtfülle steht ihm jedoch nicht zu. Der Aufsichtsrat wiederum wird von den Anteilseignern im Rahmen der Hauptversammlung gewählt, was ihn zum eigentlichen Vertretungsorgan der Anteilseigner macht. Die Besetzung des Aufsichtsrates und damit die Bestellung von dessen Mitgliedern wird in Deutschland zusätzlich von den Mitbestimmungsgesetzen beeinflusst. Das bedeutet, dass in Aktiengesellschaften bestimmter Größenordnungen eine bestimmte Anzahl von Aufsichtsratsposten den Arbeitnehmervertretern vorbehalten ist, sodass es zu einer paritätischen Besetzung aus Arbeitgeber und Arbeitnehmervertretungen kommt, der Aufsichtsratsvorsitzende, welcher in einer potenziellen Pattsituation doppeltes Stimmrecht besitzt, aber von der Arbeitgeberseite gestellt wird.

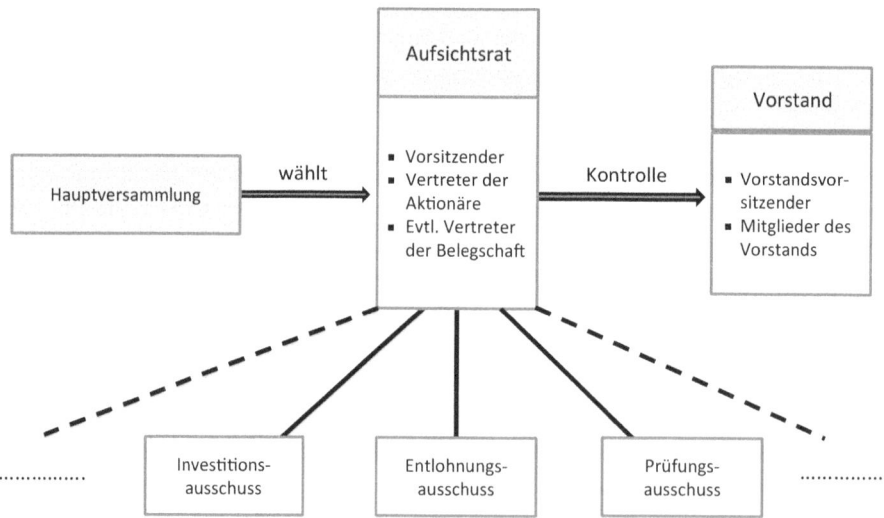

Abb. 5.8 Deutsches dualistisches Corporate Governance-Modell. (Quelle: in Anlehnung an Meckl 2014)

Die Partizipation der Arbeitnehmerseite unterlegt sogleich das Stakeholder-Prinzip, welches das dualistische Corporate Governance-Modell prägt, im Gegensatz zum vom Shareholder Value-Prinzip bestimmten monistischen Modell. Das Stakeholder-Prinzip fördert einen fairen Ausgleich der unterschiedlichen Interessen der verschiedenen Anspruchsgruppen eines Unternehmens und bezieht neben den Anteilseignern des Unternehmens insbesondere dessen Kunden, Lieferanten, Mitarbeiter sowie den Staat und die gesellschaftliche Umwelt in die unternehmerische Zielsetzung mit ein. Aus diesem Grund wird bei diesem Modell auch häufig von einer Managed Governance gesprochen (Welge und Eulerich 2014).

Nachteilig an diesem Modell ist die kontrolltechnische Abhängigkeit von einem Organ, welches relativ selten zusammenkommt, was in der Konsequenz zu Unklarheiten und Verzögerungen führen kann, unter denen das Unternehmen leidet. Außerdem stellt sich die Frage nach einer ausreichenden Qualifikation der Aufsichtsratsmitglieder zur Beurteilung der Qualität der Vorstandsbeschlüsse, insbesondere wenn diese nicht über ausreichende Branchenerfahrungen verfügen. Ferner können einflussreiche Anteilseigner wie Banken oder Pensions- bzw. Hedgefonds bei der Wahl der Aufsichtsratsmitglieder besondere Interessen durchsetzen, die ihre Position und Zielvorstellungen stärken (Meckl 2014).

Das im Kontext des monistischen Corporate Governance-Modells bereits diskutierte Phänomen der Multimandate von Aufsichtsratsmitgliedern tritt ebenso im dualistischen Modell auf, da Kapital- und Personalverflechtungen dessen Vorkommen grundsätzlich befördern. Da allerdings in Deutschland mit Beginn der 2000er Jahre von der damaligen Bundesregierung eine steuerliche Entlastung hinsichtlich der Besteuerung von Veräußerungsgewinnen beim Verkauf von Kapitalanteilen eingeführt wurde, führte dies in der Folge dazu, dass gerade große Konzerne Kapitalanteile an anderen Unternehmen verkauften und damit die Kapital- und Personalverflechtung insbesondere zwischen großen Kapitalgesellschaften, deren signifikantes Ausmaß zur damaligen Zeit häufig mit dem Begriff der Deutschland AG umschrieben wurde, sichtbar abnahm, was unweigerlich zugleich das Phänomen der Multimandate reduzierte.

Ein weiterer Treiber für dessen Reduktion war sicherlich die Einführung des Deutschen Corporate Governance Kodex mit seinen in Ergänzung zum geltenden Recht aufgeführten zahlreichen Empfehlungen und Anregungen zu einer guten Unternehmensführung, welche allerdings für die adressierten Kapitalgesellschaften nicht bindend sind. Wie in Deutschland ist das dualistische Modell auch in den Niederlanden verpflichtend anzuwenden und es wird ebenso in anderen europäischen Ländern wie Frankreich oder Italien praktiziert (Tricker 2012).

5.3.3   Japanisches netzwerkorientiertes Corporate Governance-Modell

Das japanische Corporate Governance-Modell wurde signifikant geprägt von den die japanische Wirtschaft traditionell dominierenden Keiretsu-Strukturen. Keiretsu sind Netzwerke aus japanischen Firmen, die durch Überkreuzbeteiligungen und Verschachtelungen

miteinander verbunden sind und intensiven gegenseitigen Handel betreiben. Das klassische Modell der Keiretsu reflektiert die soziale Kohäsion in der japanischen Gesellschaft,
welche die Einheit und den Zusammenhalt in einer Organisation betonen und diese als
Teil eines Beziehungsgeflechts mit anderen Organisationen verstehen, woraus sich traditionell Aspekte wie lebenslange Anstellung und Commitment, konsens-basierte Entscheidungsfindung, crossfunktionales Training, loyalitäts- und senioritätsbasierte Beförderung
sowie Unternehmensgewerkschaften entwickelt haben, die jedoch in den letzten Jahren
zunehmend unter Druck geraten sind (Tricker 2012).

Das japanische Corporate Governance-Modell wurde sowohl vom monistischen als
auch vom dualistischen Modell beeinflusst und enthält somit Elemente beider Modelle
(vgl. Abb. 5.9). Das rührt insbesondere daher, dass die gesetzlichen Regelungen zu japanischen Aktiengesellschaften auf deutschem Handels- und Gesellschaftsrecht basieren,
dessen Bestimmungen gegen Ende des 19. Jahrhunderts in Japan übernommen wurden,
dann aber im Zuge der amerikanischen Besatzung nach dem zweiten Weltkrieg durch
Einflüsse des amerikanischen Rechts ergänzt bzw. erweitert wurden (Kutschker und
Schmid 2011).

Im Einzelnen übernimmt das Board of Directors in der japanischen Aktiengesellschaft
sowohl die Leitungs- als auch die Kontrollfunktion, was offensichtlich mit dem monistischen Modell korrespondiert. Allerdings handelt es sich immer noch häufig um ein Insi-
der-Board, in dem externe Repräsentanten gar nicht und wenn, dann nur in bescheidenem
Rahmen vorhanden sind, was mit der allerdings nur langsam wachsenden Erkenntnis
eines durchaus beträchtlichen Mehrwerts unterschiedlicher Perspektiven in japanischen
Aktiengesellschaften einhergeht. Die traditionelle Skepsis rührt daher, dass sich japanische Repräsentanten zumeist nur schwer vorstellen können, welchen Mehrwert externe

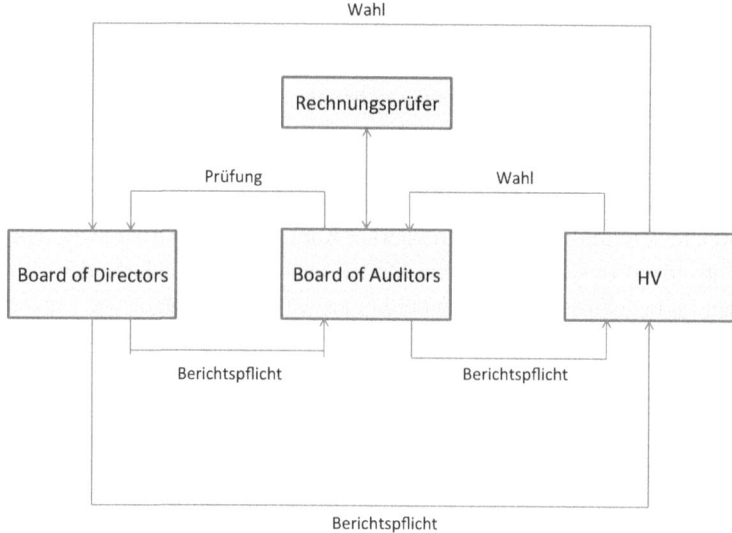

Abb. 5.9 Japanisches Corporate Governance-Modell

Direktoren haben bzw. welchen zusätzlichen positiven Beitrag sie leisten könnten, zumal sie doch das Unternehmen nicht so gut verstehen können wie interne Direktoren (Tricker 2012).

Das japanische Recht sieht durchaus die Benennung von externen Direktoren vor im Rahmen der Bildung eines separaten Gremiums außerhalb des Board of Directors, was einer Art Aufsichtsrat entspricht, allerdings ohne dessen Kompetenzen im dualistischen Modell zu erreichen. Die gleichwohl festzustellende zunehmende Präsenz von externen Direktoren in japanischen Aktiengesellschaften hängt mit dem zunehmenden Druck internationaler Investoren zusammen, der u. a. dazu geführt hat, dass selbst repräsentative japanische Großkonzerne wie Sony unter den Einfluss nicht-japanischer Board-Direktoren geraten sind, wie die dortige zwischenzeitliche Berufung eines Amerikaners zum Chief Executive Officer von 2005 bis 2012 belegt. Neben dem Board of Directors existiert in japanischen Aktiengesellschaften ein Gesellschafterprüfungsausschuss, der noch an den deutschen Aufsichtsrat erinnert. Dieser Gesellschafterprüfungsausschuss prüft die interne und externe Rechnungslegung und dient darüber hinaus als Altersverwendung für altgediente Manager.

In vielen japanischen Aktiengesellschaften gibt es neben dem Board of Directors noch einen geschäftsführenden Ausschuss, der die eigentliche Schaltzentrale des Unternehmens verkörpert und dessen Entscheidungen vom Board abgesegnet werden (Kutschker und Schmid 2011). Die Hauptversammlung hat als weiteres Organ einer japanischen Aktiengesellschaft eine vergleichsweise untergeordnete Bedeutung und übt die ihr obliegende Kontrolle durch die Aktionäre eher symbolisch aus. Das liegt zuvorderst daran, dass die Aktionärsstruktur wesentlich geprägt ist von Aktionären, die dem Unternehmen als Ankeraktionäre fest verbunden sind, sodass die Hauptversammlung eher zeremoniellen Charakter besitzt und das Board in seinem Vorgehen und seinen Beschlüssen bestärkt wird.

Mit der seit den 1990er Jahren beginnenden Stagnation hat sich das ursprünglich als Stakeholder-Model konzipierte japanische Corporate Governance auch infolge von Gesetzesänderungen durch Board-Restrukturierungen und leistungsbasierte Entlohnungsmodelle für die Direktoren zumindest partiell in Richtung eines stärker shareholderorientierten Modells gewandelt, sodass nun mehr Diversität in der Ausgestaltung von Corporate Governance-Strukturen in der japanischen Unternehmenslandschaft vorherrscht (Tricker 2012).

5.3.4 Compliance

Für den Begriff der Compliance besteht keine allgemeingültige Bestimmung. Grundsätzlich kann man festhalten, dass unter Compliance die Gesamtheit aller gesetzlich-regulatorischen und unternehmensinternen Regeln, Vorschriften und Auflagen zu verstehen sind, welche ein normenkonformes Handeln im Unternehmen gewährleisten sollen. Regelungen zur Compliance sollen dabei nicht nur Handlungsnormen bestimmen und umsetzen, sondern auch einen präventiven Schutz vor Verstößen gegen solche Regelungen bieten (Welge und Eulerich 2014). Dabei vollziehen sich Gestaltung und vor allem Kontrolle der Compliance-Themen insbesondere in großen Unternehmen bzw. Kapitalgesellschaften häufig in mehreren organisatorischen Bereichen.

Dazu gehört zuvorderst die Internal Audit-Abteilung, die vor allen Dingen damit betraut ist, die Wirksamkeit und Funktionalität der Compliance-Regelungen in den unternehmerischen Prozessen zu überprüfen. Auch die Rechtsabteilung und die Personalabteilung haben Aufgaben im Rahmen von Compliance-Gestaltung und -Kontrolle. Die Rechtsabteilung prüft kontinuierlich die Kompatibilität der Unternehmenspraktiken und -produkte mit nationalen und internationalen rechtlichen Rahmenbedingungen, während der Personalabteilung die Gestaltung und Einhaltungsüberprüfung des sogenannten unternehmerischen Code of Conduct obliegt, womit die kontinuierliche Fortschreibung der unternehmerischen Wertebasis und die Kontrolle von deren Anwendung und Relevanz in den Geschäftsprozessen gemeint ist.

Im Zuge der zumindest in vielen Industrieländern in der Zwischenzeit erlassenen Regelungen und Vorschriften lassen sich Compliance-Verstöße in verschiedene Bereiche kategorisieren. Dazu gehören insbesondere:

1. Verstöße gegen Korruptionsregeln
2. Verstöße gegen wettbewerbs- oder kartellrechtliche Regelungen
3. Verstöße gegen das Konzernrecht
4. Verstöße gegen die Aufsichtspflicht unternehmerischer Organe, insbesondere Vorstand und Aufsichtsrat
5. Verstöße gegen das Umweltrecht.

Gerade hinsichtlich der Korruptionsthematik lassen sich vielfältige Einfallstore für betrügerisches Verhalten benennen. Bereiche, wo besonders häufig korruptes Verhalten zu beobachten ist, sind der Einkauf, wo sich die entsprechenden Beschäftigten zuweilen Vergünstigungen als „Belohnung" für Auftragsvergaben an Lieferanten sichern oder auch der Vertrieb, der in manchen Ländern nur schwer umhin kommt, Beamte oder Mitarbeiter von Behörden zu bestechen, um an Genehmigungen oder Lizenzen zu kommen bzw. Auflagen umgehen zu können (Meckl 2014).

Verstöße gegen das Wettbewerbs- oder Kartellrecht liegen zumeist in den Bereichen der Ausnutzung einer marktbeherrschenden Stellung in Verbindung mit der Verdrängung von Wettbewerbern. Beispiele für solches Verhalten lieferten in den letzten Jahren etwa wiederholt das Unternehmen Microsoft, das u. a. von der EU-Kommission im Jahr 2013 zu einer Geldstrafe verurteilt wurde wegen Ausnutzung seiner marktbeherrschenden Stellung in Verbindung mit dem Zwang für die Nutzer, im Kontext der Nutzung des Betriebssystems Windows mangels Alternativen auch den Microsoft Explorer verwenden zu müssen. Weitere Beispiele liefern die in den letzten Jahren zahlreich an die Öffentlichkeit gekommenen Preisabsprachen unter Wettbewerbern, mit denen die Verbraucher zum Teil massiv geschädigt wurden.

Dies geschah beim sogenannten Bier-Kartell, an dem die Unternehmen Edeka und Rewe beteiligt waren und 2016 zu Schadensersatzzahlungen verurteilt wurden, beim sogenannten Schienenkartell, an dem u. a. die Unternehmen ThyssenKrupp, Voestalpine und Vossloh beteiligt waren und dabei die Deutsche Bahn und weitere Eisenbahninfrastruktur- sowie

Verkehrsbetriebe übervorteilten, wogegen die Deutsche Bahn 2012 Klage erhob und später entschädigt wurde oder beim sogenannten Logistikkartell, bei dem sich 14 internationale Wettbewerber im Logistikmarkt absprachen und im Jahr 2012 bestraft wurden, darunter die Deutsche Bahn und Kühne & Nagel, während die Deutsche Post DHL als „Whistleblower" straffrei blieb.

Verstöße wegen einer Verletzung von Aufsichtspflichten richten sich an Vorstände und Aufsichtsräte, wenn der Eindruck entsteht, dass gesetzlich vorgeschriebene Risiko- und Compliance-Managementsysteme nicht oder nicht ordnungsgemäß funktioniert haben bzw. installiert worden sind. So ging das Unternehmen Siemens im Zuge der Aufklärung seines Korruptionsskandals um sogenannte schwarze Kassen zum Teil gerichtlich gegen ehemalige Vorstände und Aufsichtsräte vor, um Schadensersatz u. a. wegen Verletzung der Aufsichtspflicht zu fordern, wobei das Unternehmen mit den meisten seiner Manager und Kontrolleure Vergleiche schloss. Dabei ging es u. a. um dubiose Zahlungen in Nigeria, Russland und Griechenland.

Auch das Unternehmen MAN ging gegen Vorstände und Aufsichtsräte im Zuge eines Schmiergeldskandals wegen Verletzung der Aufsichtspflichten gerichtlich vor, um Schadensersatzansprüche durchzusetzen. Weitere Bereiche, in denen Compliance-Verstöße auftreten, sind Verstöße gegen das Konzernrecht, wenn strukturelle Regelungen, denen Auslandsgesellschaften unterzogen werden, nicht auf konzernvertraglichen Grundlagen basieren oder Verstöße gegen das Umweltrecht, wenn etwa Emissionsvorschriften verletzt werden beispielsweise in Form überhöhten Stickoxid-Ausstoßes bei PKW oder in Form überhöhter Quecksilber-Emissionen bei Kohlekraftwerken (Meckl 2014).

Im Zuge zahlreicher Unternehmensskandale, die teilweise sogar zum Untergang der betroffenen Unternehmen wie Enron oder der Metallgesellschaft führten, sind Gesetze und Vorschriften zum Compliance- und Risikomanagement insbesondere seit den 1990er Jahren deutlich verschärft worden. Solche verkörpern in den USA zum Beispiel der 2002 ins Leben gerufene sogenannte Sarbanes-Oxley-Act, der das Unternehmensmanagement verpflichtet, ein funktionierendes internes Kontrollsystem zu etablieren oder die US Sequencing Guidelines, welche das Vorliegen eines expliziten Compliance-Systems fordern. In Deutschland gehört dazu das sogenannte Gesetz zur Kontrolle und Transparenz im Unternehmensbereich (KonTraG) von 1998, welches fehlendem Risikobewusstsein und unzureichenden Kontroll- und Informationsmechanismen unternehmensseitig entgegenwirken sollte.

Der Sarbanes-Oxley-Act – Ein Gesetz zur Wiederherstellung des öffentlichen Vertrauens in den Kapitalmarkt

Der Sarbanes-Oxley-Act ist ein nach seinen beiden vom amerikanischen Kongress benannten Inauguratoren benanntes Gesetz aus dem Jahr 2002, welches in der Folge der Bilanzskandale von Enron, Tyco und WorldCom und der damit verbundenen hohen Verluste für deren Stakeholder eine Reform der Rechnungslegung bei Publikums- und Kapitalmarktgesellschaften sowie des Investorenschutzes beförderte. Konkret war damit eine Neudefinition von ethischen und Abschlussprüfungsstandards für

Wirtschaftsprüfer und ein daraus abgeleitetes Verbot für Wirtschaftsprüfer, für Ihre Prüfungsmandanten bestimmte Beratungsdienstleistungen zu erbringen, die einen Interessenkonflikt heraufbeschwören würden wie derjenige, der dem Enron-Abschlussprüfer Arthur Andersen unterlief und in der Folge zum Untergang der Gesellschaft führte.

Darüber hinaus induzierte der Sarbanes-Oxley-Act eine Stärkung der Corporate Governance-Strukturen von Kapitalgesellschaften durch neue Anforderungen an Direktoren und Wirtschaftsprüfer. Dazu gehörte zum Beispiel die Pflicht zur Etablierung eines internen Kontrollsystems (sogenannte Section 404) und die damit verbundene Verpflichtung für CEO und CFO eines Unternehmens, neben dem Abschlussprüfer für die Ordnungsmäßigkeit des Jahresabschlusses persönlich zu haften. In der Folge optierten viele ausländische Konzerne gegen ein US-Listing, weil sie insbesondere die damit verbundenen hohen Compliance-Kosten und damit korrespondierende Wettbewerbsnachteile scheuten, sodass diejenigen, die im Nachhinein betrachtet am meisten von den Regelungen des Sarbanes-Oxley-Acts profitiert haben, die großen internationalen Wirtschaftsprüfungsgesellschaften (sogenannte Big 4-Gesellschaften) waren, die die Unternehmen dabei unterstützen, solche internen Kontrollsysteme aufzubauen (Griffin und Pustay 2015).

In der Begründung zur KonTraG-Einführung genanntes Hauptziel war die gezielte Verbesserung des Führungs- und Überwachungssystems. Damit verbunden ist die Verpflichtung zur Implementierung eines Risikomanagementsystems in Publikumsgesellschaften, welches als Teil der allgemeinen Führungsaufgabe des Managements gilt. Außerdem besteht nach KonTraG für alle großen und mittleren Kapitalgesellschaften die Pflicht, im Lagebericht auch auf die Risiken der zukünftigen Entwicklung einzugehen (§ 289 Abs.1 HGB). Solche regulatorischen Vorschriften werden auf Unternehmensebene zunehmend flankiert von entsprechend verbindlichen internen Compliance-Richtlinien wie etwa bei Siemens in Form der Siemens Business Conduct Guidelines, worin nicht nur Standards zu unternehmensinternem Verhalten, sondern auch zu verpflichtenden Geschäftspartnerüberprüfungen gesetzt werden (Meckl 2014).

Die Risiken von Compliance-Verstößen liegen einerseits in Strafzahlungen, die darauf basieren, dass Unternehmensvertreter gegen regulatorische Vorschriften verstoßen, welche das Unternehmen gegen sich gelten lassen muss. Neben direkten Strafzahlungen fallen häufig auch weitere Kosten an wie Anwaltsgebühren oder Verfahrenskosten. Andererseits können Compliance-Verstöße erhebliche Umsatzeinbußen nach sich ziehen, weil aufgrund des damit verbundenen Reputationsverlustes Kunden und/oder Lieferanten Zurückhaltung üben oder aber die Produkte des Unternehmens aufgrund der Compliance-Verstöße von den Behörden in bestimmten Ländern vom Markt ausgeschlossen werden (Meckl 2014). Derartige Risiken werden auch dadurch potenziert, dass nationale Gesetze und Vorschriften zuweilen sehr unterschiedlich ausgestaltet sind und mit der zunehmenden Internationalisierung des Geschäftes eines Unternehmens und seiner damit verbundenen internationalen Präsenz solche Risiken immer schwieriger zu überwachen und beherrschen sind.

Schließlich kann jedes Fehlverhalten eines beliebigen Mitarbeiters in einem noch so unwichtigen Markt zu ernsthaften Konsequenzen für ein Unternehmen führen und dass die Gefahr solcher Konsequenzen mit der Anzahl bedienter Märkte und betriebener internationaler Standorte wächst, lässt sich u. a. am von International Transparency jährlich veröffentlichten Corruption Perceptions Index ablesen, der zeigt, dass Korruption in vielen Ländern ein verbreitetes Phänomen ist. Letztlich muss ein effektives Compliance-System sicherstellen, dass zentrale Vorschriften in allen Ländern, in denen das Unternehmen aktiv ist, beachtet und umgesetzt werden und das trotz unterschiedlicher Kulturen und Mentalitäten. Als ein wirksames Mittel dazu haben sich in der unternehmerischen Praxis klare und einfache Standard-Prozesse in Verbindung mit transparenten Steuerungsmechanismen und Berichtsstrukturen erwiesen, die in eine separate Compliance-Organisationsstruktur eingebettet sind. Ein derartig aufgebautes Compliance-System ist ein unerlässlicher Bestandteil einer guten Corporate Governance (Meckl 2014).

Kontrollfragen

1. Diskutieren Sie unterschiedliche Situationen, in denen jeweils eine Zentralisierung oder Dezentralisierung von internationalen Entscheidungsprozessen sinnvoll ist.
2. Welche Standardmodelle internationaler Organisationsstrukturen existieren in der Unternehmenspraxis und welche Vor- und Nachteile sind mit den jeweiligen Organisationsformen verbunden?
3. Nehmen Sie Stellung zur Struktur und zur Verbindlichkeit des Deutschen Corporate Governance Kodex.
4. Vergleichen Sie das monistische mit dem dualistischen Modell der Corporate Governance, indem Sie die jeweiligen Stärken und Schwächen der Modelle gegenüberstellen.
5. In welche Bereiche kann man Compliance-Verstöße in Unternehmen kategorisieren?

Literatur

Bartlett CA, Ghoshal S (1990) Internationale Unternehmensführung. Innovation, globale Effizienz, differenziertes Marketing. Campus, Frankfurt

Chandler AD (1962) Strategy and structure: chapters in the history of the American enterprise. MIT Press, Cambridge

Griffin RW, Pustay MW (2015) International business: a managerial perspective, 8. Aufl. Pearson Education, Harlow

Hill CWL (2012) International business. Competing in the global marketplace, 9. Aufl. McGraw-Hill, New York

Holtbrügge D, Welge M (2015) Internationales Management, 6. Aufl. Schäffer-Poeschel, Stuttgart

Kutschker M, Schmid S (2011) Internationales Management, 7. Aufl. Oldenbourg, München

Macharzina K, Wolf J (2012) Unternehmensführung. Das internationale Managementwissen. Konzepte – Methoden – Praxis. Springer Gabler, Wiesbaden

McFarlin DB, Sweeney PD (2011) International management. Strategic opportunities and cultural challenges, 4. Aufl. Routledge, London

Meckl R (2014) Internationales Management, 4. Aufl. Vahlen, München

Paetzmann K (2008) Corporate Governance. Strategische Marktrisiken, Controlling, Überwachung. Springer, Berlin

Perlitz M, Schrank R (2013) Internationales Management, 6. Aufl. UVK, Konstanz

Tricker RI (2012) Corporate governance. Principles, policies, and practices. Oxford University Press, Oxford

Welge M, Eulerich M (2014) Corporate-Governance-Management. Theorie und Praxis der guten Unternehmensführung, 2. Aufl. Springer Gabler, Wiesbaden

Werder A von (2008) Führungsorganisation. Grundlagen der Corporate Governance, Spitzen- und Leitungsorganisation, 2. Aufl. Gabler, Wiesbaden

Wild JJ, Wild KJ (2014) International business, 7. Aufl. Pearson Education, Harlow

Internationales Personalmanagement 6

Zusammenfassung

Das vorliegende Kapitel beschreibt die Struktur und die Instrumente eines internationalen Personalmanagements. Dabei werden die wesentlichen Elemente eines Personalmanagements im internationalen Unternehmenskontext erläutert und in einen internationalen Personalmanagementprozess integriert. Die einzelnen Instrumente, die im Rahmen dieses Personalmanagementprozesses zur Anwendung kommen, bilden den Schwerpunkt dieses Kapitels. Angefangen bei der Personalplanung, der Personalbesetzung und -auswahl sowie der Personalentwicklung über die Personalbeurteilung und -entlohnung bis hin zur Personalbindung und -repatriierung sowie der Mitbestimmung werden sämtliche Personalprozesse beschrieben und anhand gängiger Managementinstrumente in der Anwendung problembezogen thematisiert. Dabei wird zudem spezifisch auf den kulturellen Kontext und dessen jeweilige Konformität mit den einzelnen Managementinstrumenten eingegangen.

6.1 Inhalt und Rolle des internationalen Personalmanagements

▶ **Personalmanagement** Grundsätzlich versteht man unter Personalmanagement bzw. Human Resources Management die Gesamtheit an Prozessen in einem Unternehmen und über dessen Grenzen hinaus, welche die Akquisition, Entwicklung und Bewahrung einer effektiven und kompetitiven Mitarbeiterschaft gewährleistet, die wiederum geeignet ist, die unternehmerischen strategischen und operativen Zielsetzungen bestmöglich zu erreichen.

© Springer Fachmedien Wiesbaden GmbH 2017
M. Sure, *Internationales Management*, DOI 10.1007/978-3-658-16163-7_6

Zum Personalmanagement gehören insbesondere die Rekrutierung und Selektion von Mitarbeitern und Managern, die Bereitstellung und Organisation von Trainings- und Entwicklungsmaßnahmen, die Leistungsmessung und -bewertung sowie die Entlohnung und Bonifizierung, welche sowohl im nationalen als auch im internationalen Unternehmenskontext durch das HR-Management durchgeführt bzw. mittels Prozeduren und Richtlinien koordiniert werden müssen, wobei die Komplexität im internationalen Kontext durch eine Reihe zusätzlicher Einflussfaktoren signifikant steigt (Griffin und Pustay 2015).

Diese Einflussfaktoren generieren insofern eine höhere Komplexität im Personalmanagement, als sämtliche Personalprozesse nicht nur von der domestischen Nationalität eines Unternehmens geprägt sind, sondern stattdessen die Kategorien des jeweiligen Heimatlandes, des Landes, in welchem die Muttergesellschaft ihren Sitz hat und potenzieller Drittländer, aus denen Mitarbeiter oder Manager, die im Heimatland einer Auslandsgesellschaft tätig sind, stammen, komplexitätssteigernd in den Personalprozessen wirken. Die zusätzliche Komplexität erzeugenden Einflussfaktoren umfassen dabei nach Dowling und Welch (2004) in erster Linie:

1. die größere Zahl an Personalprozessen
2. das Bedürfnis nach einer breiteren Management-Perspektive
3. mehr Berührungspunkte mit der persönlichen Lebenssituation der Mitarbeiter
4. kontinuierliche Veränderungen in den Prioritäten abhängig von der sich verändernden internationalen Zusammensetzung des Personals
5. ein höheres Risikopotenzial hinsichtlich personeller und finanzieller Konsequenzen von Fehlbesetzungen
6. den breiteren Einfluss externer Faktoren, zu denen vor allem die jeweiligen Regierungsinstitutionen, die wirtschaftliche Gesamtlage und die allgemeinen Geschäftspraktiken und -gepflogenheiten in einem Land zählen.

Im Kontext des internationalen Managements spielt das internationale Personalmanagement eine bedeutende Rolle, zumal wegen seiner maßgeblichen Rolle bei der Implementierung von Internationalisierungsstrategien. Eine Befragung von Führungskräften hinsichtlich der wichtigsten Herausforderungen, denen sich die Personalfunktion in einer globalisierten Wirtschaft gegenübersieht, ergab folgende Prioritäten:

1. Unterstützung der globalen Geschäftsstrategie
2. Integration von HR-Themenstellungen mit der Unternehmensstrategie
3. Gestaltung und Führung von Veränderungsprozessen
4. Aufbau einer globalen Unternehmenskultur
5. Selektion von globalen Führungskadern,

wobei anhand dieser Prioritätenliste die Bedeutung der HR-Funktion als wichtige Determinante einer erfolgreichen oder gescheiterten Internationalisierung auch vor dem Hintergrund evident wird, als in einer hoch-kompetitiven globalisierten Wirtschaft andere

Produktionsfaktoren wie Kapital, Technologie, Rohstoffe und Information immer dupli-
zierbarer zu werden scheinen (Deresky 2014).

Der internationale Personalmanagement-Prozess beinhaltet eine Reihe von Teilprozessen,
die die folgenden Arbeitsbereiche abdecken: Personalrekrutierung und Personalselektion,
Personaltraining und -entwicklung, Personalleistungsbewertung, Personalleistungsvergütung
und -incentivierung und Gewerkschafts- und Betriebsratseinfluss. Im Zeitablauf ist es die
Aufgabe der Personalmanager, die HR-Praktiken entsprechend der lokalen Gegebenheiten so
zu adjustieren, dass dabei die HR-Strategie im Sinne der übergreifenden Unternehmensstrategie optimal umgesetzt werden kann.

Die internationale Personalmanagementproblematik kann grundsätzlich in zwei unterschiedliche Kategorien unterteilt werden. Die erste Kategorie betrifft die Rekrutierung,
die Weiterbildung und das Festhalten von Führungskräften und Managern, während die
zweite gleiches für angestellte Mitarbeiter fokussiert. Bei der ersten Kategorie stehen
tendenziell strategische und entwicklungsbezogene Themenstellungen im Vordergrund,
während bei der zweiten vor allem Unterschiede hinsichtlich der kulturellen, politischen
und rechtlichen Bedingungen wichtig sind (Griffin und Pustay 2015).

6.2   Personalplanung

Die nach Meinung vieler Experten wichtigste Voraussetzung für ein effektives Management
der Personalprozesse in einer multinationalen Unternehmung ist die Personalplanung. Sie ist
entscheidend für die Funktionalität und Synchronisation der zuvor aufgelisteten Kernbereiche betreffend:

1. Personalrekrutierung und Personalselektion
2. Personaltraining und -entwicklung
3. Personalleistungsbewertung
4. Personallcistungsvcrgütung und -inccntivicrung
5. Gewerkschafts- und Betriebsratseinfluss.

Ziel einer internationalen Personalplanung ist es, den Personalbedarf an den unterschiedlichen internationalen Standorten eines Unternehmen in quantitativer, qualitativer und
zeitlicher Art richtig einzuschätzen und den entsprechenden daraus resultierenden Aktions-
bedarf in seinen Auswirkungen auf die personalpolitischen Kernbereiche zu konkretisieren. Eine internationale Personalplanung fällt naturgemäß komplexer aus als eine nationale
und wird zumeist nach den Kriterien Standort, Ressourcenart, Qualifikationsspektrum und
Periode differenziert. Im Prozess der internationalen Personalplanung ist eine Reihe von
Hindernissen zu beachten, die deren Effektivität negativ beeinflussen können.

Dazu gehört zunächst die Datenverfügbarkeit. Diese ist häufig besonders kritisch in
manchen Schwellenländern und vielen Entwicklungsländern, wo Daten über Beschäfti-
gungsraten, Ausbildungsqualität und -grade, Sprachkenntnisse und Arbeitslosigkeit auf

Gesamtstaatsebene und in wichtigen Metropolregionen vielfach lückenhaft, fehlerhaft oder gar nicht vorliegen, sodass diese keine valide Basis für Personalplanungen darstellen (Briscoe et al. 2009). In der Konsequenz bedeutet das, dass multinationale Unternehmen solche Daten selbst erheben bzw. von internationalen Dienstleistern zuliefern lassen müssen, zu denen neben internationalen Handelskammern oder Botschaften auch Branchenverbände und Beratungsunternehmen gehören. Ein weiteres Problem im Rahmen der internationalen Personalplanung ist die unterschiedliche demografische Struktur.

So besteht in den entwickelten Volkswirtschaften der westlichen Hemisphäre vielfach das Problem überalternder Gesellschaften mit der Folge eines immer stärker evident werdenden Fachkräftemangels, sodass qualifiziertes Personal für die Unternehmen immer schwieriger zu bekommen ist und damit Markt- und Wachstumschancen für die Unternehmen sinken. Gleichzeitig verfügen viele Schwellen- und Entwicklungsländer über steigende Geburten- und Bevölkerungszahlen und damit über eine vergleichsweise hohe und weiter steigende Zahl junger Arbeitskräfte, die aber im Gegensatz zu denjenigen in den Industrieländern vielfach weniger gut ausgebildet sind und deswegen unter Umständen nicht ohne zusätzliche Trainings- und Ausbildungsmaßnahmen als Mitarbeiter eingesetzt werden können.

Dazu kommt die in vielen Schwellen- und Entwicklungsländern, aber auch in Industrieländern wie Japan aus kulturellen Gründen vergleichsweise niedrige Frauenerwerbsquote, die die Summe der verfügbaren Arbeitskräfte entsprechend reduziert. Auch die Arbeitsmobilität beeinflusst die Personalplanung beispielsweise dann, wenn in einem Land die Mobilität der Beschäftigten vergleichsweise niedrig ist und die Unternehmen Schwierigkeiten haben Mitarbeiter zu rekrutieren bzw. zu versetzen (Briscoe et al. 2009). So ist die Arbeitsmobilität zumindest in Teilen Deutschlands niedriger als in anderen Industrieländern, sodass ausländische Investoren in strukturschwachen Gebieten trotz staatlicher Förderungsmaßnahmen zur Unternehmensansiedlung nur sehr schwer qualifiziertes Personal finden können.

In manchen Ländern dagegen wird die zunehmende Arbeitsmobilität zum Problem, wozu beispielsweise einige osteuropäische Länder wie Polen gehören, wo nach den 1990er Jahren zehntausende von Arbeitskräften in andere Länder wie Großbritannien auswanderten, um dort Job-Opportunitäten zu nutzen, die es in den Heimatländern nicht oder nicht zu vergleichbaren Bedingungen gab. All diese Probleme erschweren die Qualität und Zuverlässigkeit der Personalplanung und sind nicht einfach zu beheben, müssen aber von den Unternehmen gemeistert werden, um ein effektives Personalmanagement betreiben zu können und im globalen Wettbewerb mithalten zu können.

6.3   Personalbesetzung

Abhängig vom Grad der Internationalisierung sowie dem Grad an Zentralisierung oder Dezentralisierung wird ein Unternehmen seine Personalbesetzungs-Philosophie hinsichtlich des Grades an Internationalisierung seiner Belegschaft gestalten. Es kann dabei wählen zwischen drei Gruppen von Mitarbeitern, und zwar solchen der Muttergesellschaft, solchen des Landes, in dem sich die Tochtergesellschaft befindet und solchen aus anderen Drittländern (vgl. Abb. 6.1). Anders formuliert geht es darum, ob eine Positionsbesetzung im Rahmen einer ethnozentrischen Besetzungspolitik mit einem Stammhausdelegierten oder mittels einer polyzentrischen Besetzungspolitik mit einem Gastlandmitarbeiter oder in Form einer geozentrischen Besetzungspolitik durch Stellenbesetzungen nach länderübergreifenden Kriterien oder mittels einer regiozentrischen Besetzungspolitik im Falle besonderer regionaler Produkte oder Kompetenzen wie bei der Rekrutierung von Softwarespezialisten in Indien erfolgen soll, wobei letztere als Spezialform des geozentrischen Ansatzes nachfolgend nicht weiter thematisiert wird (Tayeb 2003).

6.3.1 Ethnozentrischer Personalbesetzungsansatz

Wenn ein Unternehmen sich beispielsweise in einem Status der internationalen Expansion befindet und eine relativ stark zentralisierte Struktur aufweist, dann wird es tendenziell eine ethnozentrische Personalbesetzungsphilosophie wählen, um insbesondere Manager-Positionen mit Vertretern der Muttergesellschaft zu besetzen. Mitarbeiter der Muttergesellschaft haben den Vorteil, dass sie über gleiche kulturelle Wurzeln und Ausbildungshintergründe verfügen wie die Kollegen in der Unternehmenszentrale, sodass die Kommunikation und Koordination mit diesen vergleichsweise leichter fällt. Für den Fall der Übertragung von Technologien oder Praktiken in das Ausland sind Mitarbeiter aus dem Heimatland der Muttergesellschaft oft besser geeignet, weil sie häufig wissen, wie und vor welchem Hintergrund diese entstanden sind, und es ihnen daher vielfach leichter fällt, Innovationen im Ausland erfolgreich zu implementieren.

So übersandte einst Daimler ein Team von Führungskräften in die USA, um zu gewährleisten, dass die Produktionstechniken und Qualitätsanforderungen in der neuen Automobilfabrik in Alabama erfolgreich auf die lokale Tochtergesellschaft übertragen werden konnten (Griffin und Pustay 2015). Häufig verwenden Unternehmen diesen Ansatz, wenn adäquate Management-Fähigkeiten im Gastland nicht oder nicht ausreichend zur Verfügung stehen und demzufolge ein hohes Maß an Kommunikation und Koordination mit der Muttergesellschaft erforderlich ist. Am häufigsten werden Mitarbeiter der Muttergesellschaft für Management-Positionen im Gastland eingesetzt. Dies ist insbesondere der Fall, wenn ein hohes Maß an technischer Expertise im Gastland gefragt ist, wenn es um den Schutz sensiblen intellektuellen Kapitals wie etwa Patente geht oder wenn die Loyalität der lokalen Auslandsgesellschaften zur Muttergesellschaft ein potenzielles Problem darstellt. Dabei können über die Horizonterweiterung der entsendeten Manager hinsichtlich der lokalen Gegebenheiten auch indirekt die Horizonte der Muttergesellschaft erweitert werden.

Neben den Vorteilen eines ethnozentrischen Ansatzes existiert aber auch eine Reihe von teilweise gravierenden Nachteilen. Dazu gehören zuvorderst die mangelnden Chancen einer Weiterentwicklung der lokalen Gastlandmanager, wodurch potenziell auch deren Motivation und Loyalität gegenüber der Muttergesellschaft geschmälert wird. Ein

Orientierung	Ethnozentrisch	Polyzentrisch	Regiozentrisch	Geozentrisch
Organisationskomplexität	in der Muttergesellschaft hoch, in den Tochtergesellschaften gering	unterschiedlich und voneinander unabhängig	hohe gegenseitige Abhängigkeit auf regionaler Ebene	zunehmende Komplexität und weltweit hohe gegenseitige Abhängigkeit
Autorität und Entscheidungsfindung	in der Muttergesellschaft zentriert	weitgehend dezentralisiert	auf regionale *Headquarters* übertragen; enge Zusammenarbeit zwischen den Tochtergesellschaften in einer Region	weltweite Zusammenarbeit zwischen der Muttergesellschaft und den Tochtergesellschaften
Steuerungs- und Kontrollgrößen	Standards des Heimatlandes	lokale Bestimmungen	regionale Bestimmungen	universale und lokale Standards
Anreize und Sanktionen	hoch in der Muttergesellschaft, gering in den Tochtergesellschaften	Tochtergesellschaften werden nach unterschiedlichen Kriterien belohnt	Belohnungen für das Erreichen regionaler Zielvorgaben	Belohnungen für das Erreichen internationaler und lokaler Zielvorgaben
Kommunikationsintensität und Informationsfluss	einseitig von der Muttergesellschaft an die Tochtergesellschaften	gering mit der Muttergesellschaft und den anderen Tochtergesellschaften	gering mit der Muttergesellschaft, hoch mit den regionalen *Headquarters* und zwischen den einzelnen Tochtergesellschaften	hoch und reziprok sowohl mit der Muttergesellschaft als auch zwischen den Tochtergesellschaften
Geographische Identifikation	Nationalität der Muttergesellschaft	Nationalität des Gastlandes	regionale Unternehmung	weltweite Unternehmung unter Wahrung nationaler Interessen
Besetzung von Führungspositionen	durch Stammhausdelegierte	durch Mitarbeiter des Gastlandes	Mitarbeiter aus der jeweiligen Region	*Beyond passport*

Abb. 6.1 Personalbesetzungsphilosophien in multinationalen Unternehmen. (Quelle: in Anlehnung an Holtbrügge und Welge 2015)

zweiter Grund ist der oftmals bescheidene Nutzen solcher Entsendungen, der zumeist auf mangelnde Anpassungsfähigkeit und Effektivität der entsendeten Mitarbeiter zurückzuführen ist. So kommt es immer wieder vor, dass westliche Manager große Probleme haben, sich an asiatische Kulturen anzupassen und die dortigen Managementsysteme zu verstehen, wofür Procter & Gamble in seinen japanischen Auslandsgesellschaften ein jahrelanges Beispiel bot, bis man dort erkannte, dass die kontinuierliche Entsendung von zentralen Personalressourcen nicht nur die lokale Kultur in problematischer Weise konfrontierte, sondern dass dadurch auch viele lokale Talente unnötig brachlagen, weil deren Kompetenzen und Kapazitäten nicht genutzt wurden und damit zu einer Ressourcenunterforderung führten (Deresky 2014).

6.3.2 Polyzentrischer Personalbesetzungsansatz

Mit einem polyzentrischen Ansatz werden lokale Mitarbeiter aus dem Gastland, in dem sich die Auslandsgesellschaft befindet, in den Mittelpunkt der Personalbesetzungspolitik gestellt. Ein solcher Ansatz ist tendenziell effektiver, wenn ein Unternehmen eine multinationale Strategie verfolgt. Gastlandmitarbeiter werden überwiegend für mittlere oder untere Positionen bzw. damit assoziierte Tätigkeiten in einer Auslandsgesellschaft rekrutiert und eingesetzt, aber zuweilen auch und mit steigender Tendenz für Management-Positionen. Erfahrene multinationale Unternehmen wie IBM oder Intel rekrutieren überwiegend lokale Personalressourcen auch für Management-Positionen. Auch kleinere und mittlere Unternehmen verfolgen diesen Ansatz, allerdings im Gegensatz zu IBM und Intel aus dem Grund, da sie in der Regel nicht über ausreichende Ressourcen verfügen, um diese mitteloder langfristig in das jeweilige Gastland entsenden zu können (Griffin und Pustay 2015).

Wenn ein Unternehmen also sehr stark lokal agieren möchte, dann hat der polyzentrische Ansatz der Personalbesetzung offensichtliche Vorteile. Die im Gastland beheimateten Mitarbeiter oder Manager sind vertraut mit der lokalen Kultur, Sprache, politischen und rechtlichen Situation sowie mit den Bedingungen und Gepflogenheiten, unter denen geschäftliche Transaktionen ablaufen und sie haben zumeist vielfältige Kontakte in die lokale Geschäftswelt. Außerdem werden sie von lokalen Kollegen und Geschäftspartnern eher akzeptiert als ausländische Mitarbeiter und verkörpern ein positives Rollenmodell für die lokalen Mitarbeiter.

Darüber hinaus ist es für gewöhnlich günstiger, lokales Personal einzusetzen als ausländisches Personal, was häufig höher besoldet ist und mit weiteren Unterstützungsleistungen für Familie, Umzug, etc. subventioniert werden muss. Außerdem besteht bei diesem Ansatz nicht die Gefahr weiterer Kosten durch vorzeitiges Abbrechen von Engagements durch nicht erfolgte Akklimatisierung bzw. Anpassung im Gastland von entsendeten Expatriates. Dazu kommt, dass in manchen Ländern Regularien vorherrschen, nach denen das Management einer im Land befindlichen Gesellschaft Bürger des entsprechenden Landes sein müssen (Deresky 2014).

Nachteilig an einem polyzentrischen-Personalbesetzungsansatz ist die Tatsache, dass die Koordination von Aktivitäten zwischen der Zentrale bzw. Muttergesellschaft und der ausländischen Tochtergesellschaft schwieriger und aufwendiger wird inklusive des Managements potenzieller Loyalitätskonflikte mit den lokalen Führungskräften, zumal die ausländischen Mitarbeiter und Führungskräfte potenzielle Defizite hinsichtlich der Geschäftskultur und der Gewohnheiten in der zentralen Muttergesellschaft haben (Griffin und Pustay 2015). Zu dieser Problematik trägt dann das einem polyzentrischen Personalbesetzungsansatz immanente Defizit der mangelnden Auslandserfahrung zentraler Führungskräfte zusätzlich bei, die eigentlich für die Koordination von Auslandsaktivitäten mit den lokalen Management-Ressourcen unerlässlich ist.

6.3.3   Geozentrischer Personalbesetzungsansatz

Der geozentrische Personalbesetzungsansatz fokussiert den Schwerpunkt auf die Besetzung der bestmöglichen Mitarbeiter- bzw. Managementqualität unabhängig von der jeweiligen Nationalität der jeweiligen Personen (McFarlin und Sweeney 2011). Dieser Ansatz wird seit geraumer Zeit von vielen europäischen multinationalen Unternehmen wie etwa DHL oder H&M verfolgt. Der geozentrische Ansatz bietet im Vergleich zu den zuvor dargestellten ethnozentrischen und polyzentrischen Personalbesetzungs-Ansätzen das breiteste Auswahlspektrum an möglichen Kandidaten für eine Position und eine entsprechend höhere Flexibilität bei der Kandidatenauswahl, weil auf nationale Belange keine Rücksicht genommen werden muss. Außerdem bietet dieser Ansatz die Möglichkeit einer multinationalen Personalbesetzung mit der Möglichkeit, über die damit verbundenen unterschiedlichen Perspektiven, Talente und Eigenschaften des internationalen Personals Kreativitätsvorteile realisieren zu können (Deresky 2014).

Kandidaten aus Drittstaaten bringen für gewöhnlich auch mehr kulturelle Flexibilität und Anpassungsfähigkeit hinsichtlich der Problemlösungsfindung und generellen sprachlichen Kommunikationsfähigkeit in die Belegschaft mit ein. Außerdem kann die Besetzung mit Mitarbeitern oder Managern aus Drittstaaten kosteneffizienter sein, weil Kandidaten aus diesen Ländern ein vergleichsweise niedrigeres Lohnniveau gewohnt sind und ggfs. auch keine oder weniger umfangreiche Zusatzleistungen akzeptieren als beispielsweise aus der Zentrale entsandte Expatriates, für die die Muttergesellschaft dann im Heimatland und im Gastland Steuern bezahlen muss (Tayeb 2003). Solche Gründe tragen dazu bei, dass die meisten multinationalen Unternehmen nach einer Startphase, in der sie Manager aus ihrem eigenen domestischen Ressourcenpool im Gastland einsetzen, mit zunehmender Maturität der Auslandsgesellschaft polyzentrischen oder regiozentrischen Besetzungsansätzen zu folgen (vgl. Abb. 6.2).

Mit der zunehmenden Internationalisierung entwickelt sich darüber hinaus der Terminus Expatriate mehr und mehr zu einem Transpatriate weiter, als immer mehr Mitarbeiter sich von einem internationalen Entsendungsterm zum nächsten bewegen und so zu Repräsentanten eines globalen Personalmanagement-Konzeptes werden, welches sich im 21. Jahrhundert in vielen multinationalen Konzernen wie etwa ABB, Bayer, Coca-Cola, Nestlé oder Unilever sukzessive herausgebildet hat. So verfügt etwa ABB über ungefähr 500 solcher Transpatriates, die alle zwei bis drei Jahre zwischen internationalen Standorten wechseln und auf diese Art und Weise dem Unternehmen einen substanziellen Management-Kader mit internationaler Erfahrung bescheren (Deresky 2014). Solche Transpatriate-Mentalitäten werden bei Bayer zum Beispiel schon dadurch gefördert, indem bereits in die Trainee- und Einstiegsprogrammen für Hochschulabsolventen mehrmonatige verpflichtende Auslands-aufenthalte eingebaut werden.

6.4 Personalselektion

Die Auswahl von qualifiziertem Personal für ausländische Gesellschaften ist ein komple-xer und facettenreicher Prozess, insbesondere wenn es sich um Mitarbeiter bzw. Manager handelt, die international bzw. außerhalb ihres eigenen nationalen und kulturellen Kontexts eingesetzt werden sollen. Diesbezügliche Auswahlentscheidungen sind kritisch, zumal Fehler im Prozess der Personalselektion gravierende Auswirkungen haben können sowohl auf die Leistung der Auslandsgesellschaft als auf die weitere Karriereentwicklung des Mit-arbeiters bzw. Managers. Aus der Sicht der Zentrale bzw. Muttergesellschaft ist es daher wichtig, dass potenzielle Kandidaten sowohl die notwendigen technischen Fähigkeiten besitzen, um die an sie gestellten Anforderungen zu erfüllen, als auch in der Lage sind, mit der zugrunde liegenden nationalen Kultur erfolgreich umzugehen (Briscoe et al. 2009). Daraus folgt, dass die erste und zugleich wichtigste Voraussetzung für eine erfolgreiche Positionsbesetzung das vollumfängliche Verständnis eines multinationalen Unternehmens hinsichtlich der Anforderungen ist, die eine zu besetzende Position in fachlicher und kultu-reller Hinsicht an den Stelleninhaber stellt.

6.4.1 Selektionskriterien

Die besondere Situation einer internationalen Entsendung erfordert die Berücksichti-gung einer Reihe von Selektionskriterien, um diese erfolgreich gestalten zu können. Dazu gehört insbesondere für Managerpositionen zunächst ein solides Niveau an Erfah-rung und Maturität des Kandidaten, welches sich in der Regel in der Fähigkeit reflektiert, unabhängige Entscheidungen treffen zu können. Ferner gehören dazu eine gewisse emo-tionale Stabilität und Stressresistenz sowie eine Sensibilität gegenüber fremden Kulturen und Gewohnheiten und eine solide Allgemeinbildung. Weitere wichtige Selektionskrite-rien sind natürlich die fachlichen und sprachlichen Fähigkeiten des Kandidaten sowie die grundsätzlich positive Einstellung des Kandidaten und seiner weiteren Familienmitglie-der, vor allem des Ehepartners, gegenüber einem Auslandsengagement. Schließlich liegen weitere Selektionskriterien in der physischen Stabilität und Gesundheit des Kandidaten, insbesondere dann, wenn es sich um Destinationen mit körperlich herausfordernden kli-matischen Bedingungen handelt (Dowling und Welch 2004).

Ethnozentrische Besetzungspolitik (Stammhausdelegierte)	Polyzentrische Besetzungspolitik (Lokale Mitarbeiter)	Geozentrische Besetzungspolitik (Drittlandangehörige)
Vorteile:	**Vorteile:**	**Vorteile:**
➤ leichtere Durchsetzung einer einheitlichen Unternehmungspolitik	➤ zumeist niedrigere Personalkosten	➤ größeres Potenzial an qualifizierten Kandidaten
➤ problemlose Kommunikation und Koordination zwischen Mutter- und Tochtergesellschaft	➤ leichtere Integration der Tochtergesellschaften in das Gastland	➤ höhere Flexibilität in der Personalbeschaffung, da auf nationale Interessen keine Rücksicht genommen werden muss
➤ leichterer Transfer von technischem und Management-Know-How	➤ Motivationssteigerung bei lokalen Mitarbeitern, da sie auch Spitzenpositionen erreichen können	➤ befruchtender Austausch von Informationen durch den hohen Entsendungsanteil
➤ Erweiterung der internationalen Erfahrungen der Stammhausmitarbeiter	➤ höhere Kontinuität in der Tochtergesellschaft	
➤ bessere Kenntnis der Muttergesellschaft	➤ positive Auswirkungen auf die Stellung der Tochtergesellschaft in der Öffentlichkeit des Gastlandes	
➤ höhere Loyalität gegenüber Muttergesellschaft		
Nachteile:	**Nachteile:**	**Nachteile:**
➤ Demotivierung der inländischen Mitarbeiter durch Bevorzugung der Stammhausdelegierten	➤ erschwerte Abstimmung zwischen der Mutter- und Tochtergesellschaft	➤ sehr hohe Entsendungskosten
➤ erschwerte Anpassung an Gastlandbedingungen	➤ höhere Kommunikationskosten	➤ zumeist geringe Vertrautheit mit den Gastlandbedingungen
➤ Gefährdung der Kontinuität und des Betriebsklimas bei häufig wechselnden Stammhausdelegierten	➤ Gefahr, dass bei Konflikten aufgrund mangelnder Loyalität den Gastlandinteressen zum Schaden der Gesamtunternehmung Vorrang eingeräumt wird	➤ hoher Koordinationsaufwand
➤ familiäre Probleme (insbesondere bei *dual career couples*)		➤ hohe Anforderungen an international Manager
		➤ erschwerter Aufbau einer länderübergreifenden *corporate identity*

Abb. 6.2 Vor- und Nachteile unterschiedlicher Personalbesetzungsphilosophien. (Quelle: in Anlehnung an Holtbrügge und Welge 2015)

6.4.2   Motivations- und Risikofaktoren

Für die Kandidaten einer Personalentsendung liegen die Motivationsfaktoren für eine Auslandsentsendung in der Regel in zwei wesentlichen Faktoren. Diese sind einerseits die
entsprechend höhere Bezahlung, welche sich aus derartigen Engagements ergeben kann,
unabhängig davon, ob sich das höhere Gehalt durch ein höheres Fixum oder anderweitige
sogenannte Allowances wie Wohnungszuschüsse oder ähnliches ergibt und andererseits
die sich durch ein Auslandsengagement potenziell ergebenden Karriereopportunitäten,
die dem Entsendeten bessere Entwicklungsmöglichkeiten in der Unternehmenshierarchie
eröffnen. Insgesamt ist eine Entwicklung zu konstatieren, die es den Unternehmen zunehmend schwerer macht, geeignete Kandidaten für Auslandsengagements zu finden, und
zwar nicht nur hinsichtlich der für solche Entsendungen erforderlichen Fähigkeiten und
Einstellungen der Kandidaten, sondern auch hinsichtlich der Überzeugung der Kandidaten
durch das Unternehmen von der Vorteilhaftigkeit eines Auslandseinsatzes.

Gründe, welche immer häufiger potenzielle Entsendungskandidaten dazu bewegen,
Expatriate-Einsätze abzulehnen, liegen u. a. in Karriereopportunitäten der jeweiligen Ehepartner, in mangelnder Work-Life-Balance, in der mit einer Auslandsentsendung verbundenen signifikanten Störung des Lebensrhythmus und in der wachsenden Unsicherheit, ob
sich ein Auslandsengagement überhaupt positiv auf die Karriere auswirken wird (Briscoe
et al. 2009). Internationale Studien zeigen, dass der Anteil gescheiterter Auslandsbesetzun-
gen nach wie vor hoch ist, wofür vor allem die damit verbundenen familiären Gründe der
Kandidaten verantwortlich zeichnen, die häufig in der Frustration des Ehepartners hinsichtlich des Umgangs mit einer neuen Kultur und den Problemen, einen neuen Freundeskreis
aufzubauen oder einen neuen Job zu finden sowie der Kinder mit einer unterschiedlichen
Schul- oder Universitätsumgebung zurecht zu kommen, liegen (Griffin und Pustay 2015).

Vor diesem Hintergrund erscheint es erstaunlich, dass in die Auswahlentscheidungspro-
zesse hinsichtlich Entsendungskandidaten immer noch vielfach keine Familienmitglieder
eingebunden werden und dass die Unternehmen offenbar immer noch den fachlichen Qua-
lifikationen der Entsendungskandidaten weit größeren Spielraum einräumen als den inter
kulturellen, die allzu oft durch allgemeine interkulturelle Trainings vermittelt werden, in
denen nicht selten internationale Trainer auf Kulturen vorbereiten sollen, denen sie selbst
häufig nie wirklich in ihrem täglichen Berufsleben ausgesetzt waren. Das Institut für interkulturelles Management in Königswinter hat in zwei aufeinanderfolgenden Studien in den
Jahren 1998 und 2002 durch Befragungen von über 300 inländischen und ausländischen
Führungskräften aus 40 Unternehmen und 46 Ländern ermittelt, dass zwischen 15 und
30 % der Auslandseinsätze deutscher Unternehmen scheitern, eine Bandbreite, die von
anderen Studien häufig ähnlich beziffert wird (Rothlauf 2012).

AT&T – Auswahl und Trainingsprozesse im Kontext von Auslandsentsendungen

Um den beträchtlichen Risiken des Scheiterns von Auslandsengagements, die sich im
Ergebnis laut Buttermann (2005) in durchschnittlich 285.000 EUR Kosten reflektieren,
entgegenzuwirken, weist beispielsweise das Unternehmen AT&T seinen Auswahl- und

Trainingsprozessen einen signifikanten Ressourcenanteil zu, um eine möglichst gründliche und optimale Auswahl und Vorbereitung für ein Auslandsengagement gewährleisten zu können, wobei unter dem Scheitern einer Auslandsentsendung im Regelfall die vorzeitige Rückkehr des Kandidaten in sein Heimatland bzw. der vorzeitige Abbruch eines Auslandsengagements zu verstehen ist (Dowling und Welch 2004).

So setzt AT&T seit langem erprobte Persönlichkeitstests und von Psychologen begleitete Interviews ein, die von einer umfangreichen Selbsteinschätzung der Kandidaten begleitet werden, was nach Aussage von AT&T das Realitätsbewusstsein der Kandidaten und deren Selbstwahrnehmung maßgeblich verbessert hat und in der Folge dazu beigetragen hat, dass sich ungeeignete Kandidaten vermehrt nicht für Auslandseinsätze beworben haben (Griffin und Pustay 2015). Neben solch professionell gestalteten Auswahlprozessen erhöhen sich daran anschließende Maßnahmen wie vorbereitende Sprachkurse für Kandidaten und ggfs. Ehepartner sowie zielgerichtete kulturvorbereitende Seminare die Wahrscheinlichkeit einer erfolgreich gestalteten Auslandsentsendung, da sich Expatriates durch solche Maßnahmen potenziell leichter an die fremden und neuen Umgebungen anzupassen vermögen.

6.4.3   Auswahlinstrumente

Im Bereich der Auswahlinstrumente unterscheiden sich diese grundsätzlich nicht wesentlich von denjenigen, die ein Unternehmen in seinem Heimatmarkt heranziehen würde. Gleichwohl liegen im internationalen Kontext die entscheidenden Unterschiede zur nationalen Umgebung in der Art und Weise, wie diese Instrumente angewendet werden. Dazu gehören zuvorderst Persönlichkeitstests, die die Eignung eines Kandidaten herausstellen sollen. In diesen Tests werden Kriterien wie Flexibilität, Anpassungsfähigkeit, Stressresistenz, Improvisationsfähigkeit und Fremdsprachenkompetenz entweder in einzelnen sukzessiven Verfahren oder im Rahmen eines zumeist schriftlichen integrierten Gesamttests abgefragt. Daneben testen einige vornehmlich große Unternehmen die Tauglichkeit von Entsendungskandidaten mittels Anwendung von Assessment Centern.

Dort werden prinzipiell die gleichen Eignungskriterien wie bei den zuvor genannten schriftlichen Einstellungstest abgefragt, hier jedoch im Rahmen von Rollenspielen von einem Panel aus internationalen Managern bei den Kandidaten im jeweiligen Ausmaß durch Beobachtung eruiert. Im Gegensatz zu einem Assessment Center im nationalen Personalbesetzungskontext sind an eines im internationalen Kontext deutlich höhere Anforderungen zu stellen hinsichtlich der Gestaltung der Aufgaben und Übungen vor dem Hintergrund von deren kultureller Passgenauigkeit für das Land, in welches die Entsendung stattfinden soll und natürlich auch hinsichtlich der Auswahl der Beobachter, die zu einem erheblichen Teil aus dem Gastland kommen bzw. zumindest mit dessen Kultur substanziell vertraut sein sollten (Briscoe et al. 2009). Zudem gilt es bei Assessment Centern zu beachten, dass deren Eignung im jeweiligen kulturellen Kontext zu überprüfen ist. So werden solche Veranstaltungen in angelsächsischen Ländern als Routine durchgehen, während sie in vielen Ländern Asiens auch auf Grund der in sie integrierten Rollenspiele bei vielen Beteiligten auf wenig Gegenliebe stoßen werden.

Während Persönlichkeitstests und Assessment Center in der Regel der Vorselektion geeigneter Kandidaten für eine Personalentsendung dienen, werden überwiegend persönliche Einzelgespräche für die finale Kandidatenauswahl verwendet. Solche Einzelgespräche sollten in Anwesenheit von Repräsentanten des Mutterlandes und des Gastlandes erfolgen, vor allem um die Bereitschaft und Fähigkeit des Kandidaten zur Anpassung an die entsprechende Gastlandkultur und zur Bewältigung der in der Auslandsgesellschaft bestehenden Herausforderungen innerhalb der für die Entsendung vorgesehenen Zeit zu überprüfen. Diese Praxis wird jedoch nicht in allen Ländern befolgt.

So ist es in vielen asiatischen Konzernen wie etwa bei Samsung oder Takata durchaus üblich, dass Auswahlgespräche nur mit Managern aus dem Heimatland der Muttergesellschaft geführt werden, die darüber hinaus nicht selten eine Vielzahl weiterer Mitarbeiter in ihre Entscheidung einbeziehen, welche dann ultimativ erst getroffen wird, wenn alle an dem Gespräch beteiligten einen Kandidaten präferieren (McFarlin und Sweeney 2011). Auslandsentsendungen sind häufig auch als mehr oder weniger vorgegebene Stationen innerhalb der Karriereplanung vornehmlich in großen multinationalen Unternehmen vorgesehen wie etwa bei Henkel, wo Mitarbeiter, die für weiterführende Aufgaben in Frage kommen wollen, im Rahmen des hauseigenen Job Rotation-Programms „Triple Two" mindestens in zwei Unternehmensbereichen, in zwei Funktionen sowie in zwei Ländern Stationen absolvieren sollten.

6.4.4 Diversität und Diskriminierung

Ein bedeutendes Thema im Kontext des Rekrutierungsprozesses ist die Diskriminierung, die in den westlichen Industrieländern spätestens seit Beginn des 21. Jahrhunderts deutlich stärker in den Mittelpunkt gerückt ist. Internationale Organisationen wie die OECD oder die EU haben zahlreiche Programme zur Förderung von Diversität ins Leben gerufen, die u. a. dazu beigetragen haben, dass zahlreiche insbesondere multinationale Konzerne aus den westlichen Industrieländern Anti-Diskriminierungs- und Diversity-Richtlinien entwickelt haben, die für das tägliche Geschäft verpflichtende Wirkung entfalten sollen. Dennoch zeigen aktuelle Zahlen, dass Frauen und auch ältere Menschen auch in den westlichen Ländern immer noch vielfach benachteiligt werden und im Rekrutierungsprozess entweder gar nicht zum Zuge kommen oder nicht mit gleichen Chancen ausgestattet sind. So waren beispielsweise in Großbritannien von 3,4 Mio. Arbeitssuchenden, die 2008 älter als 65 Jahre waren, nur 1 Mio. Arbeitnehmer beschäftigt, während die übrigen 2,4 Mio. keinen Job fanden (Mead und Andrews 2009).

Ein anderes Beispiel betrifft die in Deutschland immer noch spärliche Besetzung von Führungspositionen mit Frauen, der die Politik versucht mit der Einführung einer Frauenquote in Aufsichtsräten entgegenzuwirken, oder die statistisch nachgewiesene schlechtere Bezahlung von Frauen im Vergleich zu Männern für gleichartige Tätigkeiten.

In Japan etwa werden Frauen bei weitem noch viel stärker diskriminiert. Hier werden Frauen im Arbeitsprozess traditionell fast ausnahmslos nur für zuarbeitende Tätigkeiten in den Unternehmen und Institutionen beschäftigt, sodass sie trotz vielfach guter Ausbildungsniveaus nach wie vor noch überwiegend die traditionelle Rolle der Frau als Mutter und Hausfrau bekleiden und somit dem Arbeitsmarkt als Fachkräfte fehlen.

Auch in Ländern wie Russland und vielen arabischen Ländern werden Frauen offen benachteiligt und haben teilweise beschränkten, zuweilen sogar gar keinen Zugang zum Arbeitsmarkt. Diskriminierend wirken zuweilen auch Praktiken im Rahmen von Rekrutierungsverfahren, insbesondere Einstellungsgesprächen. Hier werden von Vertretern asiatischer Konzerne wie Samsung zuweilen sehr persönliche Fragen etwa nach anderen Familienmitgliedern des Bewerbers gestellt, um sich ein genaueres Bild vom jeweiligen Bewerber zu machen, was europäische oder nordamerikanische Bewerber als völlig inadäquat und jenseits der Toleranzgrenze auffassen, weswegen es nicht selten zu deutlichen Irritationen kommt (McFarlin und Sweeney 2011). Das kann daran liegen, dass in den meisten asiatischen, lateinamerikanischen oder afrikanischen Ländern Anti-Diskriminierungs-Gesetze entweder gar nicht existieren wie etwa in Thailand oder dass sie nicht konsequent angewendet werden wie beispielsweise in Mexiko.

6.5   Training und Weiterbildung

Multinationale Unternehmen haben die Aufgabe ihre in den Auslandsgesellschaften tätigen oder zu entsendenden domestischen und internationalen Manager und Mitarbeiter zu trainieren und weiterzubilden, um sie dabei zu unterstützen, ihre Tätigkeiten möglichst effektiv und effizient erfüllen zu können. Bevor ein Unternehmen ein sinnvolles Trainings- und Entwicklungsprogramm für seine Manager und Mitarbeiter entwickeln kann, muss es sich zuvor ein Bild über deren Fähigkeiten und Kompetenzen verschaffen, um darauf aufbauend die für die einzelnen Mitarbeiter erforderlichen Schulungs- und Entwicklungsmaßnahmen spezifizieren zu können (Griffin und Pustay 2015). Die Ermittlung von Trainings- und Weiterbildungserfordernissen ist ein sehr wichtiges Element des internationalen Personalmanagements und Unternehmen, die dies unterschätzen, können in ernsthafte Schwierigkeiten geraten, wenn ihre Manager und Mitarbeiter Wissensdefizite über ausländische Kunden und Märkte aufweisen, die das Unternehmen daran hindert, dort entsprechend Fuß zu fassen.

Ein Unternehmen, welches am Beginn seiner Internationalisierung steht, hat offensichtlich andere Trainings- und Weiterbildungserfordernisse als ein anderes, welches bereits seit Jahren im Ausland aktiv Geschäfte betreibt. Im ersten Fall wird das Unternehmen wenn überhaupt nur über wenige Manager oder Mitarbeiter mit substanziellen Auslandserfahrungen verfügen, aber auch im Falle maturer multinationaler Unternehmen können signifikante Trainingsnotwendigkeiten auftreten. So identifizierte das Automobilunternehmen Jaguar, als es eine Produktionsfabrik für Escort-Modelle von Ford übernahm, eine große Unwilligkeit der Beschäftigten, eigene Entscheidungen zu treffen und dafür Verantwortung zu übernehmen, sodass Jaguar für alle Beschäftigten eine Reihe von Training-Workshops initiierte, die dazu geeignet waren, die technischen Fähigkeiten der Mitarbeiter zu verbessern und sie in die Lage zu versetzen, eigene Entscheidungen zu treffen und auch umzusetzen (Griffin und Pustay 2015).

6.5.1 Standardisierung vs. Individualisierung von Maßnahmen

Die erste Frage, die im Rahmen eines Trainings- und Weiterbildungsprogramms zu beantworten ist, ist diejenige, ob das Unternehmen auf Standard-Trainingsprogramme zurückgreift oder eigene maßgeschneiderte Programme für seine Manager und Mitarbeiter entwickelt. Standardprogramme haben den Vorteil, dass sie schnell zu initiieren und kostengünstiger sind, während maßgeschneiderte Programme erst entwickelt werden müssen und entsprechend teurer sind. Der Versicherungskonzern Prudential Insurance offeriert seinen Entsendungskandidaten und ihren Familienmitgliedern standardisierte Sprachlernprogramme, die am Computer mittels CD oder DVD nach individuellem Geschmack und Lerntempo durchlaufen werden können, während General Electric allen seinen Managern und Ingenieuren regelmäßige Sprachlernkurse und interkulturelle Trainings anbietet, um sie bestmöglich auf die Eventualitäten eines Einsatzes in einer Auslandsgesellschaft vorzubereiten.

British Telecom setzt dagegen auf informelle Mentorenprogramme, während deren entsendete Mitarbeiter mit zu entsendenden Mitarbeitern zu Sitzungen zusammenkommen, in denen erstere ihr Wissen und ihre Erfahrungen zu der jeweiligen Auslandsgesellschaft und ihren kulturellen Rahmenbedingungen an die zu entsendenden Mitarbeiter weitergeben und diese damit besser auf ihren Auslandseinsatz vorbereiten (Deresky 2014). Viele Trainings- und Weiterbildungsprogramme werden individuell für die spezifischen Bedürfnisse eines Unternehmens konzipiert. In größeren multinationalen Unternehmen kümmern sich spezielle Aus- und Weiterbildungsabteilungen um diese Aufgabe.

Dabei sind aber je nach kulturellem und gesellschaftlichem Kontext der Auslandsgesellschaften weitere Überlegungen anzustellen, zumal interkulturelle Unterschiede eine wichtige Rolle hinsichtlich des Designs, der Entwicklung und der Umsetzung von Trainingsmaßnahmen spielen und zu beachten ist, in welcher Form strukturelle Komponenten zum Beispiel auf Grund gesetzlicher Bestimmungen obligatorische Trainingsverpflichtungen oder unterschiedliche Ausbildungsniveaus und -systeme des jeweiligen Landes oder präferierte Methoden wie Ausbildung vermittelt werden sollen, um den Trainingserfolg bestmöglich gewährleisten zu können.

6.5.2 Weitere Gestaltungskriterien

In diesem Zuge ist nachdem die Zielgruppe einer Weiterbildungsmaßnahme und deren spezifischer Nutzen definiert worden sind zu klären, ob die Maßnahme von unternehmensinternen oder -externen Experten konzipiert und durchgeführt werden soll. Darüber hinaus ist zu spezifizieren, wie die Inhalte didaktisch vermittelt werden sollen, ob vorlesungstechnisch, fallstudienbezogen oder „on the job". In diesem Zusammenhang werden sich amerikanische Mitarbeiter und Führungskräfte tendenziell leichter mit fallstudienbezogener Lerninhaltvermittlung tun als deutsche oder französische. Schließlich ist festzulegen, in welcher Lernumgebung die Trainingsmaßnahme stattfinden soll, ob sie einzeln oder gruppenweise durchgeführt wird und ob sie als Präsenzveranstaltung oder per E-Learning-Umgebung angeboten wird (vgl. Abb. 6.3).

Dazu ist zu bemerken, dass Einzelunterricht in europäischen oder nordamerikanischen Tochtergesellschaften eher Erfolg versprechend ist als in asiatischen Tochtergesellschaften, die in der Regel solche Trainings deutlich lieber als Gruppe durchlaufen. Außerdem werden sich nordamerikanische oder südost-asiatische Beschäftigte mit E-Learning-Veranstaltungen leichter tun als kontinentaleuropäische, die stärker an Präsenzveranstaltungen gewöhnt sind. Zudem ist es notwendig, dass die jeweiligen Trainer ihren Trainingsstil den Gegebenheiten in der jeweiligen Gesellschaft anpassen. Während zum Beispiel in einer brasilianischen Gesellschaft ein eher informeller Stil gegenüber den Seminarteilnehmern zu pflegen wäre, wäre dies in einer thailändischen Gesellschaft eher andersherum.

Dort könnten allzu informelle Umgangsformen die anwesenden Manager bzw. Mitarbeiter irritieren und so möglicherweise den Umsetzungserfolg der Trainingsmaßnahme gefährden (Deresky 2014). Neben dem offensichtlichen Bedürfnis nach lokalisierten Trainingsmaßnahmen müssen multinationale Unternehmen einen gewissen Standardisierungsgrad bei ihren Weiterbildungen aufrechterhalten, weil sonst einerseits die Kosten tendenziell zu hoch werden und Skaleneffekte nicht oder nur in einem geringen Maße realisiert werden können und andererseits auch gewährleistet werden muss, dass gleiche Trainingsmaßnahmen auf einer Just-in-Time-Basis in allen Auslandsgesellschaften angeboten werden können (Briscoe et al. 2009).

Abgesehen von herkömmlichen Trainings- und Ausbildungsmaßnahmen sind in diesem Zusammenhang noch spezifische kombinierte Entwicklungsprogramme zu nennen, die oftmals als für sogenannte High Potentials 360-Grad-Programme ausgestaltet sind und u. a. internationale Entsendungen enthalten, während deren der Entsendete seine

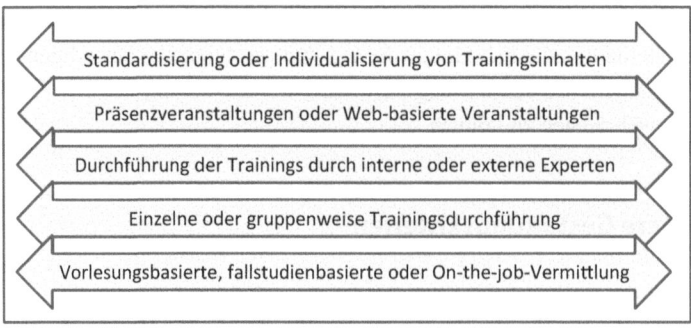

Abb. 6.3 Dimensionen einer internationalen Trainingsgestaltung

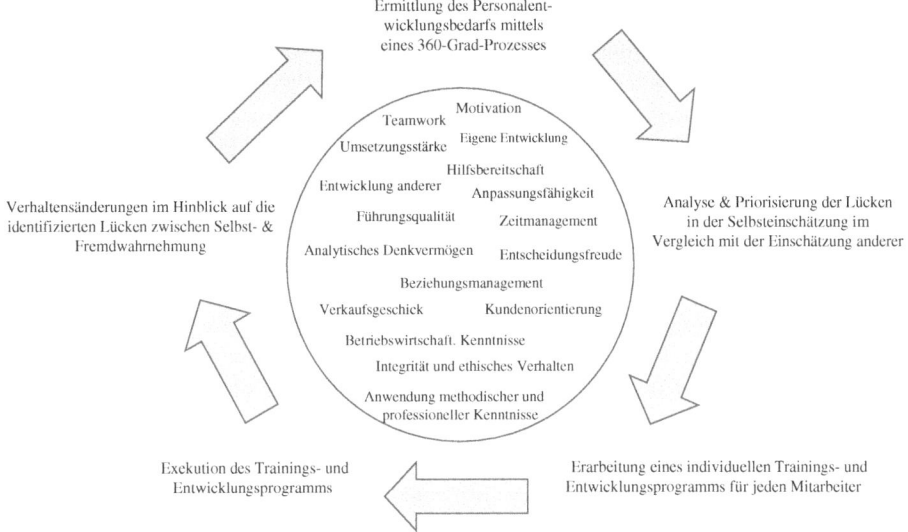

Abb. 6.4 360-Grad-Entwicklungs- und Feedbackmodell

Führungsqualitäten im internationalen Kontext entwickeln soll (vgl. Abb. 6.4). Solche Programme sind zumeist eher in großen Unternehmen Bestandteil von Weiterbildungsprogrammen und beinhalten in der Regel komplett individuell für den jeweiligen Kandidaten zusammengestellte Weiterbildungs- und Trainingsmaßnahmen.

Weiterbildungs- und Trainingsmaßnahmen sind in großen Konzernen wie Bosch, IBM oder Siemens häufig auch eingebunden in weiterführende Standard-Entwicklungsprogramme, die auf unterschiedlichen Führungs- und Managementstufen spezifische Weiterbildung für verschiedene Kaderebenen in eigener Konzeption oder mit Unterstützung externer Weiterbildungsspezialisten beinhalten und von den entsprechenden Managern und Führungskräften durchlaufen werden mussen, um sie auf aktuelle Herausforderungen und weiterführende Aufgaben vorzubereiten (Holtbrügge und Welge 2015).

6.6   Leistungsbeurteilung und Vergütung

Einen weiteren fundamentalen Bestandteil eines internationalen Personalmanagements stellen die Bewertung von Leistungen und die damit zusammenhängende Entlohnung bzw. Vergütung dar. Während Rekrutierung, Personalauswahl sowie Training und Weiterbildung zu einem beträchtlichen Teil vor einer Besetzung bzw. Versetzung stattfinden, haben die Leistungsbeurteilung und ihre Kompensation fortlaufenden Charakter und damit eine andauernde Wirkung über die eigentliche Stellenbesetzung hinaus. Unter einer Leistungsbeurteilung versteht man dabei den Prozess der Bewertung, wie effektiv einzelne Mitarbeiter oder Teams die ihnen obliegenden Tätigkeiten ausführen. Das Ziel dieser Bewertung liegt darin begründet, den Mitarbeitern oder Managern Feedback zu geben, wie gut sie die in sie gesetzten Erwartungen erfüllen, eine Basis für eine Belohnung überdurchschnittlicher Leistungen zu finden, Arbeitsgebiete zu identifizieren, die zusätzlicher Trainings oder Weiterbildungsmaßnahmen bedürfen sowie Problembereiche zu identifizieren, die eine anderweitige Besetzung erfordern (Griffin und Pustay 2015).

6.6.1   Leistungsbeurteilung

Leistungsbeurteilungen für Manager eines multinationalen Unternehmens müssen auf einem klaren und eindeutigen Verständnis von denjenigen Zielen aufsetzen, die das Unternehmen für seine ausländischen Gesellschaften formuliert hat. Dabei variieren naturgemäß die Ziele der jeweiligen Auslandsgesellschaften in Abhängigkeit von der Situation ihrer Heimatmärkte, von ihrer Größe und ihrer Maturität. Darüber hinaus variieren die Bewertungsstandards in Abhängigkeit davon, ob es sich bei der Auslandsgesellschaft um eine Betriebsstätte oder um eine Tochtergesellschaft handelt, wobei bei einer Betriebsstätte zumeist nach Kostenbudgets bzw. deren Einhaltung gesteuert wird, während bei einer Tochtergesellschaft in der Regel deren Gewinn zum Maßstab der Bewertung definiert wird. Die eigentliche Leistungsbewertung orientiert sich am Soll-Ist-Vergleich zwischen der per Zielsetzung vereinbarten Soll-Leistung und der tatsächlich erbrachten Ist-Leistung (vgl. Abb. 6.5).

Die ggfs. festgestellten Abweichungen werden dann diagnostisch auf ihre Ursachen hin hinterfragt, um herauszufinden, warum es zu positiven oder negativen Zielabweichungen gekommen ist. In diesem Kontext ist dann zu eruieren, ob es Probleme hinsichtlich der Qualifikation der Manager oder Mitarbeiter gibt, ob die Muttergesellschaft möglicherweise für entstandene Probleme und damit verbundene Minderleistungen (mit-)verantwortlich ist oder ob exogene Probleme im Kontext unvorhersehbarer Ereignisse eine Rolle spielen, die nicht oder zunächst nicht im Einflussbereich der Auslandsgesellschaft liegen (Griffin und Pustay 2015). Grundsätzlich ist das Management in Auslandsgesellschaften gehalten, regelmäßige Leistungsberichte an die Muttergesellschaft zu senden, die dann dort regelmäßig einem Monitoring hinsichtlich der Zielerreichung unterliegen und die Grundlage für die Leistungsbeurteilung darstellen. Die Qualität der jeweiligen Leistungen bestimmt dann in der Regel die Frequenz, mit der Leistungsbewertungen vorgenommen und besprochen werden.

6.6.2   Vergütungsbestimmung

Die Festlegung der Vergütung für geleistete Arbeit ist der sich an die Leistungsbeurteilung anschließende nächste logische Schritt. Globale Vergütungssysteme und -strukturen sind naturgemäß deutlich komplexer als domestische, weil Gehälterniveaus und Personalneben-

Die Buchstaben in den Feldern geben wieder, wie das 9-Box-Modell der unten aufgeführten Bewertungsskala zugeordnet ist:

EP: Exceptional Performance
Der Manager zeigt eine Gesamtleistung, die die Erwartungen an seine Rolle regelmäßig bei weitem übertrifft.

SP: Strong Performance
Der Manager, zeigt eine Gesamtleistung, die den Erwartungen an seine Rolle voll und ganz entspricht.

NI: Needs Improvement
Der Manager zeigt eine Gesamtleistung, die die Erwartungen an seine Rolle nicht erfüllt, so dass eine Verbesserung erforderlich ist.

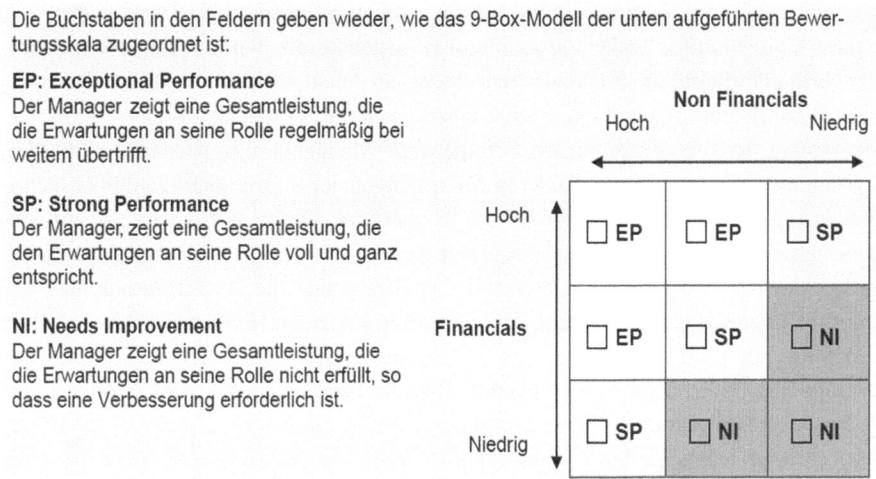

Abb. 6.5 Struktur eines internationalen Performance-Messungs- & Bewertungssystems mit integrierter Leistungs-Bonifizierung

kosten zwischen unterschiedlichen Ländern zum Teil deutlich abweichen. Mitarbeiter, die im Wesentlichen gleiche Tätigkeiten in unterschiedlichen Auslandsgesellschaften ausüben, können unterschiedliche Ausbildungsgrade und hierarchische Titel tragen und unterschiedliche Gehälter und Zusatzleistungen beziehen sowie unterschiedliche Arbeitszeiten und Urlaubskontingente haben.

Dies ist beispielsweise begründet in unterschiedlichen Lebenshaltungskosten oder generellen Gehaltsniveaus, unterschiedlichen Traditionen und Wertschätzungen für bestimmte Tätigkeiten sowie unterschiedlichen lokalen Gesetzgebungen zu Arbeits- und Urlaubszeiten. Ein globales Vergütungskonzept muss besonders auf die Vergleichbarkeit der Vergütungsleistungen zwischen den unterschiedlichen Lokationen achten, zumal empfundene Ungleichheit oder Benachteiligung aufseiten der Manager und Mitarbeiter schnell zu Unmut, wachsender Unzufriedenheit und Demotivation führen kann. Dabei spielen auch unterschiedliche kulturelle Positionsverständnisse und Vergütungserwartungen eine Rolle (Briscoe et al. 2009).

Zum Beispiel ist der Begriff des Managers oder Direktors nicht in jeder Kultur inhaltlich gleich belegt. Mit solchen Titeln wird in nicht wenigen Schwellenländern zuweilen weitaus inflationärer umgegangen als in westlichen Industrieländern. So wird in manchen solcher Länder für einen Manager ein Dienstwagen mit Tankkarte obligatorisch sein, in anderen Ländern dagegen nur bei direktem Kundenkontakt. Dazu kommen unterschiedliche Gehalts- und Nebenleistungsstrukturen im Falle von Entsendungen, bei denen zu entsendende Manager oder Mitarbeiter je nach Gesetzes- und Regulierungslage im jeweiligen Entsendungsland Zuschläge für Umzüge, Lebenshaltungskostenanpassung,

Steuersatzausgleich, Wechselkursfluktuation, Inflationsanpassung, Dienstwagen oder Business-Club-Beiträge zusätzlich zu ihrem Basisgehalt erhalten, um Ihnen keine monetären Nachteile durch ein Auslandsengagement entstehen zu lassen und um sie entsprechend zu motivieren, sich auf ein solches einzulassen (Briscoe et al. 2009).

Insgesamt ist die Vergütung von Expatriate Managern ein besonders komplexes Unterfangen, insbesondere, wenn deren Aufenthaltsdauer im fremden Land über mehrere Jahre andauert. Kompensationspakete für Expatriates starten normalerweise mit einer Lebenshaltungskostenzulage, die sich in der Regel nach dem potenziell zu erwartenden Kaufkraftverlust im Gastland richtet und dem Expatriate die Aufrechterhaltung seines bisherigen Lebensstandards erlaubt. Um Expatriates dazu zu bewegen, sich in besonders herausfordernde Länder zu begeben, wird mitunter vom Mutterunternehmen eine Härtefallzulage als zusätzlicher Anreiz gezahlt. Dies ist zum Beispiel häufig in Ölkonzernen wie Total der Fall, wo diese ihren Mitarbeitern Extraprämien bezahlen, um sie dazu zu bewegen, in arabischen oder afrikanischen Ländern eine bestimmte Zeit für das Unternehmen tätig zu sein (Griffin und Pustay 2015).

Ferner ist es häufig für die Unternehmen notwendig, ein Steuerausgleichssystem zu etablieren, um zu gewährleisten, dass das Einkommen nach Steuern, welches ein Expatriate im Gastland bezieht ähnlich demjenigen ist, welches er in seinem Heimatland bezogen hat. Dabei ist stets die Unterschiedlichkeit der Steuersysteme zu beachten, die entsprechend verschiedenartige Regeln und Bemessungsgrundlagen für unterschiedliche Einkunftsarten aus unterschiedlichen Ländern enthalten. Weitere zusätzliche Vergütungsbestandteile für Expatriate Manager betreffen Wohnungszulagen, Ausbildungskostenzulagen für Kinder, Zulagen für medizinische Versorgung, Zulagen für Heimatflüge und Beitragszulagen für Business-Clubs. Eine Wohnungszulage orientiert sich zumeist an der lokalen Marktlage und kann an Standorten wie Tokyo, Singapore oder Hongkong schnell ein Mehrfaches an lokalen Mieten an europäischen Standorten ausmachen.

Auch Ausbildungskosten für Kinder können im Ausland zu einem bedeutenden Kostenfaktor werden. So sind in Deutschland zwar Schul- und Universitätsausbildung größtenteils kostenfrei, dies trifft aber auf die meisten anderen Länder außerhalb Europas nicht zu, insbesondere nicht für ausländische Kinder, sodass für eine deutsche oder englische Schulausbildung vor Ort entsprechend hohe Gebühren zu entrichten sind. Zulagen für medizinische Versorgung oder Behandlung werden häufig dann gewährt, wenn diese in dem Gastland, in das entsendet wird nicht den heimischen Standards entspricht oder aber dort sehr teuer ist und von der Auslandsgesellschaft nicht übernommen wird, was eher seltener der Fall ist. Dazu kommen häufig Reisekostenzulagen, die etwa aus ein oder zwei Freiflügen in die Heimat im Jahr bestehen können und ggfs. für die ganze Familie gewährt werden, um einen gemeinsamen Heimaturlaub zu verbringen.

In einigen Ländern ist es ebenso üblich, Expatriate Managern die Beitragsgebühren für Business Clubs oder Wirtschaftsvereinigungen wie beispielsweise internationale Handelskammern im Gastland zu erstatten. Diese Praxis ist etwa gängig in japanischen Großunternehmen, aber auch sehr häufig der Fall in amerikanischen, britischen oder französischen Unternehmen, wo Expatriate Manager in ihren jeweiligen japanischen, amerikanischen oder französischen Business Clubs im Gastland häufig wichtige Geschäftsgespräche mit Geschäftspartnern führen oder mit eigenen Landsleuten am Abend oder am Wochenende den geschäftlichen Austausch pflegen bzw. gemeinsame familiäre Freizeitaktivitäten entfalten.

6.6.3 Adaptionsdruck

Sowohl bei der Konzeption genereller Vergütungssysteme als auch bei der Vergütung von Entsendeten spielen auch wettbewerbliche Gründe eine Rolle, insbesondere dann, wenn gutes bzw. qualifiziertes Personal im jeweiligen Land knapp ist. So berichtete das Unternehmen PWC als Ergebnis seiner jährlichen CEO-Umfrage im Jahr 2011, dass 40 % der befragten CEOs Schwierigkeiten bei der Vorhersage bzw. Einschätzung von Verfügbarkeiten qualifizierten Personals in der Asien-Pazifik-Region mit besonderer Relevanz für China und Indien äußerten.

Die Folge solcher wachsender Engpässe bei qualifiziertem Personal und bei Führungspersonal haben in vielen Schwellenländern zu rapide ansteigenden Löhnen und Gehältern geführt, wodurch die Profitabilitäten der dort investierten multinationalen Unternehmen zunehmend unter Druck geraten (Deresky 2014). Um dieses Problem zu lindern und sich vor Fluktuation zu schützen, hat beispielsweise der Automobilzulieferer Brose in seiner chinesischen Organisation zusätzliche Hierarchieebenen eingeführt, um damit Leistungen in der lokalen Belegschaft durch höheren hierarchischen Status zu belohnen, ohne dabei notwendigerweise die Vergütung zu erhöhen. Wie dieses Beispiel zeigt, steht die globale Vergütungspraxis multinationaler Unternehmen auch vor der Herausforderung, zu eruieren, inwieweit nicht-monetäre Vergütungsbestandteile und damit möglicherweise stärker im Einklang stehende intrinsische Motivationsfaktoren eine sinnvolle Alternative bzw. Ergänzung zur monetären Vergütungspraxis darstellen.

So setzen etwa amerikanische Technologieunternehmen wie Google auf einen starken Ausbau von Freizeittätigkeiten am Ort des Unternehmens, sodass in solchen Unternehmen mitunter ganze Etagen mit Spiel- und Freizeitutensilien für die Belegschaft zur Verfügung stehen, kombiniert mit einem reichhaltigen kulinarischen Kantinenangebot. Aber auch andere Leistungen wie das jüngst heftig debattierte Angebot an Frauen zur kostenlosen Eizelleneinfrierung gehören dazu und sollen die Attraktivität des Arbeitgebers und Bindung der Mitarbeiter an diesen erhöhen.

Hierbei ist dann je nach kulturellen Gegebenheiten bzw. Traditionen in den Ländern mit Auslandsgesellschaften vom lokalen Management in Abstimmung mit der Muttergesellschaft nach Leistungsart und -umfang ggfs. zu differenzieren. Grundsätzlich wird ein multinational aufgestelltes Unternehmen mit nicht-monetären Leistungen in wirtschaftlich gereiften bzw. ökonomisch wohlhabenderen Ländern eher auf Resonanz stoßen als in vielen Schwellenländern, wo gerade in Bezug auf viele (süd-)ostasiatische Länder die Unternehmen immer noch mit dem Problem konfrontiert sind, dass ein beträchtlicher Teil der Arbeitnehmer nach wie vor bereit ist, für vergleichsweise geringe Lohnunterschiede den Arbeitgeber zu wechseln.

6.7   Personalbindung und Repatriierung

Probleme im Entsendungsprozess, vor allem in der Vorbereitung und Durchführung desselben sind geeignet, Motivation und Bindung von Mitarbeitern oder Managern empfind-
lich zu stören. Um diese Probleme lokalisieren und beheben zu können, hat zum Beispiel
Shell seinerzeit 17.000 Fragebögen an ehemalige, aktuelle und zukünftige Expatriates und
deren Familienangehörige versandt, um aus deren Antworten entsprechende Hinweise zu
bekommen. Diese Hinweise flossen wiederum in die Gestaltung von Vorbereitungs- und
Trainingsmaßnahmen ein, um diese zu verbessern und damit Motivation und Bindungsintensität der Expatriates zu erhöhen (McFarlin und Sweeney 2011).

6.7.1   Fluktuationsproblematik

Fluktuation ist ein besonderes Problem im internationalen Personalmanagement, zumal
diese gerade bezogen auf die Vorbereitungsmaßnahmen und deren Kosten bei Entsendungen in ein Gastland besonders schmerzhaft etwa im Vergleich zum domestischen
Personalmanagement ist. Solche Fluktuationen können einerseits entstehen, wenn Aus-
landsaufenthalte nicht in dem Maße wie zuvor geplant inhaltlich als auch zeitlich gestaltet
werden konnten und sich auf Grund dessen der Manager bzw. Mitarbeiter oder das Unternehmen dazu entscheidet, den Arbeitsvertrag zu kündigen. So passiert es gerade im Falle
von Entsendungen in andere Kulturkreise immer wieder, dass Expatriates Schwierigkeiten
empfinden, mit lokalen Mitarbeitern zurecht zu kommen, auch weil Ihnen die Beziehung
zur lokalen Kultur fehlt und die lokalen Mitarbeiter diese auf Grund ihrer Beziehung zur
Muttergesellschaft und ihrer zumeist deutlich höheren Bezahlung bzw. Zulagen kritisch und
distanziert betrachten.

Dieses Phänomen wird bei einem deutschen Expatriate, der nach Frankreich oder Italien entsendet wird, weniger auftreten als bei einem europäischen Expatriate, der nach
China oder Thailand entsendet wird und der auch im Rahmen eines längerfristigen Engagements kaum in der Lage sein wird, die lokale Sprache seiner Mitarbeiter, Kunden und
Lieferanten zu verstehen. Andererseits kann auch eine sehr erfolgreiche Auslandsentsendung die Fluktuation erhöhen, wenn der Mitarbeiter bereits im Gastland oder im Heimatland nach seiner Rückkehr auf Grund seiner erworbenen Fähigkeiten von anderen
Unternehmen abgeworben wird, womit wichtige Kenntnisse für das abgebende Unternehmen verloren gehen (Dowling und Welch 2004).

Auch kann der Entsendete sich entscheiden, im Ausland zu bleiben, wenn er beispielsweise ein attraktiveres Angebot eines Wettbewerbers im Ausland bekommt und
möglicherweise dort zusätzlich noch starke persönliche Beziehungen aufgebaut hat.
Internationale Managementressourcen an ein Unternehmen zu binden wird mit der
zunehmenden Internationalität der Geschäftsaktivitäten zu einem immer wichtiger
werdenden Faktor, was in vielen Unternehmen zu der Einsicht beigetragen hat, dass
spezifische Bindungsprogramme Fluktuation als Folge von Entsendungsfehlern oder Ver-

säumnissen im Repatriierungsprozess reduzieren können. Um einem solchen Programm zu Effektivität zu verhelfen sind Exit-Interviews für Manager und Mitarbeiter ein wichtiges Instrument, weil nur so die wahren Ursachen für die Fluktuation herausgefunden werden können (Griffin und Pustay 2015).

Leider werden diese nicht immer mit der notwendigen Konsequenz verfolgt, weil auf der einen Seite der kündigende Manager daran kein Interesse mehr hat und auf der anderen Seite auch den Personal- oder Managementvertretern des Unternehmens ein Exit-Interview durchaus unangenehm sein kann, weil in solchen Gesprächen möglicherweise auf sehr direkte Weise Missstände und Unzulänglichkeiten im Unternehmen angesprochen werden, die die Betroffenen trotz gegenteiliger Bekundungen nicht gerne hören möchten und deswegen solche Gelegenheiten lieber verstreichen lassen. Während der Entsendungsprozess zumindest in größeren Unternehmen mittlerweile gewissen Standardprozeduren folgt, auf die zuvor bereits eingegangen wurde und so die Wahrscheinlichkeit von Fehlern im Entsendungsprozess entsprechend abgenommen hat, treten bei der Repatriierung von Entsendeten häufiger Probleme auf, vielleicht auch deshalb, weil dieser Teil einer Auslandsentsendung von den Beteiligten im Unternehmen als der vergleichsweise unproblematischste Teil wahrgenommen wird, was de facto in vielen Fällen einer Fehleinschätzung gleichkommt.

6.7.2 Bindungs- und Rückkehrproblematik

Aus diesem Grund soll der Repatriierungsprozess an dieser Stelle einer intensiveren Beleuchtung unterzogen werden. Typischerweise wird der entsendete Manager oder Mitarbeiter nach Ablauf seines Auslandsengagements in seine Heimat- oder Muttergesellschaft wieder integriert, vorausgesetzt, es besteht eine Vakanz oder Anschlussverwendungsmöglichkeit, welche allerdings manche, insbesondere angelsächsische Unternehmen dem Entsendeten nicht mehr ohne weiteres ausstellen, womit das Risiko einer Auslandsentsendung grundsätzlich gestiegen ist und auch aus solchen Gründen naturgemäß der Auslandsaufenthalt an Attraktivität verliert, zumal wenn dadurch letztlich der Jobverlust droht (Dowling und Welch 2004). Eine klare und präzise Verwendungs- und Karriereplanung kann diesbezüglich Abhilfe schaffen, wenn das Commitment des entsendenden Unternehmens ehrlich und ausgeprägt ist. In Deutschland ist es in den meisten Unternehmen nach wie vor übliche Praxis Entsendungen in sogenannte Transfervereinbarungen zu gießen, durch die eine Wiedereingliederung des Expatriates nach der Rückkehr garantiert ist.

Ein weiteres typisches Problem von internationalen Entsendungen ist die mangelnde Visibilität des Kandidaten im Heimatland und seine damit zumindest gefühlt einhergehende Isolation an einem Ort, der für viele Kollegen im Heimatland in der täglichen Praxis zumeist eher unbedeutend ist. Dabei gerät der Entsendete schnell aus dem Bild und wird vergessen, wovor viele Betroffene Angst haben, weil dabei auch häufig karrieretechnische Opportunitäten verpasst werden, denen sich dann inländische Kollegen widmen können, die im richtigen Moment zur Verfügung standen und vor Ort waren, weswegen sich viele Potenzialkandidaten für Entsendungen tendenziell eher gegen ein

Auslandsengagement entscheiden (Rodrigues 2009). Dem kann entgegengewirkt werden, indem regelmäßige Gespräche zwischen Entsendungsbereich und Destinationsbereich geführt werden und diese mit Heimatflügen kombiniert werden, um die Bindung des Entsendeten zum alten Bereich nicht abreißen zu lassen und ihn auf dem Laufenden zu halten, was die aktuelle Entwicklung in der Heimat anbelangt.

Gerade Veränderungen im alten Bereich, aus dem der Entsendete stammt, können zu deutlichen Irritationen führen, wenn der Entsendete zurückkehrt. So hat schon mancher Entsendungsrückkehrer an einem anderen Schreibtisch als an seinem ursprünglichen Platz nehmen müssen, an dem er sich falsch oder minderwertig positioniert oder nicht genügend wertgeschätzt fühlte gegenüber dem, was er nach seiner Rückkehr erwartet hatte. Dies wird umso eher der Fall sein, je weniger klar der zukünftige Karrierepfad des Rückkehrers definiert ist. Grundsätzlich gilt außerdem das ungeschriebene Gesetz, dass je länger ein Auslandsaufenthalt dauert, desto schlechter repatriierbar ein Entsendeter ist. So gilt für Entsendete aus Industrieländern in Schwellenländer eine Aufenthaltsdauer von drei Jahren oder länger bereits als kritische Grenze für eine erfolgreiche Rückkehr bzw. Reintegrierbarkeit eines Expatriates.

Gründe dafür liegen häufig in den Vorzügen, die ein Entsendeter auf Grund seiner Privilegien in solchen Ländern genießt und an die er sich mit fortlaufender Entsendungsdauer immer stärker gewöhnt. Zu diesen zählen eine vergleichsweise herausgehobenere Position als in der Heimat, eine im Vergleich zur Heimat häufig deutlich höhere Kaufkraft oder komfortablere Wohnverhältnisse mit vergleichsweise wenig kostenden Bediensteten, die in ihrer Gesamtheit einen in der alten Heimat nicht gekannten Status repräsentieren, auf den man irgendwann nicht mehr verzichten möchte oder gar kann (Rodrigues 2009).

6.8   Arbeitsbeziehungen und Mitbestimmung

Die externen Rahmenbedingungen, durch die das internationale Personalmanagement geprägt wird, werden maßgeblich durch das Arbeitsrecht repräsentiert. Arbeitsrechtliche Regelungen zum Arbeitsschutz, Kündigungsschutz oder zur Mitbestimmung sind dabei in verschiedenen Ländern sehr unterschiedlich gestaltet und bedürfen deshalb besonderer Berücksichtigung, was sich in aller Regel in einer Anpassung des internationalen Personalmanagements auf der jeweiligen Länderebene niederschlägt.

▶ **Arbeitsbeziehungen** Die in der Literatur zum internationalen Personalmanagement unter dem Terminus Arbeitsbeziehungen subsumierten Regelungen zur arbeitnehmerrechtlichen Interessenvertretung, die in Deutschland schwerpunktmäßig durch die Bestimmungen des Betriebsverfassungsgesetzes und des Tarifvertragsrechts repräsentiert werden, betreffen die Zusammenarbeit und die Beziehungen zwischen Arbeitgebern und Arbeitnehmern sowie deren Interessenvertretungen (Meckl 2014).

In den Industrieländern werden die Interessen der abhängig Beschäftigten regelmäßig auf überbetrieblicher Ebene von Gewerkschaften vertreten, wohingegen auf der Arbeitgeberseite eine Interessenvertretung für gewöhnlich durch den Arbeitgeberverband wahrgenommen wird und die gegenseitige Interessenvertretung zumeist nach Branchen organisiert ist. Auf der betrieblichen Ebene erfolgt in manchen Ländern die Mitbestimmung zwischen Unternehmensleitung und Betriebsrat. Während es in Deutschland ebenfalls zu letzterer dezidierte gesetzliche Regelungen im sogenannten Betriebsverfassungsgesetz gibt, sind in anderen Ländern gesetzliche Regeln zu diesem Bereich entweder deutlich allgemeiner gefasst oder wie in den meisten Schwellenländern gar nicht vorhanden.

Insgesamt hat sich der gewerkschaftliche Einfluss in Ländern wie den USA oder Großbritannien seit den 1980er Jahren deutlich verringert, während er in kontinentaleuropäischen Ländern nach wie vor stark ist, auch wenn der gewerkschaftliche bzw. arbeitgeberverbandsbezogene Organisationsgrad abgenommen hat. In manchen Schwellenländern wie etwa China oder Singapore stehen Gewerkschaften unter staatlicher Aufsicht und Kontrolle, weswegen es dort auch in der Regel nicht zu Streiks kommt. Daraus darf aber nicht pauschal abgeleitet werden, dass Arbeitnehmer in Schwellenländern in aller Regel schlechteren Schutz genießen als in Industrieländern.

So ist es zum Beispiel in Indonesien auf Grund der Bestimmungen des lokalen Kündigungsschutzes mitunter schwieriger und kostspieliger als in Deutschland, Arbeitnehmer freizusetzen bzw. zu entlassen. Häufig werden in der wissenschaftlichen Diskussion unflexible arbeitsgesetzliche Regelungen als Grund für geringeres Wirtschaftswachstum angegeben. Als Beispiel dafür wird häufig die relativ strikte französische Kündigungsschutzgesetzgebung angeführt, die viele Arbeitgeber davon abhält, zusätzliches Personal einzustellen. Auch die in Frankreich nicht praktizierte Tarifeinheit, weswegen dort generell mehrere Gewerkschaften gleichzeitig mit Unternehmen Tarifverträge abschließen und dabei jeweils die Betriebe unterschiedlich bestreiken können, kann die unternehmerische Handlungsfähigkeit potenziell beeinträchtigen.

Während in Deutschland die betriebliche Mitbestimmung von vielen Unternehmen geschätzt wird, haben viele amerikanische oder britische Unternehmen dafür wenig Verständnis, zumal nach ihrem Verständnis Arbeitnehmer oder deren Vertreter nicht über Managementthemen zu entscheiden haben sollten, weswegen bei einigen von ihnen Deutschland nicht die höchste Priorität für Auslandsinvestitionen genießt. Entscheidungsspielräume werden durch gesetzliche Bestimmungen im Bereich der Betriebsverfassung beispielsweise im Bereich der Personalbesetzung oder -anpassung, bei der Entgeltfestsetzung oder bei den sonstigen Arbeitsbedingungen signifikant beeinflusst, sodass eine präzise Kenntnis der lokalen Bedingungen und rechtlichen Standards in den jeweiligen Ländern, in denen ein multinational agierendes Unternehmen aktiv ist, unbedingte Voraussetzung für ein professionelles und geordnetes Personalmanagement ist.

In diesem Zuge können insbesondere multinationale Unternehmen von lokalen Bedingungen profitieren, die eine an einigen Auslandsstandorten zuweilen deutlich flexiblere Gestaltung der Arbeitsbedingungen zulässt, wodurch sich auf nationaler Ebene von den Arbeitnehmervertretern Regelungen in ihrem Sinne zumeist deutlich schwerer durchsetzen lassen. Eine Solidarisierung von Arbeitnehmern über Ländergrenzen verschiedener Auslandsgesellschaften hinweg ist in einem multinationalen Unternehmen deutlich schwieriger als in einem rein national orientierten Unternehmen, was man sehr gut an der von General Motors angewendeten Praxis in seinen europäischen Tochtergesellschaften in Großbritannien, Deutschland, Spanien und Polen in der Folge der Finanzkrise ab dem Jahr 2009 beobachten konnte, als das Unternehmen mit Ankündigungen zum potenziellen Kapazitätsabbau hinsichtlich seiner dortigen Fertigungsstätten von den Arbeitnehmervertretungen entsprechende Zugeständnisse vor allem bei der Entgelt- und Arbeitszeitgestaltung erhalten konnte, um damit seine Kostenposition weiter zu optimieren (Meckl 2014).

Kontrollfragen

1. Von welchen Parametern ist ein internationaler Personalbesetzungsansatz abhängig und zwischen welchen unterschiedlichen Personalbesetzungsansätzen können internationale Unternehmen grds. wählen?
2. Welche Selektionskriterien sind typischerweise bei einer internationalen Personalentsendung von Relevanz und welche Auswahlinstrumente stehen im Selektionsprozess zur Verfügung?
3. Welche Gestaltungskriterien sind bei der Konzeption von internationalen Trainings- und Weiterbildungsmaßnahmen zu berücksichtigen?
4. Warum gilt die Vergütung von Expatriate Managern als ein besonders komplexes Unterfangen und was ist bei ihrer Gestaltung zu beachten?
5. Welche besonderen Probleme treten bei internationalen Entsendungen auf, die die Personalbindung und Repatriierung der Entsendeten beeinträchtigen können?

Literatur

Briscoe DE, Schuler RS, Claus LM (2009) International human resource management, 3. Aufl. Routledge, London

Buttermann W (2005) „Manager Gehalt". Hamburger Abendblatt, Nr. 5 2005

Deresky H (2014) International management. Managing across borders and cultures, 8. Aufl. Pearson Education, Harlow

Dowling PJ, Welch DE (2004) International human resource management. Managing people in a multinational context, 4. Aufl. Thomson, Cincinatti

Griffin RW, Pustay MW (2015) International business: a managerial perspective, 8. Aufl. Pearson Education, Harlow

Holtbrügge D, Welge M (2015) Internationales Management, 6. Aufl. Schäffer-Poeschel, Stuttgart

McFarlin DB, Sweeney PD (2011) International management. Strategic opportunities and cultural challenges, 4. Aufl. Routledge, London

Mead R, Andrews TG (2009) International management, 4. Aufl. Wiley, Chichester

Meckl R (2014) Internationales Management, 4. Aufl. Vahlen, München

Rodrigues C (2009) International management. A cultural approach. Sage, Thousand Oaks

Rothlauf J (2012) Interkulturelles Management, 4. Aufl. Oldenbourg, München

Tayeb M (2003) International management: theories and practices. Financial Times, Prentice Hall

Internationales Technologiemanagement

7

Zusammenfassung

In diesem Kapitel werden die unterschiedlichen Dimensionen eines internationalen Technologiemanagements beleuchtet. Vor dem Hintergrund der weiter zunehmenden Bedeutung von technologischen Innovationen als Erfolgs- und Differenzierungsfaktor im internationalen Wettbewerb werden zunächst Dimensionen und Instrumente im Technologiemanagement und in der Folge davon Forschungs- und Entwicklungskonzepte beschrieben. Aufgrund der Tatsache, dass sowohl Kosten als auch Risiken im Bereich der Forschung und Entwicklung tendenziell immer stärker steigen, wird auf die wachsende Bedeutung von Technologieallianzen und Kooperationen eingegangen sowie auf Faktoren zu einer professionellen Gestaltung derselben. Schließlich wird in diesem Kapitel ebenfalls spezifisch auf das Innovationsmanagement, seine Phasen und Komponenten eingegangen sowie auf Instrumente zur Verbesserung von dessen Effektivität und Kosteneffizienz.

7.1   Technologisches Wissen und Innovationen

▶ **Technologie** Der globale Wettbewerb ist auch ein Rennen um die Technologieherrschaft, wobei unter Technologie in diesem Kontext das gesamte verfügbare technische Wissen, d. h. die Gesamtheit der technischen Kenntnisse, Fähigkeiten und Möglichkeiten subsumiert wird.

In der Konsequenz bedeutet das, dass im Zuge der zunehmenden Globalisierung von Wissen, Technologie und Forschung das Themenfeld des Technologie- und Innovationsmanagements nicht mehr nur im nationalen Kontext betrachtet werden kann, sondern stattdessen verstärkt in einem internationalen Rahmen zu sehen ist. Innovationen

© Springer Fachmedien Wiesbaden GmbH 2017   157
M. Sure, *Internationales Management*, DOI 10.1007/978-3-658-16163-7_7

sind eine Möglichkeit, die Wettbewerbsfähigkeit auf dem Weltmarkt zu erhalten und sich einen Vorsprung insbesondere zu Wettbewerbern zu sichern, die hohe Lohnkostenvorteile aufweisen. Innovationen müssen heute schnell entwickelt und umgesetzt werden, um erfolgreich zu sein, wobei sich der Fokus neuer Produkte immer mehr auf produktde-sign-technische Aspekte zu verlagern scheint anstelle funktionaler Aspekte (Albers und Gassmann 2011).

Basis von Innovationen ist Wissen, wobei Wissen, technologisches Know-how und andere Informationen die Wettbewerbsfähigkeit wesentlich beeinflussen. Technolo-gisches Wissen bildet die Basis von Innovationen und Wachstum und ist deswegen zu einem der bedeutendsten Wettbewerbsfaktoren geworden. Es bedarf dabei eines zielge-richteten Managements und einer professionellen Organisation von Technologien, um Innovationen zu generieren. In diesem Zuge fallen Aufgaben im Rahmen der Planung, Organisation, Steuerung und Kontrolle des technologischen Wissens an, welches zur Entwicklung und Herstellung innovativer Produkte und Dienstleistungen beiträgt, sowie Führungsaufgaben, die der Weiterentwicklung der technologischen Wettbewerbsposition eines Unternehmens dienen, da Unternehmen durch neu aufkommende (Substitutions-) Technologien in ihrer Wettbewerbsfähigkeit und sogar in ihrer Existenz bedroht werden können, wie vergangene Beispiele aus der Uhren-, Schallplatten-, Fhotografie- und der Speicherentwicklungsindustrie gezeigt haben (Albers und Gassmann 2011).

Das Technologiemanagement übernimmt eine Querschnittsfunktion im Unternehmen, in dem es die erforderlichen Unternehmensbereiche und -abteilungen zusammenbringt, um technologische Innovationen zu schaffen. Es handelt sich deshalb um eine deutlich interdisziplinär ausgeprägte Managementaufgabe und erfordert daher funktionsübergrei-fende Betrachtungen. Durch die intensive Nutzung der Informationstechnologie sind heute die meisten Unternehmen ohnehin zu technologieintensiven Unternehmen gewor-den (Spath und Renz 2005). Die permanente Auseinandersetzung mit technologischen Fragestellungen ist deshalb für viele Unternehmen unverzichtbar geworden, was auch durch die zunehmende Digitalisierung und die damit einhergehende weitere Automati-sierung bzw. Roboterisierung insbesondere von Produktionsprozessen reflektiert wird. Die traditionelle F&E-dominierte Sichtweise ist im Laufe der Zeit von einer ganzheit-licheren Sichtweise des Technologiemanagements abgelöst worden (vgl. Abb. 7.1). Die dafür existierenden Gründe liegen in den folgenden Punkten (Spath und Renz 2005):

1. Verstärkte rechtliche Sicherung vor Gefährdungen wie Produkthaftpflicht und Umweltschutzvorschriften
2. Erhöhter Wettbewerbsdruck, der zu einer Zunahme der externen Beschaffung und externen Verwertung von Wissen führt
3. Internationalisierung und Dezentralisierung von F&E, bei der die früher übliche räumliche Einheit von Entscheidungsort und Durchführungsort von F&E in zentralen F&E-Bereichen aufgegeben wurde

Abb. 7.1 Abgrenzung von Technologie-, Innovations- und F&E-Management. (Quelle: in Anlehnung an Brockhoff 1999)

4. Fortschreitende Professionalisierung der F&E, wodurch F&E-Aktivitäten enger mit Strategiekonzepten abgestimmt werden und die Kundenwünsche stärker bei der Definition von Entwicklungsaufgaben berücksichtigt werden

5. Veränderung der F&E-Prozesse, die vorhandenes Wissen der Grundlagenforschung nutzen und gezielt Problemlösungen erforschen und darüber hinaus von Fortschritten in der Informations- und Kommunikationstechnik profitieren, die Art und Ablauf von F&E-Prozessen beeinflussen

6. Diese Fortschritte führen zur Verschmelzung vormals getrennt betrachteter und gemanagter Einzeltechnologien und damit zusammenhängender F&E-Prozesse mit der Folge dramatischer technologischer Quantensprünge.

Aufgrund begrenzter Ressourcen und weiter steigender Kosten für Forschung und Entwicklung müssen sich Unternehmen immer öfter auf eine oder wenige Technologien beschränken und den Rest von außerhalb des Unternehmens besorgen bzw. einkaufen. Innovationen entstehen dabei häufig als Ergebnis der Zusammenarbeit zwischen verschiedenen Unternehmen, die ihre einzelnen spezialisierten Kompetenzen bündeln und so die Herausforderungen komplexer neuer Produkte bewältigen. Technologisches Wissen wird dabei zunehmend zu einer kommerziell handelbaren Ressource. Dies zeigt sich auch an der steigenden Anzahl von Anbietern aus öffentlichen Institutionen wie Transfer-Zentren, Universitäten, Fraunhofer- oder Max-Planck-Instituten. Durch Einführung von Profitcenter-Strukturen in F&E-Abteilungen der Unternehmen wird der Trend verstärkt, mehr Auftragsforschung zu betreiben und das Know-how auch extern zu vermarkten.

7.2   Dimensionen und Instrumente im Technologiemanagement

Im Rahmen der Diskussion des Technologiemanagements wird zunächst zwischen den beiden grundsätzlichen Dimensionen des strategischen und des operativen Technologiemanagements differenziert. Im Zuge dessen wird dann auf deren wesentliche Instrumente eingegangen.

7.2.1   Strategisches Technologiemanagement

▶ **Strategisches Technologiemanagement** Das strategische Technologiemanagement befasst sich hauptsächlich mit der Schaffung, Steuerung und Transformation von technologischen Erfolgspotenzialen.

Dazu gehören im Einzelnen vor allem folgende Schritte (Spath und Renz 2005):

1. Festlegung der technologisch angestrebten Wettbewerbsposition (Technologieführer- oder -folgschaft)
2. Entscheidungen über die Auswahl alternativer oder neu zu entwickelnder Technologien
3. Abstimmung technologischer Leistungspotenziale mit der Unternehmens- und Wettbewerbsstrategie.

Diese drei Schritte setzen den strategischen Rahmen für ein integriertes und professionelles Technologiemanagement, welches die unternehmerische Technologieposition sowohl innerhalb des Unternehmens als auch gegenüber seinen Stakeholdern und Wettbewerbern definiert. Zur Konkretisierung dieses Rahmens stehen einige strategische Informationsinstrumente zur Verfügung, wozu in erster Linie der Technologiezyklus, die S-Kurve und das Technologieportfolio gehören, welche nachfolgend beleuchtet werden sollen.

7.2.1.1 Technologiezyklus

Als wichtiges strategisches Informationsinstrument stellt der ursprünglich von der Unternehmensberatung Arthur D. Little konzipierte Technologiezyklus die Entwicklung der Verbreitung einer Technologie im Zeitablauf in idealisierter Form dar. Im Zuge einer bei zyklus-basierten Informationsinstrumenten typischen Einteilung können verschiedene Phasen unterschieden werden. Der Technologiezyklus operationalisiert die Entwicklung und Verbreitung von einzelnen Technologien, sodass sich auf dieser Basis Planungen zu Forschungs- und Entwicklungsaktivitäten im Kontext der angestrebten Entwicklung des unternehmerischen Technologieportfolios anstellen lassen, wobei die einzelnen Technologien als solche die alleinige Grundlage oder zumindest einen Baustein einer Innovation repräsentieren (Gerybadze 2004). Die einzelnen Technologien durchlaufen also einen mehr oder weniger klar strukturierten, phasenbezogenen Entwicklungsprozess, der nicht von jeder Technologie komplett durchlaufen wird. Die erste Phase des Technologiezyklus ist gekennzeichnet durch neue, sogenannte embryonale Technologien, die zumeist auf wissenschaftlichen Erkenntnissen basierende Diskontinuitäten verkörpern, ohne dass zu diesem Zeitpunkt ein konkretes Potenzial zur Steigerung der unternehmerischen Wettbewerbsfähigkeit erkennbar ist.

Die zweite Phase, in der sich eine Technologie noch in einer frühen, in der Regel experimentellen Phase ihrer Entwicklung befindet, beinhaltet sogenannte Schrittmachertechnologien. Diese haben noch nicht ihr Potenzial zur Veränderung der Wettbewerbssituation demonstriert und verfügen daher über einen entsprechend niedrigen Grad an Wettbewerbspotenzial, zumal sich ein dominanter technologischer Standard noch nicht durchgesetzt hat. Schrittmachertechnologien offerieren aber ein potenziell hohes Wertschöpfungspotenzial. Die wichtigste Frage in diesem Stadium der technologischen Entwicklung stellt sich danach, welche Schrittmachertechnologien sich erfolgreich zu Schlüsseltechnologien entwickeln lassen. In der dritten Phase des Technologiezyklus entwickeln sich einzelne Technologien zu Schlüsseltechnologien, die nachhaltige Wettbewerbsvorteile zeitigen und in dieser Form einzelne marktreife Produkte hervorbringen, welche die Basis des Wettbewerbs verändern, indem sie strategische Differenzierung und sichere Wertschöpfung ermöglichen (Burgelman et al. 2009).

Die in dieser Phase schwerpunktmäßig zu beantwortende Frage ist diejenige nach den Absicherungsmöglichkeiten potenziell erreichter Wettbewerbsvorsprünge, da Schlüsseltechnologien generell weitere Wettbewerber anziehen. In der vierten Phase des Technologiezyklus reifen die Schlüsseltechnologien immer weiter und mutieren dadurch zu Basistechnologien, die im Rahmen des Wettbewerbs zunehmend Commodity-Status erreichen und damit von der Mehrzahl der Wettbewerber beherrscht werden. Basistechnologien offerieren nur noch wenig Differenzierungspotenzial und deren Beherrschung gilt vielfach als Mindestanforderung, um im Wettbewerb der Branche mithalten zu können. Hier stellt sich insbesondere die Frage, wie ein ausreichender Nachschub an Schlüsseltechnologien gewährleistet werden kann, um Wettbewerbsvorteile für ein Unternehmen dauerhaft sicherzustellen. Problematisch an dem Technologiezyklus-Konzept ist dessen als quasi allgemeingültig dargestellter S-förmiger Kurvenverlauf, der gleichzeitig keine Unterstützung für Prognosen zur Entwicklung zukünftiger Technologien bietet (Gerpott 2005).

Geschäftsseitig würden sich an die obenstehende Kategorisierung der Technologien im Technologiezyklus entsprechend technologische Grundstrategien anschließen, welche unterschiedliche Technologiekompetenzen in den unterschiedlichen Reifestufen darstellen und für gewöhnlich in sogenannte First Mover-, Fast Follower- und Trendsetter-Strategien eingeteilt werden (vgl. Abb. 7.2). First Mover versuchen über diskontinuierliche Innovationen starke Marktpositionen aufzubauen und verfolgen zur Erlangung von Wettbewerbsvorteilen eine zügige Transformation von embryonalen in Schrittmachertechnologien. Die Möglichkeit zur Erlangung substanzieller Wettbewerbsvorteile wird erkauft mit einem entsprechend hohen Risiko, welches die Gefahr reflektiert, dass daraus später

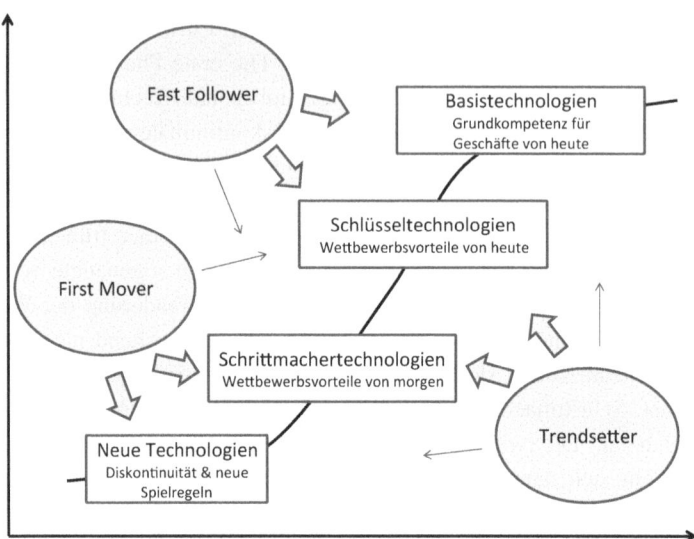

Abb. 7.2 Innovationsstrategien und ihre Positionierung im Technologiezyklus. (Quelle: in Anlehung an Stuckenschneider und Schwair 2011)

entweder keine kompetitiven marktfähigen Produkte generiert werden können oder sich dieses als deutlich langwieriger erweist als ursprünglich erwartet.

Der Trendsetter tritt dagegen erst dann in den Technologiezyklus ein, wenn sich Schrittmachertechnologien bereits bewährt haben, um dieses Risiko zu minimieren. Er verfolgt das Ziel, die Chancen von Schrittmachertechnologien rasch zu nutzen und diese in Schlüsseltechnologien und damit verbundene kompetitive Produktgenerierung umzusetzen sowie produkttechnische Branchenstandards zu setzen, womit in der Regel attraktive Rentabilitäten korrespondieren (Stuckenschneider und Schwair 2011). Dagegen betritt der Fast Follower den Technologiezyklus noch später als der Trendsetter. Er verfolgt die Strategie mit hohem finanziellen Aufwand und entsprechendem Zeitdruck schlüsseltechnologische Kompetenz zu erwerben und in kompetitive Produkte zu transformieren. Dabei ist das Risiko vergleichsweise geringer, allerdings durch den zumeist hohen Akquisitionsaufwand natürlich auch die erzielbare Rendite.

In jeder Produkt- oder Service-Kategorie gibt es ein allgemeines Wettbewerbsmuster, welches die Entwicklung dieser Kategorie im Zeitablauf beschreibt. So beginnen Technologiezyklen mit einer Innovation eines Produktes oder Service, welches sukzessive Akzeptanz erhält. Beispielsweise gab es bei der Einführung des Videorekorders nur wenige Kunden, die sich für das Produkt interessierten.

Sony versus Matsushita – Technologiestandards und Technologieverläufe bei Videorekordersystemen

Als die Nachfrage nach Videorekordern zunahm, entstand ein intensiver Wettbewerb zwischen dem von Sony schwerpunktmäßig promoteten Beta-System und dem von Matsushita federführend repräsentierten VHS-System. An einem bestimmten Zeitpunkt kristallisierte sich dann das VHS-System als von den Kunden präferiertes Standard-System heraus, wobei der Erfolg von Matsushita in erster Linie in deren überlegener internationaler Strategie zur Durchsetzung eines globalen Technologiestandards lag und das, obwohl der VHS-Standard dem Beta-Standard als technologisch unterlegen galt (Gerybadze 2004).

Als Folge davon verlagerte sich der Wettbewerbsfokus weg von Produkt- oder Service Design hin zu Preis und Funktionalitäten. Zu dem Zeitpunkt, als sich quasi das dominierende VHS-Design durchgesetzt hatte, verlagerte sich der Innovationsschwerpunkt in Richtung von Prozessinnovationen, welche dann zu reduzierten Kosten und verbesserten Funktionalitäten führten. Die Technologiestrategie fokussiert in solchen Fällen dann Kompatibilität und Produktivität und der Wettbewerb vollzieht sich auf dieser Basis weiter, bis eine neue Produktkategorie entsteht, im vorliegend beschriebenen Fall die DVD, die die VHS-Technologie erfolgreich verdrängte (Burgelman et al. 2009).

7.2.1.2 Technologische S-Kurve

Das mit dem Technologiezyklus verbundene Technologie-S-Kurven-Konzept geht ursprünglich auf die Unternehmensberatung McKinsey zurück. Das Technologie-S-Kurven-Konzept zeigt die Leistungsfähigkeit einer Technologie in Abhängigkeit vom kumulierten F&E-Aufwand, wobei die Steigung der Kurve die F&E-Produktivität darstellt (vgl. Abb. 7.3). Zu Beginn der Entwicklung einer Technologie sind eher geringe Fortschritte zu beobachten. Die Fortschritte beschleunigen sich dann und stoßen am Ende an eine Grenze der Technologieleistungsfähigkeit, bei der weitere Verbesserungen kaum möglich sind. Ab diesem Zeitpunkt finden keine eigentlichen Innovationen mehr statt, sondern nur noch geringfügige Produktverbesserungen. Zu diesem Zeitpunkt lässt der Wechsel auf eine neue Technologie eine höhere Grenzleistungsfähigkeit erwarten und bietet sich hier an. Dieses Konzept setzt also anstelle der Zeit den seit der Technologieentstehung bis zum Betrachtungszeitpunkt im Rahmen der Technologieentwicklung eingebrachten Forschungs- und Entwicklungsaufwand ins Verhältnis zur technologischen Leistungsfähigkeit, wobei die Kosten-Nutzen-Betrachtung im Vordergrund steht.

Im Rahmen einer Standortbetrachtung forschungs- und entwicklungstechnischer Aktivitäten ist es von Bedeutung zu analysieren, ob sich durch eine Verlagerung von solchen Tätigkeiten ins Ausland die Technologie-S-Kurven verändern und ob dadurch ein Technologieübergang zu einer neuen S-Kurve eher möglich wird. Wenn das Kostenniveau im Ausland niedriger ist und sich das in einem niedrigeren Ausgangskostenniveau reflektiert, kann die Technologie-S-Kurve auf einem höheren Leistungsniveau bzw. einer besseren

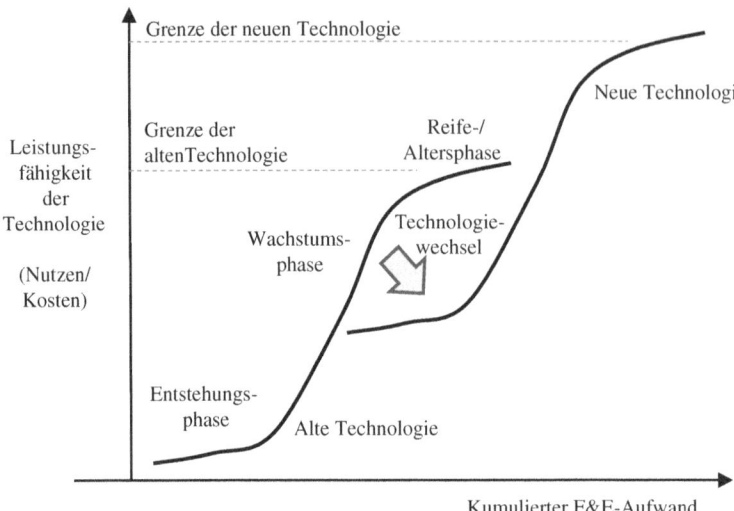

Abb. 7.3 Technologiewechsel – Doppelte S-Kurve. (Quelle: in Anlehnung an Spath und Renz 2005)

Kosten-Nutzen-Position beginnen. Falls alternativ dazu die Forschungseffizienz im Ausland höher ist als im Inland, wird bei entsprechender Verlagerung der Forschungs- und Entwicklungstätigkeiten die Technologie-S-Kurve steiler verlaufen (Perlitz und Schrank 2013).

Das S-Kurven-Konzept von McKinsey gilt nur als ein Ergänzungsinstrument zur Analyse einzelner S-Kurven, die sich auf die Entstehung von innovativen Substitutionstechnologien fokussieren. Insbesondere die Abgrenzung von Technologien sowie die Bestimmung des optimalen Substitutionszeitpunkts einer alten Technologie durch eine neue sind operational nicht valide bestimmbar. Dabei werden auch die Grenzen der Skalierbarkeit bzw. des Potenzials zur Weiterentwicklung einer Technologie ausgeblendet (Gerpott 2005).

7.2.1.3 Technologie-Portfolio

Ein weiteres Instrument zur Fundierung strategischer Technologie-Optionen stellen Technologie-Portfolios dar. Hierbei handelt es sich um Koordinatensysteme, in denen zumeist sämtliche Technologien als Objekte untersucht werden, die im Unternehmen in Produkten oder Prozessen eingesetzt werden. Eines der am meisten benutzten bzw. vorgestellten Technologie-Portfolios ist das von Pfeiffer et al. 1982 entwickelte (vgl. Abb. 7.4). Es dient primär dazu, unterschiedliche Technologien zu vergleichen und zu analysieren. Aus der Position einer Technologie im Portfolio lassen sich demnach Standardempfehlungen für deren Nutzung ableiten. Pfeiffer et al. benutzen in ihrer Matrix die Kategorien der Technologieattraktivität als Umfelddimension sowie der Ressourcenstärke als Unternehmensdimension.

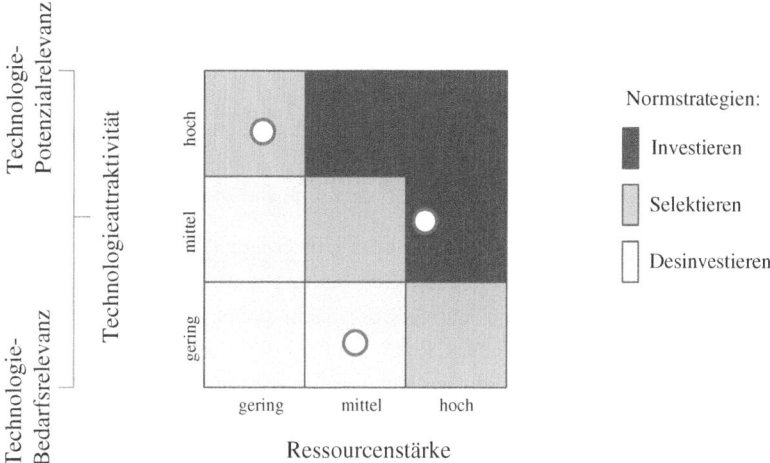

Abb. 7.4 Technologieportfolio nach Pfeiffer et al. (Quelle: in Anlehnung an Pfeiffer et al. 1982)

Die Ressourcenstärke gibt dabei an, ob die im Unternehmen vorhandenen Ressourcen (Kapital, technische Anlagen, Wissen, Personal) zur Realisierung der Technologie geeignet sind. Zur Ermittlung der Technologieattraktivität werden die Technologien nach Potenzial und Bedarf bewertet. Der technologische Bedarf bezieht sich vor allem auf das aktuelle Leistungs- und Problemlösungsniveau und die Kompatibilität der Technologie, während das Potenzial das technologische Weiterentwicklungspotenzial und die zukünftige Kombinationsfähigkeit mit anderen Technologien bewertet. Die Aggregation der Kategorien befördert dann die Einordnung der im Unternehmen bzw. seinen Geschäftsbereichen vorliegenden Technologien in die Portfoliomatrix in Form von Kreisen analog anderer Portfolio-Matrix-Ansätze wie der BCG-Matrix (Spath et al. 2011). In Abhängigkeit von ihrer Position im Portfolio können für die einzelnen auf diese Weise klassifizierten Technologien Normstrategien hinsichtlich des Investitionsverhaltens abgeleitet werden.

Im internationalen Forschungs- und Entwicklungskontext müssen die Kategorien der Technologieattraktivität und der Ressourcenstärke global und national analysiert werden. Aus einer solchen Untersuchung, die sinnvoll auf zentraler und dezentraler lokaler Ebene durchzuführen wäre, wäre dann zu bestimmen, an welchen Standorten Forschung & Entwicklung betrieben würde oder in diese zu investieren wäre oder diese einzustellen wäre (Perlitz und Schrank 2013). Die abgeleitete und formulierte Technologiestrategie determiniert innerhalb des strategischen Technologiemanagements die Entscheidungen über:

1. die Auswahl der Technologie
2. die Technologiebeschaffung
3. die Investitionshöhe
4. die Zeitpunktwahl der Innovation
5. die Technologieverwertung.

Im Vergleich zur F&E-Strategie gibt die Technologiestrategie die möglichen strategischen Handlungsoptionen vor, die Konkretisierung und Realisierung erfolgt aber auf der Ebene der F&E-Strategie.

7.2.2 Operatives Technologiemanagement

Operatives Technologiemanagement umfasst die Umsetzung des strategischen Technologiemanagements wie etwa im Rahmen der Bearbeitung von Aufträgen und der Auswahl und Steuerung von Projekten. Die Entwicklung steht dabei mehr und mehr im Spannungsfeld zwischen unterschiedlichen kundeninduzierten Anforderungen zu kürzeren Entwicklungszeiten, höherer Produktqualität und schnellerer Reaktionsgeschwindigkeit (vgl. Abb. 7.5). Zur Bewältigung dieser Herausforderungen ist unter dem Begriff Rapid Product Development ein ganzheitliches Konzept der integrierten Produktentwicklung entstanden, welches eine durchgängig beschleunigte Prozesskette induziert (Spath und Renz 2005). Diese Prozessbeschleunigung wird unterstützt durch die Verwendung und Integration moderner Technologien und Verfahren wie Computer Aided Design (CAD), Hochgeschwindigkeitsbearbeitung (HSC), Computernumerisch kontrollierte Maschinenfertigung und Rapid Prototyping, für das zunehmend auch 3D-Drucktechnologien eingesetzt werden.

Wichtig hierbei ist die möglichst frühzeitige Bereitstellung zuverlässiger Informationen im Produktentwicklungsprozess. Innovative schnelle Produktentwicklung benötigt sowohl unterstützende Technologien zur Datengewinnung als auch Methoden zur

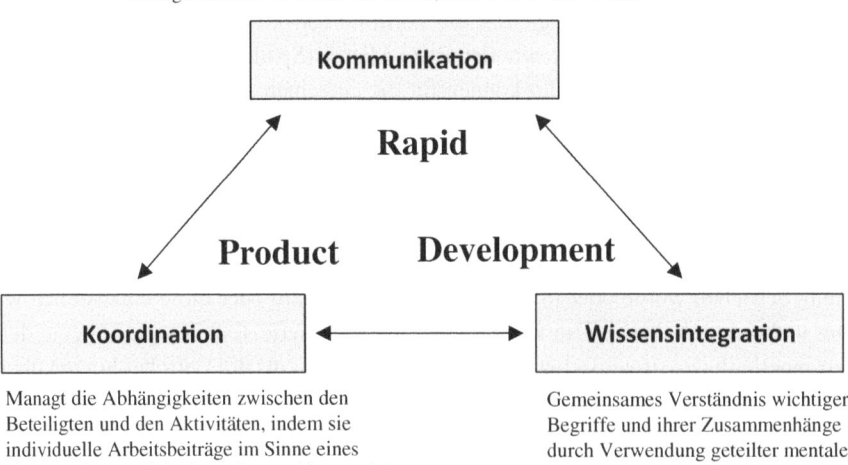

Abb. 7.5 Wissensspirale im Rapid Product Development. (Quelle: in Anlehnung an Spath und Renz 2005)

Verbesserung der Kooperation von verteilt arbeitenden Experten. Ein kooperatives und rechnergestütztes Engineering durch unterstützende Informations- und Kommunikationsmethoden zur Wissensverarbeitung und Nutzerunterstützung ist dabei ebenso essenziell wie die Wissensvernetzung im gesamten Konstruktionsprozess sowie die Optimierung der Zusammenarbeit verteilter multidisziplinärer Teams und die damit verbundene Optimierung der Ablauforganisation des Entwicklungsprozesses.

7.3 Forschungs- und Entwicklungsmanagement

Da Erfolg und Bestand eines internationalen Unternehmens heutzutage weitgehend von dessen Kompetenzen in den Feldern der Produkt- und Prozessinnovationen abhängen, kommt dem aus dem Technologiemanagement abgeleiteten Forschungs- und Entwicklungsmanagement und dessen effizienter, schneller und flexibler Entwicklung und Beförderung von Innovationen im globalen Wettbewerb mit anderen Unternehmen maßgebliche Bedeutung zu, was umso mehr durch die Tatsache reflektiert wird, dass Innovationen die einzige Möglichkeit darstellen, um dem in vielen Branchen sich weiter verschärfenden internationalen Kostenwettbewerb zu entgehen. Um Effektivität und Effizienz von Forschungs- und Entwicklungstätigkeiten zu erhöhen kann eine Internationalisierung derselben eine Reihe von Vorteilen bringen.

7.3.1 Ziele im internationalen F&E-Management

Um potenzielle Vorteile einer Internationalisierung des Forschungs- und Entwicklungsmanagements realisieren zu können, müssen entsprechende Zielsetzungen mit der Internationalisierung verknüpft werden. Dazu gehören neben dem Zugang zu knappen Ressourcen auch die größere Marktnähe, niedrigere Kosten und Risiken sowie die Vermeidung von rechtlichen Hürden im Inland (Perlitz und Schrank 2013).

7.3.1.1 Zugang zu knappen Ressourcen

Die Internationalisierung der Forschungs- und Entwicklungstätigkeiten führt zu deren Konzentration an bestimmten Lokationen entweder aus Gründen der Verfügbarkeit von Personalressourcen und/oder der Verfügbarkeit von Kapitalressourcen. Beispiele für die Konzentration von Personalressourcen an Standorten sind etwa das Silicon Valley bezogen auf Programmierer oder Ostdeutschland hinsichtlich auf regenerative Energietechnik spezialisierte Ingenieure oder Massachusetts für Pharmakologen. Die Konzentration von Kapitalressourcen hängt ab von der Präsenz von Venture Capital-Gesellschaften, die Risikokapital zur Verfügung stellen sowie von staatlichen Fördermitteln, die Forschungs- und Entwicklungstätigkeiten mit zumeist branchenspezifischen Prioritäten fördern (Perlitz und Schrank 2013).

Oftmals korrespondiert die Verfügbarkeit von Kapitalressourcen mit derjenigen von Personalressourcen, wie das die Beispiele Silicon Valley mit seiner Vielzahl an potenziellen Inkubatoren und Ostdeutschland hinsichtlich staatlicher Investitionsfördermaßnahmen verdeutlichen. Letztere haben auch in Verbindung mit steuerlichen Anreizen zu einem sich immer weiter verschärfenden Standortwettbewerb geführt. So profitierte etwa das Unternehmen Lanxess von staatlichen Fördermaßnahmen Deutschlands und später Singapores im Zuge seiner Entwicklung einer fortgeschrittenen Technologie für synthetische Gummi-Produktion und deren anschließender Implementierung in einem neuen Werk am Standort Singapore.

7.3.1.2 Verbesserung der Marktnähe

Eine Verlagerung von Forschungs- und Entwicklungsaktivitäten in ausländische Märkte kann gerade in dynamischen Märkten wichtig sein. In immer mehr Branchen wird die Fähigkeit von Unternehmen zur Adaption von Produkten und Prozessen an Anforderungen lokaler Kunden und gesellschaftlicher Institutionen zu einem wichtigen Differenzierungskriterium im Wettbewerb. Darüber hinaus können komparative Kostenvorteile infolge einer Verlagerung die Produktionskosten maßgeblich senken, wenn beispielsweise ein vereinfachtes Design einer Produktlösung in einem ausländischen Markt vorliegt. Gleichzeitig kann auch aus regulatorischen Gründen eine lokale Forschungs- und Produktionstätigkeit erforderlich werden, wenn diese die Voraussetzung für die Sicherung einer Bedienung der entsprechenden lokalen Auslandsmärkte ist. Schließlich können auch Reputationsgründe für eine Aufnahme von Forschungs- und Entwicklungstätigkeiten in einem ausländischen Markt sprechen, wenn sich dadurch das Prestige des ausländischen forschenden Unternehmens verbessert und in der Folge dessen Produkte bei der Bevölkerung in dem Land, in das Forschung und Entwicklung verlagert werden, sich besser verkaufen lassen (Perlitz und Schrank 2013).

7.3.1.3 Kostensenkung und Risikominimierung

Forschungs- und Entwicklungskosten lassen sich maßgeblich senken, wenn sie in Ländern mit niedrigeren Lohnkosten verlegt werden können. So lassen sich Programmiertätigkeiten bei der Softwareentwicklung sehr viel günstiger in Indien oder in Osteuropa abwickeln als in Deutschland (Perlitz und Schrank 2013). Andererseits ist auch das Risiko von Ressourcenveränderungen im Ausland zuweilen niedriger, zumal gerade der indische Arbeitsmarkt eine große Zahl qualifizierter Programmierer bereitstellt. So stellt etwa der Softwarekonzern SAP in seinen indischen sogenannten SAP-Laboren in Bangalore, Gurgaon und Pune, die insgesamt nach dem Heimatmarkt Deutschland den zweitgrößten Forschungsstandort weltweit darstellen, Programmierdienstleistungen für den indischen und den globalen Markt bereit.

Auf der anderen Seite sinkt das Forschungsrisiko, wenn in ausländischen Märkten bestimmte branchenbezogene Forschungscluster forciert und gebildet werden und sich dadurch Forschungsallianzen zwischen Unternehmen in diesen Märkten entsprechend leichter bilden lassen sowie dadurch Forschungskosten senken und vor allem Forschungsrisiken auf mehrere Schultern verteilen und damit maßgeblich senken lassen. Ein Beispiel für solche branchentypischen Clusterstrukturen liefert Großbritannien mit seiner konsequenten Förderung der Ansiedlung von Biotechnologiefirmen, die nicht nur von kostengünstigeren Rahmenbedingungen im Vergleich zu manchen kontinentaleuropäischen Ländern wie Deutschland profitieren können, sondern auch durch eine liberalere Gesetzgebung etwa zur Stammzellenforschung angezogen werden.

7.3.1.4 Vermeidung rechtlicher und gesellschaftlicher Beschränkungen

Im Falle von rechtlichen Restriktionen im Inland besteht für Unternehmen häufig das Problem, bestimmte Technologien nicht nutzen oder entwickeln zu können, weil sie sonst unweigerlich in Konflikt mit der lokalen Gesetzgebung geraten würden. Eine Internationalisierung der Forschung kann hier als Lösungsweg beschritten werden, um sich als Unternehmen in bestimmten, im Inland nicht genehmigten Forschungsfeldern trotzdem zu betätigen (Perlitz und Schrank 2013).

BASF – Die Geschichte der Genkartoffel „Amflora"

Ein Beispiel dafür lieferte die vom Unternehmen BASF entwickelte Genkartoffel „Amflora", die zunächst zugelassen und in Deutschland, Schweden und Tschechien kommerziell angebaut wurde, im Laufe der Zeit aber auf immer heftigeren Widerstand von Umweltschutzorganisationen und Bürgerinitiativen traf, sodass der Konzern mit Verweis auf die fehlende Akzeptanz in Europa seine letzten „Amflora"-Bestände bereits 2011 vernichtete und seine Biotechnologie-Sparte 2012 aus Europa abzog und schwerpunktmäßig in die USA verlagerte (Eubel und Woratschka 2012). 2013 schließlich erklärte ein europäisches Gericht die Zulassung der Genkartoffel nachträglich für unzulässig.

Letztlich ergeben sich Struktur und Ausrichtung internationaler Forschungs- und Entwicklungstätigkeiten immer aus der Präsenz und der Historie des jeweiligen Unternehmens in den von ihm für solche Zwecke selektierten Ländern (vgl. Abb. 7.6). Daraus folgt, dass nur global orientierte Unternehmen effektiv dazu im Stande sind, Forschung in ausländischen dezentralen Forschungszentren zu organisieren und umzusetzen und die dazu erforderlichen Planungs- und Koordinationsprozesse zu gestalten (Perlitz und Schrank 2013).

7.3.2 Gestaltungsoptionen internationaler F&E-Strategien

Forschungs- und Entwicklungs-Strategien beschäftigen sich mit der Auswahl und Bewertung sowie der optimalen Ausgestaltung einzelner F&E-Projekte, die in einem in der Regel zentral gesteuerten Planungsprozess mit entsprechenden Budgets unterlegt werden. Die Technologiestrategie gibt dabei die grundsätzlichen Gestaltungs- und Entwicklungsmöglichkeiten vor, innerhalb deren das Forschungs- und Entwicklungsprogramm kosten- und

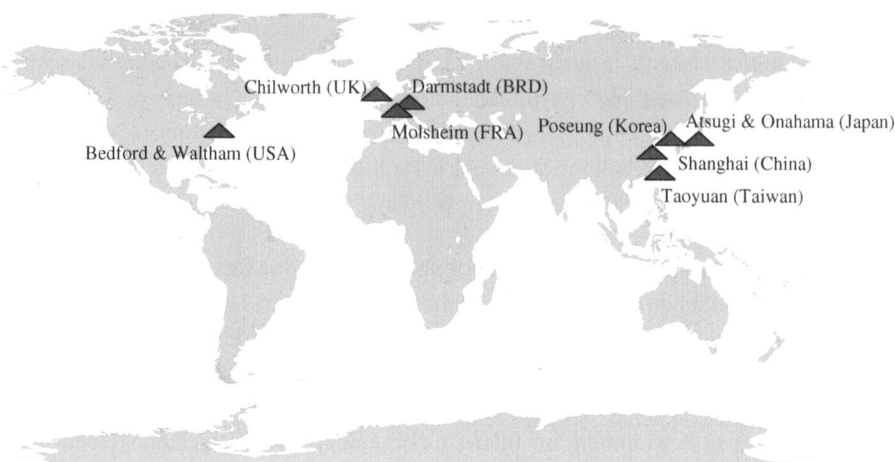

Abb. 7.6 Globale Forschungs-und Entwicklungszentren der Merck KGaA im Bereich der High-Tech-Chemikalien im Jahr 2014. (Quelle: Geschäftsbericht der Merck KGaA 2014, www.merck-group.com bzw. www.merck.de)

nutzenoptimal durchgeführt werden sollte. Zu den Kerninhalten einer Forschungs- und Entwicklungsstrategie zählen folgende Sub-Strategien (Bullinger und Renz 2011):

1. Eigenherstellungs- oder Aktionsstrategie (Make-or-Buy-Strategie)
2. Eigennutzungs- oder Verwaltungsstrategie (Keep or Sell-Strategie)
3. Technologische Führer- oder Folgestrategie (Leader or Follower)
4. Sequenzielle oder parallele Problemlösungsstrategie.

Diese 4 Substrategien sind nicht unabhängig voneinander, sondern beeinflussen sich insofern durchaus gegenseitig, als beispielsweise die Vermarktungsform von der Akquisitionsstrategie abhängt oder die Verwertungsmöglichkeiten von der technologischen Führer-Folger-Entscheidung beeinflusst werden (Bullinger und Renz 2011).

7.3.2.1 Make-or-Buy-Entscheidungen

Vor dem Hintergrund sich verkürzender Produktlebenszyklen und eines gleichzeitigen Anstiegs von Forschungs- und Entwicklungsbudgets gewinnen Make-or-Buy-Entscheidungen auch im Forschungsbereich an zunehmender Relevanz. Make-or-Buy-Entscheidungen betreffen ein Kontinuum von Entscheidungsalternativen, das nur schwer bildlich darzustellen ist (vgl. Abb. 7.7). Grundsätzlich sollte die Regel gelten, dass Schlüsseltechnologien vom Unternehmen selbst weiterentwickelt werden und Basistechnologien sich eher für die externe Beschaffung eignen. Dabei hat die externe Technologiebeschaffung die Vorteile einer geringen Ressourcenbeanspruchung, einer transparenteren Steuerung des finanziellen Risikos von Forschungs- und Entwicklungsvorhaben bzw. -projekten sowie einer stärkeren Konzentrationsmöglichkeit auf Kernkompetenzen (Weule 2002).

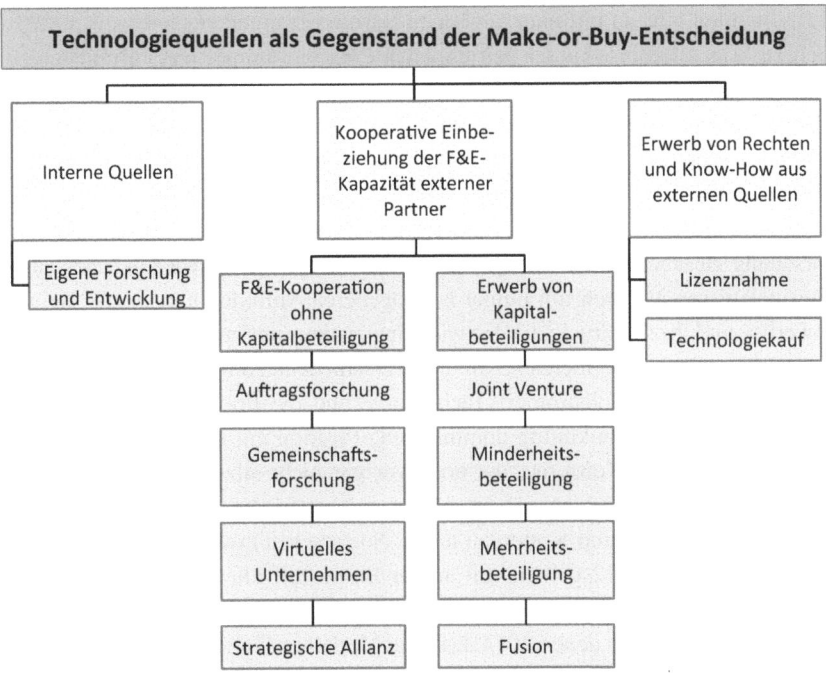

Abb. 7.7 Systematisierung von Make-or-Buy-Entscheidungsmöglichkeiten. (Quelle: in Anlehnung an Bullinger und Renz 2011)

In diesem Fall ist natürlich besonders wie bei anderen Materialien oder Komponenten schon üblich auf die globale Ausrichtung des Innovationsprozesses zu achten, damit sich maximale Arbitrage- bzw. Skaleneffekte erzielen lassen. Externe Technologiebeschaffung erfolgt häufig in Form von Lizenznahmen oder Auftragsforschung. Ein derartiger Technologietransfer vom Ausland in das Inland kann dann sinnvoll sein, wenn die technologischen Kapazitäten im Ausland vorhanden sind, wenn die Forschungs- und Entwicklungskosten dort niedriger sind oder wenn das dortige Know-how entweder in der Auslandsgesellschaft bei interner Forschung und Entwicklung oder in den im Ausland ansässigen externen Forschungsinstituten dem inländischen überlegen ist (Perlitz und Schrank 2013).

Zur besseren Klassifizierung der Entscheidungsalternativen wird teilweise angeregt, die Selektion der Beschaffungsquellen im Innovationsprozess selbst zu verankern, um anschließend per Gremium zu entscheiden, ob die technologische Entwicklung in Eigenregie bzw. Kooperation mit anderen Unternehmen oder Forschungsinstitutionen erfolgen oder komplett fremdvergeben bzw. beschafft werden soll (Gerpott 2005). Darüber hinaus wird zuweilen die Meinung vertreten, dass für den Fall einer technologischen Führer-Position möglichst sämtliche benötigten Schlüsseltechnologien selbst entwickelt werden sollten, wobei auch bei den Basistechnologien oft die Entwicklung in Eigenregie bis zu einem bestimmten Niveau mitunter angeraten ist, um die eigene technologische Position abzusichern, was allerdings in der betrieblichen Praxis in immer mehr Branchen zunehmend anders betrachtet wird, wenn man sich beispielsweise die kontinuierlich sinkenden Wertschöpfungsanteile bei den Automobil-OEMs vergegenwärtigt, wo vermehrt auf Innovationen gesetzt wird, die von internationalen Zulieferern erbracht werden, wie etwa im Bereich der Getriebe-, der Navigations- oder der Sicherheitstechnik.

Als Zwischenform zwischen Eigenentwicklung und Fremdbezug hat sich die kooperative Forschung zu einer immer häufiger gewählten Alternative entwickelt. Dies auch, um in immer volatileren Märkten mit immer heterogeneren Anforderungen sowie steigendem Wettbewerbs- und Kostendruck die Entwicklungsrisiken auf mehrere Schultern zu verteilen. Gerade im Automobilbereich, wo sich verschiedene Antriebstechnologien wie der Hybridtechnologie, die „Vollstromer"-Technologie und die Brennstoffzellen-Technologie einen Wettbewerb um die zukünftig dominierende Position mit nach wie vor ungewissem Ausgang liefern, suchen Konzerne, die noch vor gar nicht allzu langer Zeit nicht unbedingt auf die Idee gekommen wären miteinander zu kooperieren, nach Allianzpartnern, um Kompetenzen zu bündeln und Kosten zu teilen. So forschen etwa die Automobilkonzerne BMW und Toyota seit 2012 gemeinsam an der Brennstoffzelle als alternativer Antriebstechnologie oder Daimler und der chinesische BYD-Konzern seit 2010 an batteriegetriebenen Elektrofahrzeugen, von denen 2014 das erste Modell in China angeboten wurde.

7.3.2.2 Keep-or-Sell-Entscheidungen

Keep-or-Sell-Entscheidungen betreffen im Wesentlichen die Frage, ob Forschungs- und Entwicklungsergebnisse intern und/oder extern verwertet werden sollen. Dabei wird die Keep-Entscheidung eines Unternehmens darauf setzen, durch Geheimhaltung, Patente oder Schutzrechte die eigenen Forschungsergebnisse im Haus zu behalten und als kompetitiven Vorteil weiter zu vermarkten. Das wird umso mehr der Fall sein, je größer das Monopolisierungspotenzial derartiger Technologien ist, d. h., je größer das Cashflow-Potenzial ist, welches sich mit solchen Technologien realisieren lässt. Weitere Argumente, welche für eine Keep-Strategie sprechen, sind hohe Skalierbarkeiten von Technologien sowie deren Kompatibilitäten mit anderen Technologien, die sich im Portfolio befinden. Darüber hinaus sprechen für eine ausschließlich interne Nutzung von Technologien Synergien, die sich mit ihnen erzielen lassen. Generell eignen sich für eine exklusive interne Verwertung vor allem solche Technologien, die sich in einer frühen Phase ihrer Entwicklung befinden und solche, die einen langen Technologiezyklus vor sich haben, wobei letzteres aufgrund steigender Unsicherheiten und disruptiver Entwicklungen bestenfalls vage prognostiziert werden kann (Bullinger und Renz 2011).

Dagegen bietet sich die externe Verwertung von Technologien vor allem in solchen Fällen an, wo technologische Entwicklungen entstehen, die entweder keinen direkten Bezug zur intendierten Forschungs- und Entwicklungsrichtung haben oder nicht verwertbare Nebenergebnisse darstellen oder nicht mehr in das Produktportfolio bzw. zum damit fokussierten Abnehmersegment passen. Als ein Beispiel dafür kann der MP3-Player dienen, dessen Technologie seinerzeit schwerpunktmäßig vom Fraunhofer-Institut im

Rahmen eines Forschungsprojektes entwickelt wurde und dann im Zuge von Patentan-meldungen mittels Lizenzierungen verwertet wurde (Visser 2014).

Analog den Ausführungen zur Gestaltung von Make-or-Buy-Entscheidungen kann auch im Falle von Keep-or-Sell-Entscheidungen von einem Kontinuum an Entschei-dungsalternativen gesprochen werden (vgl. Abb. 7.8). Zwischen der rein internen Verwertung und dem externen Verkauf bzw. der Lizensierung liegen auch hier Zwi-schenformen, die sich im Bereich der Kooperation bewegen. So kann beispielsweise eine Verwertung auch durch eine Kooperation mit anderen Unternehmen oder Institutionen vollzogen werden, und zwar sowohl was die interne Verwertung innerhalb eines For-schungskonglomerates von mehreren Unternehmen als auch was die externe Verwertung einer Technologie anbelangt.

7.3.2.3 Führer-Folger-Strategien

Die Führer-Folger-Strategie stellt üblicherweise auf den zeitlichen Aspekt des Inven-tions- und Innovationstimings ab (vgl. Abb. 7.9). Unter Inventionstiming fallen Aspekte, die sich mit der Generierung des notwendigen technischen Wissens beschäftigen (tech-nologieorientierter Ansatz). Innovationstiming bezieht sich auf die erstmalige marktliche Verwertung einer Technologie (marketing-orientierter Ansatz). Das Inventionstiming hat unmittelbare Relevanz für die Gestaltung der F&E-Strategie, während das Innovationsti-ming eher die Fragestellung des Markteintritts betrifft (Bullinger und Renz 2011).

Abb. 7.8 Systematisierung von Keep-or-Sell-Entscheidungsmöglichkeiten. (Quelle: in Anleh-nung an Bullinger und Renz 2011)

		Produktentwicklungstiming	
		Pionier	Follower
Markteintrittstiming	Pionier	"Innovations-leader"	"Überholer"
	Follower	"Verpasser/Beobachter"	"Permanente Follower"

Abb. 7.9 Ausprägungen der Führer-Folger-Strategie. (Quelle: in Anlehnung an Buchholz 1996)

Inventionsführer haben häufig hohe Forschungs- und Entwicklungsaufwendungen zu tragen, haben aber bis zur potenziellen Entscheidung eines weiteren Unternehmens mit derselben Technologie in den Markt einzutreten die Entscheidungshoheit über den Zeitpunkt der Markteinführung. Dem Inventionsfolger eröffnet sich die Opportunität, Erfahrungen und Fehlschläge des Inventionsführers zu verarbeiten und in Form der daraus gewonnenen Informationen die notwendigen Schlüsse zu ziehen. Darüber hinaus eröffnen geringere F&E-Aufwendungen dem Inventionsfolger die Möglichkeit, mittels Produktimitationen auch bei späterem Markteintritt und niedrigen Preisen noch auskömmliche Gewinne zu realisieren.

Vorteile einer Innovationsführer-Position liegen in einer temporären Monopolisierung der technologischen Lösung mit hohen Rendite, Lern- und Größenvorteilen sowie dem Aufbau von Markteintrittsbarrieren. Nachteile bestehen dagegen in technologischen Unsicherheiten, in hohen Austrittsbarrieren als Folge technologischer Aufwendungen, in den erforderlichen Markterschließungskosten sowohl auf der Absatz- als auch auf der Beschaffungsmarktseite und in mit der Pionierstellung potenziell verbundener geringerer Flexibilität hinsichtlich zukünftiger Markt- bzw. Präferenzänderungen.

Überholer sind Folger im Inventionstiming, aber Führer in der wirtschaftlichen Verwertung, überholen also den eigentlichen Erfinder im Marktauftritt. Sie profitieren von niedrigen F&E-Kosten und können somit je nach Marktgegebenheiten preisgünstiger oder mit höheren Gewinnmargen verkaufen, sodass die Marktaustrittsbarrieren geringer sind als beim Innovationsführer. Eine temporäre Monopolstellung ist ebenso wie beim Innovationsführer möglich. Die Risiken dieser Position liegen in der Marktfähigkeit und technologischen Unsicherheit der Innovation, wobei die Kosten für die Markterschließung entsprechend wie beim Innovationsführer anfallen. Dem amerikanischen Unternehmen Apple wird von Kritikern zuweilen vorgeworfen, sich zwar als Innovationsführer zu positionieren, aber letztlich zum Teil von Technologien zu profitieren, wie sie in dieser oder ähnlicher Form bereits vorher von anderen Unternehmen genutzt wurden, wobei diese Kritik auch damit begründet wird, dass man viele Produktkomponenten von Unternehmen wie Samsung, die auch als direkte Konkurrenten im Markt auftreten, zukauft.

Permanente Follower verzichten auf die Inventions- und Innovationsführerschaft, haben dadurch geringe F&E- und Produktentwicklungs- und Markteinführungskosten und geben sich mit niedrigeren Margen entsprechender Nachahmer- oder Substitutionsprodukte zufrieden. Sie sind davon abhängig, was vom „Kuchen" übrig bleibt, nachdem sich die Führer entsprechend bedient haben, haben aber dafür auch kaum technologisches Risiko zu tragen. Die Position des permanenten Followers ist insofern riskant, als im Zuge des zunehmenden Markenbewusstseins und der sich verschärfenden Volatilität des Nachfrageverhaltens, Follower-Produkte schnell ins Abseits geraten können und die gesamte Marke dabei potenziell erodieren lassen.

Permanente Follower, die sich nachhaltig in ihren Märkten behaupten, findet man beispielsweise in der Pharmaindustrie in Form der Generikahersteller, die nach Ablauf der Patente der Innovationsführer deren Rezepturen in Form von günstigeren Produkten verwerten und dabei vor dem Hintergrund ihrer niedrigen Forschungs- und Entwicklungskosten stabile und auskömmliche Margen erzielen, was mittlerweile im Pharmamarkt mehrere Innovationsführer dazu bewogen hat, ihre Portfolios um Generika-Produkte zu erweitern bzw. ganze Generika-Sparten zuzukaufen, wofür die Übernahmen von Hexal durch Novartis oder der Generika-Sparte von Merck & Co. durch Bayer entsprechende Beispiele liefern.

Der Verpasser/Beobachter übernimmt die Inventionsführung, verpasst oder beobachtet aber zunächst die Markteinführung, um möglicherweise von Fehlern bei der Markteinführung der Konkurrenz profitieren zu können oder aber weil die Entwicklung zu lange dauert, um die technologischen Ergebnisse zu perfektionieren. Gleichwohl ist diese Strategie riskant, zumal hier hohe F&E- bzw. Produktentwicklungskosten zu Buche schlagen können, die andererseits verdient werden müssen, was möglicherweise bei einem verspäteten Markteintritt – je nach Ausprägung des Produktlebenszyklus und anderen Marktparametern – nur noch bedingt oder gar nicht mehr möglich ist. Beispiele für technologische Inventionen, deren rechtzeitige Markteinführung verpasst wurden, sodass die diese entwickelnden Unternehmen von Überholern überflügelt wurden, sind die Fax-Technologie und die Magnetschwebetechnik, die beide maßgeblich technologisch von deutschen Unternehmen entwickelt wurden, aber letztlich von anderen, insbesondere japanischen Unternehmen in den Märkten erfolgreich etabliert bzw. penetriert wurden.

7.3.2.4 Sequenzielle und parallele Forschung und Entwicklung
Durch den stärker werdenden Druck für die Unternehmen, in immer kürzeren Zeitabständen neue Technologien bzw. Innovationen auf den internationalen Märkten anzubieten, wird zugleich die Anforderung für die Forschungs- und Entwicklungsbereiche erhöht, die Entwicklungsprozesszeiten zu verkürzen bzw. an die Markterfordernisse anzupassen. Um dem nachzukommen, gerät die traditionell sequenzielle Abwicklung von Forschungs- und Entwicklungsprozessen unter entsprechenden Veränderungsdruck.

Die sequenzielle Vorgehensweise entsteht aufgrund starker funktionaler Trennung zwischen den Unternehmensbereichen wie insbesondere Konstruktion und Fertigung.

Durch die damit korrespondierende funktionale Trennung der Aufgaben entstehen mitunter Kompetenzgerangel, lange Abstimmungsmechanismen und als Folge daraus auch längere Entwicklungsprozesse und höhere Entwicklungskosten. Um Entwicklungszeiten und Entwicklungskosten, aber auch Fehlerfolgekosten zu reduzieren, versuchen die Unternehmen zu einer stärker parallelen Vorgehensweise in der Forschung und Entwicklung zu kommen, die auch mit dem Begriff des Simultaneous Engineering umschrieben wird. Simultaneous Engineering ist eine ganzheitliche Vorgehensweise und hat die Zielsetzung, Entwicklungsprozesse zu parallelisieren, zu standardisieren und zu integrieren (Bullinger und Renz 2011).

Parallelisierung schafft Zeitpuffer im Entscheidungsprozess ab und lässt voneinander abhängige Vorgänge beginnen, bevor die Vorgängerprozesse beendet sind. Eine stärker internationalisierte Forschung und Entwicklung wie beispielsweise beim Unternehmen SAP kann durch die Integration verschiedener Forschungs- und Entwicklungszentren etwa in Deutschland, den USA und Indien im Rahmen globaler virtueller Forschungs- und Entwicklungsnetzwerke einen permanenten und kontinuierlichen Forschungs- und Entwicklungsprozess organisieren, was auch durch eine dafür prinzipiell ebenfalls notwendige gleichwertige internationale Ressourcenqualität gewährleistet wird. Standardisierung in globaler Dimension schafft Normen und Regelungen, die an jedem internationalen Forschungs- und Entwicklungsstandort personen- und ergebnisunabhängig für Prozesskategorien gelten, sodass Ineffizienzen vermieden und Erkenntnisse besser genutzt werden können.

Schließlich nimmt die Integration von Forschungs- und Entwicklungsprozessen den Druck von funktionalen Schnittstellen und schafft funktionsübergreifende Prozesse, die Kommunikation und Kooperation zwischen unterschiedlichen Einheiten und Standorten verbessern und die Fokussierung aller Beteiligten auf ein gemeinsames übergreifendes Forschungsziel fördern. Dies wird unterstützt durch den bereits vorstehend erörterten Prozess des Rapid Product Development, der mit internationalen integrierten Datenbanken- und -systemen und virtuellen Kooperationsplattformen arbeitet, in denen auf virtueller Basis entwicklungsbezogene Daten und Informationen in permanentem Austausch zwischen allen Beteiligten bereitgestellt, analysiert und verarbeitet werden, sodass die Erstellung virtueller Prototypen möglich wird. Dadurch wird wiederum eine frühzeitigere Fertigungsplanung ermöglicht, die in Kombination mit einer digitalisierten Produktion sowohl zur Verkürzung des Forschungs- und Entwicklungsprozesses führt als auch zu einer beschleunigten Umsetzung von Innovationen beiträgt (Bullinger und Renz 2011).

7.3.3 Organisation internationaler Forschung und Entwicklung

Unterschiedliche Formen von technologischem Wissen an unterschiedlichen Standorten eines Unternehmens sowie die damit verbundenen Transaktions- und Koordinationskosten bestimmen die Organisation internationaler Forschungs- und Entwicklungsaktivitäten (vgl. Abb. 7.10). Diese kann man in fünf unterschiedliche Organisationsmuster untergliedern, die auf den traditionellen Modellen von Bartlett und Perlmutter basieren (Gassmann und Keupp 2011).

Im Rahmen einer ethnozentrisch zentralisierten Forschung und Entwicklung konzentrieren sich sämtliche Forschungs- und Entwicklungsaktivitäten auf das Stammland, sodass eine unausgewogene Forschungs- und Entwicklungssubstanz entsteht, die zulasten der Auslandsgesellschaften geht. Die zentrale Forschungsabteilung entwickelt neue Lösungen und schützt die Schlüsseltechnologien, welche die Wettbewerbsposition des Unternehmens langfristig sichern sollen, gegen Diebstahl oder unkontrollierten Zugang. Diese Strategie ist für solche Unternehmen ratsam, die keine Differenzierung zwischen heimischen und ausländischen Märkten anstreben und die auf steigende Skalenerträge in der Forschung und Entwicklung setzen und dabei von Größenvorteilen und sinkenden Kosten profitieren können.

Die Zielsetzung einer geozentrisch zentralisierten Forschung und Entwicklung liegt dagegen darin, Kostenvorteile einer Zentralisierung zu realisieren, ohne dabei komplett auf den Heimatstandort zu setzen. Das impliziert, dass das technologische Knowhow der Auslandsstandorte für die Forschungs- und Entwicklungszentrale zugänglich gemacht wird, sodass technologische Ideen und Initiativen in den Auslandsgesellschaften belebend auf die zentrale Forschung wirken können. Dabei müssen allerdings die bereits an anderer Stelle ausführlich beleuchteten interkulturellen Faktoren beachtet werden (Gassmann und Keupp 2011).

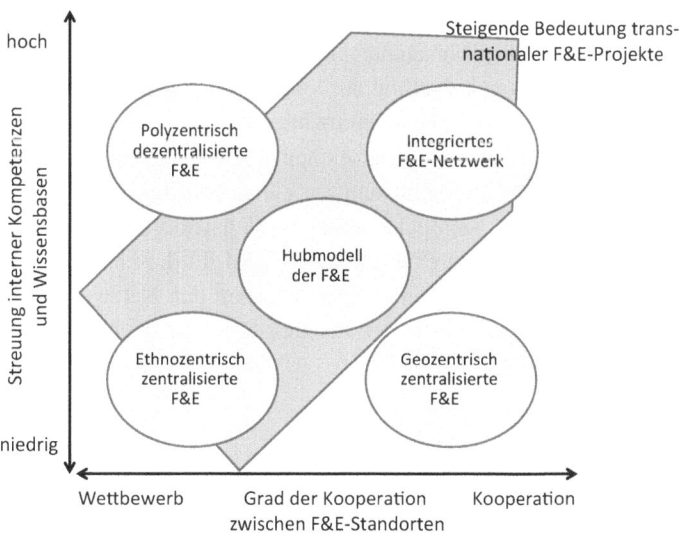

Abb. 7.10 Fünf Organisationsmuster internationaler Forschung & Entwicklung. (Quelle: in Anlehnung an Gassmann und Keupp 2011)

Eine starke auslandsmarktbezogene Ausrichtung der Forschung und Entwicklung liegt hingegen bei einer polyzentrisch dezentralisierten Forschung und Entwicklung vor. Diese entspricht einem föderalen dezentralisierten Forschungsverbund, in dem jeder Standort für seinen Markt Produkte bzw. Lösungen entwickelt, die auf die individuellen Präferenzen der lokalen Kunden maßgeschneidert sind. Koordination und Kommunikation finden hier in deutlich beschränkterem Umfang zwischen den dezentralen Forschungsstandorten und der Forschungszentrale am Heimatstandort statt. Die lokalen Forschungs- und Entwicklungsbereiche richten sich in erster Linie nach den Direktiven des lokalen Standortmanagements. Die damit zwangsläufig einhergehenden starken Differenzierungskräfte können den technologischen Fokus des Gesamtunternehmens gefährden (Gassmann und Keupp 2011).

Im sogenannten Hubmodell der Forschung und Entwicklung werden die ausländischen Forschungsstandorte von der heimischen Forschungs- und Entwicklungszentrale straff gesteuert und koordiniert, wobei gewährleistet wird, dass sämtliches generiertes technologisches Wissen Eigentum der Zentrale bleibt. Die ausländischen Forschungsstandorte bekommen ihre Forschungsfelder zugewiesen und arbeiten diese nach Beauftragung ab. Problematisch daran sind vergleichsweise hohe Koordinationskosten und die Gefahr, dass die Auslandsstandorte forschungstechnisch rebellieren oder durch Autonomiebestrebungen die Zentrale schwächen (Gassmann und Keupp 2011).

Schließlich existiert als letztes organisatorisches Forschungsmuster das integrierte Forschungs- und Entwicklungsnetzwerk. In einem solchen Netzwerk werden die autoritären Bindungen zwischen dezentralen ausländischen Forschungsstandorten und der heimischen Forschungszentrale entsprechend unwichtiger. Stattdessen mutieren die ausländischen Standorte aufgrund ihrer Ausrichtung auf bestimmte Lösungen oder Forschungsfelder zu Spezialisten, sodass sich daraus ein integriertes Forschungs- und Entwicklungsnetzwerk aus vielen spezialisierten Forschungsstandorten entwickelt. Im Gegensatz zum polyzentrischen Forschungs- und Entwicklungsansatz, bei dem die Kompetenzen der lokalen Forschungsstandorte nur lokal genutzt werden, werden sie im Netzwerkansatz global für einen weltweiten Einsatz integriert.

Daraus folgt, dass die beste Forschungseinheit jeweils das Recht erhält, die von ihr fokussierte Technologie oder Produktlösung zu entwickeln und im Sinne eines globalen Kompetenzzentrum auch sämtliche anderen Wertschöpfungsprozesse organisiert, wie dies bereits von Nestlé erfolgreich umgesetzt wird. In diesem Organisationsmuster steht eine (allerdings komplexe) Koordination zwischen den Netzwerkpartnern im Vordergrund und nicht mehr die Kontrolle der ausländischen Forschungsstandorte durch die Zentrale (Gassmann und Keupp 2011).

7.4   Management technologischer Kooperationen

Kooperative Strategien und Netzwerke spielen eine zunehmend wichtige Rolle für das Technologie- und Innovationsmanagement. Empirische Studien belegen, dass die Anzahl der Kooperationen in den letzten 10–15 Jahren stark zugenommen hat. Seit Mitte der

1990er Jahre bspw. hat sich der Anteil der Firmen, die Kooperationen als Strategie der Wissensgewinnung eine hohe Bedeutung beimessen mehr als verdoppelt und erreicht nun Werte von über 90 % (Gerybadze 2011).

7.4.1 Horizontale und vertikale Kooperationen

Zu unterscheiden sind innerhalb des zur Verfügung stehenden Spektrums horizontale und vertikale technologische Kooperationen. Horizontale Kooperationen betreffen die Zusammenarbeit innerhalb derselben Branche bzw. auf derselben Wertschöpfungstiefe. Dagegen betreffen vertikale Kooperationen die Zusammenarbeit entlang der Wertschöpfungskette zwischen Partnern, die durch Lieferbeziehungen miteinander verbunden sind. Eine internationale horizontale Forschungskooperation bildete sich zum Beispiel zur Entwicklung des sogenannten GP7000-Triebwerks, welches für den Großraumjet Airbus A 380 im Rahmen eines Joint Ventures der US-Triebwerkhersteller-Firmen General Electric und Pratt & Whitney, federführend entwickelt, produziert und vertrieben wurde, bei dem auch die französische Firma Snecma und das deutsche Unternehmen MTU als weitere Turbinenproduzenten beteiligt waren.

Die Ausweitung vertikaler Kooperationen mit ihren internationalen Zulieferern führte beispielsweise in der Automobilindustrie dazu, dass der Wertschöpfungsanteil der Automobil-OEMs auf durchschnittlich 20 % im Jahr 2000 gesunken ist mit weiter sinkender Tendenz (Staiger und Gleich 2006). Insgesamt ist in den letzten Jahren branchenübergreifend eine deutliche Steigerung der Anzahl internationaler Forschungs- und Entwicklungsnetzwerke zu verzeichnen. Solche Netzwerke bieten zwar den Vorteil eines unternehmensübergreifenden Wissens- und Erfahrungsaustausches, erhöhen aber gleichzeitig die Koordinationskosten in beträchtlichem Ausmaß.

7.4.2 Vor- und Nachteile von technologischen Kooperationen

Erfolg bzw. Misserfolg von Kooperationen sind im Wesentlichen eine Frage der Komplementarität und Stimmigkeit von Strategien, Arbeitsgebieten und Kompetenzen. Gemäß Gerybadze (2011) sind Kooperationen grundsätzlich dann von Vorteil, wenn:

1. eine Win-win-Konstellation möglich ist mit gleichzeitigen Gewinnen für alle Kooperationsbeteiligten
2. Strategien der Partner in Bezug auf die Priorisierung einzelner Arbeitsgebiete zusammenpassen
3. die Arbeitsgebiete der Partner komplementär sind
4. technologische Kompetenzen und Ressourcenstärken der beteiligten Partner komplementär und ausbalanciert sind

5. die Verteilung von Arbeitsgebieten und Ressourcen eine Verständigung auf einen stabilen Kooperationsrahmen zulässt.

Zur Überprüfung, ob sich Aktivitäten oder Teilleistungen auf kooperierende Firmen aufteilen lassen, eignet sich besonders die Methodik der Leistungstiefenanalyse. Diese hängt nach Gerybadze (2011) von folgenden Fragestellungen ab:

6. Welche strategische Relevanz haben nach Ansicht der Kooperationspartner die gemeinsam anzugehenden Aufgaben?
7. Welches relative Kompetenzniveau bringen die Kooperationspartner entsprechend ein?
8. Welches Ausmaß an Spezifität und Ressourcenbindung prägt die Kooperationssituation?
9. Welches Unsicherheitsausmaß ist vorhanden?
10. Betrifft die Kooperation repetitive regelmäßige Transaktionen oder Aufgaben oder einmalig zu vollziehende Leistungen?

Von besonderer Bedeutung sind dabei die beiden erstgenannten Kriterien der strategischen Relevanz und des relativen Kompetenzniveaus. Der Anreiz zu kooperieren ist für eine beteiligte Firma hoch, wenn die strategische Relevanz einer Aktivität hoch ist, zugleich aber das relative Kompetenzniveau für dieses Unternehmen vergleichsweise niedrig ist. Die Auswahl eines geeigneten Kooperationspartners würde dann entsprechend spiegelverkehrte Ausprägungen der Determinanten erfordern, so wie es die Abb. 7.11 in den Quadranten links oben und rechts unten zeigt. Unternehmen, die über eine starke Forschungs- und Entwicklungskompetenz in strategisch relevanten Bereichen verfügen, werden einer Kooperation in der Regel die Eigenerstellung bzw. die vollständige Integration einer Technologie vorziehen. Derartige Konstellationen werden sich im rechten oberen Quadranten wiederfinden, während im linken unteren Feld Zukaufs- oder Outsourcinglösungen repräsentiert sind, wo keine besondere strategische Relevanz vorliegt und wo das technologische Kompetenzniveau vergleichsweise niedrig ist.

Andererseits spricht eine Reihe von Gründen gegen eine Kooperation. Dazu gehören vor allem Konflikte zwischen den Kooperationspartnern bezüglich folgender Aspekte:

1. Mangelnde Übereinstimmung bei strategischer Zielsetzung
2. Unausgewogene technologische Stärken und Ressourcenverfügbarkeiten
3. Dominanz eines Partners mit Tendenz zu opportunistischem Verhalten
4. Überlappende Aufgaben und unklare Arbeitsteilung
5. Aufteilung der Arbeitsgebiete und des Ressourceneinsatzes.

Kooperationen sind als bilaterale oder multilaterale Projekte angelegt, wobei erstere den Vorteil besserer Steuerbarkeit und letztere den Vorteil höherer Innovationsdynamik versprechen.

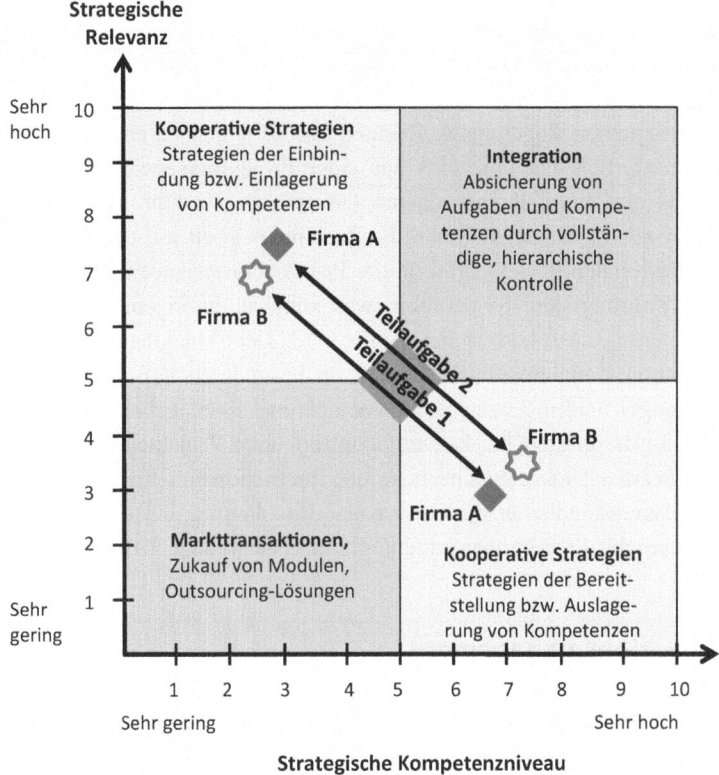

Abb. 7.11 Strategische Relevanz und relatives Kompetenzniveau als Determinanten für technologische Kooperationen. (Quelle: in Anlehnung an Gerybadze 2011)

7.4.3   Kooperationsrahmen, -vertrag und -governance

Technologische Kooperationen müssen, um effektiv zu sein, in einen Kooperationsrahmen eingebettet werden. Vor diesem Hintergrund kommt einer professionellen Kooperations- und Vertragsgestaltung eine wichtige Rolle zu. Für die erfolgreiche Abwicklung von Kooperationen, die zumeist in projektbasierter Form stattfinden, sind zunächst die organisationale Struktur und der Kooperationsvertrag zu fixieren. In einem Kooperationsvertrag bedürfen nach Gerybadze (2011) mindestens die folgenden Aspekte einer vertraglichen Regelung:

1. Rechtliche Form der Kooperation (Projekt, JV, Tochtergesellschaft, etc.)
2. Rechte und Pflichten der Partner im Verbund
3. Zuordnung von Leistungen und Definitionen von Leistungsstandards
4. Festlegung von Schnittstellen und SLAs

5. Einbringung von Ressourcen und Know-how sowie deren Bewertung und Verrechnung
6. Know-how-Protektion und Schutzrechte
7. Reaktion auf unvorhergesehene Ereignisse, Eskalationsmechanismen.

Neben den vertraglichen Regelungen, Rechten und Pflichten ist eine adäquate Projekt-Governance erforderlich, die einerseits aus einer Projektmanagement-Struktur besteht und andererseits aus einer übergeordneten Governance-Struktur. Die Projektmanagement-Struktur regelt in diesem Rahmen die Zusammenarbeit auf der Arbeitsebene und unter den internationalen Projektpartnern, die Projekt-Governance dagegen die Gesamt-steuerung und Führung der Kooperation, was zumeist durch einen Projektlenkungs- oder Projektsteuerungsausschuss sichergestellt wird. Der Projektlenkungsausschuss tagt anlässlich wichtiger Projektmeilensteine oder im besonderen Krisenfall und ist für die Rahmenbedingungen und die strategische Ausrichtung einer technologischen Koopera-tion zuständig. In dieser sitzt bei konzernübergreifenden Projekten zumeist jeweils ein Vertreter der obersten Unternehmensebene der internationalen Kooperationspartner. Je klarer und unmissverständlicher die Governance-Regeln sind, desto professioneller und reibungsloser kann das Projektmanagement arbeiten (Gerybadze 2011).

7.5   Innovationsmanagement

Innovationen nehmen für international tätige Unternehmen kontinuierlich an Bedeutung zu. Sie werden getrieben durch situative Tatbestände, die die heutige globale Marktwirt-schaft bestimmen. Dazu gehören vor allem Veränderungen der Umwelt, ein zunehmender Wettbewerbsdruck, die Tendenz steigender relativer Kostenbelastung, eine steigende Zahl gesättigter Märkte und eine generelle Bürokratisierungstendenz von Organisationen.

7.5.1   Innovationstreiber

Veränderungen der Umwelt stellen ein Unternehmen umso mehr vor Herausforderun-gen, je größer die Anzahl der Märkte ist, die von ihm bedient werden. Veränderungen betreffen insbesondere neue Technologien, die etwa bisherige Verfahrensweisen veralten lassen oder neue Produkte, die auf den Markt gebracht werden und bisherige Konsum-gewohnheiten verändern sowie veränderte Gesellschafts- und Bevölkerungsstrukturen in unterschiedlichen Ländern und Regionen, die neue interessante bzw. attraktive Ver-brauchergruppen bilden und andere in den Hintergrund treten lassen. Gerade die jüngere Vergangenheit zeigt, dass insbesondere die natürliche Umwelt zu immer unvorhergese-heneren und heftigeren Reaktionen neigt, welche wiederholt die Märkte zu deutlichen, zumeist negativen Ausschlägen veranlassen.

   Ein weiterer maßgeblicher Innovationstreiber ist der Wettbewerbsdruck, der für die Unternehmen in den meisten internationalen Branchen unaufhörlich zunimmt. Insbesondere durch die starke Steigerung des Welthandels und die diesen befeuernden Liberalisierungen und Handelsabkommen haben Transparenz und globale Vergleichbarkeit von Leistungen und Preisen erheblich zugenommen. Dazu kommen Konzentrationstendenzen durch Zusammenschlüsse und Akquisitionen, die den Konkurrenzkampf weiter verschärfen, auch weil Größe über die damit verbundenen Skalen- und Degressionseffekte Margen und Gewinne steigern hilft, die sich im Gegensatz dazu durch Preiserhöhungen aufgrund des scharfen Wettbewerbs in vielen Branchen kaum noch realisieren lassen. Um sich im internationalen Wettbewerb durchzusetzen, müssen gerade mittelständische Unternehmen nun um ihre Profilierung kämpfen. Dazu reichen traditionelle Konzepte als Grundlage nicht mehr aus, sodass neue Konzepte beschritten werden müssen.

Der nächste wesentliche Innovationstreiber ist die Tendenz zu steigender relativer Kostenbelastung. So zeigen bestimmte, teilweise wesentliche Kostengruppen eine langfristig steigende Tendenz auf, wozu Personal-, Energie-, Umwelt- und auch Werbekosten gehören. Andererseits gibt es Kosten, die eine generell fallende Tendenz haben, wozu Maschinenkosten gehören. Bedeutsamer als ihre generelle Tendenz ist jedoch die Relation der Kosten zur Entwicklung der Verkaufspreise. In dieser Hinsicht lässt sich in vielen Wirtschaftszweigen ein struktureller Trend zu fallenden Preisen – wenn nicht sogar zum Preisverfall - konstatieren, sodass die relative Kostenbelastung tendenziell immer stärker wird.

Dadurch werden Rationalisierungsmaßnahmen erforderlich, wobei es nicht allein darum geht, Verlustquellen auszuschalten, sondern neue intelligentere Strukturen und Verfahrenslösungen zu entwickeln. Darüber hinaus liegt ein zusätzlicher Innovationstreiber in der steigenden Anzahl gesättigter Märkte, die die aktuelle Entwicklungsphase vieler Märkte prägen. Dies wird reflektiert durch eine stagnierende Nachfrage, welche wiederum die Konsequenz einer Wohlstands- und Überflussgesellschaft ist, die sich in den letzten Jahrzehnten in den Industrieländern entwickelt hat, aber auch in steigendem Maße unterschiedliche Branchen in Schwellenländern erfasst. Gesättigte Märkte und stagnierende Nachfrage gelten als die größte zukünftige Herausforderung für die Unternehmen im postindustriellen Zeitalter.

Um dieser Herausforderung sinnvoll zu begegnen, reichen Rationalisierungsmaßnahmen und Kostensenkungsprogramme nicht mehr aus. Vielmehr sind neue Marketing-Konzepte gefragt, die weniger auf quantitatives als vielmehr auf qualitatives Wachstum setzen. Schließlich treibt auch die weitgehend unterschätzte Tendenz zur Bürokratisierung von Organisationen Innovationen. Bürokratisierung wird oftmals dadurch eingeleitet, dass Unternehmen erfolgreich sind und wachsen, jedoch parallel mit zunehmender Größe das Bedürfnis nach ausgefeilteren Organisationssystemen und -mechanismen wächst, die es ermöglichen das Unternehmen straff zu führen. Im Ergebnis mündet das leider zu oft in eine wuchernde Bürokratie, die zwar auf der einen Seite Ordnung und Koordination bereitstellt, jedoch auf der anderen Seite Initiative aufseiten der Mitarbeiter lähmt. Die diesen Effekt befeuernde Tagesgeschäftsroutine zehrt zusätzlich an den Kräften der Mitarbeiter und dämmt sowohl Elan als auch Kreativität entsprechend ein. Unternehmen, die innovativ und dynamisch sein und bleiben wollen, brauchen daher ständige Bewegung und müssen solchen Bürokratisierungstendenzen konsequent und vor allen Dingen kontinuierlich entgegentreten.

7.5.2 Innovationsbereiche und Innovationsprozess

Oftmals steht bei der Thematik der Innovation in einem internationalen Unternehmen die Entwicklung neuer Produkte im Vordergrund, zumal diese für die Wettbewerbsfähigkeit eine große Bedeutung haben. Gleichwohl umfasst das Innovationsmanagement auch andere, über das reine Produkt hinausgehende Bereiche, insbesondere: Verfahren, Organisation, Strategien und Führung. Ein Beispiel dafür stellt das unter der Marke „Smart" gemeinsam zwischen Daimler und Swatch entwickelte Stadtauto dar, welches nicht nur eine Produktinnovation darstellte, sondern auch prozessuale und organisatorische Innovationen umfasste.

Dies betraf etwa die neuartige Gestaltung der Verbindung zwischen Zulieferern und Fahrzeugproduktion, wodurch die Smart GmbH ihre Fertigungstiefe auf unter 12 % senken konnte und darüber hinaus ca. 70 % der Fahrzeugentwicklung den Zulieferern und Systempartnern überlassen wurde (Vahs und Brem 2015). Um also die Schlagkraft, Flexibilität und die Wirtschaftlichkeit eines internationalen Unternehmens zu verbessern, sind die angewendeten Verfahren und die vorhandene Organisation im Hinblick auf ihre Modernität und Angemessenheit hin zu überprüfen.

Zur Erreichung wesentlicher Verbesserungen genügt es zumeist nicht mehr, gegebene Systeme zu perfektionieren, stattdessen müssen neue Systeme entwickelt werden, und zwar nicht nur für die Produktion, sondern auch für Marketing, Logistik oder Verwaltungsbereiche und das vor dem Hintergrund der unterschiedlichen Märkte, in denen ein internationales Unternehmen vertreten ist. Weichen für die Zukunft werden insbesondere durch eine erfolgreiche internationale Strategie gestellt, die über abgeleitete Marketing-Strategien erst die Voraussetzungen schafft, damit sich funktionsfähige Produkte auf den sich verändernden Märkten auch durchsetzen können.

Mit der Veränderung der Märkte verändern sich im Kontext der jeweiligen Landeskulturen auch die Einstellungen der Mitarbeiter zu ihrer Arbeitswelt. In dieser Hinsicht sind zu nennen: Steigendes Bildungsniveau, zunehmende Freizeit und höhere Einkommen, die neue Wertsysteme des arbeitenden Menschen geschaffen haben. Das hat zur Folge, dass tradierte Führungssysteme immer frag- und reformbedürftiger werden und damit auch neue Formen der Zusammenarbeit einhergehen müssen, die wiederum das Innovationsmanagement beeinflussen.

> Als grundsätzliche Bausteine eines Innovationsprozesses im Unternehmen gelten neben den Mitarbeitern, die Führung und Organisation des Unternehmens, dessen Wertesystem und die verfügbaren Ressourcen.

Die Quelle des Innovationspotenzials liegt in den Mitarbeitern. Fehlendes Innovationspotenzial können auch keine optimalen Führungs- oder Organisationsstrukturen ausgleichen. Umgekehrt können falsche organisatorische Rahmenbedingungen Innovationspotenzial hemmen oder völlig blockieren. Innovationspotenzial muss im Innovationsmanagement durch entsprechende Einstellungs- und Weiterbildungspolitik kreiert und gefördert werden. Zur Steigerung des Innovationspotenzials reicht es nicht aus, Mitarbeiter einzustellen, die fachkundig, fleißig und zuverlässig sind und zum Unternehmen passen.

Nachteil solcher „passgenauen" Mitarbeiter ist, dass produktive Konflikte mit vorhandenen, möglicherweise veralteten Einstellungen und Denkmustern ausbleiben und notwendiges Querdenkertum ausbleibt. Unter dieser Perspektive hat auch eine Beförderungspraxis, die aus berechtigten motivationspsychologischen Gründen Mitarbeiter aus dem eigenen Haus bevorzugt, ihre Schattenseiten. Ohne Zweifel sind Eigenschaften wie Fachwissen, Pflichtbewusstsein, Ordnungssinn und kollegiales Verhalten unverzichtbare Fähigkeiten im Tagesgeschäft, welches allerdings nicht unbedingt dazu beitragen, ein Unternehmen in seinen verschiedenen Bereichen weiterzuentwickeln. Innovative Mitarbeiter zeichnen sich eher durch Merkmale aus wie Neugier und Experimentierfreude, latente Unzufriedenheit, Offenheit gegenüber Neuem und Spontaneität, Begeisterungsfähigkeit, Durchhaltevermögen und Frustrationstoleranz sowie Mut zu Risiko und Chaos.

Die Zusammenstellung internationaler Innovationsteams sollte sich an diesen Kriterien orientieren, um maximale Ergebnisse aus Innovationsprojekten und -initiativen herauszuholen. Dabei spielen natürlich auch kulturelle Einstellungen eine Rolle. Beispielsweise gelten Mut zu Risiko und Chaos in der amerikanischen Kultur als besonders ausgeprägt, während Durchhaltevermögen und Frustrationstoleranz als Attitüden gelten, die häufiger deutschen Mitarbeitern zugeschrieben werden. In vielen Unternehmen werden Führungsstile praktiziert, die nach wie vor Ordnung und Routine in den Vordergrund stellen und damit Innovationsprozesse behindern.

Im Innovationsmanagement ist es die vordringliche Aufgabe einer jeden Führungskraft, das bei den Mitarbeitern vorhandene Innovationspotenzial zu erkennen und zu fördern. Die Führungskräfte müssen von der Notwendigkeit der Innovation überzeugt sein und diese Überzeugung an ihre Mitarbeiter weitergeben. Innovationsfreundliches bzw. -förderndes Führungsverhalten korrespondiert mit kooperativer Führung, Anreizschaffung für neue Ideen und Risiko, Misserfolgsakzeptanz, Ermutigung zum Handeln und Unterstützung, zügigen Entscheidungen. Der Unternehmensaufbau und seine Organisation wirken als Rahmen auf den Innovationsprozess (Vahs und Brem 2015).

Auf den Innovationsprozess tendenziell positiv wirkende Gestaltungsparameter der unternehmerischen Organisation sind insbesondere:

1. kleine Einheiten
2. flache Hierarchien,
3. dezentraler Aufbau
4. intensive Kommunikation
5. flexible Budgets
6. flexible Kooperationsstrukturen
7. dezentrale und flexible Web-Plattformen und Foren.

Nicht jede Unternehmenskultur ist für den Innovationsprozess förderlich. In traditions-
orientierten Unternehmen, die durch eine konservative Werthaltung geprägt sind, hat der
innovative Mitarbeiter einen schweren Stand und wenig Chancen zur Entfaltung seiner kreativen Fähigkeiten. Die Kultur eines innovativen Unternehmens ist für gewöhnlich durch
eine Reihe von Leitgedanken geprägt, zu denen die Änderung als Wert an sich, Wachstum
durch Fortschritt, Freiraum für Ideen, Nähe zu Geschäftspartnern, Leistung durch Zusammenarbeit, Akzeptanz von Misserfolgen sowie Vertrauen zu den Mitarbeitern gehören.

In welchem Umfang die Mitarbeiter eines Unternehmens ihre Innovationskraft entfalten können, hängt schließlich von den Mitteln ab, die ihnen zur Verfügung gestellt
werden. Die für den Innovationsprozess benötigten Ressourcen setzen sich aus mehreren Komponenten zusammen. An vorderster Stelle steht das allgemeine Informations-
potenzial, welches alle Möglichkeiten im Unternehmen umfasst, um auf Informationen
zurückgreifen zu können (inhouse und externe Quellen). Daneben stehen technisches
Know-how und moderne Einrichtungen. Unmittelbar einsichtig dürfte in diesem Zusammenhang sein, dass Mitarbeiter mit geringem fachlichen Wissen und ausgestattet mit
veralteten Maschinen und Anlagen kaum in der Lage sind, Innovationen auf hohem
Niveau zu erarbeiten. Insbesondere dieser Punkt ist es, der zu erklären vermag, warum
ein substanzieller Teil der Innovationsprozesse immer noch von Unternehmen in den
Industrieländern angestoßen und durchgeführt werden. Schließlich ist hier die Kapitalausstattung als weitere Ressource zu nennen, da sie das finanzielle Potenzial, das den
innovativen Handlungsrahmen für das Unternehmen bietet, liefert.

Für das effektive Management und das Controlling von Innovationsprozessen sind
besondere Strukturen erforderlich, die einen Ausgleich zwischen erforderlicher Kreativi-
tätsentfaltung und notwendiger prozessualer Kosteneffizienz herstellen. In dieser Hinsicht
haben die schwerpunktmäßig u. a. von Cooper (2002) entwickelten Stage-Gate-Prozesse
Standards gesetzt. Der Stage-Gate-Prozess teilt den Innovationsprozess und die damit
verbundene Objektentwicklung in einzelne Abschnitte ein und versieht diese an bestimmten Stellen mit sogenannten Gates bzw. Toren (vgl. Abb. 7.12). Die Anzahl dieser Tore,
die zumeist auch die Funktion von Meilensteinen im Innovationsprozess übernehmen,
variiert je nach Komplexität und Aggregationsgrad eines Entwicklungsprojektes.

Die Tore dienen darüber hinaus als Kontrollpunkte für den Projektfortschritt, der von
entsprechend ausgewählten internen und externen Experten begutachtet wird, um darüber zu entscheiden, ob ein Innovationsprojekt fortgeführt wird oder nicht, im konkreten
Fall also, ob der nächste Abschnitt des Innovationsprojektes in Angriff genommen wird
oder nicht. Dabei wird stark auf den partizipativen Charakter der Entscheidung geachtet, an der durch Einbezug unterschiedlicher Managementressourcen funktions- und teilweise auch unternehmensübergreifende Perspektiven beteiligt sind.

Der erste Prozessabschnitt betrifft für gewöhnlich die vorläufige Untersuchung des Innovationsvorhabens, die im Sinne einer Machbarkeitsstudie die Praktikabilität des Innovationsvorhabens beleuchtet. Wird im zugehörigen Gate die Fortsetzung empfohlen, schließt
sich daran die detaillierte Untersuchung des Innovationsvorhabens hinsichtlich des technischen Aufwandes und der Entwicklungsressourcen, der erforderlichen Positionierung und

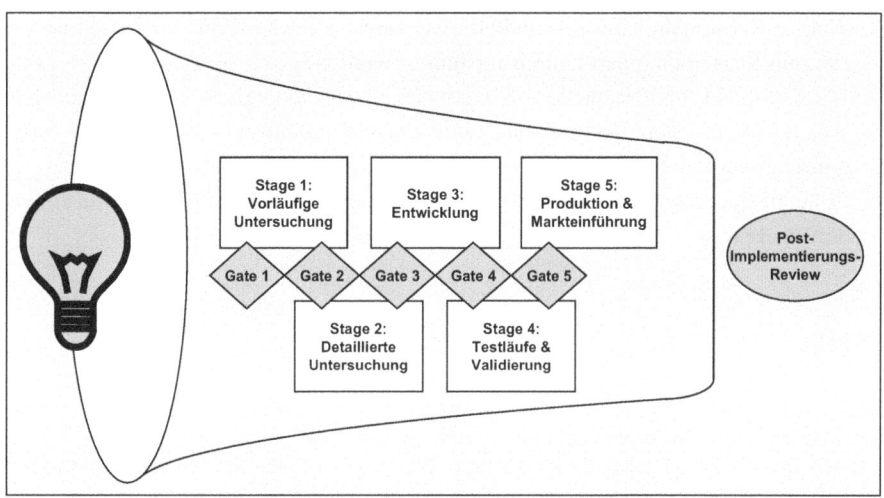

Abb. 7.12 Stage-Gate-Prozessmodell im Innovationsmanagement. (Quelle: in Anlehnung an Cooper 2002)

Vermarktung sowie der benötigten finanziellen Mittel an. Nach erfolgter Überprüfung im entsprechenden Gate wird bei positiver Entscheidung der eigentliche Entwicklungsabschnitt folgen, der idealerweise die bei der detaillierten Untersuchung aufgestellten Hypothesen und Plandaten bestätigt. Diesem folgt wiederum bei positiver Gate-Beurteilung ein Testabschnitt sowie zum Schluss entsprechend der Abschnitt der Produktion und Markteinführung. Die Bewertung der Abschnittsergebnisse des jeweiligen Innovationsprojektes erfolgt durch vorgesetzte Manager der verschiedenen Funktionen und Bereiche, welche die erforderlichen Mittel kontrollieren, die vom Projektteam für den jeweils nächsten Abschnitt benötigt werden.

Mit zunehmendem Fortgang eines Innovationsvorhabens nimmt die Kostenbeeinflussbarkeit immer weiter ab, weil im Rahmen der Entwicklung naturgemäß immer mehr Parameter festgelegt werden müssen und dadurch zugehörige Kosten zementiert werden, weswegen ein später Ausstieg aus einem entsprechenden Vorhaben extrem kostenintensiv sein kann, was durch Stage-Gate-Prozesse verhindert werden kann (Vahs und Brem 2015). Im Zuge des gewachsenen Innovationsdrucks und daraus resultierenden Innovationstempos sind allerdings Stage-Gate-Modelle auch in die Kritik geraten, wobei diesem Ansatz vor allen Dingen vorgeworfen wird, dass er aufgrund seiner stufenweisen und linearen Vorgehensweise dieser neuen Dynamik zunehmend nicht mehr gewachsen zu sein scheint.

Kontrollfragen
1. Welche Gründe trugen zu einer Ablösung der traditionellen F&E-dominierten Sichtweise durch eine ganzheitliche Sichtweise des Technologiemanagements bei?
2. Vergleichen Sie unterschiedliche Instrumente des strategischen Technologiemanagements und diskutieren Sie deren Aussagekraft.

3. Welche Kerninhalte sind Bestandteil einer internationalen F&E-Strategie und welche Sub-Strategien müssen dafür formuliert werden?

4. Wägen Sie Vor- und Nachteile von internationalen technologischen Kooperationen ab.

5. Welche inhaltlichen Bestandteile sollte ein technologischer Kooperationsvertrag typischerweise enthalten?

6. Erläutern Sie das Stage-Gate-Prozessmodell zur effektiven Steuerung von Innovationsprozessen.

Literatur

Albers S, Gassmann O (2011) Technologie- und Innovationsmanagement. In: Handbuch Technologie- und Innovationsmanagement, 2. Aufl. Gabler, Wiesbaden

Brockhoff K (1999) Forschung und Entwicklung – Planung und Kontrolle. Oldenbourg, München

Buchholz W (1996) Time-to-market-Management. Kohlhammer, Köln

Bullinger H-J, Renz K-D (2011) Forschungs- und Entwicklungsstrategien. In: Handbuch Technologie- und Innovationsmanagement, 2. Aufl. Gabler, Wiesbaden

Burgelman RA, Christensen CM, Wheelwright SC (2009) Strategic management of technology and innovation. McGraw-Hill, New York

Cooper RG (2002) Top oder Flop in der Produktentwicklung. Erfolgsstrategien: von der Idee zum Launch. Wiley, Weinheim

Eubel C, Woratschka R (2012) Grüne Gentechnik. Die politische Kartoffel. Der Tagesspiegel, 18. Januar www.tagesspiegel.de

Gassmann O, Keupp MM (2011) Globales Management von Innovationen. In: Handbuch Technologie- und Innovationsmanagement, 2. Aufl. Gabler, Wiesbaden

Gerpott TJ (2005) Strategisches Technologie- und Innovationsmanagement. Schäffer-Poeschel, Stuttgart

Gerybadze A (2004) Technologie- und Innovationsmanagement. Vahlen, München

Gerybadze A (2011) Management von Technologie-Allianzen und Kooperationen. In: Handbuch Technologie- und Innovationsmanagement, 2. Aufl. Gabler, Wiesbaden

Perlitz M, Schrank R (2013) Internationales Management, 6. Aufl. UVK, Konstanz

Pfeiffer W, Metze G, Schneider W, Amler R (1982) Technologie-Portfolio zum Management strategischer Zukunftsgeschäftsfelder. Vandenhoeck & Ruprecht, Göttingen

Spath D, Renz K-C (2005) Technologiemanagement. In: Handbuch Technologie- und Innovationsmanagement. Gabler, Wiesbaden

Spath D, Renz K-C, Seidenstricker S (2011) Technologiemanagement. In: Handbuch Technologie- und Innovationsmanagement, 2. Aufl. Gabler, Wiesbaden

Staiger TJ, Gleich R (2006) Innovationsnetzwerke in der Automobilindustrie. Eine empirische Bestandsaufnahme. ZfCI 3:34–39

Stuckenschneider H, Schwair T (2011) Strategisches Innovationsmanagement bei Siemens. In: Handbuch Technologie- und Innovationsmanagement, 2. Aufl. Gabler, Wiesbaden

Vahs D, Brem A (2015) Innovationsmanagement, 5. Aufl. Schäffer-Poeschel, Stuttgart

Visser C (2014) Interviewbeitrag mit MP3-Erfinder Karlheinz Brandenburg: „15 Entwickler und einer für den Vertrieb – das kann ja nur schiefgehen". Der Tagesspiegel, 04. Januar www.tagesspiegel.de

Weule H (2002) Integriertes Forschungs- und Entwicklungsmanagement. Hanser, München

Internationales Produktionsmanagement

8

Zusammenfassung

Dieses Kapitel thematisiert die unterschiedlichen Aspekte eines internationalen Produktionsmanagements. In diesem Zuge werden zunächst die aktuellen Entwicklungen im Produktionsmanagement aufgezeigt und im Anschluss daran wichtige strategische Parameter im internationalen Produktionsmanagement bezüglich ihrer Inhalte und Implikationen diskutiert. Dazu gehören neben der Kapazitätsplanung für internationale Produktionsstandorte auch deren Standortplanung bzw. -selektion. Darüber hinaus sind in diesem Zusammenhang die Darstellung und damit verbundene Auswahlentscheidungen zu Produktionsprozess- und Layoutstrukturen zu nennen sowie die Analyse damit korrespondierender Lean Production- und Just-in-Time-Konzepte. Daneben werden weitere wichtige Determinanten strategischer Produktionsentscheidungen behandelt wie das Outsourcing von Produktionsprozessen sowie der wachsende Einfluss der Digitalisierung und der Nachhaltigkeit auf Produktionsstrukturen.

8.1 Entwicklung im internationalen Produktionsmanagement

Das Produktionsmanagement gehört zu denjenigen betrieblichen Leistungsbereichen, die am stärksten von einer Internationalisierung betroffen sind. Bedeutende Einflussfaktoren, die die Internationalisierung im Produktionsmanagement beschleunigt haben, waren der insbesondere seit den 1980er Jahren sich verschärfende Standortwettbewerb, der sich vor allen Dingen auf Lohnkostenarbitrage-Vorteilen begründete und die zunehmende Verschachtelung internationaler Lieferketten in Verbindung mit einem wachsenden Trend zur Arbeitsteilung. Wesentliche Treiber, die die Entwicklung des internationalen Produktionsmanagement zukünftig weiter beeinflussen und maßgeblich bestimmen werden,

© Springer Fachmedien Wiesbaden GmbH 2017
M. Sure, *Internationales Management*, DOI 10.1007/978-3-658-16163-7_8

liegen in den Bereichen der Produktivitätssteigerung, der Globalisierung, der Nachhaltigkeit und der Integration der Supply Chain (Slack et al. 2010).

Produktivität ist eine grundsätzliche Maßgröße für die Leistungs- und Wettbewerbsfähigkeit von Volkswirtschaften, Industrien, Firmen und Prozessen. Sie ist definiert als Relation zwischen dem Wert der erzeugten Outputs (Produkte und Dienstleistungen) und dem dafür aufgewendeten Wert der Inputs (Personal, Material, Ausrüstung, etc.). Produktivitätsverbesserung erfolgt entweder über Outputsteigerung bei gegebenem Inputlevel oder über Inputminimierung bei gegebenem Outputlevel und ist eine der zentralen Management-Aufgaben. Die Globalisierung führt dazu, dass heute immer mehr Produkte aus Komponenten und Dienstleistungen bestehen, die an Produktionsstandorten in verschiedenen Regionen und Ländern hergestellt werden.

Insbesondere Schwellen- und Entwicklungsländer haben diesbezüglich in den vergangenen zwei bis drei Dekaden einen enormen Schub an Direktinvestitionen erfahren und haben dabei neben ihren komparativen Kostenvorteilen auch von verbesserten Kommunikations- und Transporttechnologien, einem steigenden Importbedarf an Produkten und Komponenten sowie Deregulierungen profitieren können. Daneben besteht ein zunehmender Trend zur Nachhaltigkeit. Dieser Trend zu nachhaltigem Wirtschaften wird insbesondere getrieben durch umwelt- und ethikbewusstere Konsumenten und durch regulatorische Anforderungen, die verstärkt durch Behörden etabliert werden (Beispiel: Emissionszertifikate-Handel, CO_2-Footprint-Ausweis, Sustainability-Index-Listing). Selbst der von Management-Vertretern lange verneinte Zusammenhang zwischen nachhaltigem Wirtschaften und positiver Unternehmenswertentwicklung scheint durch neuere Studienergebnisse mittlerweile von höherer Relevanz zu sein, als bisher angenommen.

So konstatierten unlängst Forscher der Harvard University in Kooperation mit Calvert Investments in einer Studie unter den 500 größten Unternehmen weltweit eine hohe Korrelation zwischen starker Nachhaltigkeitsausrichtung und hohem Unternehmenswert, erwartetem Wachstum sowie niedrigen Kapitalkosten (Serafeim et al. 2015). Zunehmende Globalisierung und Arbeitsteilung führen zu immer komplexeren und verschachtelteren Supply-Chain-Strukturen. Die internationale Orchestrierung und Integration solcher Strukturen erfordert höchste Aufmerksamkeit aufseiten des Unternehmensmanagements auch und vor allem im Bereich der internationalen Produktion.

Produktionsstrategien werden grundsätzlich im Kontext produktionswirtschaftlicher Zielsysteme gebildet, die in der Regel aus Erfolgszielen (z. B. Produktivitätssteigerung), sozialen und ökologischen Zielen bestehen. Sie werden beeinflusst durch immer individueller ausgeprägte Kundenpräferenzen, die zu einer Notwendigkeit der Anwendung von Differenzierungsstrategien führen. Die damit verbundenen kleineren Losgrößen erfordern mehr Flexibilität im Produktionsprozess mit der Folge einer Hinwendung zu flexibleren Fertigungssystemen und der Fokussierung von Economies of Scope anstelle von Economies of Scale.

Zudem werden Kunden im Kontext des globalisierten Wettbewerbs immer preissensibler bei gleichzeitig hohem Qualitätsanspruch mit der Folge einer verstärkten Konzentration auf schlanke (qualitätsmanagement-)integrierte Produktionskonzepte. Produktionsstrategien, die Antworten auf die damit verbundenen Herausforderungen geben und in den letzten Jahren in vielen (produzierenden) Unternehmen Verbreitung fanden, betreffen vor allem Flexibilisierungskonzepte in der Fertigungsorganisation und kombinierte Qualitäts- und Kostenmanagementkonzepte wie insbesondere Lean Production.

Flexible Produktions- und Montagesysteme, die in der Lage sind, ein relativ umfangreiches Spektrum an Produktionsaufträgen bei variablen Losgrößen zu produzieren, stellen eine Möglichkeit zur Erhöhung der Flexibilität bei gleichzeitig hoher Produktivität dar. Diesbezügliche Konkretisierungen betreffen etwa die in der Automobilindustrie mittlerweile stark verbreiteten Plattformstrategien oder die Nutzung flexibler Maschinenzentren, die ohne besonderen Umrüstaufwand mehrere nachgelagerte Fertigungsprogrammschritte ausführen können. Solche Konzepte werden ergänzt durch korrespondierende arbeitsorganisatorische Flexibilisierungskonzepte wie Inselfertigung.

Das Paradebeispiel für ein kombiniertes Qualitäts- und Kostenmanagementkonzept ist das zuerst von Toyota praktizierte und mittlerweile flächendeckend international praktizierte Lean Production-Konzept, welches als Ziel die Erhöhung des Arbeitnehmernutzens durch die Erhöhung der Produktqualität bei hoher Produktivität und gleichzeitiger Kostenreduktion verfolgt. Lean Production setzt auf standardisierte Prozesse und Methoden in einer teamorientierten Produktionsorganisation, die einer kontinuierlichen Verbesserungsphilosophie unterworfen werden, bei gleichzeitiger Reduktion der Fertigungstiefe und enger Zulieferkooperation. Darüber hinaus wird das bereits an anderer Stelle behandelte Simultaneous Engineering angewandt. Ziel ist die Erreichung einer optimalen Qualität (Null-Fehler-Prinzip), die direkt an den Quellen der Wertschöpfungsprozesse ansetzt im Kontext eines umfassenden Total-Quality-Managements (Slack et al. 2010).

Vor dem Hintergrund solcher globalen Entwicklungen sind darüber hinaus folgende produktionsmanagementbezogene Trends sichtbar, die die Hersteller und ihre internationalen Fertigungsorganisationen vor neue Herausforderungen stellen:

1. Erweiterung des Produktionsprogramms um Dienstleistungen (Bsp.: Automobilindustrie mit Dienstleistungen rund um Leasing, Finanzierung, Flottenmanagement, Knowledge Management, Carsharing)
2. Funktionale Erweiterung im Sinne eines funktionsübergreifenden integrierten Produktionsmanagements mit besonderem Augenmerk auf die Gestaltung der Schnittstellen zu den integrierten Querschnittsfunktionen (Innovations-, Qualitäts-, und Logistikmanagement)
3. Interdisziplinäre Erweiterung der ingenieurwissenschaftlichen Betrachtungsweise der Produktion um Erkenntnisse der Informationstechnologie, der Ökologie, der Soziologie und der Psychologie.

8.2 Strategische Parameter im Produktionsmanagement

Strategische Parameter eines internationalen Produktionsmanagements sind zu analysieren, um einen effektiven und effizienten Rahmen zu setzen, in dem die Produktion von Gütern und Dienstleistungen an internationalen Standorten gestaltet werden kann. Dies beinhaltet eine Reihe von Faktoren, die nachfolgend betrachtet werden sollen.

8.2.1 Kapazitätsplanung

Die Kapazität stellt das maximale Volumen dar, welches ein Prozess oder System produzieren oder bereitstellen kann. Kapazitätsplanung beinhaltet den Prozess der Analyse, ob ein Unternehmen die Fähigkeit besitzt, genügend Output herzustellen, um den Nachfragebedarf der Kunden zu befriedigen. Kapazitätsentscheidungen haben also eine beträchtliche Auswirkung auf die Fähigkeit eins Unternehmens, den Markt adäquat zu bedienen, da sie die Grenze des möglichen Outputs definieren. Kapazitätsentscheidungen sind zumeist von besonderer Tragweite, weil sie Ressourcen langfristig binden und in vielen Fällen nicht oder nur zu erheblichen Kosten revidiert werden können. Sie beeinflussen darüber hinaus vielfach die operativen Kosten über entsprechende Unter- oder Überkapazitäten, die aus Nachfrageplanungsabweichungen und generellen oder saisonalen Nachfrageschwankungen resultieren.

Auf der anderen Seite können Überkapazitäten die Wettbewerbsfähigkeit beeinflussen, indem sich daraus resultierend die Liefergeschwindigkeit erhöhen kann. Mit der Verschärfung der Globalisierung ist die Komplexität von Kapazitätsentscheidungen schwieriger geworden, da sie von immer kleinteiligeren und internationaleren Supply Chains sowie immer verschiedenartigeren Kundenstrukturen in einer steigenden Anzahl teilweise weit entfernter Märkte beeinflusst werden, womit die Unsicherheit hinsichtlich zukünftiger Kapazitätserfordernisse naturgemäß größer wird. Steigende Volatilität in den internationalen (Nachfrage-)Märkten trifft in diesem Zusammenhang auf Kapazitätsentscheidungsprozesse, die aufgrund der involvierten finanziellen und anderer Ressourcen langfristigerer Planungshorizonte bedürfen, was naturgemäß immer schwerer in Einklang zu bringen ist (Stevenson 2015).

Wenn die vorhandene Kapazität größer ist als die erwartete Nachfrage, wird ein Unternehmen seine Produktion herunterskalieren müssen, sei es beispielsweise durch die Reduktion von Mitarbeitern oder von Produktionsschichten in einigen Fabriken. Dies ist wiederum abhängig von unterschiedlichen Arbeitsgesetzen in den verschiedenen Ländern, in denen ein Unternehmen möglicherweise produziert, sodass in manchen dieser Länder Kündigungsfristen einzuhalten sind, bevor Mitarbeiter entlassen oder Fabriken geschlossen werden können. Wenn die Nachfrage steigt, muss das Unternehmensmanagement entscheiden, in welchen Fabriken und an welchen Produktionsstandorten dieser Nachfrage produktionstechnisch entsprochen wird oder ob ggfs. neue Fabriken oder Standorte geschaffen werden müssen. Falls eine Nachfragebedienung durch eigene zusätzliche Produktionskapazitäten nicht unmittelbar möglich ist, wird ein Unternehmen auf Kontraktoren ausweichen, die Kapazitätsprobleme kurzfristig oder möglicherweise auch langfristig – je nachdem, ob an der eigenen Expansion von Produktionskapazitäten festgehalten werden soll – ausgleichen können (Wild und Wild 2014).

Mit einer in vielen Branchen zunehmenden Sortimentsbreite wird das Ausweichen auf Kontraktoren im Bereich der Produktion immer beliebter, so wie es in der Automobilindustrie schon seit einiger Zeit Usus ist. Dort fangen Unternehmen wie Magna oder Valmet insbesondere im Bereich von Fabrikaten mit geringeren Stückzahlen, die Produktionsstraßen der großen Automobil-OEMs nicht auslasten können, Kapazitätsprobleme u. a. im Bereich von Nischenprodukten bei Cabriolets, SUVs oder Elektromodellen ab. Neben der Kapazitätsplanung in Produktionsbetrieben ist diese ebenso wichtig in Dienstleistungsbetrieben. So wird die strategische Planung und Steuerung etwa in der Hotel- oder der Luftfahrtbranche maßgeblich von der Auslastung der Kapazitäten und deren etwaiger Anpassung geprägt, was beispielsweise an den die Luftfahrtbranche dominierenden Kernkennzahlen der sogenannten Passenger bzw. Cargo Load Factors abzulesen ist.

8.2.2   Standortplanung

Die strategische Standortplanung geht im Sinne eines Standortmanagements über die bereits an anderer Stelle thematisierte reine Standortwahl hinaus. In den Bereich der strategischen Standortplanung gehören darüber hinaus Planungen der Verteilung erforderlicher Produktionsvolumina auf unterschiedliche Produktionsstandorte bzw. mit diesen verbundene Fertigungsstufen, wobei häufig neben der reinen Volumenbetrachtung noch andere, beispielsweise technologische oder produktpolitische Parameter eine Rolle spielen (Perlitz und Schrank 2013). Rein umfeldbezogene Faktoren und Aspekte, die für gewöhnlich für eine produktionsbezogene Standortwahl herangezogen werden, lassen sich unter den Kategorien des allgemeinen Arbeitsklimas, der Absatzmarktnähe, der Lebensqualität, der Nähe zu Lieferanten und Ressourcen, der Versorgungs-, Immobilien- und Steuerkosten sowie sonstiger allgemeiner Faktoren subsumieren. Die Entscheidung für oder gegen einen Standort resultiert aus einem Mix aus verschiedenen StandortFaktoren, die in Kombination zu einer optimalen Lösung führen sollen (vgl. Abb. 8.1).

Das Arbeitsklima ist eine Funktion aus Lohnniveau, Trainingserfordernissen, Arbeitsproduktivität, Arbeitseinstellung und gewerkschaftlichem Organisationsgrad. Die Nähe zu den Absatzmärkten ist umso bedeutender, je schwerer die abzusetzenden Güter sind und je höher die entsprechenden Frachtraten sind. Außerdem können hier Regularien bspw. zu Importbeschränkungen eine Rolle spielen. Unter die Rubrik Lebensqualität fallen hochwertige Freizeitangebote, kulturelle Unterhaltung, Schulen und Universitäten, aber auch Umweltschutzbedingungen und Nachhaltigkeit. Je komplexer oder schwerer Materialen oder Ressourcen zu beschaffen sind, desto eher wird seitens der Produzenten eine geografische Nähe zu den entsprechenden Lieferanten oder Materialien gesucht. Je höher die infrastrukturellen Versorgungskosten für Kommunikation, Energie und Wasser, die Immobilen- oder Mietpreise sowie die Steuern für lokale, regionale oder zentralstaatliche Leistungen sind, desto weniger attraktiv wird ein Standort für potenzielle Produktionsansiedelungen sein. In diesem Kontext sind auch Kosten für Baudienstleistungen, Umfang von behördlichen Auflagen, Schnelligkeit von Genehmigungsprozessen, Zugang zu Transportmitteln oder die Konkurrenzsituation vor Ort zu betrachten (Krajewski et al. 2015).

Kriterien / Länder	Indien	Philippinen	Tschechien	Russland	Spanien	Irland	China
Steuerliche Vorteile	○	○	○	●	○	◐	●
Verfügbarkeit von relevantem Fachwissen	◐	○	○	○	○	◐	○
Infrastruktur	○	○	◐	●	○	○	○
Ausbildungssystem	◐	○	◐	◐	◐	◐	◐
Kostenvorteile	◐	◐	○	◐	●	●	◐
Servicequalität	◐	◐	◐	○	◐	◐	○
Kultureller Fit	○	○	◐	○	◐	◐	○
Zeitzonenkongruenz	●	●	◐	○	◐	◐	●
Englischkenntnisse	◐	◐	○	●	○	◐	○

● Niedrig   ○ Mittel   ◐ Hoch

Abb. 8.1 Beispiel einer Entscheidungsmatrix mit umfeldbezogenen Erfolgsfaktoren zur Standortwahl für kfm. Backoffice-Prozesse. (Quelle: in Anlehnung an Accenture, Scott Madden Associates, Shared Services & Outsourcing Network 2005)

Die Möglichkeit, von niedrigeren Lohnkosten als Mittel zur Reduktion von Produktionskosten an internationalen Standorten profitieren zu können, ist häufig eine wesentliche Grundlage dafür, die eigenen Produkte noch zu kompetitiven Preisen anbieten zu können (vgl. Abb. 8.2). Das trifft insbesondere dann zu, wenn die Arbeitskosten einen wesentlichen Teil der Produktionskosten ausmachen. Allerdings müssen auf der anderen Seite die niedrigen Lohnkosten eines Landes gegen die möglicherweise niedrigere Produktivität abgewogen werden, zumal in den meisten Schwellen- und Entwicklungsländern die Produktivität deutlich hinter derjenigen der Industrieländer zurückhängt (Wild und Wild 2014).

Die potenzielle Nähe von Produktionsstandorten zu Kunden oder Lieferanten in der Supply Chain hat in der jüngeren Vergangenheit in vielen Branchen an Bedeutung verloren. So lässt ein Großteil der Hersteller von elektronischen Kommunikations- und Informations-Konsumgütern, Textilien oder Schuhen seine Produkte entweder in eigenen Fabriken oder von Kontraktoren fertigen, für die sich in bestimmten Ländern Produktionscluster gebildet haben und aus diesen Ländern heraus entsprechend kostengünstig per Schiff und Container die einzelnen Kundenmärkte bedient werden können. Näher sind diesbezüglich tendenziell die Grenzen gesteckt in der Automobilindustrie, wo Fahrzeuge häufig an verschiedenen Standorten für Kunden unterschiedlicher Märkte produziert werden.

Ein Beispiel dafür stellt Mercedes dar, dessen aktuelles C-Klasse-Modell an vier globalen Standorten – Deutschland, USA, China und Südafrika – produziert bzw. montiert wird und auch an diesen Standorten mit Supply-Chain-Partnern entsprechende lokale

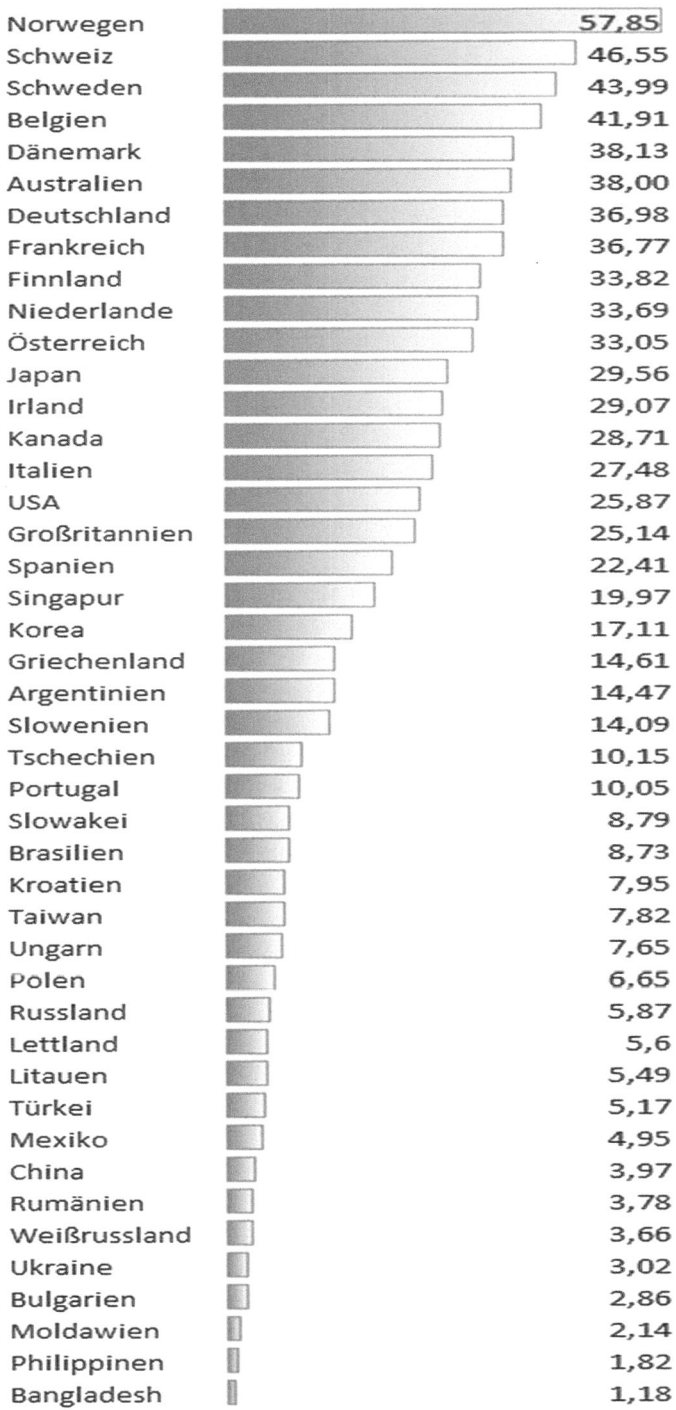

Norwegen	57,85
Schweiz	46,55
Schweden	43,99
Belgien	41,91
Dänemark	38,13
Australien	38,00
Deutschland	36,98
Frankreich	36,77
Finnland	33,82
Niederlande	33,69
Österreich	33,05
Japan	29,56
Irland	29,07
Kanada	28,71
Italien	27,48
USA	25,87
Großritannien	25,14
Spanien	22,41
Singapur	19,97
Korea	17,11
Griechenland	14,61
Argentinien	14,47
Slowenien	14,09
Tschechien	10,15
Portugal	10,05
Slowakei	8,79
Brasilien	8,73
Kroatien	7,95
Taiwan	7,82
Ungarn	7,65
Polen	6,65
Russland	5,87
Lettland	5,6
Litauen	5,49
Türkei	5,17
Mexiko	4,95
China	3,97
Rumänien	3,78
Weißrussland	3,66
Ukraine	3,02
Bulgarien	2,86
Moldawien	2,14
Philippinen	1,82
Bangladesh	1,18

Abb. 8.2   Arbeitskosten für gewerbliche Arbeitnehmer 2012 im internationalen Vergleich. (Quelle: IDW, ILO, UBLS)

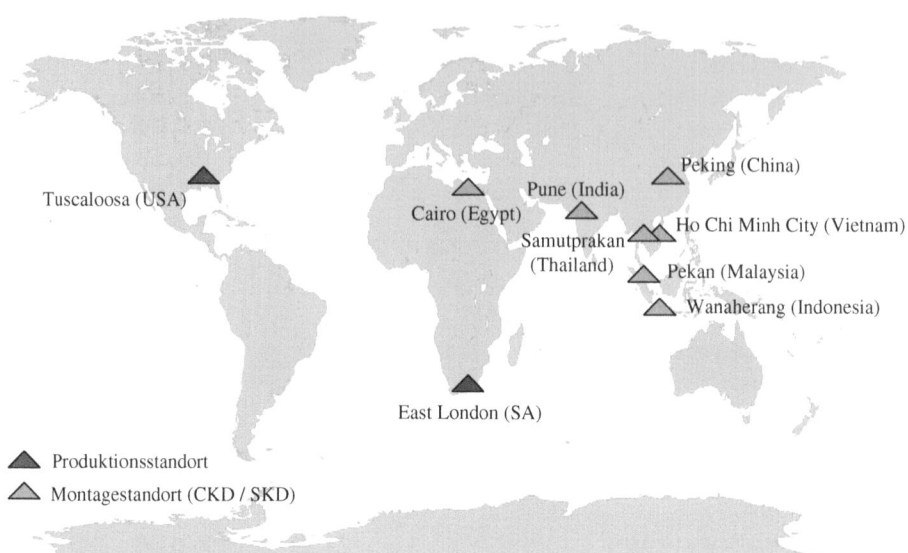

Abb. 8.3 Produktions- und Montagewerke von Mercedes Benz weltweit außerhalb Europas im Jahr 2014. (Quelle: in Anlehnung an Mercedes Benz Cars im Überblick, Ausgabe 8/2014 – www. mercedes-benz.com; www.daimler.com)

Zuliefererstrukturen organisiert werden (vgl. Abb. 8.3). Das liegt auch daran, dass kundeninduzierte Spezifikationen und Funktionalitäten im Automobilbereich zuweilen eine größere Rolle spielen und aufwendigere nationale Produktanpassungen erfordern als im Bereich von Smartphones, Jeans oder Accessoires, die eher von globalen Standard-Designs dominiert werden.

Je größer und komplexer die Zuliefererkomponenten sind und je größer der Transportkostenanteil an den Gesamtkosten ist, desto mehr werden sich Distanzen zwischen Unternehmen und ihren Supply-Chain-Partnern potenziell verkürzen. Ein ähnlich differenziertes Bild ergibt sich für die Dienstleistungsbranchen, wo naturgemäß die Nähe zu Kunden im Restaurant- oder im Bankgewerbe eine größere Rolle spielt als beispielsweise im Consulting-Geschäft, wo von den Kunden häufiger auf internationale Spezialisten von entfernteren Standorten zurückgegriffen wird, zumal es sich bei solchen Dienstleistungen in der Regel um einmalige und nicht um revolvierende Transaktionen handelt (Wild und Wild 2014).

Weitere an Bedeutung zunehmende Faktoren für Produktionsstandort-Entscheidungen sind Verfügbarkeiten, Local Content-Vorschriften und Wechselkursschwankungen. Ein Beispiel für die Wirkung von Verfügbarkeitsbeschränkungen im Beschaffungsbereich sind die sogenannten seltenen Erden, also seltene chemische Substanzen wie Kobalt, Tantal oder Wolfram, die zwar in geringen Mengen, aber dennoch unverzichtbarer Bestandteil nahezu sämtlicher moderner elektronischer Kommunikationsgeräte wie Smartphones, Tablets oder Laptops sind. In den vergangenen Jahren kam es dort zunehmend zu Engpässen in der Herstellung, sodass sich viele Hersteller gezwungen sahen, ihre Geräte in China zu produzieren bzw. produzieren zu lassen, da dort der Großteil der zur gegebenen Zeit im globalen Markt zugänglichen seltenen Erden abgebaut wurde und der chinesische Staat vorübergehend deren Ausfuhr mit Exportquotenregelungen beschränkte.

Ein zusätzlicher Treiber für Produktionsansiedlungen in bestimmten (Schwellen-) Ländern sind von den dortigen Regierungen erlassene Local Content-Vorschriften, die den Verkauf von Produkten nur solchen ausländischen Herstellern erlauben, die ihre Produkte mit einem Mindestmaß an Komponenten herstellen, die von lokalen Zulieferern hergestellt bzw. geliefert werden, was auch wegen der damit verbundenen hohen Koordinationskosten eine lokale Produktion effizienter werden lässt (Hill 2012). Schließlich spielen auch Wechselkursentwicklungen eine immer wichtigere Rolle im Kontext von Produktionsmanagement-Entscheidungen. Mit zunehmender Volatilität von Währungen, in denen ein Unternehmen Geschäfte mit seinen Kunden und Lieferanten betreibt, steigt dabei potenziell die Attraktivität für die Unternehmen, sich zu dezentralen Produktionsstandorten in solchen Ländern zu entschließen, in denen auf der Grundlage dieser Währungen Geschäft betrieben wird.

Neben den klassischen Standortfaktoren spielt auch die Philosophie einer stärker zentralen oder dezentralen Ausrichtung eine wichtige Rolle im internationalen Produktionsmanagement. Mit zunehmender Internationalisierung steigern manche Unternehmen konsequent die Anzahl ihrer Produktionsstandorte aus Gründen der Nähe zu den Absatz- und Beschaffungsmärkten aber auch aus Gründen der besseren Informationsgrundlage über Kundenpräferenzen oder regulatorische Vorschriften etwa hinsichtlich Verbraucher- oder Umweltschutz-Standards. Für einen eher dezentral orientierten Ansatz im internationalen Produktionsmanagement kann auch eine potenziell erforderliche Nähe zwischen Produktion einerseits und Forschung und Entwicklung andererseits sprechen. Je weniger differenziert das Produktangebot in den internationalen Märkten ausfällt, desto eher wird einer Zentralisierung der Produktion in einem Unternehmen das Wort geredet werden. Dies ermöglicht die Fokussierung von Skaleneffekten und Kostenführerschaftsstrategien, die häufig auf der Grundlage einer Betrachtung der Kombination aus Produktions- und Transportkosten entstehen.

Generell kann man sagen, dass je höher die Fixkosten einer Produktion sind, je niedriger bestehende Handelshemmnisse ausfallen und je höher der Wert eines Produktes im Verhältnis zu seinem Gewicht ist, desto eher würde sich ein Unternehmen für eine zentrale Produktion entscheiden (Meckl 2014). Eine grundsätzliche Kategorisierung organisatorischer Varianten eines internationalen Produktionssystems lässt sich aus einer Gegenüberstellung der Dimensionen Länderanzahl und Fragmentierungsgrad der Produktion ableiten (vgl. Abb. 8.4). Der Fragmentierungsgrad der Produktion lässt sich anhand der Subkategorien der Aufspaltung der Produktionsstufen, der Aufspaltung der Produktionsstandorte und der Zentralisierung der Produktion spezifizieren, während die Länderanzahl in die Subkategorien ein Land bzw. mehrere Länder zerfällt.

		Fragmentierungsgrad der Produktion		
		Aufspaltung der Produktionsstufen	Aufspaltung der Produktionsstandorte	Zentralisierte Produktion
Länderanzahl	ein Land	Nationale Verbundproduktion	Nationale Parallelproduktion	Weltmarktfabrik
	mehrere Länder	Internationaler Produktionsverbund	Internationale Parallelproduktion	

Abb. 8.4 Konfiguration internationaler Produktionssysteme. (Quelle: in Anlehnung an Perlitz und Schrank 2013)

Bei der Weltmarktfabrik werden sämtliche Produktionskapazitäten an einem Produktionsstandort gebündelt, an dem die Produktionsbedingungen optimal sind. Das bedeutet, dass im Falle arbeitsintensiver Produktion wie bei Smartphones, Schuhen oder T-Shirts in der Regel aus Kosten- und Verfügbarkeitsmotiven von Arbeitskräften Schwellenländer als Standort ausgesucht werden, wohingegen bei komplexen und stark automatisierten Produktionsverfahren, die in erster Linie den Einsatz hoch qualifizierter Arbeitskräfte in überschaubarem Rahmen erfordern, häufiger Standorte in Industrieländern bevorzugt werden, die jedoch keinesfalls mit dem Heimatland übereinstimmen müssen (Meckl 2014). Dagegen liegt eine Parallelproduktion vor, wenn verschiedene Produktionsstandorte das gleiche Produktportfolio produzieren, sodass eine Skalierung hinsichtlich gleicher oder ähnlicher Produktionsstandorte entsteht, wobei jeder Standort grundsätzlich sämtliche Fertigungsstufen abdeckt. Eine solche Vervielfältigung von Produktionsstätten kommt deutlich häufiger in einem internationalen Kontext als in einem nationalen zum Tragen.

Insbesondere bei der international ausgelegten Parallelproduktion liegt der Produktionsfokus stärker auf der Anpassung an Bedingungen und Präferenzen lokaler Märkte und damit auch auf der Unabhängigkeit der einzelnen internationalen Produktionsstandorte voneinander, was jedoch mit einem generellen Verzicht auf Volumenvorteile einhergeht. Schließlich bedeutet eine Verbundproduktion eine, sofern produktionstechnisch möglich, Separation der unterschiedlichen Fertigungsstufen, sodass in unterschiedlichen Ländern verschiedene Fertigungsstufen produktionstechnisch abgedeckt werden und damit einzelne Produktionsstandorte nicht mehr über die technischen Fähigkeiten verfügen, ein Produkt komplett herzustellen (Meckl 2014). Hier findet also eine Spezialisierung auf bestimmte Produktionsstufen statt, deren Wertschöpfung dann in der Regel für alle Standorte bzw. Länder erbracht wird, wodurch Volumenvorteile erzielt werden können, allerdings mit dem Nachteil einer starken Abhängigkeit der Produktionsstandorte untereinander, die bei Ausfällen einzelner Standorte, die gesamte Produktionskette zum Stillstand bringen kann.

Neben solchen, rein produktionsprozessbasierten Aspekten, spielen auch noch andere Argumente für das Betreiben eines Standortes eine Rolle. Dazu gehört die Reputation eines Standortes, die wie das Beispiel „Made in Germany" zeigt, enorme Auswirkungen auf die Reputation von Produkten haben kann. So konnten etwa am Standort Singapore von Daimler für lange Zeit vielen Kunden nur Fahrzeuge auf dem lokalen Markt verkauft werden, die nachweislich in Deutschland produziert bzw. zusammengebaut worden waren, weil die singapurischen Kunden kein Vertrauen in die Produktionsqualität anderer Standorte wie etwa China hatten, die ihrer Ansicht nach nicht unbedingt zum Image eines Premiumproduktes passten. Ein weiterer Aspekt, welcher in diesem Zusammenhang relevant werden kann, betrifft das Risikomanagement. Aus risikotechnischer Betrachtung kann eine Streuung der Produktion über mehrere internationale Standorte Sinn machen, um bei Ausfällen eines Standortes weiterhin lieferfähig zu bleiben oder bei stark volatiler Wechselkursentwicklung Produktionsvolumina zwischen Standorten zu verlagern, um Gewinneinbußen oder Verluste zu vermeiden (Perlitz und Schrank 2013).

Darüber hinaus spielt das Qualitätsmanagement eine wichtige Rolle. Je nachdem, wie hoch die Anforderungen an Design- und Verarbeitungsqualität sowie Haltbarkeit eines Produktes sind, ist auch die Qualität der produzierten Güter ein wichtiges Standortkriterium. So lassen sich anspruchsvolle produktspezifische Qualitäts- und Leistungsstandards aufgrund unterschiedlicher Entwicklungsstände nicht an jedem internationalen Standort durchsetzen. Diese Erfahrung musste seinerzeit etwa der Stofftier-Hersteller Steiff machen, der nach vier Jahren seine Produktion aus China aufgrund von Qualitätsmängeln wieder zurückzog (Schießl 2010). Schließlich ist die Entscheidung, ob ein internationaler Produktionsstandort beibehalten oder verlagert werden soll auch von Erfahrungskurveneffekten abhängig. Erfahrungskurveneffekte können dabei einer reinen Betrachtung der originären Ausgangskosten entgegenstehen, weil sie erst zu einem späteren Zeitpunkt im Produktlebenszyklus in vollem Ausmaß realisiert werden können.

8.2.3 Prozess- und Layout-Selektion

Die Auswahl eines Produktionsprozesses impliziert eine Entscheidung darüber, wie die Produktion von Gütern und Dienstleistungen organisiert werden soll. Sie hat bedeutende Konsequenzen für die Kapazitätsplanung, das Layout von Produktionsstätten, die Ausrüstung und die Gestaltung von Arbeitsplätzen (Stevenson 2015). Eine Prozessauswahl steht naturgemäß dann an, wenn neue Produkte oder Aktivitäten geplant werden, aber auch in bestimmten Abständen als Folge von technologischen Veränderungen oder Wettbewerbsdruck. Die Art und Weise, wie ein Unternehmen oder eine Organisation eine Prozessauswahl betreibt, ist abhängig von ihrer Strategie und dabei vor allem von der Kapitalintensität, die die Relation zwischen Kapitaleinsatz und menschlicher Arbeit definiert, von der Flexibilität des Ressourceneinsatzes, also dem Leichtigkeitsgrad, mit dem Mitarbeiter und Ausrüstung eine breite Auswahl an Produkten, Output-Niveaus, Aufgaben und Funktionen erfüllen können, dem Grad an Kundeneinbindung in den jeweiligen Prozess sowie der generellen Prozess-Struktur in Form eines Layouts (Krajewski et al. 2015). Die Auswahl eines Produktionsprozesses ist nachfragebestimmt und wird im Wesentlichen beeinflusst durch die beiden Parameter der Varietät und des Volumens.

Diese beiden stehen normalerweise in einem inversen Verhältnis zueinander, was bedeutet, dass mit steigender Varietät der Produkte, die in einem Prozess gefertigt werden, das Produktionsvolumen dieses Prozesses abnimmt und umgekehrt. Dieser Unterschied begründet zugleich das Ausmaß an Standardisierung bzw. Anpassungsfähigkeit eines Produktionsprozesses, welches wiederum durch die Internationalisierungsstrategie beeinflusst wird, nach der bei Kostenführerschaft zumeist großvolumige, automatisierte und standardisierte Produktion an zentralen Standorten die Folge ist, während mit einer Differenzierungsstrategie häufig eine Dezentralisierung der Produktion mit entsprechend höherer lokal angepasster Varietät und niedrigeren Volumina einhergeht, was in der Regel höhere Produktionsprozess- und Entwicklungskosten impliziert (Wild und Wild 2014). Dagegen ist die Varietät eines Prozesses positiv korreliert mit dem Bedarf an Flexibilität, woraus ersichtlich wird, dass mit steigender Varietät der Bedarf an flexibel einsetzbaren personellen und maschinellen Ressourcen zunimmt.

> Es gibt grundsätzlich fünf unterschiedliche Produktionsprozessarten: den Projekt-Prozess, den Job-Prozess, den Batch-Prozess, den Linienprozess und den kontinuierlichen Fluss-Prozess, die nachfolgend einzeln beleuchtet werden.

8.2.3.1 Projekt-Prozess

Der Projekt-Prozess beschäftigt sich mit diskreten, hochgradig kundenspezifischen Produkten. Ein solcher Produktionsprozess läuft normalerweise über einen relativ langen Zeitraum und ist charakterisiert durch eine sehr hohe Varietät und ein sehr niedriges Volumen, welches in der extremsten Ausprägung dieses Prozesses, der Einzelfertigung, eins beträgt. Die einzelnen Projektschritte und Aktivitäten sind dabei häufig unsicher, diffus und unstrukturiert und werden zuweilen im Herstellungsprozess selbst noch umgestellt. Beispiele für projekt-prozessbasierte Produktion betreffen den Schiffbau oder die Produktion von Kinofilmen (Slack et al. 2010). Jeder Projekt-Prozess hat dabei eine eigene Organisation und führt zumeist zu komplexen Prozessdiagrammen. Die Kundeneinbindung ist hier in der Regel sehr hoch.

8.2.3.2 Job-Prozess

Der Job-Prozess operiert auf einem relativ geringen Kapazitätsniveau und schafft die notwendige Flexibilität, um eine Vielzahl von Produkten mit einem niedrigen Volumen zu produzieren. Auch der Job-Prozess unterliegt einer hohen Varietät und einem niedrigen Volumen, allerdings in ihren dimensionalen Ausprägungen vergleichsweise schwächer als beim Projekt-Prozess. Ein Job-Prozess beschreibt einen Prozess, der die Flexibilität zur Produktion einer breiten Palette von Produkten in signifikanter Quantität mit entsprechender Komplexität und Divergenz in den unternommenen Arbeitsschritten bietet. In einem Job-Prozess teilt jedes hergestellte Produkt die Ressourcen mit den anderen Produkten und erhält grundsätzlich dabei die gleiche Form von Aufmerksamkeit, differiert aber in seinen Funktionalitäten bzw. zu bedienenden Präferenzen.

Produkte, die in einem Job-Prozess hergestellt wurden, sind im Durchschnitt kleiner und weniger technologisch komplex als solche, die in Projekt-Prozessen produziert werden und ihr Repetitionsgrad ist analog dem Projektprozess niedrig. Sie verlaufen in einem geringeren Ausmaß unter unvorhersehbaren Bedingungen als Projektprozesse dies tun. Die Kundeneinbindung ist für gewöhnlich hoch. Beispiele für job-prozessbasierte Produktion liegen in der Herstellung von Spezialwerkzeugen, in der Möbelrestauration oder in der Maßkonfektionierung von Kostümen und Anzügen (Slack et al. 2010).

8.2.3.3 Batch-Prozess

Ein Batch-Prozess ist die in der betrieblichen Praxis bei weitem am häufigsten vorkommende Prozessart, wobei diesbezüglich in kleine und große Batches zu differenzieren ist. Der Batch-Prozess unterscheidet sich vom Job-Prozess in Varietät und Volumen dergestalt, dass die Volumina aufgrund der höheren Repetitionsrate der hergestellten Produkte in einem Batch-Prozess auf einem moderaten Niveau und damit höher sind als bei einem Job-Prozess. Auf der anderen Seite ist der Varietätsgrad geringer, sodass der Qualifikationsgrad der involvierten Mitarbeiter nicht so hoch sein muss wie bei einem Job-Prozess (Stevenson 2015).

Einige Komponenten, die in ein Endprodukt eingehen, werden möglicherweise auf Vorrat produziert, sodass mehr geplante konsekutive Arbeitsschritte erfolgen als in einem Job- oder gar Projektprozess. Grundsätzlich unterscheidet man innerhalb des Batch-Prozesses zwischen kleinen und großen Batches je nach Repetitionsgrad und Gleichartigkeit der Produkte. Im ersten Fall ähnelt der Prozess dem Job-Prozess, im zweiten dagegen trägt er bei sehr großen Batches bereits Züge eines Linien-Prozesses, der nachfolgend erläutert wird. Die Kundenbindung liegt im Durchschnitt auf einem mittleren bis niedrigen Niveau. Beispiele für Produkte, die in Batch-Prozessen hergestellt werden, sind technische Standardkomponenten, die an ein Fließband geliefert werden oder Brot- und Kuchensorten, die von einer Bäckerei hergestellt werden (Stevenson 2015).

8.2.3.4 Linien-Prozess

Linien-Prozesse zeichnen sich dadurch aus, dass sie hohe Volumina an standardisierten Produkten herstellen, die es erlauben, die Ressourcen im Prozess aufgrund der relativ niedrigen Varietät um spezifische Produkte herum zu organisieren. Folglich ist der Repetitionsgrad und damit die Vorhersehbarkeit in diesem Prozess entsprechend hoch. Standardisierte Produkte erfordern hohe Spezialisierung, d. h., nur eine geringe Flexibilität in den Anlagen und Ausrüstungen ist nötig, die im Prozess zur Produktherstellung verwendet werden (Krajewski et al. 2015). Dementsprechend ist auch die Kundeneinbindung in den Prozess niedrig. Der Qualifikationsgrad der Mitarbeiter, die in einem solchen Prozess beschäftigt sind, ist eher niedrig. Häufig handelt es sich dabei um Produktionsstraßen, in denen Mitarbeiter in einem vorgegebenen Takt Standard-Komponenten zusammen- oder einbauen. Beispiele für Produkte, die in Linien-Prozessen hergestellt werden, sind Automobile, Computer oder Spielzeug.

8.2.3.5 Kontinuierlicher Fluss-Prozess

Ein Kontinuierlicher Fluss-Prozess verkörpert das Extrem einer hoch-volumigen standardisierten Produktion mit rigiden Linienprozessen, die eine Varietät aufweisen, welche gegen Null tendiert. Sie laufen für eine sehr lange, manchmal gegen unendlich konvergierende Zeit. Die Kapitalintensität in einem solchen Prozess ist analog dem Standardisierungsgrad sehr hoch und liegt damit höher als in einem Linien-Prozess. Für gewöhnlich besteht ein durchgängiger Materialfluss ohne Unterbrechung durch den gesamten Prozess. Im Gegensatz zum Linien-Prozess läuft hier der Prozess ohne schicht- oder tagesablauf-bezogene Unterbrechungen, bis das gesamte beabsichtigte Volumen produziert worden ist. Die Kundeneinbindung in den Prozess ist hier zumeist sehr gering oder gar nicht vorhanden. Die Qualifikationsanforderungen an die Mitarbeiter variieren zwischen niedrig und hoch, je nachdem welche Tätigkeiten ausgeführt werden müssen. Beispiele für kontinuierliche Fluss-Prozesse finden sich in der Erdölexploration, in der Stahlproduktion oder bei Abfüllanlagen für Getränke (Slack et al. 2010).

Neben der grundsätzlich gegenläufigen Bewegung zwischen Varietät und Volumen und den gleitenden Übergängen zwischen den einzelnen Prozesskategorien, wie sie die Abb. 8.5 zeigt, können sich die Prozessanforderungen und -charakteristika im Zeitablauf verändern, während die zugehörigen Produkte den Produktlebenszyklus durchschreiten.

8.2.3.6 Economies of Scope

Entsprechend der vorstehend verwendeten Logik ist die Flexibilität der Ressourcen für gewöhnlich niedrig, wenn die Kapitalintensität hoch ist. In verschiedenen Produktionsbereichen beispielsweise der Maschinenbau- oder Automobilindustrie wird dieser Trade-off durchbrochen mittels programmierbarer Automation. Durch die Schaffung von Economies of Scope anstelle von Economies of Scale wird die Standardisierung von der Produktebene auf die Komponentenebene verschoben, sodass die Produktion verschiedener gleichartiger Produkte möglich wird und damit Differenzierung bzw. Anpassung und niedrige Produktionskosten zugleich erreichbar und damit kompatibel werden (Krajewski et al. 2015).

Solche Plattformstrategien kommen mittlerweile bei allen internationalen Automobilherstellern zur Anwendung, was ihnen in der Konsequenz ein breiteres Produktportfolio auf Basis eines großen Anteils gleichartiger Komponenten und Teile ermöglicht hat. Volkswagen produziert beispielsweise mit seinen Plattformen MQB (modularer Querbaukasten) und MLB (modularer Längsbaukasten) seine Produkte über verschiedene Marken seines Konzernportfolios hinweg mit gleichen Komponenten, sodass Produkte sowohl innerhalb einer Marke (z. B. VW Golf und VW Beetle) als auch zwischen verschiedenen Marken (z. B. VW Touareg, Porsche Cayenne und Audi Q7) zu erheblichem Anteil aus gleichen Teilen bestehen, was in der Konsequenz nicht nur Herstellungskosten senkt, sondern auch selbst kleine Serien profitabel machen kann, ein Resultat, welches

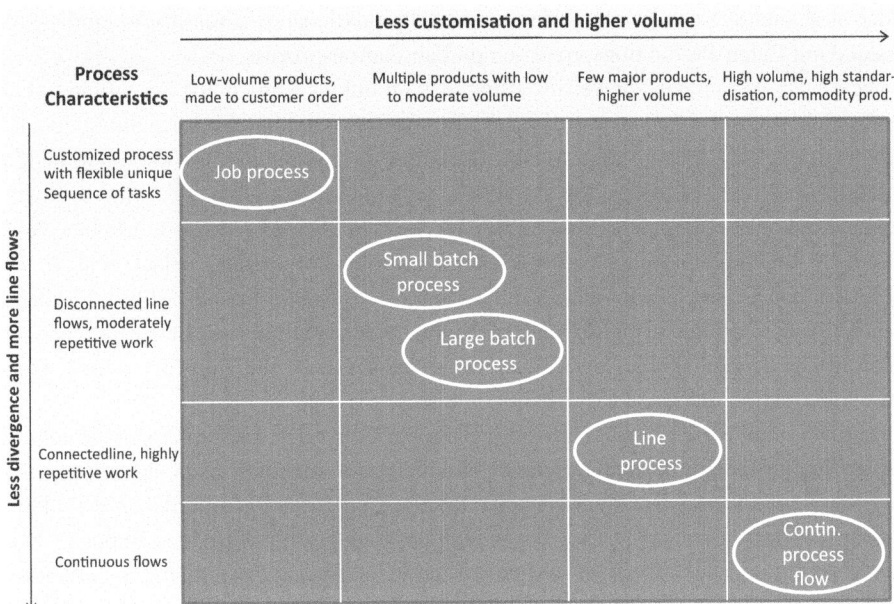

Abb. 8.5 Produkt-Prozess-Matrix für Produktionsprozesse. (Quelle: in Anlehnung an Krajewski et al. 2015)

unter der traditionellen Economies of Scale-Philosophie nicht möglich gewesen wäre. Problematischer werden dabei allerdings die Folgen fehlerhafter Bauteile, die dann zu großvolumigen globalen Rückrufaktionen führen können, welche für OEMs oder Zulieferer dramatische Folgen haben können.

8.2.4   Einfluss des Bestandsmanagements

Die Produktionsprozess-Auswahl ist natürlich auch von den zugrunde liegenden Bestandsmanagement-Strategien abhängig. Im Zusammenhang mit der Auswahl des Produktionsprozesses muss ein passender Ansatz im Hinblick auf die Art und Weise des Bestandsmanagements koordiniert werden.

8.2.4.1   Interdependenzen zwischen Produktions- und Bestandsmanagement

Hersteller, die Produkte nach Maßgaben der Kunden in kleinen Volumina produzieren, tendieren zu Make-to-Order-Strategien und kombinieren diese mit Job-Produktions-Prozessen oder kleinen Batch-Produktions-Prozessen, da die Prozesse aufgrund der geforderten Variabilität hohe Divergenz aufweisen. Hersteller, die eine Vielzahl von Produkten aus einer relativ geringen Anzahl von Vorprodukten und Komponenten nach Eingang der Kundenaufträge herstellen, tendieren zu Assemble-to-Order-Strategien. Assemble-to-

Order-Strategien werden kombiniert mit Linien-Produktionsprozessen im Assembly-Prozess und mit Batch-Produktionsprozessen im Fabrikationsprozess.

Die finalen Aktivitäten zur Fertigstellung des Produktes werden erst ausgeführt, wenn die Kundenorders empfangen wurden. Insofern ist die Assemble-to-Order-Strategie auch verbunden mit dem Prinzip der „Mass Customisation". Hersteller, die Bestände halten, um möglichst kurze Lieferzeiten erreichen zu können, tendieren zu Make-to-Stock-Strategien, da diese Strategien sich eignen für standardisierte Produkte mit hohen Volumina und einigermaßen sicher vorhersehbarer Nachfrageentwicklung (Slack et al. 2010). Diese Art von Strategie wird gerne mit Linien- oder Kontinuierlicher Fluss-Produktionsprozessen kombiniert. Beispiele für Make-to-Stock-Strategien sind Gartengeräte, elektronische Komponenten, Softdrinks oder Chemikalien, die im Allgemeinen einer Massenproduktion unterliegen.

Bestände und Vorräte sind folglich eine direkte Folge der mit der Prozessgestaltung zusammenhängenden Bestandsstrategie und des unternehmerischen Materialflusses sowie der Organisation der Supply Chain. Die Frage nach dem erforderlichen (Mindest-) Maß an Vorratsbeständen ist eine fundamentale strategische Frage des Supply Chain Managements und beeinflusst die Vorratskosten als eine der wesentlichen unternehmerischen Kostenpositionen. Vorratskosten bestehen aus unterschiedlichen Kostenpositionen. Kapitalkosten werden als Opportunitätskosten alternativer Investments auf Basis des durchschnittlichen Kapitalkostensatzes (WACC – Weighted Average Cost of Capital) berechnet, je höher die Vorratsbestände desto höher sind die Kapitalkosten.

Vorratsbestände erfordern Lagerkapazität und müssen im Unternehmen bewegt werden, je umfänglicher die Vorratsbestände desto höher die entsprechenden Lager- und Prozesskosten. Mit steigenden Vorräten steigen sowohl die Versicherungskosten als auch die Steueraufwendungen. Die Schaffung von Vorräten kann die Lieferflexibilität und Liefergeschwindigkeit erhöhen und damit die Lieferfähigkeit zum Wohle der Kundenzufriedenheit steigern (eines der größten Risiken hinsichtlich Kundenzufriedenheit und Kundenbindung liegt in nicht erfüllbaren Aufträgen aufgrund von Stockouts). Mit jeder Material- oder Produkt-Bestellung fallen Bestellkosten an, diese verhalten sich in der Regel umgekehrt proportional zu den Lager- und Kapitalkosten, zumal desto häufiger bestellt werden muss, je geringer der durchschnittliche Bestand ausfällt (Stevenson 2015).

Aufstellungs- und Rüstkosten beinhalten Personal-, Tool- und Reinigungskosten, die in der Regel unabhängig sind von den sie veranlassenden Aufträgen oder Chargen. Hohe Aufstellungs- oder Rüstkosten sprechen eher für höhere Vorratsbestände und/ oder umfangreichere Lose. Durch die Schaffung zusätzlicher Vorratsbestände kann das Management die Produktivität des Personals und die Auslastung der Betriebsmittel steigern, was insbesondere Sinn macht in stark zyklischen Branchen, wo in nachfrageschwachen Perioden die erforderlichen Vorratsbestände für die Peak-Phasen produziert werden und damit teure Personaltransaktionen, Sonderschichten, etc. vermieden werden. Transportkosten können durch höhere Vorratsbestände reduziert werden infolge entsprechend reduzierter Transportfrequenzen bei höheren Liefervolumina. Die Verhandlungsmasse auf Seiten des ordernden Unternehmens ist in der Regel umso höher, je höher die entsprechenden Order-Volumina sind, dies betrifft sowohl klassische Discounts als auch verschobene Preiserhöhungen.

8.2.4.2 Entscheidungsmuster für Produktions- und Bestandsprozesse

Strategische Wettbewerbskriterien müssen betrachtet werden, wenn eine Strategie in zugehörige Produktionsprozesse übersetzt werden soll. So favorisiert eine Make-to-Order-Strategie eine hohe Flexibilität (insbesondere hinsichtlich der kundenbezogenen Produktspezifikation) und hohe Qualitätsstandards, für die der Kunde bereit ist mehr zu bezahlen. In diesem Kontext ist die Fertigstellung bzw. Auslieferung des Produktes zum vereinbarten Zeitpunkt eine schwierige Herausforderung, weswegen darauf im Produktionsmanagement-Prozess ein besonderer Fokus gelegt wird. Bei der Assemble-to-Order-Strategie werden Liefergeschwindigkeit und Flexibilität (insbesondere Varietät) fokussiert, während bei der Make-to-Stock-Strategie Liefergeschwindigkeit und niedrige Kosten betont werden. Die zu diesen Bestandsstrategien passenden Prozesse sind in ihrer Selektion bzw. Gestaltung abhängig von den bereits zuvor diskutierten Parametern Prozess-Struktur, Kunden-Einbindung, Ressourcenflexibilität und Kapitalintensität (vgl. Abb. 8.6).

8.2.5 Lean Produktion und Just-in-Time

Mehr als drei Jahrzehnte nach dem Erscheinen des bahnbrechenden Werkes von Peters und Waterman (1984) und der darin beschriebenen, vom japanischen Automobil-Unternehmen Toyota geprägten Philosophie von Lean Production, die seinerzeit eine radikale Abkehr von traditionellen Produktionssystemen darstellte und insbesondere für die bis dato im Markt dominierenden amerikanischen und europäischen Automobilhersteller

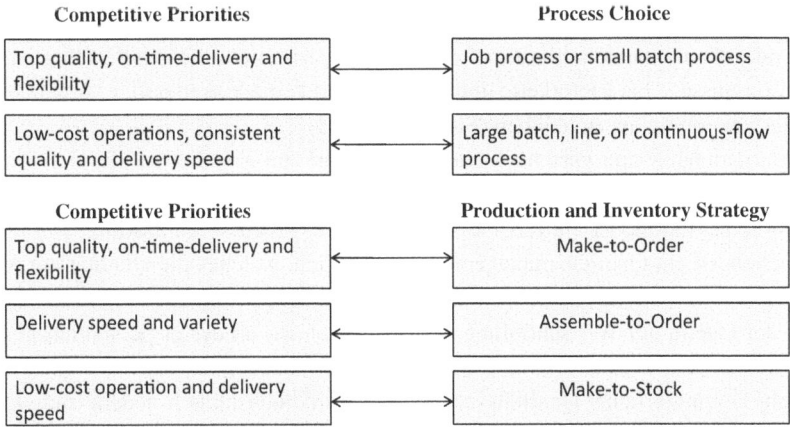

Abb. 8.6 Beziehung zwischen Wettbewerbs-Prioritäten, Prozessgestaltung und Bestandsstrategie. (Quelle: in Anlehnung an Krajewski et al. 2015)

zu einer ernsthaften Bedrohung wurde, hat sich das dahinter stehende Produktionsma-
nagement-Prinzip flächendeckend über alle Branchen etabliert und ist längst zu einem
internationalen Standard geworden. In diesem Zuge zeigten gerade die deutschen Automobilhersteller, dass sie in vergleichsweise überschaubarer Zeit in der Lage waren, die
Vorzüge des Lean Production-Konzepts zu verinnerlichen und auf die eigenen kulturellen und gesellschaftlichen Verhältnisse zu übertragen.

▶ **Lean Production** Das Kernprinzip von Lean Production verkörpert die Eliminierung jeglicher Form von Verschwendung, um ein Produktionssystem zu schaffen, welches schnellere, produktivere, qualitativ hochwertigere und kostengünstigere Produktionsprozesse
ermöglicht als dies in traditionellen Produktionssystemen möglich ist (Slack et al. 2010).

Lean Production löst sich vom klassischen Trade-off zwischen Flexibilität und Effizienz
und strebt eine Null-Fehler-Organisation an. Der Weg dorthin wird erreicht durch das
Prinzip der kontinuierlichen Prozessverbesserung, die so genannte Kaizen-Philosophie.
Lean Production wird zuweilen reduziert auf das Just-in-Time-Prinzip. Dieses impliziert
ein hoch-koordiniertes Prozess-System, durch das Güter unterbrechungsfrei manöv-
riert werden und jeweils auf der entsprechenden Prozess- bzw. Produktionsstufe genau
zu dem Zeitpunkt bereitgestellt werden, zu dem sie benötigt werden, sodass im Idealfall
keine Puffer bzw. Vorratsbestände mehr benötigt werden.

Voraussetzung dafür ist ein striktes und integriertes Lieferantenmanagement, bei dem
grundsätzlich die Lieferanten in der Nähe der Produzenten angesiedelt sind, sodass sie
ihre Lieferungen entsprechend den Bedürfnissen der Produzenten tages- oder stunden-
genau vollziehen können. Ein Just-in-Time-Prinzip benötigt ein vorsichtiges Abwägen
zwischen dem Risiko und den Vorzügen minimaler Bestände, zumal ein solcher Ansatz
ein Unternehmen verwundbarer gegen Prozessstörungen jeglicher Art machen kann. So
können Naturkatastrophen wie Stürme, Überflutungen und Erdbeben oder terroristische
Anschläge, aber auch simple operativ bedingte Prozessunterbrechungen bei den Lieferanten dazu führen, dass ein Unternehmen keinen Nachschub an Rohstoffen, Vorprodukten oder Komponenten erhält und damit schlagartig nicht mehr lieferfähig ist, wenn
solche Ereignisse seine Lieferkette unterbrechen und keine Vorratspuffer vorhanden sind,
um Unterversorgung auszugleichen (Stevenson 2015).

Je internationaler und verschachtelter eine Lieferkette gestaltet ist, desto größer werden derartige Risiken. Zielsetzung eines Lean Production-Systems ist in diesem Zusammenhang eine möglichst pufferfreie, störungsfreie Prozessorganisation. Um dies zu
ermöglichen, ist ein Qualitätsmanagement erforderlich, welches die Qualität am Arbeitsplatz direkt in den Fokus rückt, was bedeutet, dass jeder Mitarbeiter selbst für die Qualität an der Quelle der Wertschöpfung verantwortlich ist, an der er persönlich durch die
Tätigkeiten an seinem individuellen Arbeitsplatz im Prozess mitwirkt.

Durch kontinuierliche Qualitätsverbesserung an buchstäblich jedem individuellen
Arbeitsplatz und Arbeitsschritt soll eine fehlerfreie und reibungslose Prozessgestaltung
möglich werden, die das Qualitätsversprechen für den Kunden im Sinne eines Total Qua-

lity Managements möglich macht (Wild und Wild 2014). Dabei dominieren einfache Arbeitsschritte am jeweiligen Arbeitsplatz und prozessübergreifendes Denken, welches im Rahmen von Qualitätszirkeln und begleitenden arbeitsorganisatorischen Prinzipien im Kontext von Job Enlargement, Job Enrichment und Job Rotation gefördert wird. Weitere wichtige Voraussetzungen sind ein vom Management vorgelebtes klares Commitment für Teamwork und Kooperation sowohl innerhalb des produzierenden Unternehmens als auch zwischen dem Unternehmen und seinen Partnern in der kompletten Supply Chain sowie eine rigorose Standardisierung und damit einhergehende Automatisierung von Prozessen, um Prozesseffizienz und -fehlerfreiheit zu maximieren.

Die Etablierung bzw. Umsetzung eines Lean Production-Systems an einer Vielzahl internationaler Standorte eines multinationalen Unternehmens ist kein trivialer Prozess. Er bedarf vielmehr einer differenzierten Strategie der Einführung, bei der insbesondere interkulturelle und regulatorische Aspekte eine Rolle spielen. Diese Erfahrungen mussten gerade die japanischen Unternehmen in den 1990er Jahren machen, als sie im Heimatland bewährte Lean Production-Systeme, zugehörige Prozesstechniken und Tools an ihren internationalen Standorten, zunächst in den USA und in Großbritannien einführen wollten und dabei teilweise erhebliche Probleme hatten, die sie mitunter in Konflikt mit den lokalen Arbeitnehmern und deren Vertretern sowie mit nationalen Gesetzen brachten, sodass sie schließlich ihre Produktions- und Management-Ansätze entsprechend modifizieren mussten, um erfolgreich in diesen und anderen Ländern produzieren zu können (Garrahan und Stewart 1992; Fucini und Fucini 1990).

8.2.6 Make-or-Buy-Entscheidung – Vertikale Integration vs. Outsourcing

Das typische Produktionsunternehmen benötigt eine Vielzahl von Inputs, um seinen Produktionsprozess vollziehen zu können. Solche Inputs stellen naturgemäß entweder Rohstoffe oder Komponenten dar, wobei insbesondere letztere einer Make-or-Buy-Entscheidung unterliegen, die entsprechend der jeweiligen Vor- und Nachteile der beiden Alternativen vom produzierenden Unternehmen abzuwägen ist.

8.2.6.1 Vertikale Integration

Die Make-Entscheidung ist in der Regel verbunden mit einer vertikalen Integration, d. h., mit einem Prozess, bei dem ein Unternehmen seine Kontrolle über weitere Produktions-Schritte in der Wertschöpfungskette ausdehnt. Dies ist zum Beispiel der Fall, wenn ein Automobilhersteller entscheidet, seine eigenen Kabelbäume zu produzieren bzw. die Produktion von seinem Zulieferer zurückzuholen. Vorteile, die sich aus einer derartigen vertikalen Integration ergeben, können einerseits niedrigere Kosten sein, die beispielsweise daraus entstehen, dass durch die Eingliederung Margen des Zulieferers internalisiert werden. Ein anderer Grund für eine vertikale Integration liegt in der Erweiterung bzw. Zurückgewinnung von Kontrolle über weitere Produktionsschritte (Wild und Wild 2014).

So kann eine vertikale Integration zu mehr Kontrolle über Rohstoffe, Produkt-Design und den Produktionsprozess selbst führen, die allesamt einen wesentlichen Einfluss auf die Produktqualität haben, was insbesondere dann von besonderer Bedeutung ist, wenn die Kunden besonders sensibel auf Veränderungen in der Produktqualität reagieren, welche etwa dadurch hervorgerufen werden können, dass die bisherigen Lieferanten aus Kostengründen oder technologischen Gründen nicht in der Lage sind, entsprechende notwendige Veränderungen oder Nachbesserungen an Prozess oder Produkt vorzunehmen.

Beispiele für vertikale Integrationen multinationaler Unternehmen fanden sich in den letzten Jahren besonders häufig in der Lebensmittelindustrie. So minimiert etwa der Brauereikonzern Anheuser-Busch InBev die Auswirkungen von Rohstoff- und Zulieferengpässen über eine rückwärtsgerichtete vertikale Integration von Tochterunternehmen im Getreideanbau, im Flaschen-Recycling und in der Abfüllung und hält auf diese Weise die Brauaktivitäten des Unternehmens auf optimalem Effizienzniveau. Eine vorwärts gerichtete Vertikalisierung des Endkundengeschäfts durch Rohstoffhändler und Hersteller von industriellen Vorprodukten erfordert dagegen zuweilen ungleich komplexeres Wissen über Konsumenten und Markenmanagement, was am Beispiel des Kakaokonzerns Barry Callebaut und dessen am Ende wenig erfolgreicher Übernahme der Stollwerk-Gruppe mit ihren Marken Gubor, Sarotti und Alpia ersichtlich wurde (PWC 2013).

8.2.6.2 Outsourcing

Die Praxis, von anderen Unternehmen ein Gut oder einen Service einzukaufen, welches Teil der unternehmerischen Wertschöpfungskette ist, wird als Outsourcing bezeichnet. Outsourcing ist die Folge kontinuierlicher Spezialisierung und technologischen Fortschritts. Für jede weitere Form der Spezialisierung in seinen Produktionsprozessen benötigt ein Hersteller ausgeprägtere Fähigkeiten und erweitertes Wissen im Verhältnis zum vorhergehenden Status. Folglich kann durch Outsourcing eines Produktionsprozesses oder von Teilen desselben der Grad an vertikaler Integration reduziert werden und somit das Volumen an erforderlichem Spezial-Know-how, welches in die Produktion seitens des Unternehmens einfließen muss, abnehmen. Outsourcing ist in den vergangenen Jahren in vielen Branchen sehr populär geworden, so u. a. in der Computer-Industrie, wo sich Hersteller zahlreicher spezialisierter Komponentenhersteller bedienen, um ihre Geräte am Markt anzubieten (Hill 2012).

Zu solchen spezialisierten Komponentenherstellern gehören beispielsweise Intel im Bereich von Prozessoren, Seagate bei Festplatten bzw. Harddisks, Mitsumi bei DVD-Laufwerken oder NVidia bei Grafikkarten. Die Endgerätehersteller kaufen diese Komponenten ein, bauen sie in ihren Produktionswerken zusammen und verkaufen komplette Systeme an ihre Kunden. Eine vergleichsweise neue Form des Produktions-Outsourcings entwickelt sich mit zunehmender Dynamik in der Pharma-Industrie, wo sich mit der Online-Plattform Innocentive ein Forum gebildet hat, in dem sich Pharmahersteller und Institute über schwierig zu lösende Problemstellungen austauschen, woraus sich mittlerweile ein Netzwerk von mehr als 145.000 kreativen Denkern und Forschern entwickelt hat, bestehend aus Ingenieuren, Wissenschaftlern und Erfindern mit Expertise in Biowissenschaften, Ingenieurwissenschaften, Chemie, Mathematik, Computerwissenschaften und Gründungsmanagement (Wild und Wild 2014).

Foxconn – Ein globaler Kontraktor mit 1,5 Mio. Beschäftigten

Foxconn, ein Tochterunternehmen des taiwanesischen Konzerns Hon Hai, ist mit einem Umsatzvolumen von deutlich über 100 Mrd. US$ der weltweit größte Kontraktor für elektronische Güter. Zu seinen Kunden gehören nahezu alle internationalen Elektronikkonzerne wie Apple, Cisco, Dell, Hewlett Packard, Samsung, Sony oder Toshiba. Auf seinem größten Werksgelände in China arbeiten 240.000 Arbeiter auf 2,5 km². Sie leben in Werksräumen und können auf dem Gelände Weiterbildungskurse besuchen und sogar Bachelor-Abschlüsse erwerben. Eine Reihe von Selbstmorden von Foxconn-Mitarbeitern im Jahr 2009 brachten das Unternehmen zunehmend in Verruf, seine Angestellten, die in der Regel 60-h/Woche arbeiteten, auszubeuten.

In der Folge wurde die Möglichkeit zur Überstundenleistung auf neun Stunden pro Woche eingeschränkt, wogegen ein Großteil der Arbeiter opponierte, weil dies für sie zu Einkommenseinbußen führte, die ihre Möglichkeiten als Wanderarbeiter einschränkten, ihre Familienangehörigen auf dem Land zu unterstützen. Nebenbei führte dies zu Arbeitskostenerhöhungen von 1,4 Mrd. US$ (Griffin und Pustay 2015). Darüber hinaus entstand durch die starke Konzentration der Produktion von elektronischen Gütern und den damit zusammenhängenden Aufbau von Produkt-Know-how bei Foxconn in den Elektronikkonzernen ein zunehmendes Unbehagen bezüglich einer potenziellen Konkurrenzsituation durch Foxconn, das sich durch die Akquisition eines namhaften Herstellers wie Sharp im Jahr 2016 noch verstärkt hat.

Viele Unternehmen kaufen zu, wenn dies gegenüber der Eigenproduktion die günstigere Option ist. Falls eine vertikale Integration aufgrund zu hoher Kosten oder mangelnder Ressourcen nicht möglich ist, wird das Unternehmen typischerweise die Outsourcing-Option wählen. Abgesehen von niedrigeren Kosten und mangelnder Ressourcenverfügbarkeit gibt es jedoch noch weitere Gründe, welche für Outsourcing sprechen (Hill 2012). Einer davon betrifft die Absenkung von potenziellen Risiken. So kann Outsourcing ein probates Mittel sein, das politische Risiko zu minimieren, dem sich Investitionen im Ausland ausgesetzt sehen, indem sich Unternehmen einer Investition in Produktionsfabriken und Ausrüstung verweigern und stattdessen die jeweiligen Produkte oder Komponenten von anderen (lokalen) Herstellern zukaufen. Dadurch werden außerdem hohe Versicherungsprämien eingespart, um sich gegen politische Risiken und damit verbundene Schäden abzusichern. Das bedeutet jedoch nicht, dass der Käufer durch Outsourcing von allen Risiken befreit ist. Vielmehr können politische Risiken auch dazu beitragen, dass die einzukaufenden Komponenten verspätet im Produktionsprozess eintreffen und damit schlimmstenfalls den kompletten Stopp der Produktion verursachen.

Selbst unter normalen Umständen erhöhen internationale Outsourcing-Arrangements das potenzielle Risiko einer Nichteinhaltung von Produktionsplänen. Ein weiterer möglicher Vorteil des Outsourcings liegt in der größeren Flexibilität solcher Arrangements, insbesondere dann, wenn zwischen mehreren Zulieferern gewechselt werden kann, wenn etwa politische oder wirtschaftliche Instabilitäten oder die Volatilität der Wechselkurse dies nahelegen (Hill 2012). Zusätzliche finanzielle Flexibilität entsteht durch das Einsparen ggfs. hoher Investitionssummen für eigene Fabriken und die damit verbundene Möglichkeit, ohne große Probleme Produktlinien zu verändern oder einzustellen, wenn sich das Marktpotenzial als sehr unsicher herausstellt. Schließlich hilft Outsourcing dabei, Forschungs- und Entwicklungskosten zu sparen, gerade wenn es sich um Technologien handelt, die kein Schrittmacher- oder Schlüsseltechnologie-Potenzial aufweisen (Wild und Wild 2014).

Ein zusätzliches Argument für Outsourcing im Produktionsbereich begründet sich in der Tatsache, dass mit einer Outsourcing-Entscheidung auch häufig eine Marktmacht-Frage verbunden ist, insbesondere dann, wenn der Zulieferer in ein aufgrund eines signifikanten Outsourcing-Volumens hohes Abhängigkeitsverhältnis zum Käufer gerät und dadurch im weiteren Verlauf der Geschäftsbeziehung wahrscheinlich größere Zugeständnisse bei Preisen sowie Produkteigenschaften eingehen muss. Auf der anderen Seite bestehen aber auch Hindernisse und Hürden hinsichtlich der Gestaltung von Outsourcing-Geschäftsbeziehungen.

Dazu gehören zum Beispiel Importzölle, die von Staaten erhoben werden und den Zukauf von Komponenten oder Produkten unrentabler oder gar unwirtschaftlich machen, weil Importzölle oder ähnliche Gebühren und Tarife für gewöhnlich in einer Größenordnung zwischen 15 und 50 % zu einem entsprechenden Kostenaufschlag auf die Güter führen. Schließlich findet Outsourcing natürlicherweise dort seine Grenze, wo Produkte und Komponenten von strategischer Bedeutung betroffen sind, bei denen die Auslagerung auf einen Dritten bedenklich ist, wenn damit der Transfer von Innovations- und Wissenspotenzialen verbunden ist, der die zukünftige Wettbewerbsfähigkeit maßgeblich beeinträchtigen kann (Slack et al. 2010).

8.2.7   Digitalisierung und Cyber-physische Systeme

Die Digitalisierung ist einer der so genannten Megatrends des 21. Jahrhunderts und sie hat in diesem Zuge begonnen, die Arbeits- und Produktionsprozesse in den Unternehmen zu verändern. In jüngster Zeit ist daher ein wachsender Trend hin zu einer Debatte zu beobachten, die sich mit den Implikationen einer Integration virtueller Computer-Netzwerke mit physischen Systemen zu so genannten Cyber-physischen Systemen auseinandersetzt. In Deutschland hat dies zu der Zukunftsinitiative „Industrie 4.0" geführt, welche einen wesentlichen Bestandteil des Hightech-Programms ausmacht, das die Bundesregierung ins Leben gerufen hat, um die Digitalisierung traditioneller Industriebranchen wie der Maschinenbau- und Automobilindustrie voranzutreiben.

In der Konsequenz sollen daraus Produktionssysteme entstehen, die sich ohne maßgebliche menschliche Intervention zum großen Teil selbst steuern und optimieren können und dabei von einer durchgängigen Interkonnektivität und großen Mengen an Dateninformationen profitieren können (vgl. Abb. 8.7). Vor diesem Hintergrund wird es immer wahrscheinlicher, dass in absehbarer Zukunft solche technologischen Systeme

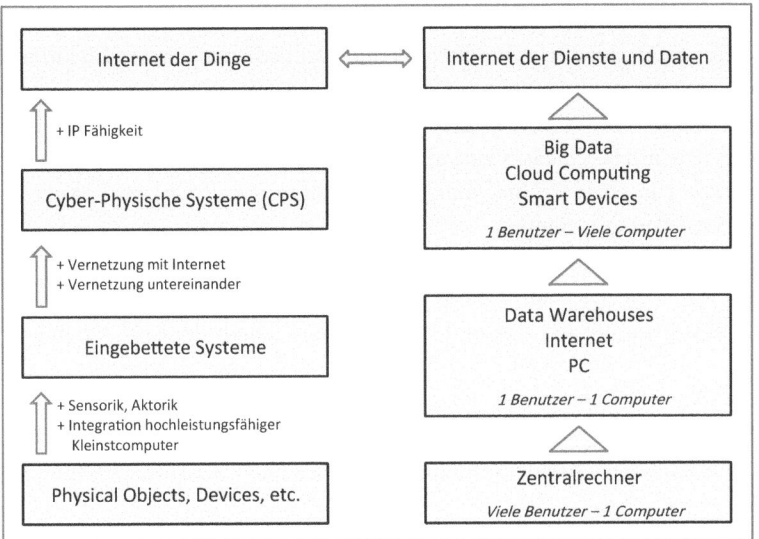

Abb. 8.7   Konvergierende Technologieentwicklung. (Quelle: in Anlehnung an Kagermann 2014)

signifikante Auswirkungen auf Arbeitsinhalte und Arbeitsorganisation vor allem hinsichtlich einer weiteren Automatisierung von Prozessen sowohl im Produktions- als auch im Servicebereich haben werden und damit zugleich potenziell erheblichen Einfluss auf die Beschäftigungsfähigkeit vieler Arbeitnehmer nach sich ziehen sowie zugleich auch die Art und Weise verändern werden, wie diese am Arbeitsprozess beteiligt sein werden (Ford 2009).

Autonom fahrende Autos in den USA, robotergesteuerter Hotelservice in Japan oder 3-D-Druck-basierte Möbel- bzw. Fertighauserstellung in China sind nur einige internationale Beispiele bereits heute Realität gewordener Ausprägungen einer immer weiter zunehmenden Digitalisierung der Arbeitswelt, die den internationalen Wettbewerb maßgeblich beeinflussen und entscheiden werden. Zunehmende Vernetzung von Anlagen und Gegenständen im Rahmen eines Internets der Dinge und damit verbundene zunehmende Integration von Kunden und Geschäftspartnern in Produktions- und Wertschöpfungsprozesse werden zu einer weiteren Individualisierung von Produkten und Dienstleistungen führen, die die Losgröße eins zu einer realistischen Option werden lassen. Gerade in Deutschland mit seiner traditionell starken Basis im industriellen Sektor, der immer noch rund 22 % des Bruttoinlandsprodukts repräsentiert, liegen hier große Chancen, aber auch Risiken für die Unternehmen, ihre bisherigen produktionstechnologischen Spitzenpositionen weiter zu festigen bzw. auszubauen (Kagermann 2014).

SAP – Anwendung Industrie 4.0-basierter Technologien in der intelligenten Fabrik
Anlässlich der Hannover-Messe 2014 zeigte das Unternehmen SAP ein Beispiel, wie Produktionsprozesse in einer integrierten intelligenten Fabrik zukünftig ablaufen werden. In diesem Szenario informieren Werkstücke einer 8,60 m langen Produktionsan-

lage eine Maschine darüber, wie sie zu bearbeiten sind. Montiert werden nicht nur zwei völlig unterschiedliche Produkte – eine Fernbedienung sowie Elektronikkomponenten für Smart Meter –, eines der beiden kann sogar in bis zu 16 verschiedenen Varianten hergestellt werden. Das SAP Co-Innovation Lab und die SAP-Produktentwicklung haben das Szenario zusammen mit den Kunden Festo Didactic und Elster Kromschröder in einer Co-Innovation entwickelt, wobei die gesamte Anlagentechnik von den SAP-Partnern stammt.

Die Werkstücke tragen Informationen in Form von Parametern über den Ablauf der Produktion in sich. Die einzelnen Teile wissen, wer sie sind und können sich mittels RFID-Technologie mit der Anlage unterhalten. Sie fahren immer zur richtigen Station und sagen dieser, wie sie konkret zu bearbeiten sind. Durch den Einsatz von Standards können Produktvarianten so in völlig beliebiger Reihenfolge und Stückzahl auf einer Produktionslinie hergestellt werden. Losgröße 1, die Fertigung von genau einem Produkt mit einer individuellen Kundenkonfiguration, wird somit zur Realität (Böhme 2014).

Ohne Zweifel wird indes die lokale Arbeitnehmerschaft dabei unter erheblichen Druck geraten, um ihre Beschäftigungsfähigkeit und ihre damit verbundene Attraktivität für den zukünftigen Arbeitsmarkt zu bewahren, sodass zugleich erhebliche Investitionen in Aus- und Weiterbildungsprogramme sowohl aufseiten der Unternehmen als auch aufseiten der Industrie- und Handelskammern und der Hochschulen unumgänglich werden dürften. Insgesamt dürfte jedoch aufgrund des vergleichsweise hohen Bildungs- und Qualifikationsstandes die Position der Industrieländer im Vergleich zu den meisten Schwellen- und Entwicklungsländern bezüglich der Zukunftsfähigkeit im Allgemeinen komfortabler sein, da die Anzahl der Arbeitsplätze mit einfachen Tätigkeiten bei letzteren deutlich höher liegt und sich damit der traditionelle Lohnkostenvorteil, von dem sie gegenüber den Industrieländern traditionell bei der Produktion von Computern, Textilien, Möbeln, Spielzeug und anderen Gütern profitiert haben, marginalisieren wird, sodass mehr und mehr Produktionsprozesse in die Industrieländer repatriiert werden, eine Tendenz, die bereits heute erkennbar ist (Ford 2009; Brynjolfsson und McAfee 2014).

8.2.8 Nachhaltigkeit in der Produktion

Nachhaltigkeit in der Produktion ist zwar schon seit geraumer Zeit ein viel diskutiertes Thema, wurde aber in der Vergangenheit in vielen Unternehmen eher als ein Randthema angesehen, zumal sich trotz zunehmender Themenpräsenz über lange Zeit keine belastbaren empirischen Ergebnisse heranziehen ließen, welche eine eindeutig positive Korrelation zwischen Nachhaltigkeit und Unternehmenswertsteigerung bestätigen konnten. Forscher des MIT haben jedoch unlängst in Zusammenarbeit mit der Unternehmensberatung BCG in einer globalen Befragung von über 3000 Investoren – darunter Repräsentanten von Pensionsfunds, Asset Management-Unternehmen, Banken und Versicherungen – aus 113 Ländern herausgefunden, dass diese mittlerweile einen starken Bezug sehen zwischen der Nachhaltigkeitsleistung eines Unternehmens und seinen finanziellen Ergebnissen und sich aufgrund dessen wie niemals zuvor nachhaltigkeitsrelevanter Unternehmensdaten bedienen, um Investitionsentscheidungen zu treffen (Unruh et al. 2016).

Dies ist insofern nicht überraschend, als sich Umweltstandards zunehmend von einem Lebensqualitätsthema zu einem Überlebensfähigkeitsthema wandeln, was zu einer wachsenden Anzahl von Regularien führt, die mittlerweile auch in immer mehr Schwellen- und Entwicklungsländern eingeführt werden, die wie beispielsweise China erkannt haben, dass grenzenloses (Produktions-)Wachstum zu einer Vernichtung natürlicher Ressourcen und damit auch gesellschaftlicher Lebensgrundlagen führt. In diesem Zuge stellen etwa Nahrungsmittelhersteller wie Nestlé, die sich wachsender Kritik hinsichtlich der in ihren Produkten verwendeten Fett- und Zuckeranteile sowie Geschmacksverstärker ausgesetzt sehen, um auf eine stärker therapeutisch ausgelegte Produktpalette im Sinne einer personalisierten Medikation, um so dem wachsenden Wunsch von Kunden und Investoren nach gesunden und nachhaltigen Produkten gerecht zu werden (Ritter 2016). Dabei gewinnt auch die Thematik der geschlossenen Stoffkreisläufe weiter an Bedeutung, die besonders bei knappen oder umwelttechnisch problematischen Stoffen wie seltenen Erden oder Kunststoffen eine immer größere Rolle spielen und der Recycling-Branche wachsende Umsätze bescheren (vgl. Abb. 8.8).

Auch die Sensibilisierung großer Teile der Bevölkerung hinsichtlich potenzieller Giftstoffe in Konsumgütern und der damit häufig korrespondierenden niedrigen Produktionslöhne an Fertigungsstandorten in Schwellen- und Entwicklungsländern schreitet weiter voran und bedroht die Geschäftsmodelle der billigen Massenproduktion zulasten von Umweltstandards. Schließlich nehmen die Fälle zu, in denen Unternehmen für die Verletzung von Umweltstandards zu hohen Reparations- bzw. Entschädigungszahlungen verurteilt werden, wofür die von British Petrol aufgrund von Defiziten im Explorationsprozess verursachte Umweltkatastrophe im Golf von Mexiko eines der bekanntesten

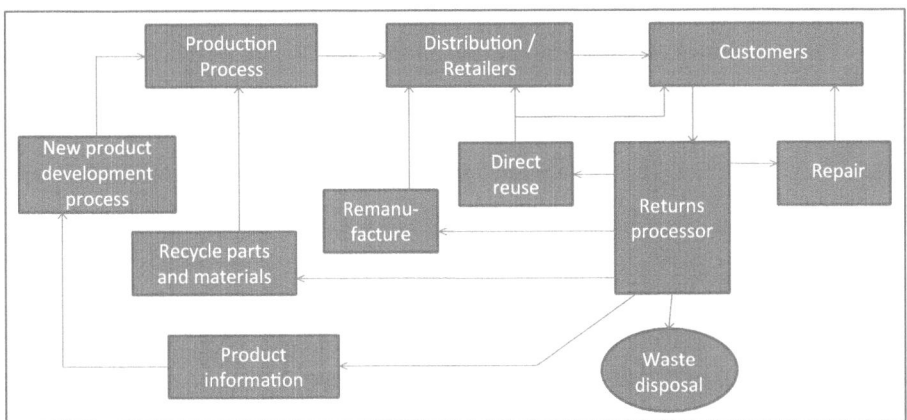

Abb. 8.8 Beispiel eines Wiederverwertungskreislaufs. (Quelle: in Anlehnung an Krajewski et al. 2015)

Beispiele der jüngeren Vergangenheit darstellt. Auf der anderen Seite stößt nachhaltige Produktion dort an ihre Grenzen, wo die damit häufig einhergehenden Produktionskostensteigerungen zu Umsatz- und Profitabilitätsausfällen führen, die die Wirtschaftlichkeit der Unternehmen bedrohen oder ihre Leistungsfähigkeit übersteigen. Letzteres wird zum Beispiel besonders deutlich im Bereich der ökologischen Landwirtschaft, deren Produktion aufgrund des Erfordernisses häufig wechselnder Frucht- und Anbausorten viele Betriebe ressourcentechnisch überfordern und so das produzierte Angebot an Bioware natürlich begrenzen.

Kontrollfragen

1. Welche Entwicklungen prägen das internationale Produktionsmanagement und welche Herausforderungen sind damit verbunden?
2. Stellen Sie eine Entscheidungsmatrix zur Bewertung alternativer internationaler Produktionsstandorte für ein Automobilunternehmen auf und bewerten Sie die einzelnen Standorte entsprechend der von Ihnen gewählten Kriterien.
3. Welche Alternativen zur Organisation von Produktionsprozessen und Layouts stehen einem internationalen Unternehmen grds. zur Verfügung und welchen Einfluss haben diese auf das Bestandsmanagement?
4. Beschreiben Sie die Philosophie der Lean Production und gehen Sie in diesem Zusammenhang auch auf für deren Umsetzung notwendige Konzepte und Strukturen ein.

Literatur

Böhme T (2014) Industrie 4.0: Zwei Beispiele für die Fabrik der Zukunft. SAP Newscenter. www. news.sap.com

Brynjolfsson E, McAfee A (2014) The second machine age. Work, progress, and prosperity in a time of brilliant technologies. WW Norton & Co, New York

Ford M (2009) The lights in the tunnel. Acculant Publishing, USA

Fucini JJ, Fucini S (1990) Working for the Japanese. Inside Mazda's American autoplant. The Free Press, New York

Garrahan P, Stewart P (1992) The Nissan enigma. Flexibility at work in a local economy. Mansell Publishing, London

Griffin RW, Pustay MW (2015) International business: a managerial perspective, 8. Aufl. Pearson Education, Harlow

Hill CWL (2012) International business. Competing in the global marketplace, 9. Aufl. McGraw-Hill Education, New York

Kagermann H (2014) Chancen von Industrie 4.0 nutzen. In: Industrie 4.0 in Produktion, Automatisierung und Logistik. Anwendungen Technologien Migration. Springer Gabler, Wiesbaden, S 603–614

Krajewski LJ, Ritzman LP, Malhotra MK (2015) Operations management, 11. Aufl. Pearson Education, Harlow

Meckl R (2014) Internationales Management, 4. Aufl. Vahlen, München

Perlitz M, Schrank R (2013) Internationales Management, 6. Aufl. UVK, Konstanz

Peters TJ, Waterman RH (1984) Auf der Suche nach Spitzenleistungen. Was man von den bestge-
führten US-Unternehmen lernen kann. Moderne Industrie, Landsberg

PricewaterhouseCoopers (2013) Vertikale Integration in der Lebensmittel- und Getränkeindustrie.
Besondere Fähigkeiten sichern den Erfolg. Research Report

Ritter J (2016) Schluss mit Fett und Zucker. Nestlé sucht sein Heil in der Gesundheit. Frankfurter
Allgemeine Zeitung, 5. Juli 2016. www.faz.net

Schießl M (2010) Friedhof der Kuscheltiere. Spiegel Online, 4. Jan. 2010. www.spiegel.de

Serafeim G, Kaiser E, Linder J, Naranjo I, Nguyen-Taylor K, Streur J (2015) The role of the cor-
poration in society: implications for investors. The Calvert-Serafaim-Series. www.calvert.com

Slack N, Chambers S, Johnston R (2010) Operations management, 6. Aufl. Pearson Education,
Harlow

Stevenson WJ (2015) Operations management, 12. Aufl. New York, McGraw-Hill Education

Unruh G, Kiron D, Kruschwitz N, Reeves M, Rubel H, Meyer zum Felde A (2016) Investing for
a sustainable future. MIT Sloan management review research report in collaboration with the
Boston consulting group. www.sloanreview.mit

Wild JJ, Wild KJ (2014) International business, 7. Aufl. Pearson Education, Harlow

Internationales Logistikmanagement 9

Zusammenfassung

Gegenstand dieses Kapitels sind die Entwicklung und die einzelnen Bestandteile von internationalen Logistikstrukturen und -prozessen, wie sie in multinationalen Unternehmen vorkommen bzw. gehandhabt werden. In diesem Zuge wird nach einer generellen Einführung in die Thematik des internationalen Logistikmanagements und seiner strategischen und operativen Dimensionen zunächst auf die Funktion und Ausgestaltung der globalen Distributionszentren und Warehouse-Strukturen eingegangen. Daran schließt sich die Behandlung des internationalen Vorratsmanagements inklusive seiner Komponenten und Relationen an. In einem weiteren Schritt werden Aspekte des internationalen Verpackungsmanagements und des Materialflusses thematisiert, bevor der Transportprozess und seine verschiedenen Modi (Schiff, Flugzeug, Bahn, LKW) in den Fokus der Betrachtung rücken. Schließlich wird der in den letzten Jahren stark gewachsenen Thematik der Retour- und Entsorgungslogistik in der Darstellung entsprechender Diskussionsraum zur Abrundung des internationalen Logistikmanagements eingeräumt.

9.1 Entwicklung und Strategien im Logistikmanagement

Die Logistik hat in den letzten Jahren wie kaum ein anderer Unternehmensbereich an Bedeutung gewonnen, was gesamtwirtschaftlich mit einem rasanten Logistik-Branchenwachstum in vielen internationalen Märkten korrespondierte. Die Internationalisierung der Logistik gilt als einer der wesentlichen Treiber der Globalisierung. Vorhersagen zufolge soll der Globalisierungsgrad der Logistikfunktion in den Jahren zwischen 2013 und 2023 um weitere dreißig Prozent von 61 auf 91 % steigen (Hult et al. 2014). Vor diesem Hintergrund ist es nur folgerichtig, dass die Logistikbranche mittlerweile zu den umsatzstärksten und bedeutendsten Wirtschaftsbranchen etwa in Europa gehört.

© Springer Fachmedien Wiesbaden GmbH 2017   217
M. Sure, *Internationales Management*, DOI 10.1007/978-3-658-16163-7_9

Die Entwicklungsstufen der strategischen Bedeutung der Logistik, die diese im Laufe der Jahre genommen hat, lassen sich anhand eines Vier-Stufen-Modells verdeutlichen. Die erste Stufe betrachtet die Logistik als traditionelle ausführende Funktion, die den Erfolg eines internationalen Unternehmens in seinen Märkten entweder gar nicht oder nur unwesentlich beeinflussen kann.

In der zweiten Evolutionsstufe wird die Logistik als Commodity-Funktion gesehen, die strategisch nach wie vor von begrenzter Bedeutung ist, allerdings in ihrer Qualität und Effizienz auf dem Niveau der wesentlichen Konkurrenten angesiedelt sein soll, um keine Wettbewerbsnachteile zu erleiden. Die dritte Evolutionsstufe der Logistik platziert die Logistik von ihrer strategischen Bedeutung her als strategie-unterstützende Funktion mit maßgeblichem Beitrag zum Erreichen eines strategischen Wettbewerbsvorteils. Die vierte und letzte Evolutionsstufe kristallisiert die Logistikfunktion als wesentlichen strategischen Wettbewerbsfaktor gegenüber der Konkurrenz heraus. In diesem Fall basiert die Unternehmensstrategie wesentlich auf der Logistikkompetenz des internationalen Unternehmens und stellt damit dessen Logistikkompetenz als differenzierenden und entscheidenden Vorteil heraus (Schulte 2013). Gerade die dritte und insbesondere die vierte Entwicklungsstufe der Logistikfunktion wurden wesentlich beeinflusst und befeuert durch die rasante Entwicklung der Informations- und Kommunikationstechnologien, wozu insbesondere die internet-basierten Technologien und deren Vernetzung mit Mobilfunk- und Radiofrequenztechnologien beigetragen haben.

Auf diese Weise konnten Konzerne wie Amazon entstehen, deren Kernkompetenz im Wesentlichen in der effizienten und zügigen logistischen Abwicklung von über das Internet erhaltenen Kundenorders liegt. So werden Commodity-Produkte wie Bücher, Haushaltsgeräte, Textilien oder Computer in einer breiten Palette über die Unternehmens-Websites angeboten und aus einem dahinterliegenden Netz von großen Distributions-Zentren geliefert, wodurch sich der stationäre Einzelhandel in vielen Ländern immer stärker bedroht sieht und zunehmend Schwierigkeiten hat, mit den damit verbundenen aggressiven Preis- und Lieferbedingungen Schritt zu halten, zumal man sich immer weniger in der Lage sieht, den enormen Skalenvorteilen von Unternehmen wie Amazon noch etwas entgegenzusetzen. Unternehmen wie Amazon, die über logistische Kernkompetenzen entscheidende Wettbewerbsvorteile generieren, zeigen darüber hinaus auch aufgrund der vergleichsweise einfachen Skalierbarkeit ihres Geschäftsmodells die Tendenz, eben dieses Geschäftsmodell auf immer neue Produktbereiche auszuweiten, wofür der Lebensmitteleinzelhandel ein aktuelles Beispiel bietet.

Im Zuge der Entwicklung von Logistikstrategien kann die Portfolio-Technik angewendet werden, wobei logistische Normstrategien abgeleitet werden auf Basis der Dimensionen der Logistikattraktivität und der Logistikkompetenz (Christopher 2013). Dabei fokussiert sich die Logistikattraktivität auf eine integrierte Betrachtung des logistischen Differenzierungspotenzials und des logistischen Kosteneffizienzpotenzials, während die Logistikkompetenz eines Unternehmens auf die Fähigkeit eines Unternehmens abstellt, ein Logistikkonzept in Planung und Realisierung umzusetzen, was wiederum maßgeblich von Logistik-Know-how und -Erfahrung der eigenen Mitarbeiter

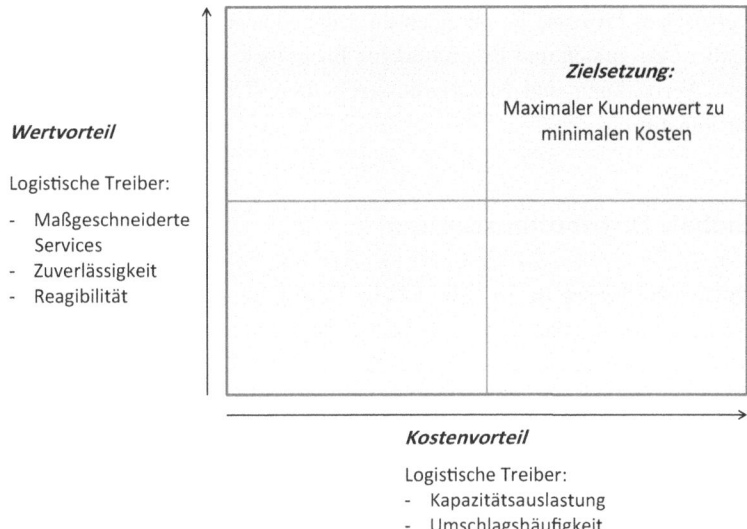

Abb. 9.1 Wert- und Kostenvorteile als Erfolgsfaktoren einer internationalen Logistikstrategie. (Quelle: in Anlehnung an Christopher 2013)

bzw. derjenigen von Kooperationspartnern abhängt (vgl. Abb. 9.1). Die Logistikattraktivität wird also einerseits durch Kostensenkungsmöglichkeiten (Attraktivität der Logistikkosten) und andererseits durch Leistungssteigerungsmöglichkeiten (Attraktivität der Differenzierung durch Logistik) determiniert, während die Logistikkompetenz die Ressourcenstärke und -qualität im Logistikmanagement betrifft (Schulte 2013).

Die Logistikattraktivität des Online-Handel-Geschäftsmodells ist im Bereich der Logistikkosten durch die mittels großer Distributionszentren entsprechend skalier- und standardisierbaren Prozesse entsprechend hoch. Gleichzeitig ermöglichen damit verbundene Distributions-Center-Strukturen gute Differenzierungsmöglichkeiten hinsichtlich schneller Lieferung aufgrund hoher Verfügbarkeitsstandards, die von den Kunden geschätzt werden. Dies stellt ein weiteres Beispiel für die bereits in Kap. 4 dargestellte neue Gesetzmäßigkeit strategischen Denkens und Handelns dar, wonach erfolgreiche strategische Konzepte sowohl Differenzierung als auch kompetitive Kosteneffizienz erfordern.

9.2 Parameter im internationalen Logistikmanagement

Internationales Logistikmanagement als Antwort auf Kundenerwartungen an ein immer vielfältigeres und jederzeit an jedem Ort verfügbares Angebot an Waren und Dienstleistungen ist nur möglich im Zusammenspiel einer Reihe von Funktionalitäten, in deren Zentrum Lagerung, Transport, Verpackung und Distribution der jeweiligen Waren stehen. Beginnend mit globalen Distributionszentren als Zentren für die Integration für die meisten logistischen Prozesse beschreiben die folgenden Abschnitte in diesem Zuge die Charakteristika, Aktivitäten und Empfehlungen für globale Distributionszentren, Vorratsmanagement, Verpackung und Materialflusstechniken, Transport sowie Retouren- und Entsorgungslogistik.

9.2.1 Globale Distributionszentren

▶ **Globales Distributionszentrum** Ein globales Distributionszentrum oder Warenhaus ist eine Einrichtung, welche standardisierte oder differenzierte Produkte bereithält und für eine Distribution dieser an Händler oder direkt an Endkunden überall auf der Welt sorgt.

Dabei haben sich solche Distributionszentren von reinen Lagerstätten zu dynamischen Dienstleistungszentren gewandelt, in denen Produktanpassungen bzw. Mehrwertdienstleistungen erbracht werden, die auf individuelle lokale oder regionale Kundenwünsche und -spezifikationen reagieren können (Frazelle 2002). Ein globales Distributionszentrum steht im Mittelpunkt einer internationalen Supply Chain insbesondere bezogen auf die Auftragsannahme und den Auftragsabwicklungsprozess.

Solche Warenhäuser begründen ein globales Supply Chain-Netzwerk, weil sie als einzelner Standort oder als ein System aus mehreren Satelliten-Standorten Lagerkontingente und Bestände managen und dabei unterschiedliche Sortimente und Konfektionen für lokale Märkte und Kundengruppen bereithalten inklusive entsprechender logistischer Mehrwertdienstleistungen. Globale Distributionszentren werden strategisch an solchen Standorten platziert, an denen die aggregierten Transportkosten der Inbound- und Outbound-Logistik, also der Logistikkosten, die durch Anlieferung von Produkten durch Lieferanten, durch Lagerung und Intra-Lagerlogistik im Distributionszentrum selbst sowie durch Distribution der Waren zu Händlern oder Kunden möglichst optimal liegen.

Neben der Logistikkostenbetrachtung zählen für die Standortbestimmung eines Warenhauses außerdem Faktoren wie kommunale Akzeptanz, Zuverlässigkeit und Produktivität lokaler Arbeitnehmerschaft, Umweltaspekte wie beispielsweise Transport- und Emissionsrestriktionen sowie infrastrukturelle Rahmenbedingungen, wozu etwa Elektrizitäts- und Telekommunikationsnetzwerke gehören, die am Standort verfügbar sind (Hult et al. 2014). Distributionszentren und Warenhäuser existieren sowohl aus ökonomischen als auch aus servicebezogenen Gründen, weswegen zwischen grundsätzlich vier Arten von Distributionszentren zu differenzieren ist. Dazu gehören Konsolidierungszentren, die Waren von unterschiedlichen Fabriken aufnehmen, bündeln und dann beispielsweise an Händler und/oder Kunden in einer bestimmten Region abgeben.

Daneben existieren Break Bulk-Warenhäuser, die große Warenlieferungen von einem (zentralen) Produktionsstandort aufnehmen und diese zum Beispiel an dezentrale Händler weiterdistribuieren. Ein Cross-Docking-Warenhaus wiederum empfängt bestimmte Lieferungen von unterschiedlichen Fabriken und konfiguriert diese nach spezifischen Sortimenten für unterschiedliche Händler oder Kunden. Dabei können sowohl die eingehenden als auch die ausgehenden Lieferungen in Lkw-Ladungskapazitäten bewegt und weitergeleitet werden. Schließlich orchestrieren Order Assembly-Warenhäuser etwa von Lieferanten zugelieferte Komponenten oder Produkte, indem sie diese in maßgeschneiderten Kontingenten zeitgerecht an die Produktionsfabriken von Original Equipment Manufacturern (OEMs) distribuiert.

Die Service-Begründung für ein Distributionszentrum liegt darin, einen Mix oder eine Kombination von Produkten oder Komponenten möglichst nah an den relevanten Kunden bzw. (Zwischen-)Händlern zu platzieren, um entsprechende kundenrelevante Konfigurationen zu erlauben bzw. logistische Mehrwertdienstleistungen zur Verfügung zu stellen (Hult et al. 2014). Die typischen Kernprozesse, die in globalen Distributionszentren ablaufen, beinhalten den Prozess der Warenannahme, des Warentransports, der Kommissionierung und der Lagerung (vgl. Abb. 9.2).

Diese Prozesse interagieren in einem Warenhaus miteinander und hängen daher unmittelbar voneinander ab, sodass Leistungsmessungen von Warenhausoperationen zu Kosten, Produktivitäten, Auslastung, Qualität und Durchlaufzeiten erst bei prozessübergreifender Betrachtung und entsprechender Ursache-Wirkungsanalyse tieferen Sinn ergeben. Dabei ist die Warenannahme für gewöhnlich der erste Prozess, der in der Wertschöpfungskette eines Warenhauses betroffen ist. Dieser setzt durch die Sorgfalt und Präzision der Registrierung, Prüfung und Durchleitung von Waren wichtige Standards für die folgenden Warenhausprozesse. Der Lagerungsprozess ist der klassische Prozess eines Distributionszentrums, der bewirkt, dass die Lagerprodukte zur rechten Zeit und am rechten Ort in der globalen Supply Chain zur Verfügung stehen.

Dabei werden Ressourcen und Kosten vor allem hinsichtlich gebundener Kapitalkosten, Lagerbewirtschaftungs- und Transaktionskosten sowie Kosten für das Tracking von Lagergegenständen verbraucht bzw. verursacht, die zwar in Zeiten von Just-in-Time-Philosophien im Vergleich zu früher deutlich geringer ausfallen, aber dennoch im Rahmen

Abb. 9.2 Typische Aufteilung von Kernprozessanteilen in globalen Distributionszentren. (Quelle: in Anlehnung an Hult et al. 2014)

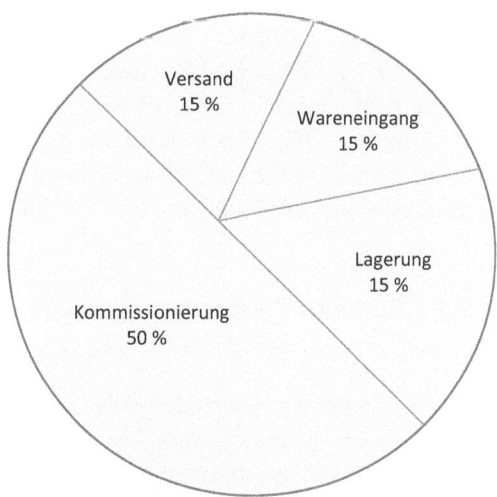

von kritischen ökonomischen und service-bezogenen Kundenanforderungen zu Warenverfügbarkeiten eine wichtige Rolle spielen, zumal sich die Kundeneinstellungen auf globaler Front dahin gehend verändert haben, dass immer mehr Kunden Unternehmen, die sie nicht unmittelbar beliefern können, den Rücken kehren, was gemäß Studienergebnissen zum Business-to-Consumer-Bereich mittlerweile auf annähernd die Hälfte aller Kunden zutrifft (Corsten und Grün 2004). Im Kommissionierungsprozess innerhalb eines Distributions-Zentrums existieren bedeutende Werthebel, die die Leistungsfähigkeit der gesamten Supply Chain beeinflussen können. Zunächst ist es wichtig, dass der Auftraggeber sämtliche Produkte, die er für seine Zwecke benötigt, in möglichst kurzer Zeit und zu minimalen Kosten in der benötigten Menge verfügbar bzw. vorrätig vorfindet.

Anschließend geht es darum, die benötigten und identifizierten Produkte möglichst effizient aus den jeweiligen Lager-Regalen über die intralogistischen Transportmittel an die Lkw-Beladungsrampen zu befördern. Verläuft dieser Prozess automatisiert und störungsfrei, so kann er die Kooperation innerhalb der gesamten Supply Chain beflügeln und zu einer effektiven Lagerlogistik maßgeblich beitragen. Der Transport bzw. Transportprozesse werden zuweilen als nicht den Prozessen eines Warenhauses zugehörig definiert. Wenn doch, werden darunter gelegentlich die Transportaktivitäten vom Lager bis zur Verladerampe und das Verladen auf den Lkw oder ein anderes Transportmittel subsumiert (Hult at al. 2014). Nach Maßgabe einer umfassenderen Sichtweise fallen darunter sämtliche Transportwege der Intralogistik vom Wareneingang zum Lager, innerhalb des Lagers sowie vom Lager zum Transportmittel. Gerade diese Prozesse beeinflussen entscheidend die Durchlaufzeit von Aufträgen und damit indirekt andere wichtige Größen wie die Kapitalbindung und die Kundenzufriedenheit.

In einem multinationalen Unternehmen besteht die Aufgabe darin, die Anordnung von globalen Distributionszentren in einer Weise zu organisieren, die den Kunden maximale Verfügbarkeit bei minimaler Lieferzeit und minimalen Kosten garantiert. Je heterogener die Kundenanforderungen an die Produkte und die logistischen Mehrwertdienstleistungen sind, desto eher wird ein Unternehmen zu regionalen Distributionszentrums-Strukturen mit lokalen Ablegern greifen. So hat beispielsweise der japanische Hersteller Kyocera für seine Document Solutions-Produkte (u. a. Kopierer-, Fax- und Druckerkomponenten) ein regionales Distributionszentrum als europäische Logistikbasis im holländischen Beringe aufgebaut, welches aus den Produktionsfabriken in China und Vietnam via Rotterdam Containerhafen beliefert wird und seinerseits als Verteiler für die einzelnen länderbezogenen Warenhäuser in Großbritannien, Spanien oder Italien fungiert.

9.2.2   Globales Vorratsmanagement

> Unter den Themenbereich des globalen Vorratsmanagements fallen sämtliche Entscheidungen, die die Lagerung von Rohstoffen, von Vorprodukten und Komponenten und von Fertigprodukten betreffen.

Eine internationale Vorratsmanagement-Strategie muss dabei effektiverweise zwischen dem Servicelevel und dem ökonomischen Nutzen, Produkte in großen Chargen herzustellen und sie entsprechend nah an den Kunden zu platzieren und dem Risiko zu hoher Kapitalkosten oder ggfs. hohen Abschreibungsbedarfs abwägen. Je größer die Zahl der Lagerstätten in den einzelnen vom Unternehmen bedienten Märkten ist, desto schneller und differenzierter können die Kunden in den unterschiedlichen Ländern bedient werden, desto eher können Volatilitäten in der Nachfrage oder in den Wechselkursrelationen ausgeglichen werden, aber desto höher werden – abgesehen von den zuvor dargestellten Risiken – auch die Koordinationserfordernisse und die damit verbundenen Koordinations- und Transaktionskosten sein (Mangan et al. 2012). Gängige Leistungskennzahlen, die im Kontext der Effektivität des Vorratsmanagements üblicherweise gemessen werden, repräsentieren die Vorratsumschlagshäufigkeit, Relation zwischen Vorräten und Anlagevermögen sowie die Gesamtkapitalrentabilität.

Bestandsartenvergleich über unterschiedliche Branchen am Beispiel von Siemens, Sinopec und Toyota

Die unterschiedlichen Bestandsarten differieren natürlicherweise je nach Unternehmensbranche beträchtlich, sodass Durchschnittsstatistiken hier offensichtlich nur begrenzten Nutzen stiften, was der folgende Unternehmensvergleich zwischen einem chinesischen, einem japanischen und einem deutschen Konzern verdeutlicht. Sinopec, ein chinesischer Ölkonzern verzeichnet 21,46 % seines Gesamtvermögens im Vorratsvermögen mit einem Mix aus 36,58 % in Rohmaterialien, 42,5 % in Komponenten bzw. unfertigen Erzeugnissen sowie 20,92 % in Fertigerzeugnissen.

Im Verhältnis zu Toyota, dem japanischen und größten Automobilhersteller der Welt, der nur 8,71 % seines Gesamtvermögens im Vorratsvermögen mit den entsprechenden Anteilen von 25,87 %, 13,62 % und 60,50 % hält, verfügt Sinopec über deutlich höhere Bestände an unfertigen Erzeugnissen und Komponenten und vergleichsweise deutlich niedrigere Bestände an fertigen Erzeugnissen, was darauf schließen lässt, dass Ölfirmen eine höhere Flexibilität im Herstellungsprozess wollen im Hinblick auf die exakte Rezeptur ihrer Endprodukte. Der deutsche Technologiekonzern Siemens wiederum, der über ein deutlich breiteres und heterogeneres Spektrum an Geschäftsfeldern verfügt als Toyota oder Sinopec hält 24,28 % seines Gesamtvermögens im Vorratsvermögen mit den entsprechenden Anteilen von 17,50 %, 67,20 % und 15,30 % (Hult et al. 2014).

Neben der Automatisierung von Lager- und Kommissioniersystemen hat insbesondere das Cross-Docking als Logistik-Technik das Vorratsmanagement stark beeinflusst. Cross Docking ist eine Technik, die über den Wareneingang in das Lager hereinkommende Produkte so sortiert und verpackt, dass diese vom anliefernden Fahrzeug direkt durch das Lager hindurch zum abgehenden Transportmittel geleitet werden, sodass die Güter vornehmlich in intermediären bzw. dezentralen Warenhäusern unmittelbar zum Endkunden versandt werden können, in diesem Zuge keine weitere Lagerung, Umetikettierung oder Umverpackung der eingehenden Güter mehr erforderlich wird und dabei zugleich die

Logistikeffizienz und die Liefergeschwindigkeit erhöht werden können. Das Warenhaus wird so zu einem Kurzzeit-Aufenthaltsort für Waren und gewährleistet einen effizienten und schnörkellosen Transport zum Kunden. Neben einer Reduktion der durchschnittlichen Vorratsmenge und der damit verbundenen Kapitalkosten geht damit auch eine mögliche Verringerung der Kapazitäten einher. Weitere Effekte liegen in der Erhöhung der Vorratsumschlagshäufigkeit sowie der korrespondierenden schnelleren Generierung von operativen Cash Flows (Krajewski et al. 2015).

9.2.3   Verpackung und Materialflusstechniken

Verpackungen existieren in allen Formen und Größen und können grundsätzlich in drei verschiedene Kategorien eingeteilt werden, und zwar primäre, sekundäre und Transit-Verpackungen. Unter primären Verpackungen versteht man dabei die Endverpackungen, die auch der Kunde am Produkt wahrnimmt. Sekundäre Verpackungen sind Sammelverpackungen, die mehrere primär verpackte Produkte beinhalten. Schließlich sind Transitverpackungen solche, die eine Reihe von primär und sekundär verpackten Produkten auf einer Palette oder in einer Containerbox bündeln und damit gerade im internationalen Handel den Transport von Gütern erleichtern. Die Verpackung von Waren ist im Rahmen der zunehmenden Internationalisierung zu einem wichtigen und zugleich komplexen Thema avanciert, welches sich auch mit fortschreitender technologischer und regulatorischer Entwicklung im Zeitablauf immer stärker differenziert hat (Pfohl 2010).

Zu dieser Komplexität tragen vor allem die folgenden verpackungsrelevanten Problembereiche maßgeblich bei:

1. Etikettierung,
2. Verpackungs-Design
3. Festigkeit und Sicherheit
4. Nachhaltigkeit und Wiederverwendbarkeit
5. Anwendung von RFID
6. Regulatorische Compliance
7. Temperatursensibilität.

Verpackungsproblemstellungen, die auf den ersten Blick vergleichsweise trivial erscheinen, werden in der Realität zu wichtigen Parametern internationaler Logistikprozesse. Verpackung schützt die Güter im Transit, hilft dabei, die Güter einfacher im Logistikprozess zu handhaben und erleichtert die Beförderung von Gütern an ihren finalen Bestimmungsort. Internationaler Transport und die mit dem Grad der Internationalisierung der Supply Chain wachsende Zahl an Transport-Modi verkomplizieren die Verpackungsentscheidung (Griffin und Pustay 2015). Zu einer weiteren Komplexitätssteigerung tragen mitunter Marketingabteilungen bei, die zuweilen die Tendenz haben, beinahe jedes Verpackungsdetail für Marketing-Zwecke zu nutzen.

Endkunden werden zumindest in den Industrieländern zunehmend sensibler bezüglich der Auswirkungen von Verpackungen derjenigen Güter, die sie kaufen bzw. zugestellt bekommen. Dazu zählen vor allem die Bereiche Nachhaltigkeit, Wiederverwertbarkeit, Gewicht und Güterlokalisierung. Dies wird zum Beispiel zunehmend zum Problem für aufwendige und große Plastikverpackungen. Gleichzeitig erwarten die Kunden im Business-to-Business-Geschäft, aber auch zunehmend im Business-to-Consumer-Geschäft Lokalisierungsfunktionalitäten, sprich Möglichkeiten, zu jeder Zeit Standort und Zustand der von ihnen bestellten Waren überprüfen zu können, womit Verpackungslösungen kompatibel gestaltet werden müssen.

Das Verpackungsgewicht kann etwa im internationalen Wettbewerb insbesondere in denjenigen Branchen relativ schnell zum Problem werden, wo schwere Verpackungsmaterialien notwendig sind wie beim Weingeschäft, wo teure Transportkosten in Verbindung mit schweren Weinflaschen für Exporteure ein Problem darstellen, da sie aufgrund dessen im scharfen Preiswettbewerb mit lokalen Anbietern Probleme haben, ihre Produkte noch gewinnbringend anzubieten, was beispielsweise der australische Weinanbieter Hardy's hinsichtlich seiner interkontinentalen Weinexporte so gelöst hat, dass er seinen Wein statt in einzelnen Flaschen in großen Behältern im Umfang von 24.000 Litern nach Europa transportiert und diesen anschließend vor Ort in Großbritannien für den dortigen Markt in herkömmliche Glas-Weinflaschen umfüllt (Griffin und Pustay 2015). Da das Verpackungsgewicht zuweilen auch zu entrichtende Importzölle beeinflusst, packen Exporteure ihre Waren nicht selten um, bevor sie sie über eine Grenze verschiffen bzw. verzollen müssen.

Materialflusstechnologien unterscheiden sich in solche für die Warenannahme, deren Lagerung und deren Selektierung in internationalen Distributionszentren. Deren Einsatz hängt davon ab, wie die Güter transportiert werden sollen, wobei zu unterscheiden ist zwischen einer mechanischen, einer halb automatischen, einer vollautomatischen und einer informationsgesteuerten Materialhandhabung. Mechanische Materialsteuerungssysteme nutzen eine Reihe von Ausrüstungsgegenständen wie Gabelstapler, Durchlaufregale, Last- und Sattelzüge, Fließbänder, Karusselle oder Radiofrequenztechniken zur Produktortung in Warenhäusern. Semi-automatische Materialsteuerungssysteme verwenden als typische Ausstattung automatisch gesteuerte Beförderungssysteme, computerisierte Sortiersysteme oder Roboter. Voll automatisierte Materialsteuerungssysteme bleiben dagegen nach wie vor relativ teuer und haben darüber hinaus einen relativ geringen Flexibilisierungsgrad. Sie werden beispielsweise verwendet für Hochregallager oder Masterkarton-Sortieranlagen (Hult et al. 2014).

Informationsgesteuerte Materialsteuerungssysteme basieren auf mechanischer Handhabung, die durch Einsatz von IT- oder Webtechnologien geführt werden, etwa durch Nutzung von WiFi- und WLAN-Infrastruktur zum Beispiel in Verbindung mit Smartphones oder Tablets. Im Kontext der Gestaltung globaler Logistik-Systeme ist es wichtig, die eingesetzten Systeme möglichst standardisiert einzusetzen, zumal Standardisierung über verschiedene internationaler Standorte heute deutlich einfacher zu bewerkstelligen ist als noch vor einigen Jahren. Darüber hinaus sollten diese Systeme ein Maximum an kontinuierlichem Materialfluss bieten. Drittens zahlt sich eine Investition in standardisierte

Systeme auch aus vor dem Hintergrund unterschiedlicher regulatorischer arbeitsrechtlicher Regelungen, die in unterschiedlichen Ländern vorherrschen, sodass diesbezügliche Investitionen beispielsweise in höhere ergonomische Standards entfallen können, wenn Personalarbeit durch zusätzliche Investitionen in Materialsteuerungsausrüstung substituiert wird (Hult et al. 2014).

9.2.4 Transport

Transport repräsentiert typischerweise den größten Prozentanteil an einem internationalen Logistikbudget zumal wegen der häufig großen Entfernungen, über die Waren international zwischen verschiedenen Standorten transportiert werden müssen. Die wesentlichen Transportkosten-Treiber sind dabei neben der räumlichen Distanz, die Transportart, Umfang und Art der Ladung sowie die Treibstoffpreise. Die fünf grundsätzlich relevanten Transportarten lassen sich wie folgt kategorisieren:

1. Lkw-Transport
2. Bahntransport
3. Schiffstransport
4. Pipeline-Transport
5. Flugzeugtransport.

Je internationaler der Transport organisiert werden muss, desto intermodaler wird er zwangsläufig, d. h., desto öfter muss zwischen unterschiedlichen Transportmodi gewechselt werden, um die Waren ihrer Destination zuzuführen. Das intermodale Transportvolumen im internationalen Warenverkehr hat sich in den letzten zwanzig Jahren verdoppelt und wächst zudem vergleichsweise schneller als jede andere Transportart. Zu den Produkten, die über intermodalen Transport international befördert werden, zählen u. a. elektronische Güter, Lebensmittel, Papierprodukte und Briefe, Textilien und Autoteile (Hult et al. 2014).

Die Auswahl der Transportart sollte entsprechend der unternehmensbezogenen Wettbewerbsprioritäten erfolgen. In diesem Zusammenhang zeichnet sich der Lkw-Transport durch eine hohe Flexibilität aus und durch günstigere Raten für kleinere Ladevolumina im Vergleich zum Schienentransport. Ein Transport per Bahn kann dagegen große Quantitäten vergleichsweise günstiger abwickeln, wenngleich die Transitzeiten für gewöhnlich relativ lang sind. Transporte per Schiff gewährleisten hohe Ladekapazitäten und niedrige Transportkosten und sind häufig die einzige Alternative für sperrige Güter im internationalen Güterverkehr. Sie gewährleisten eine vergleichsweise geringe Emissions- und CO_2-Belastung. Die Transitzeiten sind sehr lang und in der Regel sind zusätzliche Transportkapazitäten in Form von Bahn oder Lkw notwendig, um die Waren zum endgültigen Bestimmungsort zu befördern (Krajewski et al. 2015).

Die auf den ersten Blick vergleichsweise geringen Transportzeiten von etwa 16–20 Tagen für einen Container auf dem Weg von Singapore nach Los Angeles über 9000 Meilen werden sich insgesamt zu einer ca. doppelt so langen Zeitspanne durch Ladezeiten, Konsolidierung von Ladungen, Sicherheitschecks und Verzollungszeiten addieren. Im Kontext von Kapazitäten hinsichtlich der Transportmodi Lkw und Schiff kann es gerade bei just-in-time-basierten Produktions- und Logistikkonzepten mitunter zu geringen Transportvolumina kommen, die entsprechende Transportkapazitäten nicht ausfüllen und so zu Leerkapazitäten in Lkws oder Schiffscontainern (LTL bzw. LCL – Less than Truck Load bzw. Less than Container Load) führen, die man dann durch Konsolidierungsaktivitäten von Frachtvolumina versucht, zu vollen Kapazitäten aufzustocken (FTL bzw. FCL – Full Truck Load bzw. Full Container Load) (Mangan et al. 2012).

Der Transport per Pipeline ist hoch spezialisiert und fällt zuvorderst für Flüssigkeiten oder Gase an. Dem Nachteil der offensichtlich geringeren Flexibilität steht der Vorteil der niedrigen Kosten gegenüber, zumal auch die bei anderen Transportmodi in der Regel notwendigen Verpackungen wegfallen. Mit Beginn des Fracking-Booms insbesondere ab dem Jahr 2012 in Nordamerika sind die per Pipeline transportierten Rohstoffvolumina an exploriertem Schieferöl und Schiefergas enorm gestiegen. Schließlich ist der Lufttransport per Flugzeug zu nennen, der der schnellste und zugleich kostenträchtigste Transportmodus ist. Gleichzeitig ist aber dabei auch zu berücksichtigen, dass aufgrund des vergleichsweise schnellen Transportes im Vergleich zu anderen Transportmodi potenzielle Handling- und Vorratskosten wegfallen bzw. niedriger ausfallen. Ressourcenaufwand und damit verbundene Kosten der Intermodalität im internationalen Transportwesen sind entscheidend gesenkt worden durch den 20 Fuß-Standardcontainer, der sich kompatibel zwischen unterschiedlichen Transportmodi als standardisiertes Warenbehältnis nutzen lässt (Krajewski et al. 2015).

9.2.5   Retouren- und Entsorgungslogistik

▶ **Retourenlogistik** Retourenlogistik bezieht sich auf sämtliche logistischen Aktivitäten, die mit einem Produkt verbunden sind, nach dem Zeitpunkt des Verkaufs.

Zielsetzung der Retourenlogistik ist es, Produkte, die zurückgegeben wurden oder überflüssigerweise bevorratet wurden oder nicht mehr zu gebrauchen sind, aus der herkömmlichen Wertschöpfungskette heraus an einen anderen Platz umzulenken, sodass das Unternehmen von ihrem Wert noch anderweitig profitieren kann. Ein weiteres Ziel kann darin liegen, Produkte, die ihre herkömmliche Verwendungsdauer überschritten haben und keinen unmittelbaren produktiven Nutzen mehr erbringen können, einer Wiederverwertung in einer Reproduktions- oder Verwertungseinheit zuzuführen. Dort können derartige Produkte komplett wiederhergestellt oder zumindest in Teilen wiederverwertet werden (Pfohl 2010).

Retourenlogistik ist ein Prozess, der auch aufgrund der zunehmenden Bedeutung von Recycling im Sinne geschlossener Stoffkreisläufe eine immer bedeutendere Rolle spielt, die gerade auch von den Behörden in den Industrieländern, aber auch vermehrt in Schwellenländern regulatorisch forciert wird. So sehen sich die Unternehmen veranlasst, ihren Kunden Prozesse anzubieten, die es diesen quasi erlauben, ausgediente Produkte fachgerecht und zugleich kostenlos zu entsorgen, weswegen diese Prozesse für die Unternehmen zwar relativ teuer sind, aber zugleich auch ein Differenzierungsargument für deren Kunden darstellen, um sich solchen Produkten zuzuwenden, die eine integrierte Entsorgungsmöglichkeit bieten (Hult et al. 2014).

Sowohl der Zustand retournierter Produkte als auch der Zeitpunkt der Retoure lässt sich zumeist nur schwer prognostizieren, weswegen eine retouren-basierte Workflow-Planung schwierig ist. Auf der anderen Seite können Retouren wertvolle Informationen liefern, wie und warum Probleme oder Fehler am Produkt aufgetreten sind, wodurch wiederum Produktdesign und Produktqualität verbessert und in der Konsequenz die Kosten für Retouren verringert werden können. Außerdem können aus Retouren weitere Gründe für Unzufriedenheit auf Seiten der Kunden identifiziert werden, was wiederum wichtige Impulse für Verbesserungen zu Produkt-Funktionalitäten liefert (Stevenson 2015).

Durch steigende Reklamationsraten in vielen Branchen wie beispielsweise in der Elektronikbranche, die dort im Durchschnitt über zehn Prozent liegen, wird die Retourenlogistik für die Unternehmen zu einem größer werdenden Kostenfaktor und auch zu einem Differenzierungsfaktor. Auch aus diesem Grund ist die Retouren- und Entsorgungslogistik über die Jahre immer mehr zu einem Thema für spezialisierte Dienstleister geworden, die neben der rein logistischen Leistung auch Entsorgungs- und Wiederverwertungskapazitäten aufgebaut und weiterentwickelt haben und damit die Unternehmen dabei unterstützt haben, den Anforderungen von Geschäftspartnern und Regulierungsbehörden zu entsprechen.

9.2.6 Outsourcing

Von der im Zuge fortschreitender Internationalisierung gewachsenen Bedeutung logistischer Dienstleistungen hat das Logistikoutsourcing dabei zusätzlichen Schub erfahren. Die Fremdvergabe von Logistikprozessen an externe Dienstleister wird nicht nur getrieben vom omnipräsenten Argument der verbesserten Kosteneffizienz, sondern auch vom Bedürfnis nach verbesserter Prozess- und Servicequalität sowie erhöhter Flexibilität in der Leistungsabwicklung. Daneben spielen die Möglichkeit der Verlagerung bzw. Reduktion von Transport- und Bestandsrisiken sowie der Wegfall von Budgetbelastungen infolge notwendiger Investitionen in Logistikkapazitäten als Treiber für Logistik-Outsourcing eine wichtige Rolle.

Neue Technologien, wie RFID, das zur Registrierung von Waren „intelligente Tags" zwecks universeller Steuerung der gesamten Supply Chain einsetzt, erhöhen ebenfalls den Spezialisierungsdruck auf die Unternehmen und somit das Erfordernis, mit qualifizierten externen Logistikdienstleistern zusammenzuarbeiten. Die Palette logistikoutsourcing-relevanter Prozesse reicht vom traditionellen Outsourcing von Transportation- oder Warehousing-Services bis zum vollumfänglichen Outsourcing sämtlicher anfallenden Logistik-Aktivitäten eines Unternehmens (Müller-Dauppert 2005).

Umfragen bestätigen, dass Outbound Transportation und Frachtrechnungsbegleichung und/oder Frachtrechnungsprüfung die am häufigsten outgesourcten Logistikleistungen sind. Andere Logistik-Services, die wachsende Popularität hinsichtlich einer potenziellen Fremdvergabe genießen, sind Verpackung und Assembly Operations, Cross Docking, Inbound Transport und Fracht- Konsolidierung. Mit der zunehmenden Tendenz zum Einkauf von Logistikdienstleistungen hat sich zugleich die Art und Weise, wie diese Dienstleistungen eingekauft und abgewickelt werden, verändert. Grundsätzlich sind dabei mehrere Aspekte zu unterscheiden.

Steigende Nachfrage nach spezialisierten und maßgeschneiderten Services, die nicht selten mit Kapitalinvestments auf Seiten des Logistikservice-Providers einhergehen, hat zwangsläufig einen Trend zu (längerfristigen) Verträgen bestärkt. Dabei wird der Logistikservice-Provider immer ein Interesse daran haben, die Laufzeit von Verträgen an die Standard-Nutzungsdauer der zur Verfügung gestellten Assets möglichst optimal anzupassen. Durchschnittswerte liegen in diesem Bereich bei ca. 5 Jahren. Bei Zurverfügungstellung reiner Management-Services wird die Vertragslaufzeit tendenziell eher kürzer sein (ca. 2–3 Jahre). Ein wachsender Anteil von Services fällt unter die Rubrik Endlosverträge, die von vornherein ohne zeitliche Begrenzung abgeschlossen werden und nur bei Vorliegen von außerordentlichen Gründen terminiert werden können. Die Proportion von Logistikservices, die nicht auf fester Kontraktgrundlage basieren, hat sich in den letzten Jahren weltweit mehr als halbiert und liegt im Durchschnitt unter 20 %.

Die Tendenz zu längerfristigen Partnerschaften wird durch eine Reihe von anderen Phänomenen begünstigt. Dabei ist zunächst das Just-in-time-Prinzip zu nennen, das längst zum dominanten Prinzip des modernen Supply Chain Managements geworden ist. Ein solches Prinzip selektiert von vornherein die Zahl der in Frage kommenden Dienstleister durch die damit verbundenen hohen Anforderungen an Termintreue und Service und reduziert sie auf einige wenige, mit denen man dann tendenziell auch längerfristig vertrauensvoll zusammenarbeiten möchte. Daneben spielen zunehmende Spezialisierungstendenzen, getrieben durch industriesektor-spezifische Anforderungen eine immer größere Rolle, die höhere notwendige Investitionen insbesondere auf Seiten der Dienstleister erfordern und einen kurzfristigen Wechsel des Anbieters ohne Qualitäts- oder Effizienzverlust schwierig machen. Weiterhin trägt die Vernetzung von Informations- und operativen Systemen mittels EDI-Links oder Web-Plattformen zu einer engeren Verzahnung bzw. Abhängigkeit zwischen Outsourcer und Logistikservice-Anbieter bei, die sich nicht mehr so ohne weiteres lösen lässt.

Mit wachsender Nachfrage nach spezialisierten und maßgeschneiderten Services geht auch die Verringerung der Anzahl an Vertragspartnern einher. Konzentration auf wenige Logistikservice-Dienstleister kombiniert dabei die Vorteile der Reduktion von Transaktionskosten mit der Verbesserung von Servicestandards. Die mit der steigenden Fokussierung auf einige wenige Spezialisten stattfindende Erweiterung von outgesourcten

Teilbereichen auf ganze Prozessketten erhöht zugleich den Anforderungsdruck für den Provider und setzt ihn zwangsläufig einem strengeren Auswahlverfahren aus, zumal auch das gegenseitige Abhängigkeitsverhältnis deutlich komplexer wird. Gleichzeitig tragen moderne Kommunikationsmedien zu einer Erhöhung der Transparenz bei der Auswahl von Logistikservice-Providern durch den Outsourcer bei.

In zunehmendem Maße ist zu beobachten, dass Unternehmen parallel zum Outsourcing ihrer Logistikprozesse auch die Konfiguration und Weiterentwicklung ihrer Distributionssysteme auf den Logistikservice-Dienstleister übertragen. Dabei wird die Entscheidung zur Fremdvergabe von Logistik- bzw. Distributionsprozessen oftmals zur gleichen Zeit gefällt, zu der die Erkenntnis gereift ist, dass das Logistik-System restrukturiert bzw. rekonfiguriert werden muss. Dies ist zweifelsohne vorteilhaft für den Outsourcer im Hinblick auf den Wegfall vorzuhaltender und ggfs. aufwendiger Systemressourcen für Betrieb und Maintenance und darüber hinaus für den Logistikservice-Dienstleister, weil er die Möglichkeit hat, ein System aufzusetzen, mit dem er vertraut und effizient arbeiten kann. Gleichwohl entspricht es offenbar nach wie vor der Realität, dass selbst große Logistikservice-Dienstleister in ihren zentralen Warehouses nicht selten vier oder fünf verschiedene Kunden mit jeweils unterschiedlichen Warehousesystemen bedienen.

Seit Mitte der 1990er Jahre ist ein starker Anstieg der online-gehandelten Logistikservices und – kapazitäten zu verzeichnen. In diesem Kontext existieren Logistikhandelsplattformen unterschiedlicher Natur, die sich ebenfalls teilweise erheblich bezüglich der angebotenen Zusatzleistungen und der Gebührenstrukturen unterscheiden. Solche Plattformen online-handelbarer Services und Kapazitäten stellen Unternehmen ein relativ einfaches und kostengünstiges Medium zur Verfügung, um die hoch-kompetitiven Marktbedingungen im Logistik- und Transportsektor optimal für sich selbst auszunutzen. Nach dem Ende des Dotcom-Booms hat sich zwar das Wachstumstempo hinsichtlich online-gehandelter Logistiktransaktionen und -kapazitäten verlangsamt, gleichwohl werden Logistikhandelsplattformen einen weiter steigenden Anteil am Gesamtmarktvolumen ausmachen.

Zudem ist ein wachsendes Interesse an der Nutzung von Logistik-Dienstleistern im Hinblick auf die Steigerung des eigenen Unternehmenswertes zu verzeichnen. Wenn nämlich der engagierte Logistik-Dienstleister dafür sorgt, dass die outgesourcten Prozesse effizient und fehlerfrei ablaufen, trägt das zu einer verbesserten Effizienz und Qualität der gesamten Supply Chain bei. Das folgende Kontinuum beschreibt den sich im Zeitablauf verstärkenden Trend von Logistikdienstleistern, den Anteil der für ihre Kunden gemanagten Prozesse im Logistik- und Supply-Chain-Bereich immer weiter auszubauen und sich vom traditionellen, reinen Transportabwickler zum modernen Supply-Chain Business Manager zu wandeln (vgl. Abb. 9.3).

Kontrollfragen

1. Beschreiben Sie die unterschiedlichen Evolutionsstufen des Logistikmanagements, die dieses bis in die heutige Zeit durchlaufen hat, sowie den damit korrespondierenden Bedeutungszuwachs der Logistikfunktion.

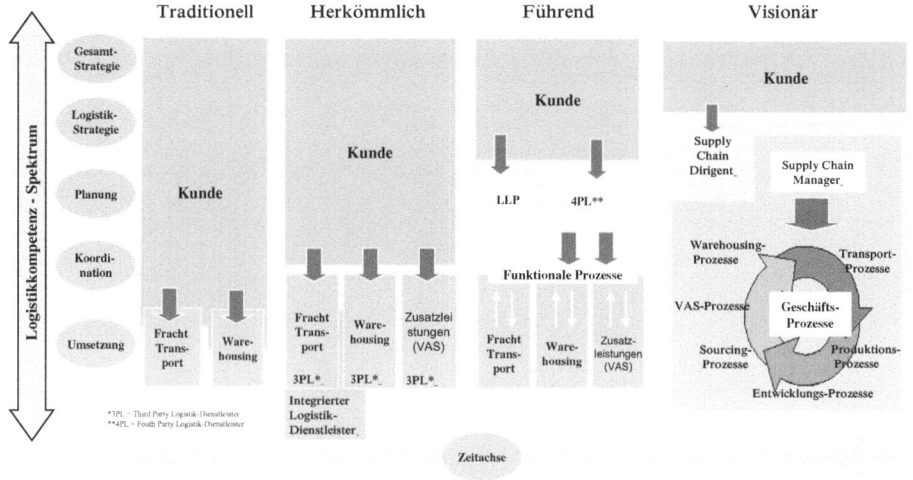

Abb. 9.3 Kontinuum zur Entwicklung von Logistikdienstleistungen. (Quelle: in Anlehnung an DHL 2006, www.dpdhl.com)

2. Welche wesentlichen Parameter prägen das internationale Logistikmanagement und welchen Einfluss haben sie auf die Gestaltung internationaler Logistikprozessketten?
3. Stellen Sie Vor- und Nachteile des Outsourcings von Logistikdienstleistungen an internationale Kontraktlogistiker gegenüber.

Literatur

Christopher, M (2013) Logistics and supply chain management. Creating value-adding networks, 4. Aufl. Pearson Education, Harlow

Corsten D, Gruen T (2004) Stock-outs cause walkouts. Harvard Bus Rev 5:26–28

Frazelle EH (2002) World-class warehousing and material handling. McGraw-Hill, New York

Griffin RW, Pustay MW (2015) International business: a managerial perspective, 8. Aufl. Pearson Education, Harlow

Hult GTM, Closs DJ, Frayer D (2014) Global supply chain management. Leveraging processes, measurements, and tools for strategic corporate advantage. McGraw-Hill, New York

Krajewski LJ, Ritzman LP, Malhotra MK (2015) Operations management, 11. Aufl. Pearson Education, Harlow

Mangan J, Lalwani C, Butcher T, Javadpour R (2012) Global logistics and supply chain management, 2. Aufl. Wiley, Chichester

Müller-Dauppert B (2005) Logistik Outsourcing. Vogel, München

Pfohl H-C (2010) Logistiksysteme. Betriebswirtschaftliche Grundlagen, 8. Aufl. Springer, Berlin

Schulte C (2013) Logistik. Wege zur Optimierung der Supply Chain, 6. Aufl. Vahlen, München

Stevenson WJ (2015) Operations management, 12. Aufl. McGraw-Hill, New York

Internationales Beschaffungsmanagement

10

Zusammenfassung

In diesem Kapitel werden zunächst die Grundlagen der internationalen Beschaffung thematisiert. Im Zentrum dieser Darstellung stehen die strategischen Ziele und Aufgaben einer internationalen Beschaffung. Im Anschluss daran folgt eine Auseinandersetzung mit dem Beschaffungsprozess und dabei insbesondere mit der Beschaffungsmarktanalyse, der Lieferantenauswahl und -bewertung, der Kooperationsintensitätsanalyse und der Lieferkettenanalyse. Schließlich werden unterschiedliche Sourcing-Konzeptstrategien und Beschaffungsmethoden besprochen und gegenübergestellt. Dies schließt neben der grundsätzlichen Unterscheidung in globale, regionale und lokale Beschaffung weitere Differenzierungen u. a. in Multiple, Single oder Sole Sourcing sowie in Modular oder System Sourcing mit ein und stellt die jeweiligen Vor- und Nachteile der einzelnen Alternativen im internationalen Kontext gegenüber.

10.1 Ziele und Aufgaben einer internationalen Beschaffung

▶ **Internationales Beschaffungsmanagement** Internationales Beschaffungsmanagement beschäftigt sich einerseits mit der Auswahl und Bewertung internationaler Lieferanten, mit denen ein multinationales Unternehmen Kontrakte abschließt, und andererseits mit dem Einkauf von Sachgütern, Komponenten, Rohstoffen und Dienstleistungen von eben diesen Lieferanten zur Versorgung des Unternehmens (Hult et al. 2014).

Internationale Beschaffung umfasst in diesem Zusammenhang die Vorbereitung, Durchführung und Kontrolle der Vorgänge zur Bereitstellung des benötigten Materials und

© Springer Fachmedien Wiesbaden GmbH 2017
M. Sure, *Internationales Management,* DOI 10.1007/978-3-658-16163-7_10

häufig der Betriebsmittel für die Fertigung. Die Wirkung der Beschaffung auf den Unternehmenserfolg besteht:

1. aus der Wirkung strategischer und operativer Entscheidungen auf die Höhe der Materialeinstands-, Bestell- und Lagerkosten (Materialkosten)
2. aus der Wirkung beschaffungstechnischer Entscheidungen auf den Absatzerfolg (Qualität, Preis, Servicegrad, etc.)
3. aus der Wirkung beschaffungstechnischer Entscheidungen auf die Möglichkeit zur Finanzierung gewinnträchtiger Investitionen (Innenfinanzierung).

Der Aufgabenbereich der Beschaffung hat in den letzten Jahren in Theorie und Praxis einen signifikanten Bedeutungszuwachs erfahren, der der Wirkung der Beschaffung auf den Unternehmenserfolg sowie den unausgeschöpften Rationalisierungspotenzialen wachsende Aufmerksamkeit schenkt. In diesem Zuge hat das globale Sourcing eine enorme Bedeutung erfahren. Der vielfach zitierte Ausspruch „im Einkauf liegt der Gewinn" spiegelt die Bedeutung der Materialeinstandskosten für den Unternehmenserfolg wider. Die Materialkosten verursachen je nach Branche durchschnittlich zwischen 45 und 75 % der Gesamtkosten mit einer steigenden Tendenz, da die Unternehmen im Bemühen um die Verkürzung ihrer Lieferzeiten ihre Fertigungstiefe immer mehr verringern, indem sie immer hochwertigere und komplexere Komponenten von ihren Lieferanten fremdbeziehen (Kerkhoff 2004). Aufgrund dessen liegt etwa die Wertschöpfung von OEMs im Automobilbereich zuweilen schon unter 20 %. Davon abgesehen liegt die Bedeutung der Beschaffung nicht nur in der reinen Kosteneffizienz der beschafften Produkte, sondern auch in der Sicherstellung von deren Qualität und deren möglichst optimaler zeitlicher Anlieferung.

Die strategischen Beschaffungsziele sind im Wesentlichen langfristige Ausprägungen des materialwirtschaftlichen Optimums und aus den allgemeinen strategischen Unternehmenszielen abgeleitet. Diese lauten im Einzelnen wie folgt:

1. Kostenreduzierung
2. Leistungsverbesserung
3. Versorgungssicherung
4. Vermeidung einseitiger Abhängigkeit von Lieferanten
5. Einhaltung von Umweltstandards.

Demzufolge gehört es zu den Aufgaben der Beschaffung, Lieferantenquellen zu identifizieren und mit diesen Verträge auszuhandeln sowie Service Levels hinsichtlich Kosten, Qualität und Zeit zu vereinbaren, die den operativen Anforderungen des beschaffenden Unternehmens mindestens entsprechen (Stevenson 2015). Die damit implizit zusammenhängenden Aufgaben liegen erstens darin, die Integrationsfähigkeit der Produkte/Prozesse zu verbessern. Dabei geht es um die Integration der vom Lieferanten bezogenen Vorleistungen in die Wertschöpfungsprozesse bzw. in das Endprodukt

(Schnittstellenoptimierung). Ansatzpunkte für Optimierungsmaßnahmen bieten hier beispielsweise die Variantenpolitik der eigenen Fertigung und damit verbunden die Gestaltung der Beschaffungssortimente.

Eine zweite Aufgabe besteht darin, die Innovationsfähigkeit zu steigern. Dies beinhaltet Strategien, das Innovationspotenzial von Lieferanten zu erkennen und ggfs. exklusiv zu nutzen, zum Beispiel durch Verkürzung von Produktentwicklungszyklen und „Time-to-Market". Eine wichtige Voraussetzung für die Erschließung solcher Innovationspotenziale liegt in der Bereitschaft eines Lieferanten, sich mit den Marktaufgaben des Abnehmers zu beschäftigen und dafür eigenständig Problemlösungen zu entwickeln. Eine dritte Aufgabe beinhaltet die Erschließung vertikaler Verbundeffekte. Dabei geht es darum, durch neue Organisationsformen innerhalb der Wertschöpfungskette kostengünstigere bzw. qualitativ bessere Ergebnisse für die Beteiligten herbeizuführen. Beispiele dafür sind:

1.   die frühzeitige Information über eigene Bedarfsänderungen
2.   die Reduktion der Variantenanzahl mit Transaktionskosteneinsparungseffekt
3.   die Vermeidung paralleler Arbeitsgänge in der Qualitätskontrolle, Logistik, Disposition
4.   die Unterstützung des Lieferanten bei der Verbesserung der Faktorausstattung
5.   die Beteiligung des Lieferanten an den Einkaufsvorteilen.

Neben den Vorteilen solcher Verbundeffekte gehen damit allerdings eine Beschränkung der marktlichen Flexibilität sowie eine Reduktion der Wettbewerbsintensität auf der Lieferantenseite einher.

Eine vierte Aufgabe liegt schließlich darin, horizontale Verbundeffekte zu erschließen, wobei horizontale Verbundeffekte auf jene Gestaltungsmöglichkeiten abzielen, die Nachfrager durch kollektives Handeln erschließen können. Beispiele dafür sind die Einkaufskooperationen in Handel, Handwerk oder im Agrarbereich. In diesem Sinne versuchen vermehrt Unternehmen der gleichen Wirtschaftsstufe zu kooperieren, um Rationalisierungspotenziale für nachgefragte Güter und Prozesse zu erschließen. Beispiele dafür sind in der Automobilindustrie zu finden, wo sich etwa schon seit langem der VDA (Verband Deutscher Automobilhersteller) für standardisierte Schnittstellen zwischen Abnehmern und Zulieferern einsetzt. Ebenfalls aus der Automobilindustrie stammt das Beispiel der Standardisierung von Komponenten und Baugruppen, die regelmäßig keinen Einfluss auf Kaufentscheidung bzw. kein Differenzierungspotenzial haben wie Verbindungselemente, Starter oder Lichtmaschinen.

10.2   Komponenten des internationalen Beschaffungsprozesses

Zu den wesentlichen Komponenten des internationalen Beschaffungsprozesses gehören die Beschaffungsmarktanalyse, Lieferantenauswahl und -bewertung, das Vertrags- und Category-Management, die Kooperationsintensitäts- und Lieferkettenanalyse sowie die Beschaffungskonzeptstrategien.

Diese werden im eigentlichen Kaufprozess ergänzt durch Instrumente wie EDI (Electronic Data Interchange), elektronische Kataloge und Marktplätze sowie Auktionen sowie im Bestandsmanagement durch RFID (Radio Frequency Identification) oder VMI (Vendor Managed Inventories).

10.2.1 Beschaffungsmarktanalyse

Die Analyse der für ein multinationales Unternehmen relevanten Beschaffungsmärkte ist mit der fortschreitenden Internationalisierung von Geschäftsaktivitäten und -transaktionen ein deutlich komplexeres Unterfangen geworden, welches in immer mehr Branchen den Grundstein für den Erhalt der Wettbewerbsfähigkeit legt, zumal sich die Endkundenpreise aufgrund des scharfen Wettbewerbs in vielen Branchen immer schwieriger anheben lassen und die Supply Chain und dabei insbesondere der Einkauf dadurch immer weiter in das Zentrum der Bemühungen um Margenerhalt bzw. -verbesserung rückt. Die Beschaffungsmarktanalyse liefert grundsätzlich Informationen zu (Schäffer und Weber 2005):

1. Veränderungen hinsichtlich Marktform und Wettbewerbspositionen
2. Neuerschließung oder Versiegen bestimmter Rohstoffquellen
3. Aufkommen neuer Technologien und Substitutionsgüter
4. Entwicklung der Faktorpreise, insbesondere auf den Gütermärkten.

Um diese Informationen zu erheben, stehen eine Reihe von Quellen zur Verfügung, zu denen neben der eigenen unternehmensinternen Betriebsstatistik auch externe Marktstudien, Industrie- und Verbandsstatistiken, internationale Industrie- und Handelskammern sowie eigene unternehmensinterne Erhebungen gehören.

Für eine Bestimmung der Wettbewerbsintensität auf den für ein Unternehmen relevanten Beschaffungsmärkten können in Anlehnung an die Analysen von Porter etwa folgende Parameter herangezogen werden:

1. Anzahl Lieferanten ähnlicher Größenordnung
2. Marktwachstumsrate
3. Fixkostenanteil (Bsp. Kapitalintensität)
4. Grad der Produktdifferenzierung
5. Ausmaß von Marktaustrittsbarrieren.

Entsprechend kann die Spezifizierbarkeit eines Produktes entweder anhand seiner physischen Komponenten oder anhand seiner Funktionalitäten beschrieben werden. Mittels einer Beschaffungs-Objekt-Matrix können die Dimensionen der Wettbewerbsintensität bzw. des Rivalitätsgrades zwischen den auf einem Beschaffungsmarkt präsenten Lieferanten und der Spezifizierbarkeit der zu liefernden Produkte einander gegenübergestellt werden, sodass sich daraus Beschaffungsstrategien ableiten lassen (vgl. Abb. 10.1).

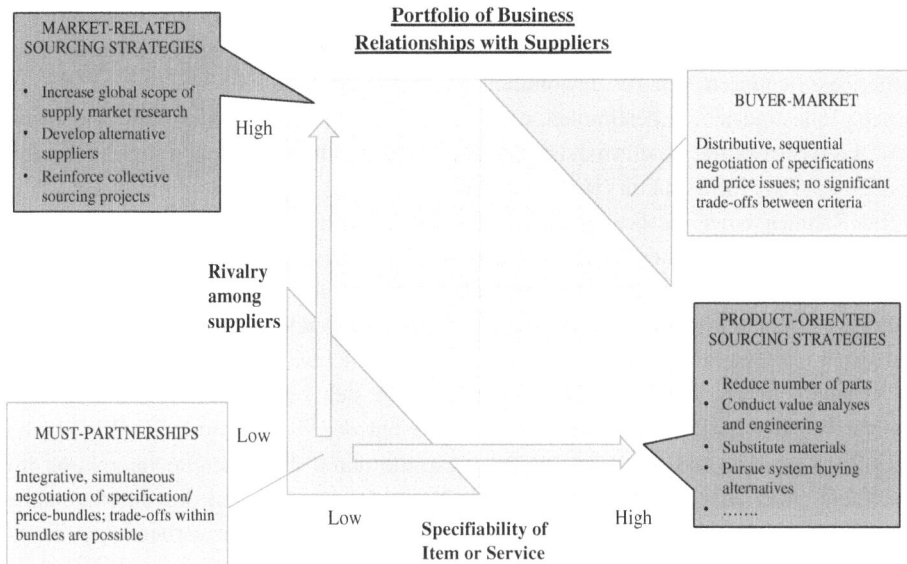

Abb. 10.1 Beispiel einer Beschaffungsobjekt/Markt-Matrix. (Quelle: in Anlehnung an Schäffer und Weber 2005)

Durch eine Globalisierung der Beschaffungsaktivitäten lässt sich der Rivalitätsgrad auf einem Beschaffungsmarkt für ein bestimmtes Produkt erhöhen, wodurch es zu verbesserten Konditionen beim Preis-, Service- oder Qualitätsniveau für das beschaffende Unternehmen kommen kann. Auf der anderen Seite lassen sich erhöhte Spezifikationen auf den internationalen Beschaffungsmärkten auch dazu verwenden, um die Anzahl zu beschaffender Teile zu reduzieren oder unter den Lieferanten stärker zu selektieren. Insgesamt ist mit der fortschreitenden Internationalisierung der Beschaffungsfunktion für die beschaffenden Unternehmen über die Jahre ein enormer Kosteneffizienzvorteil erschlossen worden, der sich sicherlich auch dadurch potenziert hat, dass auf den internationalen Märkten immer gleichartigere Produkte miteinander konkurrieren, deren Herstellung auf entsprechenden gleichteiligen Plattformstrategien basieren.

10.2.2 Lieferantenmanagement

Das Lieferantenmanagement besteht im Wesentlichen aus der Lieferantenauswahl, der Bewertung bzw. dem Rating von Lieferanten in Verbindung mit Zertifizierung, der Vertragsgestaltung und dem Kategorienmanagement.

10.2.2.1 Lieferantenauswahl
Die Lieferantenauswahl als erster im Kontext des Lieferantenmanagements zu behandelnder Prozess ist angewiesen auf eine möglichst strukturierte Vorgehensweise, die

nach Möglichkeit globalen Standards und Kriterien folgt, um die in der Beschaffungsmarktanalyse identifizierten Potenziale auch wirklich nachhaltig heben zu können. Diese
Kriterien orientieren sich für gewöhnlich an den klassischen sieben Kriterien, die die
Beschaffungstransaktion bestimmen, nämlich Kosten, Liefergeschwindigkeit, Lieferqualität, Lieferflexibilität, Lieferrisiken und Liefersicherheit, branchenspezifische Treiber
und Zustand der Infrastruktur (Hult et al. 2014).

Im Rahmen einer diesbezüglichen Selektion globaler Lieferanten würde beispielsweise das Selektionskriterium Kosten natürlich die Kosten berücksichtigen, die eine
Beschaffung von einem Lieferanten an einem oder mehreren Standorten nach sich ziehen
würden. Zu den in diesem Kontext zu betrachtenden Kostenpositionen gehören die Materialkosten, die Frachtkosten, welche natürlich beträchtlich variieren können, je nachdem,
an welchem internationalen Standort der Lieferant sich befindet, die Bestandskosten,
welche von der Lieferqualität und den Lieferzeiten der zu selektierenden Lieferanten
beeinflusst werden und die Verwaltungskosten, die durch die generelle Interaktion mit
den Lieferanten entstehen (Krajewski et al. 2015). Da der Großteil des internationalen
Warentransports per Containerschiff vollzogen wird und die damit verbundenen Transportkosten umgelegt auf die einzelnen Waren vergleichsweise niedrig sind, fallen die
Labour-Arbitrage-Effekte bei der internationalen Beschaffung in Schwellen- oder Entwicklungsländern trotz oftmals großer Transportdistanzen deutlich stärker ins Gewicht
als die Transportkosten.

Gleichzeitig würden dort aber auch die finanzielle Stabilität des Lieferanten und sein
Insolvenzrisiko analysiert. Hinsichtlich der Beurteilung der Liefergeschwindigkeit wür-
den die Lieferzeit als solche, aber auch die Einfachheit und der Komfort im Rahmen des
Beschaffungsvorgangs eine Rolle spielen. Bezogen auf die Lieferqualität könnte man das
Vorhandensein eines Qualitätsmanagement-Systems oder einer ISO-Zertifizierung als
Maßgabe ansetzen oder schlichtweg auf Erfahrungswerte setzen. Ein Kriterium für die
Lieferflexibilität wären Reaktionsweisen bei außergewöhnlichen Orders, sei es bezogen
auf das Beschaffungsvolumen oder den Zeitpunkt der Beschaffung. Die Parameter Indus-
trietreiber, Sicherheit und Infrastruktur unterliegen vergleichsweise stärker regionalen
Markt- oder Landesbedingungen.

Insbesondere die Sicherheit von Supply Chains und die Infrastruktur werden in einem
Land wie Indien, wenn von einem Lieferanten aus diesem Land beschafft werden soll,
deutlich problematischere Ausprägungen haben, als wenn man aus Malaysia sourcen
würde. So müsste man in Indien, je nachdem von wo man beschafft, stärker auf teurere
Transportmittel wie Flugzeuge setzen, weil die Straßeninfrastruktur in vielen Landes-
teilen immer noch schlecht ist und auch die Netzstabilität, was Energie- und Internet
anbelangt, derjenigen in Malaysia zumindest außerhalb der Metropolen unterlegen ist,
was zu höheren Kosten und Verzögerungen führen kann. Gleichzeitig unterliegt Indien
aufgrund der hohen Temperaturen einem höheren Risiko hinsichtlich der Verderblichkeit
von Waren wie Lebensmitteln oder Chemikalien. Darüber hinaus können Regularien zu
Zöllen, Stoffen oder ähnlichem die Beschaffung genauso verteuern bzw. verzögern wie
unsachgemäße Handhabung oder laxer Umgang mit Waren.

Neben den dargestellten klassischen sieben Kriterien für die Lieferantenauswahl wird der Umwelt- und Nachhaltigkeitsaspekt wichtiger. Dies betrifft nicht nur die Umweltverträglichkeit und stoffliche Wiederverwertbarkeit von einzukaufenden Materialien, sondern auch den so genannten CO_2-Fußabdruck, den ein Gut oder Material hinterlässt auf seinem Weg vom Lieferanten zum Hersteller oder Endabnehmer. So ist es etwa bei großen deutschen Konzernen wie Bayer oder der Deutschen Post Standard, dass bei der Auswahl potenzieller und bestehender Lieferanten neben wirtschaftlichen auch Umwelt-, Sozial- und Corporate-Governance (ESG)-Standards angewendet werden. Diese sind beispielsweise bei Bayer im Verhaltenskodex für Lieferanten definiert, welcher konzernweit in die elektronischen Bestellsysteme und Verträge integriert ist und die Lieferanten zur Compliance verpflichtet (Bayer 2015).

10.2.2.2 Lieferantenbewertung und -zertifizierung

Lieferanten werden regelmäßig bewertet bzw. einem Rating unterzogen, um deren Relevanz für die Beschaffung eines multinationalen Unternehmens zu prüfen und zu gewährleisten. Dafür werden häufig so genannte Rate Cards erstellt, die die Leistungen der Lieferanten in den definierten Kategorien abbilden und vergleichbar machen (vgl. Abb. 10.2). Dies geschieht zumeist auf Basis von Scoring-Systemen, die die einzelnen Kriterien mittels Nominalskalen bewerten und diese dabei zugleich einer Gewichtung unterziehen (Reichmann 2011).

Problematisch ist dabei oft, dass der Bewertungsprozess bei Lieferanten in Schwellen- oder Entwicklungsländern aufgrund der räumlichen Distanz und der zuweilen weniger

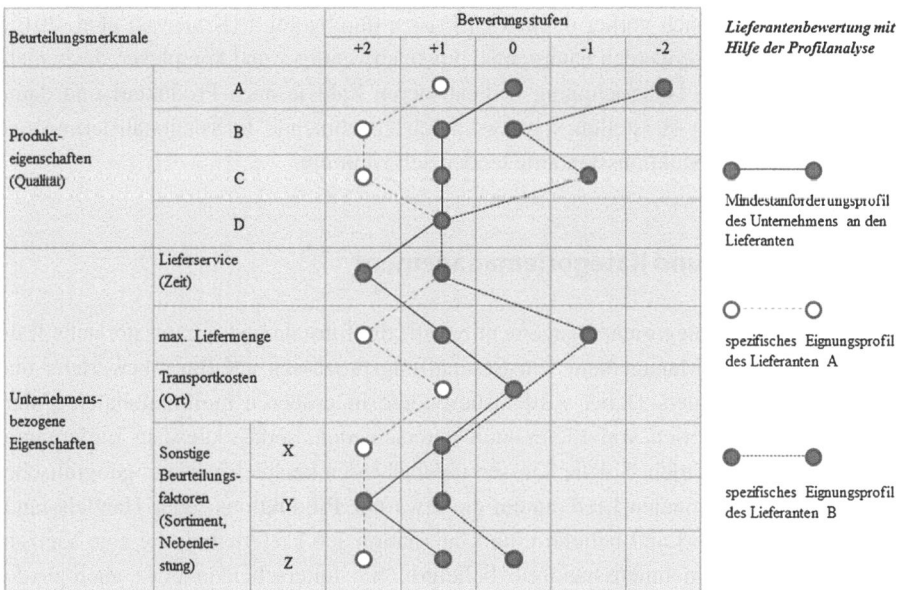

Abb. 10.2 Lieferantenbewertung mithilfe einer Profilanalyse. (Quelle: in Anlehnung an Reichmann 2011)

transparenten Informationslage vergleichsweise aufwendig verläuft. Nicht selten werden sogar unterschiedliche Bewertungen für verschiedene Standorte von Lieferanten erstellt, die dann beispielsweise von lokalen Tochtergesellschaften des sourcenden Unternehmens unternommen werden, unabhängig davon, ob diese direkt von den Lieferantenstandorten in ihrer unmittelbaren Nähe sourcen oder ob dies durch die in einem anderen Land ansässige Unternehmenszentrale geschieht.

Lieferanten-Zertifizierungsprogramme dienen dazu zu verifizieren, dass der Lieferant die Fähigkeit und Kapazitäten besitzt, die Produkte und Leistungen zu liefern, die das zertifizierende Unternehmen benötigt. Ein solcher Standard ist beispielsweise der ISO 9000-Standard, der Qualitätsstandards zur Maßgabe macht oder der ISO-14000-Standard der Umweltstandards setzt (Krajewski et al. 2015). Zertifizierungen gehen normalerweise einher mit Vor-Ort-Besuchen und Überprüfungen durch das beschaffende Unternehmen mittels eines funktionsübergreifenden Teams aus Stammhaus- und dezentralen Standortmitarbeitern, welches die Fähigkeiten und Kapazitäten des jeweiligen Lieferanten beurteilt, Kosten-, Qualitäts-, Mengen-, Zeit- und Flexibilitätsziele aus Prozess- und Informationssystem-Perspektive einzuhalten.

Dabei werden alle Aspekte der Herstellung der Beschaffungsgüter anhand der stattfindenden Prozesse und Prozessdokumentationen überprüft und letztlich bei einwandfreiem Resultat zertifiziert, sodass vonseiten des Einkaufs bei der Beauftragung von zertifizierten Lieferanten keine weiteren Prüfungen mehr stattfinden müssen. Eine Zertifizierung bedeutet jedoch für die entsprechenden Lieferanten keinen Freibrief von jeglicher Kontrolle oder Überprüfung. Vielmehr werden die kriterien-basierten Leistungen regelmäßig überprüft, was durch routinemäßige Vor-Ort-Besuche abgerundet wird. Schließlich werden Re-Zertifizierungen nach vorher definierten Fristen durchgeführt (Krajewski et al. 2015). Zertifizierungsprozesse werden naturgemäß umso aufwendiger und komplexer, desto mehr Lieferanten sich eine Unternehmung bedient, deren Zahl je nach Produktart und damit zusammenhängendem Herstellungsprozess durch zunehmende Internationalisierung und damit verbundene Produktionsstandorte tendenziell zunimmt.

10.2.3 Vertrags- und Kategoriemanagement

Das Vertrags- und Kategorienmanagement betrifft die formale und organisatorische Rahmensetzung für das Management von Beschaffungsprozessen auf Basis bewerteter und zertifizierter Lieferanten. Dabei wird insbesondere in größeren multinationalen Unternehmen nach Kategorien von Lieferanten unterschieden, sodass diese in Lieferantenklassen einsortiert werden. Solche Klassen unterscheiden beispielsweise in geografischer Dimension nach nationalen Lieferanten, die etwa nur Produktions- oder Handelsstandorte in ihrem eigenen Land beliefern, und internationalen Lieferanten, die eine Vielzahl internationaler Unternehmensstandorte beliefern. Sie unterscheiden etwa auch in der Dimension der Regelmäßigkeit in Ad-hoc-Lieferanten, die gelegentlich und unregelmäßig mit Beschaffungsaufträgen betraut werden, in reguläre Lieferanten, die in gewisser

Regelmäßigkeit Kontrakte mit dem Unternehmen abschließen und in präferierte Lieferanten, denen von den zu vergebenden Auftragsvolumina maßgebliche Anteile zugestan-
den werden.

Mit diesen in der Regel auf globaler Basis definierten präferierten Lieferanten werden vom Einkauf Rahmenverträge geschlossen, deren Bedingungen für jeden einzelnen Beschaffungsabruf gelten. Dies erbringt für das beschaffende Unternehmen vor
allem Effizienzvorteile und für den Lieferanten außerdem quasi garantierte Mengenvor-
teile. Lediglich die Preis- und Zahlungskonditionen werden in so genannten Rate Cards
zumeist jährlich zwischen den Vertragsparteien neu verhandelt, wobei an den einzelnen
internationalen dezentralen Standorten häufig eigene Rate Cards auf lokaler Basis in
Anlehnung an die zentral verhandelten Konditionen ausgehandelt werden.

Ferner geht die in den letzten zwei Dekaden in vielen multinationalen Unternehmen
vorangetriebene Professionalisierung der Beschaffungsfunktion mit deren Kategorisierung einher. Das bedeutet, dass in den Unternehmen der Einkauf nach Kategorien geord-
net wird, sodass einzelne Kategorien wie Beratungsleistungen, IT-Hard- und Software,
Fahrzeugeinkauf oder Büromaterial von einzelnen, darauf spezialisierten Kategoriemanagern verantwortet werden, die nur für eine spezielle Kategorie von Beschaffungsgütern
verantwortlich sind und die Verhandlungen mit den zugehörigen Lieferanten bzw. die
damit zusammenhängende Rate Card-Gestaltung steuern.

Dabei haben Kategoriemanager in der Muttergesellschaft oftmals eine Entsprechung
an regionalen Standorten, wo regionale Kategoriemanager den Einkauf auf zugehöriger
Länderebene mit den dortigen Einkaufsmanagern koordinieren. Kategoriemanagement
betrifft dabei insbesondere solche Güter oder Dienstleistungen, die nicht direkt mit dem
operativen Leistungserstellungsprozess zusammenhängen und einen gewissen Standardisierungsgrad aufweisen, zumal etwa der Einkauf operativer Materialien oder von Spezi-
almaschinen nicht immer so weit standardisierbar ist, dass dieser zentral oder regional
durch Kategoriemanager koordiniert und abgewickelt werden kann und hier in der Regel
der Spezifität der Vorrang vor der Skalierung gegeben wird, zumal wenn eine Differenzierungsstrategie vorherrscht.

10.2.4 Zentralisierung versus Dezentralisierung von Einkaufsorganisationen

Eng mit der Gestaltung des Kategoriemanagements hängt die Frage der Organisation der
internationalen Beschaffungsaktivitäten zusammen. Multinationale Unternehmen, welche über mehrere internationale Standorte verfügen, müssen Entscheidungen darüber
treffen, ob sie zentral oder dezentral einkaufen wollen und wie sie ihre Supply Chain
kontrollieren wollen. Dies hat unmittelbare Auswirkungen auf die globale Einkaufsorganisation. Zentralisierte Beschaffung bedeutet, dass der Einkauf durch eine spezialisierte Abteilung bzw. einen Hauptbereich vollzogen wird, während dezentralisierte
Beschaffung impliziert, dass verschiedene internationale Standorte oder Abteilungen ihre

Einkäufe selbst organisieren. Ein zentralisierter Einkauf hat den Vorteil größerer Einkaufsmacht und ist daher insbesondere aufgrund von Bündelungseffekten potenziell in der Lage, niedrigere Einkaufspreise etwa mittels Mengenrabatten durchzusetzen als länderspezifische dezentrale Einkaufsorganisationen (Stevenson 2015).

Ferner ist es über einen zentralisierten Einkauf einfacher möglich, einen besseren Service oder eine höhere Aufmerksamkeit vonseiten der Lieferanten zu bekommen. Außerdem ermöglicht eine zentrale Einkaufsorganisation dem Unternehmen die Etablierung von Kategoriemanagern, die als Spezialisten für die ihnen unterstellten Beschaffungsgüter die Einkaufsprozesse entsprechend effizienter abwickeln können. Möglicherweise installieren die Lieferanten als organisatorisches Pendant zu den einkaufsseitigen Kategoriemanagern einen Key Account Manager, um ihre Angebots- und Kommunikationsprozesse gegenüber dem Kunden zu bündeln und zu verbessern und ihn so noch enger an ihr Unternehmen zu binden.

Unternehmen mit mehreren internationalen Lieferanten favorisieren häufig eine Zentralisierung ihrer Beschaffungsaktivitäten, weil die Spezialkenntnisse, die erforderlich sind, um diese Transaktionen abzuwickeln an einem Standort konzentriert werden können, zumal die entsprechenden Einkäufer substanzielle Kenntnisse in internationalem Wirtschafts- und Vertragsrecht besitzen müssen. Ein weiterer Treiber der Zentralisierung von Beschaffungsaktivitäten liegt in der fortschreitenden Computerisierung und Digitalisierung von Prozessen, die es ermöglichen, dass spezialisierte zentrale Einkaufs- und Kategoriemanager heute Zugriff auf Daten und Informationen haben, die früher nur auf der lokalen Ebene in den spezifischen Ländern verfügbar waren (Krajewski et al. 2015).

> **DPDHL – Bündelung und Zentralisierung von internationalen Einkaufskompetenzen im Konzern**
>
> Der internationale Einkauf im Konzern der Deutschen Post DHL wird zentral gesteuert. Die Verantwortlichen für den Bereich der globalen Beschaffung und ihre 14 Materialgruppenmanager bzw. Kategoriemanager arbeiten eng mit den Einkaufsleitern der Regionen (Europe, EMA, Americas, AsiaPacific) zusammen und berichten dem Leiter des Konzerneinkaufs in der Zentrale. Auf diese Weise ist eine Bündelung des weltweiten Bedarfs möglich bei gleichzeitiger Berücksichtigung lokaler Anforderungen der Geschäftseinheiten. Dies alles unter der Maßgabe der Entwicklung des Einkaufs zu einem internen Servicebereich (DP DHL 2011).
>
> Eine Zentralisierung der internationalen Beschaffungsaktivitäten wird jedoch nicht hinsichtlich sämtlicher im Konzern zu beziehender Beschaffungsgüter und Dienstleistungen praktiziert. So verbleibt beispielsweise beim operativen Einkauf von Transport- und Logistikkapazitäten für Kunden bei Carriern wie Reedereien oder Fluggesellschaften die Entscheidungs- und Verhandlungskompetenz in der Regel in den operativen dezentralen Geschäftsbereichen, zumal diese in solchen Bereichen über das spezifischere und aktuellere Markt- und Kunden-Know-how verfügen.

Der wahrscheinlich größte Nachteil einer zentralisierten Beschaffung ist der Kontrollverlust aufseiten der lokalen internationalen Standorte. Eine dezentrale Beschaffung in den einzelnen Ländern hat ein ggfs. besseres Verständnis und Bewusstsein über die lokalen Anbieter und Gegebenheiten. Außerdem kann ein lokal organisierter Einkauf für gewöhnlich schneller reagieren als ein zentral organisierter. Das bedeutet kürzere Planungs- und Lieferzeiten, die gerade bei eng getakteten Produktionsprozessen eine wichtige Rolle spielen. Schließlich werden durch lokalen Einkauf nicht unerhebliche Transportkosten und CO_2-Verbräuche eingespart, wovon zudem die Allgemeinheit profitiert (Stevenson 2015). Die wahrscheinlich erfolgreichste Beschaffungsorganisation ist eine intelligente Mischung aus beidem, zentralen und dezentralen Strukturen. Beispielsweise kann es Sinn machen, zeitkritische und Orders mit sehr spezifischen lokalen Attributen von lokalen dezentralen Einkaufseinheiten abwickeln zu lassen und solche in großen Quantitäten oder mit großen betraglichen Werten über den zentralen Einkauf zu organisieren.

10.2.5 Kooperationsintensitäts- und Lieferkettenanalyse

Wichtig für die Bedeutung und die Art der Geschäftsbeziehung zwischen einem Unternehmen und seinen Lieferanten ist die Kooperationsintensität, die diese Geschäftsbeziehung prägt. Je größer die Kooperationsintensität ist, desto potenziell wichtiger ist dabei der Lieferant für die Wertschöpfung des Unternehmens. Nach dem Ergebnis einer solchen Kooperationsintensitätsanalyse bestimmt sich zugleich die Art und Weise wie beschafft wird. Dies betrifft sowohl die Festlegung einer zentralen oder dezentralen Verantwortlichkeit für einen Lieferanten und die mit diesem zu organisierenden Beschaffungsprozesse als auch den Beschaffungsansatz, der im nächsten Abschnitt thematisiert wird. Im Rahmen einer Kooperationsintensitätsanalyse geht es also um die Bestimmung des notwendigen Kooperationsgrades zwischen einem Hersteller und seinen Lieferanten.

Eine hohe Spezifität bzw. Kundenrelevanz, hohe Komplexität und hohe wirtschaftliche Bedeutung des Beschaffungsprojektes gleichermaßen bedingen tendenziell eine hohe Bindungsintensität aufgrund hoher Investitionen und gegenseitiger Abhängigkeiten (Schäffer und Weber 2005). Im entgegengesetzten Fall jeweils niedriger Ausprägungen ist Kooperationsbedarf meist gar nicht vorhanden und stattdessen dominiert eher preisorientiertes Beschaffungsverhalten, was tendenziell eine Abwicklung über zentrale Einkaufsstrukturen sinnvoll erscheinen lässt, um maximale Skaleneffekte realisieren zu können (vgl. Abb. 10.3).

Die Analyse der Lieferkette hinsichtlich deren Beanspruchung und Belastbarkeit ist ein weiterer wichtiger Aspekt des internationalen Beschaffungsmanagements. Eine internationale Lieferkette ist dabei naturgemäß von höherer Komplexität geprägt als eine rein nationale und je weiter die Strecke ist, die Rohstoffe, Vorprodukte oder Komponenten zurücklegen müssen, desto stärkeren Belastungen kann sie ausgesetzt sein (Krajewski et al. 2015). Das zeigt sich beispielsweise an der Betrachtung der materialflussbezogenen Robustheit, die etwa im Falle temperatursensibler Ware wie Lebensmittel oder Chemikalien besonders hohen Anforderungen an eine unterbrechungsfreie Kühlkette während des Transportes stellt

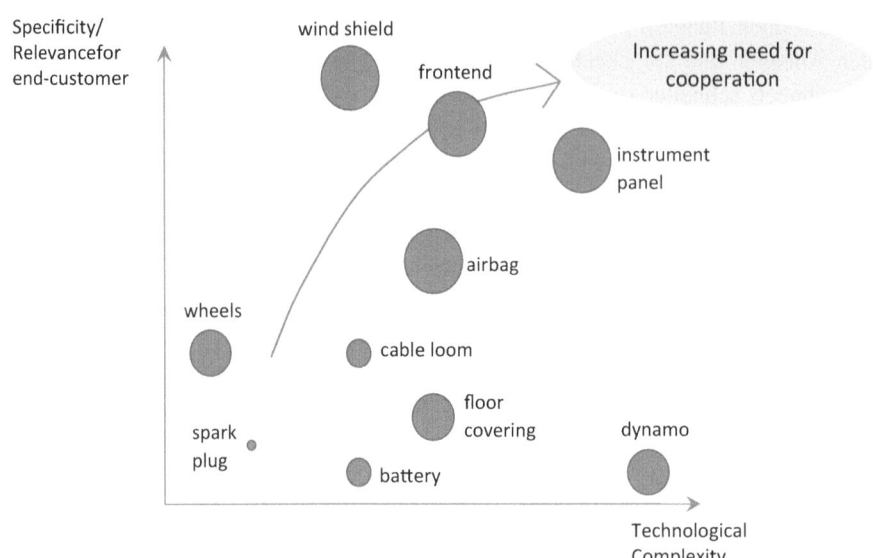

Abb. 10.3 Kooperationsintensität in Abhängigkeit von Kundenrelevanz und technischer Komplexität. (Quelle: in Anlehnung an Schäffer und Weber 2005)

und gerade an Umschlagplätzen beim Verladen oder bei Waren- bzw. Komponenten-Übergängen von einem Second-Tier- zu einem First-Tier-Lieferanten vor besondere Herausforderungen gestellt werden kann.

Von Bedeutung ist außerdem die informationsflussbezogene Robustheit der Lieferkette, die vor allem daran zu messen ist, ob die zu beschaffenden Güter während des gesamten Beschaffungsprozesses auf ihren Zustand und ihren Aufenthaltsort hin jederzeit überprüfbar sind (Schäffer und Weber 2005). An dieser Stelle wird zudem deutlich, dass die materialfluss- und die informationsflussbezogene Robustheit der Lieferkette nicht unabhängig voneinander sind. Weitere Aspekte, welche die Belastbarkeit einer Lieferkette betreffen, sind die finanzielle Stabilität der Lieferanten und deren Vertrauenswürdigkeit. Die Bedeutung der finanziellen Stabilität internationaler Lieferanten führt bei multinationalen Unternehmen zuweilen dazu, sich auf bekanntere und tendenziell größere und solventere Lieferanten zu fokussieren, um sich vor solvenzbedingten Lieferverzögerungen oder gar Lieferausfällen zu schützen, allerdings möglicherweise um den Preis des Verzichts auf potenziell innovativere Lösungen.

Erschwerend kommt hinzu, dass über kleine und mittlere, möglicherweise mit interessanten innovativen Lösungen aufwartende Unternehmen an internationalen Standorten häufig keine derart belastbaren Informationen zu Ertragskraft und finanzieller Substanz vorliegen, wie das bei inländischen Unternehmen oder größeren internationalen Unternehmen in Form von Ratings oder Auskünften durch große Rating-Agenturen, Dun & Bradstreet, Coface oder Creditreform der Fall ist. Vertrauenswürdigkeit hängt damit unmittelbar zusammen. Sie bezieht sich einerseits auf das Vertrauen in die finanzielle Stabilität eines Lieferanten, aber auch und zuvorderst auf dessen Integrität und Zuverlässigkeit.

Wichtig in diesem Zusammenhang sind die Einhaltung von Qualitäts-, Mengen- und Lieferstandards und sein Commitment zur Bewahrung von Geschäftsgeheimnissen sowie zur Nichtweitergabe von vertraulichen Informationen über Kundenbeziehungen, Konditionen und Intellectual Capital. So gab und gibt es nach wie vor substanzielle Probleme multinationaler, insbesondere deutscher Unternehmen mit Lieferanten und Partnern in China, die man sich aufgrund nationaler chinesischer Regularien zu Beschaffungsanteilen von lokalen Zulieferern (Local Content) und Joint-Venture-Pflicht mit nationalen chinesischen Unternehmen häufig nur bedingt aussuchen kann, hinsichtlich deren Vertrauenswürdigkeit im Umgang mit fremdem Intellectual Capital etwa in Form von Patenten, Gebrauchs- oder Geschmacksmustern.

Neben solchen Belastungsfaktoren sind natürlich auch Faktoren zur generellen Beanspruchung einer internationalen Lieferkette von Bedeutung. Dazu gehört zuvorderst die Volatilität der Nachfrage, die sich im Gegensatz zu früher neben klassischen saisonalen Schwankungen zunehmend auch aus sich unvorhersehbar und oft schlagartig verändernden allgemeinen Kundenpräferenzen speist. Dieses Phänomen stellt das Beschaffungsmanagement vor das Problem eines immer schwieriger und komplexer werdenden Kapazitäts- und Ressourcenmanagements entlang der Lieferkette. Neben der Nachfragevolatilität kann das Ausmaß der Lieferantenmacht die Lieferkette stark beanspruchen, wenn der Lieferant diese Macht ausnutzt und in der Kooperation und Kommunikation mit dem ordernden Unternehmen zu Adhoc-Aktionen oder Mitteilungen ohne oder mit nur geringer Vorwarnzeit neigt. In solchen Fällen stellt sich aus Sicht des ordernden Unternehmens zwangsläufig die Frage, wie praktikabel ggfs. Lieferantenwechsel sein können. Ein weiterer Faktor, der potenziell auf die Beanspruchung der Lieferkette wirkt, ist die Komplexität der durch die Lieferkette laufenden Produkte. Je standardisierter diese sind, desto tendenziell weniger werden sie die Lieferkette beanspruchen und umgekehrt (Schäffer und Weber 2005).

10.2.6 Beschaffungskonzeptstrategien

Beschaffungskonzeptstrategien legen Kategorien fest, die die Art der Beschaffung konkretisieren. Dazu gehören Fragen nach der grundsätzlichen Anzahl in die Wertschöpfungskette einzubeziehender Lieferanten, nach Komplexität, Wertigkeit und Aggregatszustand der zu beschaffenden Güter und nach deren Aufbewahrung bzw. Lagerung.

10.2.6.1 Insourcing versus Outsourcing

Bevor diese thematisiert werden können, steht jedoch für ein international agierendes Unternehmen eine Entscheidung über Out- bzw. Insourcing an, und zwar hinsichtlich dessen, ob die Lieferkette unternehmensintern durch sich gegenseitig beliefernde (Tochter-)Gesellschaften eines Konzerns organisiert wird oder ob externe Zulieferer als Lieferanten selektiert werden sollen. Je größer ein Unternehmen ist, desto lukrativer kann sich die unternehmensinterne Organisation und Koordination der Lieferkette erweisen, wenn

Kosten im Inland: 9,53 €
Kosten im Herstellungsland: 5,90 €
Gewinnmarge: 6,67%

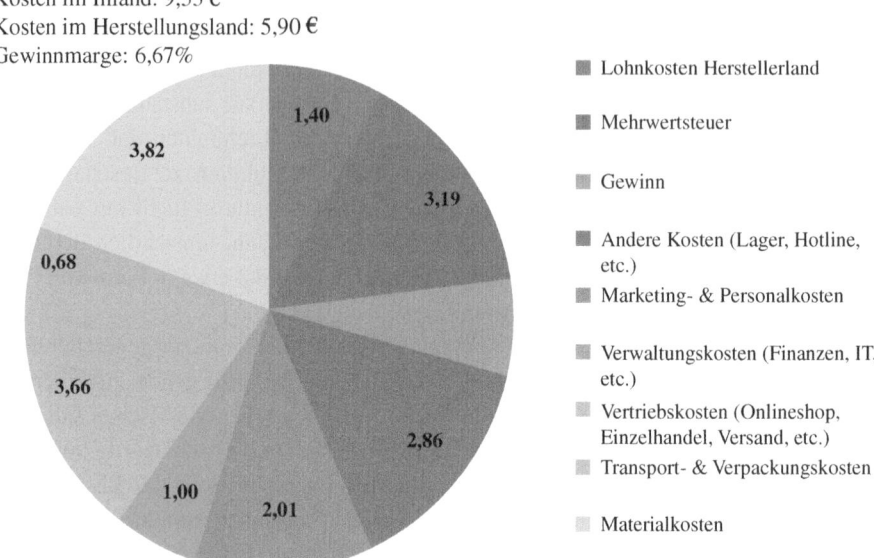

Abb. 10.4 Kostenstruktur eines im Ausland produzierten T-Shirts. (Quelle: in Anlehnung an Kremer 2013)

dabei über die Gestaltung von Verrechnungs- und Transferpreisen Steueroptimierungen in beträchtlichem Ausmaß realisiert werden können.

Neben steuerrechtlichen spielen sowohl produktionskostenspezifische Überlegungen als auch die Transaktionskosten der Beschaffung eine wesentliche Rolle (vgl. Abb. 10.4). Unter Berücksichtigung der Informations- und Koordinationskosten sind Outsourcing-Entscheidungen nur dann sinnvoll, wenn es sich um Güter mit vergleichsweise geringer Spezifität handelt (Kremer 2013). Strategische Kernleistungen bzw. Güter mit hoher Spezifität können wegen der unverhältnismäßig hohen Transaktionskosten in der Regel nicht Gegenstand von Verlagerungen auf andere Marktinstitutionen sein. Alternativ kommen ggfs. abgestimmte hierarchische Austauschsysteme zwischen Lieferanten und Abnehmern in Betracht.

10.2.6.2 Multiple-, Single- und Sole-Sourcing-Konzepte

Die Strategie des Multiple Sourcing zielt darauf ab, den Wettbewerb unter den tatsächlichen und potenziell möglichen Lieferanten zu stimulieren, um deren Leistungsfähigkeit bzw. Preiswürdigkeit zu steigern. Die gleichzeitige Nutzung verschiedener Lieferquellen ist zugleich auch ein Instrument zur Risikostreuung, da der Ausfall eines bisherigen Lieferanten vergleichsweise einfach kompensiert werden kann. Die latente oder in Verhandlungen auch manifeste Drohung eines sofortigen Lieferantenwechsels ist das Instrument der Wahl. Wirksam wird diese Strategie allerdings nur, wenn tatsächlich auch genügend geeignete Lieferanten im Markt verfügbar sind und keine beachtenswerten Wechselkosten beim Beschaffer entstehen, was sich in einem internationalen bzw. globalen Beschaffungskontext tendenziell leichter realisieren lässt als in einem lokalen bzw. domestischen. Dies betrifft typischerweise Güter mit geringer Spezifität, die wegen ihres hohen Standardisierungsgrades auch von anderen Käufern nachgefragt werden (Slack et al. 2010).

Die Konzentration der Beschaffungsaktivitäten auf einen einzigen Lieferanten für ein bestimmtes Gut wird als Single Sourcing bezeichnet. Der Lieferant wird dabei nicht mehr nur als eine leistungsfähige Quelle für die Versorgung eines vorab definierten Güterbedarfs gesehen, sondern als eine wichtige Ressource, um Wettbewerbsvorteile auf den eigenen Absatzmärkten realisieren zu können. Der Lieferant soll innovative Beiträge für die Gestaltung der eigenen Marktleistungen erbringen, die Zeitspanne zwischen Produktidee und Markteinführung reduzieren („Time-to-Market") und an der Realisierung von Kostensenkungspotenzialen mitwirken. Single Sourcing schafft den Transaktionsrahmen, um zusammen mit einem Lieferanten spezifische Güter entwickeln zu können, die sowohl kostengünstig sind als auch Differenzierungspotenziale gegenüber Wettbewerbern haben.

Ein wesentliches Merkmal des Single Sourcing ist die Notwendigkeit, Vertrauen zwischen Lieferanten und Abnehmern aufzubauen. Im Falle spezifischer Güter führt Single Sourcing zwangsläufig zu vertikalen Kooperationsformen, die in der Regel freiwillig durch den Abnehmer initiiert werden. Es kann allerdings auch der Sonderfall eintreten, dass ein Beschaffer wegen marktlicher Restriktionen auf einen einzigen Lieferanten angewiesen ist, sodass diesem quasi eine Monopolstellung zufällt, was dann auf der Abnehmerseite als Sole Sourcing bezeichnet wird. Sole Sourcing-Situationen können zum Beispiel durch staatliche Regulierungsmaßnahmen, durch exklusive Nutzungsrechte oder durch Marktkonzentration auf der Anbieterseite entstehen.

10.2.6.3 Modular- und Systemsourcing

Modular bzw. System Sourcing beinhaltet die Verlagerung von komplexen Fertigungsprozessen auf externe Lieferanten, sodass immer weniger einzelne Teile, sondern möglichst komplette Module und Systeme beschafft werden. Modular- bzw. System-Sourcing unterscheiden sich von traditionellen Beschaffungsstrategien einerseits durch die nachhaltige quantitative Verringerung der Beschaffungsobjekte und andererseits durch die Reduzierung der Anzahl direkter Lieferantenbeziehungen mit dem Ziel insgesamt schlankerer Wertschöpfungsprozesse. In diesem Zuge wird auch die Lagerhaltung vielfältiger Einzelteile auf die Zulieferer verlagert mit der Folge einer Reduzierung der Kapitalbindung und einer Verringerung der Dispositionskosten. Innerhalb mehrstufiger Prozesse übernehmen die Modular-/Systemlieferanten auch die Koordinationsaufgaben mit nachgelagerten Stufen, was den Endabnehmer zusätzlich entlastet. Als Nachteil steht eine Einbuße der Autonomie des Abnehmers (Hugos 2011).

10.2.6.4 Stock-, Demand-taylored und Just-in-time-Sourcing

Stock Sourcing stellt das traditionelle Konzept der Beschaffung dar, bei dem der Beschaffer eine hohe Beschaffungssicherheit mithilfe von Lagerbeständen anstrebt. Aus Gründen der Versorgungssicherheit werden erhebliche Kostennachteile, insbesondere Kapitalbindungskosten in Kauf genommen, weswegen sich dieser Ansatz eher nicht für

Teile bzw. Inputfaktoren mit niedrigem Versorgungsrisiko eignet. Das Demand-taylored Sourcing versucht, diese Nachteile mithilfe einer Bedarfsabstimmung zwischen Lieferant und Abnehmer zu umgehen. Dabei ist zu unterscheiden zwischen der Einzelbeschaffung im Bedarfsfall, bei der die Einsatzgüter erst dann beschafft werden, wenn sie im Produktionsprozess tatsächlich benötigt werden (insbesondere bei Auftragsfertigung) und der fertigungssynchronen Anlieferung, durch die bei angenommenem regelmäßigen Bedarf und rahmenvertraglicher Vereinbarung eine Routine erreicht wird, die bei der Einzelbeschaffung im Bedarfsfall nicht erreicht wird.

Als wohl bedeutendste Beschaffungsstrategie zur Bestandsvermeidung gilt gegenwärtig das Just-in-Time-Konzept, wobei auch hier die Grundidee darin liegt, die benötigten Einsatzgüter synchron mit dem Fertigungsprozess direkt an den Verbrauchsort zu liefern. Das Just-in-Time-Konzept wird zumeist auf die gesamte Wertschöpfungskette über mehrere bzw. alle Produktionsstufen angewandt, weil sich in der Regel nur auf diese Weise die ökonomischen Effekte eines solchen Verfahrens nachhaltig realisieren lassen, die sich beispielsweise in einer Bestandsreduzierung, einer Verkürzung der Durchlaufzeiten oder einer Reduzierung der Ausschusskosten niederschlagen. Es sind allerdings einige Voraussetzungen an die erfolgreiche Anwendbarkeit eines solchen Konzeptes gebunden, die bereits an anderer Stelle diskutiert worden sind und weswegen dieses nicht in allen Geschäftsmodellen funktionieren kann. Je internationaler die Wertschöpfungskette dabei organisiert ist, desto potenziell anfälliger wird eine Just-in-Time-Struktur aufgrund der zunehmenden Risiken in den Bereichen des Transports und der allgemeinen Länderrisiken (Hugos 2011).

10.2.7 E-Procurement

Ohne moderne IT- und web-basierte Funktionalitäten und Werkzeuge sind heutige Beschaffungs- bzw. Einkaufsprozesse nicht mehr vorstellbar. IT- und Web-Tools haben in diesem Zuge maßgeblichen Anteil an der Internationalisierung der Beschaffungsaktivitäten, zumal durch sie die Überwindung großer Distanzen zwischen Herstellern und Lieferanten insbesondere in den Planungs-, Dispositions- und Kontrollprozessen quasi in Echtzeit vollzogen werden kann, ohne dabei Informations- oder Zeitdefizite in Kauf nehmen zu müssen.

10.2.7.1 Electronic Data Interchange (EDI)

Eines der ersten schon vergleichsweise länger existierenden IT-Werkzeuge im Bereich des elektronischen Einkaufs ist das bereits zuvor angesprochene EDI (Electronic Data Interchange). Mittels EDI werden standardisierte Geschäftsdokumente und -informationen zwischen Computern mittels spezifischer Kommunikationssoftware und -schnittstellen ausgetauscht. Diese Kommunikationssoftware übersetzt Dokumente von und in eine generische Form, die es den beteiligten Unternehmen ermöglicht, Informationen trotz unterschiedlicher Hard- und Softwareausstattung auszutauschen (Krajewski et al. 2015).

Rechnungen, Bestellorders oder Zahlungsinformationen sind Beispiele solcher Dokumente, die EDI bearbeiten und transferieren kann, wodurch Telefonate oder Postsendungen gänzlich überflüssig werden. Problematisch daran ist allerdings, dass EDI für die beteiligten Unternehmen jeweils nur auf einer 1:1-Basis genutzt werden kann, da individuelle Gestaltungen und Anpassungen pro Transaktionspartner durchgeführt werden müssen und deswegen EDI von vielen Unternehmen aus Kostengründen nur für vergleichsweise wichtige, sprich transaktions- bzw. volumenintensive Geschäftspartner genutzt wird.

10.2.7.2 Elektronische Kataloge

Ein weiteres Instrument der elektronischen Beschaffung, welches das internationale Sourcing maßgeblich hinsichtlich der damit verbundenen Transaktions- und Koordinationskosten senken kann, besteht in elektronischen Katalogen. Solche Kataloge können konkret genutzt werden, um die durch eine Bestellung hervorgerufenen Kosten der Orderplatzierung beim Lieferanten als auch die eigentlichen Waren- oder Servicekosten zu reduzieren, letztere vor allem durch leichtere Generierung von Skaleneffekten. Die internationalen Lieferanten platzieren ihre Katalogartikel auf der eingerichteten Plattform bzw. dem elektronischen Marktplatz, die abnehmenden Unternehmen wählen die Artikel nach ihrem jeweiligen Bedarf aus und bezahlen diese anschließend elektronisch.

Die Plattform verbindet potenziell hunderte von Lieferanten mit ihren Abnehmern und macht dadurch EDI-Kosten überflüssig, die für jeden einzelnen Kontakt individuell gestaltet werden müssen. Darüber hinaus kann das abnehmende Unternehmen seine Preise mit individuellen Lieferanten über die Plattform verhandeln. Die Einkaufsmitarbeiter des abnehmenden Unternehmens selektieren die für sie relevanten Artikel und kaufen diese über ihre dezentralen Computer auf dem elektronischen Marktplatz ein, sodass das System die entsprechende Bestellorder generiert, welche dann über die Plattform weitergeleitet wird an die zugehörigen Lieferanten (Krajewski et al. 2015).

10.2.7.3 Elektronische Auktionen

Elektronische Auktionen finden auf Plattformen statt, wo Unternehmen ihre Gebote für bestimmte Produkte bzw. Artikel platzieren, um diese möglichst günstig zu erwerben. Das kann beispielsweise derart ablaufen, dass für eine bestimmte Branche eine Plattform geschaffen wird, wo Unternehmen ihre Produkte anbieten können, über die sie beispielsweise aktuell im Überfluss verfügen, um sie dort an den Bieter mit dem höchsten Abnahmepreisangebot zu verkaufen. Solche Plattformen existieren zum Beispiel in den Bereichen Gebrauchtfahrzeuge, Stahl oder Chemische Produkte. Eine Unterart der elektronischen Auktion, welche sich wachsender Beliebtheit erfreut, ist die so genannte Reverse Auction, bei der Lieferanten Angebote abgeben, um mit Abnehmern ins Geschäft zu kommen. Jedes Gebot wird in diesem Rahmen über die Plattform abgegeben, sodass die Bieter in der Konsequenz verfolgen können, um wie viel ihr nächstes Gebot niedriger sein müsste, um weiterhin im Rennen um den Zuschlag des Abnehmers zu bleiben.

Jeder Kontrakt basiert dabei auf einem elektronischen Prospekt, auf dessen Basis die Auktion abläuft und in dem sämtliche Spezifikationen, Bedingungen und andere Anforderungen dokumentiert sind, sodass das einzige Element, welches noch der Spezifikation bedarf, der Preis und damit die Kosten bleiben, die dem Abnehmer entstehen. Die amerikanischen Autohersteller Ford, General Motors und Chrysler haben gemeinsam einen Reverse Auction Marktplatz aufgebaut, um Autoteile und Komponenten von Automobilzulieferern zu beziehen und so gemeinsam von kombinierten Skaleneffekten zu profitieren. Gleichwohl ist bei elektronischen Marktplätzen und Auktionen zu berücksichtigen, dass sich solche Instrumente nicht für sämtliche Zulieferprodukte eignen, sondern vor allem für Commodity-Teile und solche Artikel, die nicht permanent benötigt werden und in der Regel nur kurzfristiger Lieferantenbeziehungen bedürfen (Krajewski et al. 2015).

Bei anderen Teilen, insbesondere solchen von strategischer Relevanz mit signifikantem Wertschöpfungsanteil des oder der Lieferanten werden notwendigerweise nachhaltige, intensive und partnerschaftliche Beziehungen zwischen Abnehmer und Lieferant im Vordergrund stehen (müssen), sodass hier andere Transaktions- und Verhandlungsmuster als die in diesem Abschnitt beschriebenen Anwendung finden (Christopher 2013). Einer zu stark effizienzgetriebenen Übertreibung hinsichtlich des Einsatzes von Reverse Auctions auch bei strategisch relevanten Beschaffungsgütern ist schon manchem Unternehmen insofern schlecht bekommen, als man sich im Nachhinein zu signifikanten Nachbesserungsaufwendungen veranlasst sah, die aufgrund von preisdruck-induzierten Minderleistungen bezogen auf die Qualität und Funktionalität der eingekauften Leistungen seitens der Lieferanten entstanden.

Kontrollfragen

1. Welche Zielsetzungen liegen in der konsequenten strategischen Ausrichtung eines Unternehmens auf eine internationale Beschaffung?
2. Welche Komponenten beinhaltet ein internationaler Beschaffungsprozess und welchen Einfluss haben diese Komponenten jeweils auf die Gestaltung des Beschaffungsprozesses?
3. Vergleichen Sie die Beschaffungskonzepte des Multiple und des Single Sourcing und zeigen Sie auf, in welchen Beschaffungssituationen sich diese ggfs. als vorteilhaft erweisen.
4. Beschreiben Sie das Prinzip einer Reverse Auction im Beschaffungsprozess und erläutern Sie die damit verbundenen Vorteile des beschaffenden Unternehmens.

Literatur

Bayer (2015) Bayer Geschäftsbericht 2015
Christopher M (2013) Logistics and supply chain management. Creating value-adding networks, 4. Aufl. Pearson Education, Harlow
DP DHL (2011) DP DHL Geschäftsbericht 2011

Hugos M (2011) Essentials of supply chain management, 3. Aufl. Wiley, Chichester

Hult GTM, Closs DJ, Frayer D (2014) Global supply chain management. Leveraging processes, measurements, and tools for strategic corporate advantage. McGraw-Hill, New York

Kerkhoff G (2004) Milliardengrab Einkauf. Wiley, Weinheim

Krajewski LJ, Ritzman LP, Malhotra MK (2015) Operations management, 11. Aufl. Pearson Education, Harlow

Kremer D (2013) Teuer ist nicht gut. Frankfurter Allgemeine Sonntagszeitung, 9. Juni, S 33

Reichmann T (2011) Controlling mit Kennzahlen und Management Tools, 8. Aufl. Vahlen, München

Schäffer U, Weber J (2005) Bereichscontrolling. Schäffer-Poeschel, Stuttgart

Slack N, Chambers S, Johnston R (2010) Operations management, 6. Aufl. Pearson Education, Harlow

Stevenson WJ (2015) Operations management, 12. Aufl. McGraw-Hill, New York

Internationales Marketingmanagement 11

Zusammenfassung

Dieses Kapitel stellt zunächst den grundsätzlichen Einfluss der Internationalisierung auf das Marketing dar und thematisiert dabei den klassischen Trade-off zwischen Standardisierung und Adaption vor dem Hintergrund der jeweiligen Stärke lokaler internationaler Märkte auf die Ausgestaltung der Marketing-Strategie und des Marketing-Mix. Im Anschluss daran werden die einzelnen Bestandteile eines international ausgerichteten Marketing-Mix dargestellt. Dies beginnt mit der Produktpolitik, die vor dem Hintergrund jeweiliger regulatorischer Bedingungen, kultureller Besonderheiten, nationaler Reputationen, steigender Plagiatsgefahren und verkürzter Produktlebenszyklen diskutiert wird. Anschließend werden internationale Promotionsstrategien diskutiert und dabei insbesondere die dazugehörigen Themen der Markenpositionierung und -pflege sowie der Werbestrategien. Ferner werden internationale Distributionsstrategien besprochen, wobei dies unter besonderer Berücksichtigung der Gestaltung von Distributionskanälen und damit verbundener spezifischer Distributionsherausforderungen erfolgt. Den Abschluss bildet die Behandlung internationaler Preisstrategien und damit verbundener Preisbeeinflussungsfaktoren.

11.1 Internationale Marketingstrategien

Die wesentliche Herausforderung für das Marketing Management eines international operierenden Unternehmens liegt darin, eine Marketingstrategie zu entwickeln, die die übergeordnete Unternehmensstrategie auf allen Märkten unterstützt, auf denen das Unternehmen international tätig ist. Die Globalisierung transformiert dabei die Art und Weise, wie Produkte international vermarktet werden. Einige Unternehmen implementieren globale Marketingstrategien, die ähnliche Instrumente und Verfahren in allen bedienten

© Springer Fachmedien Wiesbaden GmbH 2017   253
M. Sure, *Internationales Management*, DOI 10.1007/978-3-658-16163-7_11

Märkten nutzen, um das gleiche Produkt global zu vermarkten. Andere wiederum kommen zu der Erkenntnis, dass ihre Produkte unterschiedliche physische Konstitutionen, Funktionalitäten, Vertriebswege oder Werbekampagnen benötigen, um den Besonderheiten der lokalen Märkte und ihrer Konsumenten besser zu entsprechen. Daraus folgt unmittelbar, dass die Bedeutung des internationalen Marketings umso größer wird, je deutlicher sich die auf den lokalen Märkten angebotenen Produkte voneinander unterscheiden (Meckl 2014).

Die Unterschiedlichkeit der lokalen Märkte übt also unmittelbaren Einfluss auf den Variationsgrad der jeweiligen Marketingkonzepte aus. Dies berührt das Spannungsfeld zwischen Standardisierung und Adaption bzw. Differenzierung im Marketing Management. Standardisierung setzt dabei auf weitgehende Einheitlichkeit von Methoden und Instrumenten, während Differenzierung sich stärker den Präferenzen und Geschmäckern lokaler Konsumenten anpasst und darauf zugeschnittene Marketingkonzepte generiert. Für die Entwicklung einer internationalen Marketingstrategie und der damit verbundenen Entscheidung der Verfolgung standardisierter oder differenzierter Marketingkonzepte ist dabei zunächst einmal die Ausrichtung der Gesamtstrategie maßgeblich. In diesem Rahmen werden die zu bearbeitenden Märkte entsprechend ihrer Strukturen in Segmente aufgeteilt, die wiederum vom Timing her nach Produktlebenszyklus-Phase mit einem mehr oder weniger differenzierten oder mit einem standardisierten Set an Marketing-Mix-Maßnahmen bearbeitet werden (Zentes et al. 2013).

Standardisierungsstrategien sind in diesem Zuge umso wahrscheinlicher, je vergleichbarer der ökonomische Entwicklungsstand der lokalen Märkte bzw. Länder ist. Die Segmentierung von Märkten geht dabei auch potenziell mit deren Priorisierung einher. Abhängig von der Art der Produkte und den jeweiligen Marktumständen entscheiden sich Konsumgüterhersteller wie Nike oder Coca Cola für gewöhnlich zu einer breiten parallelen Markteinführung neuer Produkte über Kontinente hinweg, während ein Investitionsgüterhersteller wie Caterpillar seine Produkteinführung sukzessive Markt für Markt organisiert, zumal seine Marketing-Strategie auf dem sukzessiven Aufbau starker lokaler Händlernetzwerke basiert (Griffin und Pustay 2015).

Grundsätzlich kann bezüglich des Trade-off zwischen Standardisierung und Adaption nach der bereits an anderer Stelle erfolgten Differenzierung in einen ethnozentrischen, einen polyzentrischen oder einen geozentrischen Ansatz differenziert werden. Der ethnozentrische Ansatz ist dabei relativ einfach zu verfolgen, da das Unternehmen in diesem Fall schlichtweg diejenigen Marketing-Mix-Maßnahmen in den ausländischen Märkten anwendet, die es auch in seinem domestischen Markt benutzt (Zentes et al. 2013). Auf diese Weise werden Ausgaben für die Entwicklung neuer bzw. alternativer Marketing-Konzepte für ausländische Kunden vermieden. Manche Unternehmen benutzen diesen Ansatz zu Beginn ihrer Internationalisierung, wenn sie denken, dass ein erfolgreiches Marketing-Instrumentarium, welches im heimischen Markt funktioniert hat, folglich auch in anderen Ländern funktionieren würde. Erst im Laufe der Zeit lernen sie, diese dann auf die Bedürfnisse der lokalen Kunden anzupassen, um dadurch potenziell höhere Absätze und Margen erzielen zu können.

Entgegen dem ethnozentrischen Ansatz ist der polyzentrische Ansatz deutlich kostspieliger. Das liegt daran, dass das Marketing für jeden ausländischen Markt, in den ein Unternehmen eintritt, ein separates und auf diesen lokalen Markt abgestimmtes Marketing-Mix-Konzept kreiert. Unternehmen, die diesen Ansatz wählen, glauben, dass sie in der Lage sind, mehr Umsatz und höhere Profitabilität zu erzielen, wenn sie den lokalen Kunden maßgeschneiderte, auf ihre Bedürfnisse abgestimmte Produkte und Lösungen anbieten. Schließlich impliziert der geozentrische Ansatz eine Standardisierung der Marketing-Mix-Maßnahmen.

Der geozentrische Ansatz erlaubt es dem Unternehmen, ein Produkt weltweit mit einem einheitlichen Marketing-Ansatz zu vermarkten, und zwar im Gegensatz zum ethnozentrischen Ansatz von Anfang an ohne verzerrende Wirkung des domestischen Marktes. Zu den Unternehmen, die den geozentrischen Marketing-Ansatz präferieren gehören Coca Cola und Louis Vuitton, deren Produkte weltweit mit einem einheitlichen Ansatz und Antlitz vermarktet werden, der sie weltweit jederzeit von jedem Kunden genau identifizierbar macht und zu ihrer beeindruckenden Markenstärke beiträgt. Im Falle von Coca Cola bedeutet das ein weltweit gleiches Geschmackserlebnis, eine identische Verpackung, eine einheitlich konturierte Glasflasche und weitgehend gleiche Werbekampagnen (Griffin und Pustay 2015).

Standardisierung bedeutet aber nicht in jedem Fall, dass sämtliche Marketing-Mix-Instrumente dem identischen Standardisierungsgrad unterliegen. So standardisieren Unternehmen häufig ihre Produkte, um dabei u. a. Skaleneffekte in der Produktion zu realisieren und variieren dann hinsichtlich der Promotions- und Werbekonzepte oder bei der Auswahl oder Gestaltung von Vertriebskanälen entsprechend der Präferenzen ihrer lokalen Kunden. Unabhängig davon führt die Selektion zwischen Standardisierung und Adaption auch zu organisatorischen Konsequenzen für ein Unternehmen. Standardisierung geht dabei zumeist einher mit einer Zentralisierung von Macht und Ressourcen am Hauptsitz des Unternehmens einher, während Adaption eine Dezentralisierung von Entscheidungsmacht entsprechend dem Grad der Anpassung an ausländische Gesellschaften wahrscheinlich macht (Griffin und Pustay 2015).

11.2 Internationale Produktpolitik

Das erste Element des internationalen Marketing-Mix ist die Produktpolitik. Dabei umfasst der Terminus eines Produkts sowohl dessen physische Eigenschaften, Funktionalitäten und Verpackung als auch zahlreiche immaterielle Faktoren wie das Produktimage, dessen Inbetriebnahme, Zusatz- und Garantieleistungen oder Zahlungsbedingungen.

▶ **Produktpolitik** Produktpolitik umfasst in diesem Kontext sämtliche Maßnahmen zur Konzeption von Produkten und Leistungen, die ein Unternehmen auf den internationalen Märkten seinen Kunden anbietet.

Zu den wesentlichen Aufgaben der internationalen Produktpolitik gehören die Gestaltung des Produktprogramms, die Vorbereitung, Durchführung und Kontrolle von Produkt-Markteinführungen sowie die Variation und Elimination von Produkten im Rahmen der Produktportfolio-Steuerung (Meckl 2014).

Das Ausmaß, zu dem Produkte angepasst werden sollten, hängt von verschiedenen Faktoren ab, die nachfolgend thematisiert werden sollen. Einer dieser Faktoren betrifft die Kundenkategorie und die damit zusammenhängende Fragestellung, ob es sich um industrielle oder private Zielkunden handelt. Auch wenn man sich an dieser Stelle hüten sollte, eine diesbezügliche Pauschalaussage zu treffen, so lässt sich doch erkennen, dass industrielle Produkte tendenziell eher standardisiert sind als Konsumentenprodukte. Weitere Faktoren, welche den Produktanpassungsgrad beeinflussen, sind:

1. Gesetze und sonstige regulatorische Vorschriften
2. Kulturelle Unterschiede
3. Ökonomische Rahmenbedingungen
4. Marken- und Produktnamen
5. Reputation des Herstellerlandes
6. Plagiate und Schwarzmärkte
7. Kürzere Produktlebenszyklen.

11.2.1 Gesetze und sonstige regulatorische Vorschriften

Unternehmen, die auf internationalen Märkten agieren, müssen ihre Produkte an die jeweiligen Gesetze und Regularien in den Zielmärkten anpassen. Dazu gehören zum Beispiel Vorschriften zu Inhaltsstoffen in Lebensmitteln. Diesbezüglich schreiben manche Länder den domestischen und den ausländischen Herstellern vor, Gesundheitsstandards einzuhalten und dies mittels detaillierter Etikettenangaben zu Inhaltsstoffen auf ihren Produktverpackungen zu dokumentieren. Dies führt dazu, dass die Hersteller ihre Verpackungen umdesignen oder ggfs. sogar, was deren Material anbelangt, ändern müssen. Außerdem kann dies bedeuten, dass Inhaltsstoffe angepasst werden müssen. In Deutschland ist beispielsweise in der Bierverordnung von 2005 geregelt, was als Bier bezeichnet werden darf.

Ferner existieren in vielen Ländern Vorschriften, wie technische Produkte, insbesondere solche für den privaten Hausgebrauch gestaltet bzw. ausgestattet sein sollen, die sich beispielsweise in Europa dadurch unterscheiden, dass sie mit unterschiedlichen elektrischen Steckern ausgerüstet sein müssen, um überhaupt funktionsfähig zu sein (Griffin und Pustay 2015). Besondere Verbraucherschutzvorschriften betreffen etwa den US-amerikanischen Markt, bei dem Gebrauchsanweisungen strengeren Standards unterworfen sind und für die Unternehmen eine höhere Genauigkeit in der Beschreibung der Produkthandhabung und potenzieller Gefahren bei unsachgemäßer Produktverwendung gebietet, um nicht mit hohen Schadensersatzforderungen durch Konsumenten konfrontiert zu werden, die sich oftmals in sogenannten Sammelklagen zusammenschließen (Meckl 2014).

11.2.2 Kulturelle Unterschiede

Unternehmen passen ihre Produkte auf den internationalen Märkten auch vor dem Hintergrund von kulturell bedingten Präferenzen der dort agierenden Konsumenten an. So bietet der auf Eiscremeprodukte spezialisierte Konzern Häagen-Dazs seine Eiscremesorten in den einzelnen Märkten entsprechend der jeweiligen Geschmackspräferenzen der lokalen Konsumenten an. Auf diese Weise führte das Unternehmen nach einigen Jahren der Erprobung in Japan eine Eiscremesorte mit Grüntee-Geschmacksnote ein, die speziell derjenigen Geschmackrichtung entsprach, die als sogenannter Macha Tee seit Jahrhunderten in japanischen Zeremonien zum Einsatz kommt und deren Markterfolg selbst die kühnsten Erwartungen übertraf (Wild und Wild 2014).

Ein anderes Beispiel betraf den Handy-Markt in den frühen 2000er Jahren in Asien als einige Hersteller, darunter Motorola, die spezifischen Präferenzen asiatischer Kunden für sogenannte aufklappbare Handys entdeckten, ihre Produktpalette entsprechend lokal darauf ausrichteten und dadurch signifikante Marktanteile generieren konnten. Der amerikanische Fernsehsender HBO wiederum, sieht sich häufig gezwungen, seine Filme zu modifizieren, bevor sie etwa in den für gewöhnlich im Vergleich zu den USA oder Europa tendenziell eher konservativen asiatischen Gesellschaften gezeigt werden können. So konnte HBO beispielsweise den Film Schindler's Liste in Malaysia nicht zeigen, weil er kurze Nacktszenen enthielt und der Filmregisseur Steven Spielberg anderen das Recht verweigert, aus seinen Filmen Szenen herauszuschneiden (Griffin und Pustay 2015).

11.2.3 Ökonomische Rahmenbedingungen

Grundsätzlich kann auch das Niveau der wirtschaftlichen Entwicklung bzw. Maturität einen Einfluss auf die erwünschten Produkteigenschaften haben. Konsumenten in reicheren Gesellschaften oder Ländern präferieren häufig Produkte, die mit vielen Extras in Form von zusätzlichen Leistungen oder Funktionalitäten ausgestattet sind. Dagegen bevorzugen Konsumenten in ärmeren Ländern eher schlichte bzw. Basisversionen derselben Produkte (Hill 2012). Auch müssen Unternehmen gelegentlich die Verpackungsgröße oder das Design ihrer Produkte anpassen, um lokale Bedingungen zu erfüllen.

So werden in ärmeren Ländern häufig Glasbehälter durch entsprechende Kunststoffbehälter ersetzt, um die Produkte für die Konsumenten erschwinglicher zu machen. Ein weiterer ökonomischer Faktor, der die Produktgestaltung beeinflusst, ist die generelle Qualität der Infrastruktur. In dieser Hinsicht werden von Automobilherstellern Stoßdämpfer und Stabilisatoren von Fahrzeugen, die sie in Ländern mit schlechten Straßenverhältnissen verkaufen, verstärkt. Gleichzeitig werden solche Fahrzeuge häufig mit weniger bzw. einfacherer Technologie ausgestattet, um zu gewährleisten, dass die Fahrzeuge auch von privaten Werkstattbetrieben außerhalb der klassischen Händlernetze repariert werden können (Griffin und Pustay 2015).

11.2.4 Marken- und Produktnamen

Marken- und Produktnamen stellen wichtige Parameter im Rahmen der internationalen Produktpolitik dar. So assoziieren Konsumenten mit einer bestimmten Marke oder einem Produkt bestimmte Werte, die häufig auf vergangenen Erfahrungen mit diesen basieren. Aus diesem Grund sind Markennamen von zentraler Bedeutung für die Persönlichkeit und das Image eines Produktes, welches dieses dem Käufer vermittelt. Markennamen informieren den Käufer über die Herkunft von Produkten und beschützen sowohl Käufer als auch Hersteller vor Markenpiraterie und Plagiaten. Sie geben den Käufern eine Orientierung hinsichtlich der Auswahl, Empfehlung oder Ablehnung von Produkten (Wild und Wild 2014). Eine starke internationale Marke kann zur wertvollsten Ressource eines Unternehmens werden. Dies zeigt auf eindrucksvolle Weise ein Blick auf das jährlich von Interbrand veröffentlichte globale Markenranking, welches regelmäßig von amerikanischen Konzernmarken dominiert wird (vgl. Abb. 11.1).

In diesem Zuge kann es problematisch sein, wenn das Image der Marke in unterschiedlichen Märkten diffus ist, die Marke also keine konsistente Botschaft aussendet. Eine global konsistente Marke kann dabei durchaus in unterschiedlichen Märkten unterschiedliche Produktnamen beinhalten, wenn dies den lokalen Konsumentenpräferenzen besser entspricht. Dieses Phänomen sieht man auch bei sehr großen internationalen Marken wie Coca Cola, deren kalorienarme Version in europäischen Ländern unter dem Produktnamen Coca Cola Light verkauft wird, in dem besonders sensibel hinsichtlich Übergewicht und Fettleibigkeit ausgerichteten US-amerikanischen Markt dagegen unter dem Produktnamen Diet Coke positioniert wird.

Gleichwohl müssen Unternehmen ihr Markenbild regelmäßig einer Überprüfung unterziehen, wie das zum Beispiel bei der Getränkemarke Lipton der Fall war, wo sich das Unternehmen traditionell mittels der Person des Gründers Thomas Lipton markentechnisch positionierte, von dieser Philosophie allerdings abrückte, weil man herausfand, dass gerade

Abb. 11.1 Interbrand Best Global Brands Ranking 2016. (Quelle: in Anlehnung an Interbrand 2016)

Unternehmensname	Markenwert in Mrd. $
Apple	178,12
Google	133,25
Coca Cola	73,1
Microsoft	72,8
Toyota	53,58
IBM	52,5
Samsung	51,81
Amazon	50,34
Mercedes-Benz	43,49
General Electric	43,13
BMW	41,54
McDonald's	39,38
Disney	38,79
Intel	36,95
Facebook	32,59

junge Konsumenten die Marke eher mit Getränken assoziierte, die von ihren Eltern getrunken wurden, sodass beizeiten die Referenzen auf den Gründer gestrichen wurden und dieser stattdessen durch einen frechen britischen Jungen namens Tom ersetzt wurde, um so die Marke jugendlicher und frischer zu positionieren (Wild und Wild 2014). Häufig wird davor gewarnt, dass mit Marken- oder Produktnamen Kunden in den internationalen Märkten beleidigt werden können. Dies ist jedoch relativ selten der Fall. Ein Beispiel dafür ist das britische Schuhunternehmen Clarks Shoes, welches zwei seiner Schuhmarken Vishnu und Krishna nach Hindugöttern benannte, wofür sich das Unternehmen später offiziell bei der britischen Hindu-Gemeinschaft in Zeitungsanzeigen entschuldigte (Wild und Wild 2014).

11.2.5 Reputation des Herstellerlandes

Der Wert, den Konsumenten einem Produkt zumessen, kann ebenso von der Reputation des Herstellerlandes bzw. des Landes, in dem ein Unternehmen seinen Hauptsitz hat, beeinflusst werden (Zentes et al. 2013). So genießen deutsche Automobile und Maschinen auch deswegen einen ausgezeichneten Ruf, weil sie von den internationalen Kunden mit dem Qualitätslabel „Made in Germany" assoziiert werden, welches für hohe Qualität und Zuverlässigkeit steht. Gleiches gilt etwa für hochwertige Uhren aus der Schweiz, die in Handarbeit gefertigt werden und deswegen deutlich höhere Preise erzielen als Konkurrenzprodukte aus anderen Ländern oder italienische Schuhe und Anzüge, die insbesondere wegen ihres geschmackvollen Designs geschätzt werden.

Letztlich muss das nationale Image aber nicht konsistent auf alle Branchen ausstrahlen, wie man am Beispiel russischer Produkte sehen kann, wo etwa russischer Kaviar oder russische Pelze für erlesene Qualität stehen, russische Automobile dagegen nicht. Das Image eines Landes kann sich dabei langsam verändern wie man am Beispiel Japans sehen kann, dessen Unternehmen noch vor Jahrzehnten für billige und qualitätsschwache Produkte standen und sich mittlerweile auch dank staatlich unterstützter Initiativen im Qualitätsmanagement ein solides Qualitäts- und Präzisionsimage in vielen Branchen wie der Autoindustrie oder der Elektronikindustrie erarbeitet haben (Wild und Wild 2014).

11.2.6 Plagiate und Schwarzmärkte

Imitationen und Plagiate sind zu einem Problem eklatanten Ausmaßes im internationalen Handel geworden, die das intellektuelle Kapital zunehmend bedrohen und immer größere Anstrengungen zu dessen Schutz erfordern. Länder, deren Märkte in besonderem Ausmaß vom Phänomen der Plagiate betroffen sind und dementsprechende unrühmliche Ranglisten anführen, sind China, Indien, Russland, Thailand und die Türkei (Wild und Wild 2014). Zu den beliebtesten Produkten, die der Fälschung oder Plagiierung unterliegen, gehören vor allem teure Markenprodukte wie Uhren, Parfums, Textilien, Filme und Software, aber seit einiger Zeit beispielsweise zunehmend auch Pharma- und Agrarchemieprodukte oder Flugzeugteile.

Gefälschte Produkte werden zumeist auf Schwarzmärkten gehandelt. So werden auf osteuropäischen Schwarzmärkten etwa in Bulgarien oder in baltischen Ländern Raubkopien von Marken-Softwareprodukten wie Microsoft Office für einen Bruchteil des Originalpreises angeboten. Gleichzeitig werden auf thailändischen Märkten Handtaschenplagiate von Luxusmarken wie Louis Vuitton extrem günstig feilgeboten. Schließlich findet man in China häufig bereits auf den ersten Blick erkennbare Plagiate von Apple Smartphones, die teilweise von imitierten Apple Stores angeboten werden. In China sind besonders auch im Fahrzeug-Bereich Design-Plagiate in der Vergangenheit immer wieder ein Problem insbesondere für Hersteller deutscher und japanischer Produkte wie BMW, MAN oder Yamaha, zumal die vermeintlichen Plagiate zumeist in Verfahren vor lokalen Gerichten immer erst nachgewiesen werden müssen, was einerseits Zeit und Ressourcen kostet und andererseits bezüglich des Ausgangs der Verfahren vor ausländischen Gerichten trotz vermeintlich klarer juristischer Sachlagen nicht immer prognostizierbar ist. Fälschungen und Plagiate sind auch deswegen bedrohlich für die Originalhersteller, weil sie dessen Reputation bzw. das Image untergraben und dafür sorgen können, dass die Käufer das Vertrauen in die Qualität der Produkte der Originalmarke verlieren und sich anderen (Konkurrenz-)Produkten zuwenden.

Plagiarius-Preise – „Auszeichnungen" für Plagiate und Fälschungen
In Deutschland wird seit 1977 von der von Prof. Busse ins Leben gerufenen Aktion Plagiarius der Negativpreis „Plagiarius" vergeben, der sich der Aufklärung und Sensibilisierung der Öffentlichkeit bezüglich Ausmaß, Schäden und Gefahren von Plagiaten und Fälschungen verpflichtet fühlt. Bei der diesbezüglichen Preisverleihung für das Jahr 2016 taten sich wiederholt chinesische Hersteller hervor, die u. a. ein bekanntes Ventilatorprodukt des Hausgeräteherstellers Dyson unerlaubt imitierten. Auch auf der bekannten Konsumgütermesse Ambiente in Frankfurt wurden in vergangenen Jahren regelmäßig Produktfälschungen mit einem Plagiarius-Preis ausgezeichnet. Zu den am häufigsten auffallenden und vom Zoll beschlagnahmten Produkten internationaler Anbieter zählen auch dort nach wie vor Produkte vor allem chinesischer Hersteller (Obertreis 2012).

11.2.7 Kürzere Produktlebenszyklen

Traditionell verlängerten Unternehmen den Lebenszyklus ihrer Produkte dadurch, dass sie diese konsekutiv in den internationalen Märkten einführten, wobei die Produkte zumeist zuerst in den Industrieländern und dann sukzessive in den Schwellen- und Entwicklungsländern eingeführt wurden. Mit der wachsenden Bedeutung insbesondere der Schwellenländer und dabei besonders der BRICS-Staaten und der parallel vor allem seit der Jahrtausendwende rasant verlaufenden Innovationen in den Informations- und Kommunikationstechnologien hat sich dies jedoch geändert, da einerseits die Bedeutung der Schwellen- und Entwicklungsländer für Umsatz und Gewinn von international agierenden Unternehmen zugenommen hat und sich andererseits die dortigen Kunden eine Zweitrangigkeit in der Behandlung durch die internationalen Unternehmen nicht mehr gefallen lassen wollen. Durch steigenden internationalen Wettbewerbsdruck sind die Unternehmen gezwungen, in immer kürzeren Abständen neue Produkte anzubieten bzw. bestehende Releases einem Update zu unterziehen. Letztere kennt man etwa aus der Automobilindustrie unter dem Begriff „Facelift" oder beim Elektronikkonzern Apple unter dem Kürzel „S" hinter der Smartphone-Version.

11.3   Internationale Kommunikationspolitik

Im Kontext der internationalen Kommunikationspolitik geht es darum, das Bedürfnis bestehender und potenzieller Kunden und Konsumenten nach den Produkten und Lösungen eines Unternehmens in den jeweiligen Märkten zu steigern. Dies unter der Maßgabe, dass Einstellungen, Verhaltensweisen und Meinungen von Nachfragern im Sinne des Unternehmens und seiner Produkte beeinflusst werden sollen (Meckl 2014). Internationale Kommunikationspolitik umfasst in erster Linie die Instrumente Werbung, persönlicher Vertrieb, Verkaufsförderung und Public Relations.

11.3.1 Werbung

Für die meisten Unternehmen ist die Werbung das bedeutendste Instrument der Kommunikationspolitik. Eine internationale Werbestrategie muss grundsätzlich drei Parameter betrachten, die deren Erfolg maßgeblich beeinflussen. Dies sind erstens die eigentliche Werbebotschaft, die an die Kunden übermittelt werden soll, zweitens die dafür zur Verfügung stehenden Werbemedien und drittens das Ausmaß an Standardisierung bzw. Differenzierung, mit der die Werbung in unterschiedlichen Märkten und Ländern umgesetzt werden soll. Daneben müssen gleichzeitig auch die kulturellen, rechtlichen und sprachlichen Rahmenbedingungen in den jeweiligen Märkten berücksichtigt werden (Griffin und Pustay 2015).

11.3.1.1 Inhalt der Werbebotschaft
Zunächst ist also die eigentliche Werbebotschaft zu gestalten. Diese reflektiert einerseits die Sichtweise des Herstellers auf sein Produkt und andererseits dessen Intention, wie die Kunden das Produkt idealerweise wahrnehmen sollen. So reflektiert die Werbebotschaft von Konzernen wie Coca Cola den Glauben daran, dass die Produkte dazu beitragen, die Kunden das Leben mehr genießen zu lassen – eine Botschaft, welche konsistent länderübergreifend vermittelt wird. Andere Unternehmen differenzieren hier stärker, weil die von ihnen vertriebenen Produkte einen anderen Stellenwert bzw. Nutzen für die Verbraucher in unterschiedlichen Ländern besitzen, wie das zum Beispiel bei Motorrädern oder Fahrrädern der Fall ist, die in den USA als Lifestyle- oder Fitness-Produkte

vermarktet werden, in Vietnam aber für große Bevölkerungsteile als pures und einzig erschwingliches individuelles Fortbewegungsmittel gelten (Rodrigues 2009). In Deutschland wiederum werden Motorräder wie in den USA in erster Linie als Lifestyle-Produkte vermarktet, allerdings mit einer stärkeren Betonung der technischen Leistungsfähigkeit bzw. Ausstattung der Motorräder wie etwa bei der Marke BMW.

11.3.1.2 Medienauswahl

Im Rahmen der Medienauswahl bzw. -ausgestaltung geht es primär um den genutzten Kommunikationskanal, über den die Werbebotschaft des Unternehmens verbreitet wird. Das Marketing Management muss hier eruieren, welches Medium sich bestmöglich vor dem Hintergrund der jeweiligen lokalen Marktgegebenheiten hinsichtlich Verfügbarkeit, rechtlicher Restriktionen, Lebensstandard, kultureller Homogenität und sprachlicher Maturität eignet, um die (potenziellen) Kunden zu erreichen (Hill 2012). So werden Unternehmen in multilingualen Ländern wie der Schweiz oder Belgien in vier bzw. drei Sprachen über Zeitungsannoncen oder Radio- und TV-Kanäle oder Websites inserieren, um sämtliche Kunden mit ihrer Werbebotschaft erreichen zu können.

Wenn allerdings der Zugang zu solchen Medien für substanzielle Bevölkerungsteile nicht gewährleistet ist wie beispielsweise in Indien, kann alternativ stärker auf Plakatwerbung gesetzt werden oder man konzentriert sich innerhalb des Mediums TV stärker auf große Events, die beispielsweise im Sport stattfinden wie Fußballweltmeisterschaften, Olympische Spiele, Formel 1, oder Superbowl und zu deren Anlass viele Konsumenten auch ohne generellen Medienzugang diese ausnahmsweise nutzen, indem sie zu Verwandten oder Nachbarn oder auf öffentliche Plätzen gehen, um freien Zugang zu erhalten (Wild und Wild 2014). Dazu kommen regulatorische Einschränkungen zur Medienkanalnutzung in bestimmten Ländern für bestimmte Produkte wie Zigaretten oder Alkohol, um den Konsum solcher Produkte möglichst einzudämmen.

So ist beispielsweise in vielen Ländern Zigarettenwerbung im TV verboten, darunter in China, in Deutschland und in den USA. In den USA setzen u. a. Tabakkonzerne deswegen stärker auf das Sponsoring von Großveranstaltungen, bei deren Übertragung im TV dann große Werbebanner in die Kamerabilder geraten (Griffin und Pustay 2015). In diesem Zusammenhang hat auch das Sponsoring von Sportvereinen erheblich an Bedeutung gewonnen, die beispielsweise über Trikot-Werbung das Bewerben von Produkten ermöglichen. In den letzten Jahren hat auch das Platzieren von Produkten in Filmen oder Videoclips zu Werbezwecken stark zugenommen, wofür u. a. Filme der James Bond-Reihe bekannte Beispiele darstellen, in denen regelmäßig u. a. Fabrikate bestimmter Automarken wie Aston Martin oder BMW im Einsatz gewesen sind.

11.3.1.3 Standardisierung versus lokale Adaption

Im Rahmen der Fragestellung, ob Werbung standardisiert über Märkte hinweg oder lokalisiert gestaltet werden soll, müssen häufig Ertrags- und Kostenpotenziale gegeneinander abgewogen werden. Je marktindividueller geworben werden soll bzw. muss, desto höher steigen logischerweise die Kosten für Konzeption und Produktion der einzelnen Werbekampagnen.

Große amerikanische Konzerne wie Coca Cola oder McDonald´s setzen häufiger auf global standardisierte Werbung, indem sie gleiche Werbekampagnen in den von ihnen bedienten unterschiedlichen lokalen Märkten verwenden. International standardisierte Werbung eignet sich potenziell besser, wenn die Werbebotschaft weniger konkret ist oder vor allem Emotionalität vermittelt werden soll.

Letzteres trifft zum Beispiel auch auf einen Werbespot des Unternehmens Nike zu, bei dem die beiden zu dieser Zeit besten Tennisspieler sich ein Duell lieferten oder auf einen Werbespot des Unternehmens Nestlé, im Verlaufe dessen das Produkt Nespresso von einem berühmten Schauspieler beworben wurde, zumal in beiden Werbebotschaften vergleichsweise wenig Text vorkam. Standardisierte Werbung macht eine Kontrolle von Werbekampagnen aus der Konzernzentrale leichter möglich und ist ein effektiver Weg zur Übermittlung eines konsistenten Markenbildes bzw. Images (Wild und Wild 2014).

Anpassungen bei Werbekampagnen passieren häufig bezogen auf die Sprache, wenn die Sprache für die Übermittlung der Werbebotschaft eine bedeutende Rolle spielt und diese von der Muttersprache des Heimatlandes abweicht bzw. dort von signifikanten Teilen der Bevölkerung nicht gesprochen wird, was bei Business-to-Consumer-Produkten in der Regel von größerer Signifikanz sein dürfte als bei Business-to-Business-Produkten. Weitere Anpassungen können bezogen auf Darsteller in der Werbung vorkommen, insbesondere, wenn es sich um in der Öffentlichkeit bekannte Personen handelt. So setzte das Unternehmen Gillette im Rahmen der Promotion seiner Rasierprodukte auf drei internationale Spitzensportler aus den Disziplinen Tennis, Fußball und Golf, die länderübergreifend zu sehen waren, während etwa das Unternehmen Unilever bei der Bewerbung seiner Marke Dove unterschiedliche Models der jeweiligen Länder in seinen Spots bei identischem Werbeinhalt, aber in unterschiedlicher Sprache auftreten und kommunizieren ließ.

Im Zuge der Entscheidung über Standardisierung oder lokale Adaption von Werbebotschaften spielt auch die Frage nach dem Engagement einer passenden Werbeagentur eine wichtige Rolle. Die Entscheidung für eine oder mehrere Werbeagenturen wird dabei neben den Kommunikationszielen des Unternehmens auch von den Leistungen der zur Auswahl stehenden Agenturen und vom zur Verfügung stehenden Werbeetat abhängen. Im Wesentlichen stehen dann als Strategien die Einbindung einer großen internationalen Werbeagentur mit einzelnen ausländischen Standorten oder die Kombination des Engagements einer inländischen Agentur und unterschiedlicher ausländischer Werbeagenturen zur Auswahl, wobei die erste Alternative tendenziell besser für weltweit standardisierte Werbebotschaften geeignet ist, während die zweite Alternative eher auf eine Strategie lokal adaptierter Werbebotschaften abzielt und stärker auf Spezialisierungseffekte lokaler Agenturen setzt (Perlitz und Schrank 2013).

11.3.2 Persönlicher Vertrieb

Diese Form der Kommunikation ist geprägt durch den direkten Kontakt zwischen Unternehmen und Kunde, auf dessen Basis der Verkauf der Produkte befördert werden soll, wobei die direkte Ansprache des Kunden in den meisten Fällen regional begrenzt ist (Meckl 2014). Eine Ressource, die in diesem Kontext genutzt wird bzw. zum Einsatz kommt, sind Verkaufsrepräsentanten, für deren Auswahl international agierende Unternehmen aufgrund des notwendigen direkten Kommunikationskontaktes häufig auf lokales Verkaufspersonal zurückgreifen. Zu Beginn der Marktbearbeitung bedienen sich Unternehmen zumeist lokaler Partner oder Dienstleister, die ihre Verkaufsorganisationen zur Vertriebsunterstützung auf Basis von Dienstleistungsverträgen zur Verfügung stellen, um erst danach sukzessive ihr eigenes Vertriebspersonal einzustellen und aufzubauen.

Die Kommunikation über den persönlichen Vertrieb muss differenziert betrachtet werden hinsichtlich der unterschiedlichen Kundenbedürfnisse bezogen auf Konsumgüter und Industriegüter. Letztere benötigen nicht selten aufgrund ihrer komplexeren Funktionalitäten und dem damit einhergehenden höheren Erklärungsbedürfnis der Kunden intensivere und ausführlichere Vertriebskommunikation als Konsumgüter. Aus diesem Grund sind auch höhere Qualifizierungs- und Schulungskosten für das beratende bzw. erläuternde Vertriebspersonal erforderlich. Persönlicher Vertrieb ist nicht nur aus diesem Grund eine eher kostenintensive Strategie, weswegen Konsumgüter vertreibende Unternehmen eher auf Werbung mittels Print- und Telemedien setzen und diese Kommunikationsform zumeist nur bei teureren Produkten oder bei größeren Kunden bzw. Key Accounts zum Einsatz kommt (Perlitz und Schrank 2013).

Nichtsdestotrotz liegen die Vorteile einer direkten Kommunikation im Kontext des persönlichen Vertriebs in einer potenziell passgenaueren, weil lokalen Verhältnissen angepassten Information der Kunden. Ein weiterer Vorteil besteht in dem auf persönlichem Kontakt potenziell leichter aufzubauenden Vertrauen in Marke und Produkt. Außerdem ermöglicht der persönliche Vertrieb die direkte Aufnahme von Markt- und Kundendaten, die wiederum vom Unternehmen im Rahmen der Produktverbesserung oder Neuproduktentwicklung verarbeitet werden können (Griffin und Pustay 2015).

11.3.3 Verkaufsförderung

Verkaufsfördernde Maßnahmen schließen spezielle Marketing-Aktivitäten wie Gutscheine, Standort-Promotions, Produkttests, Direct Mail-Kampagnen, kooperative Werbung und Messeauftritte ein, die im Kontext einer internationalen Kommunikationspolitik eher von untergeordneter Bedeutung sind (Meckl 2014). Verkaufsförderungsaktionen werden häufig mit international tätigen Handelsunternehmen wie Walmart, Metro, Macy's oder Marks & Spencer abgeschlossen, über die Unternehmen ihre Produkte vertreiben, in der Hoffnung, mittels solcher Aktionen die Vertriebszahlen zu steigern. Häufig werden in diesem Zuge kooperative Werbemaßnahmen lanciert, um Produkte und Marken der Unternehmen noch besser zu promoten.

Ferner versuchen Unternehmen auf internationalen Messen wie etwa der Konsumgütermesse Ambiente in Frankfurt Distributoren für ihre Produkte zu finden, zumal die Teilnahme an Messen oft als erster Schritt in Richtung einer Internationalisierung empfohlen wird. Der steigende Angebotswettbewerb führt tendenziell dazu, dass die zentralen Funktionen von Messen für die Unternehmen zur Förderung ihrer Auslandsgeschäfte attraktiver werden. Dazu zählen neben der generellen Anbahnung und dem Ausbau von Geschäftsbeziehungen auch die Präsentation von Produkten, die Gewinnung von lokaler Marktintelligenz und die Kontaktmöglichkeit mit lokalen Lobbyisten und Politikern (Perlitz und Schrank 2013). Verkaufsförderungsmaßnahmen sind eher von kurzer Dauer, bevor sie von anderen längerfristigeren Maßnahmen abgelöst werden. Aus diesem Grund sind sie auch ein vergleichsweise flexibles und gut auf die jeweiligen lokalen Märkte adaptierbares Instrument.

11.3.4 Public Relations

Die reine Öffentlichkeitsarbeit besteht aus Maßnahmen, die darauf ausgelegt sind, die Reputation und das Image eines Unternehmens in der internationalen Öffentlichkeit zu verbessern bzw. zu optimieren. Internationale Öffentlichkeitsarbeit muss vor allen Dingen Konfliktpotenziale zwischen einem internationalisierenden Unternehmen und seinen jeweiligen Gastländern bzw. -märkten vermeiden helfen. Die Konsequenz einer effektiven Öffentlichkeitsarbeit führt idealerweise zu einer generell guten Reputation des Unternehmens im Gastland. Erfolgreiche internationale Unternehmen wissen, dass Gelder, die sie in Öffentlichkeitsarbeit investieren, in dem Sinne gut angelegt sind, dass dadurch die Kommunikation erleichtert wird und Beziehungen zu Interessengruppen und Behörden vorteilhaft gestaltet werden können.

Toyota realisierte in der Folge seines Markteintritts in die USA in Form einer ersten hundertprozentigen Tochtergesellschaft eine zunächst nicht erwartete Kritik wegen seines mangelnden kommunalen Engagements, änderte daraufhin seine Öffentlichkeitsarbeitsstrategie und passte sich in seinem Verhalten den lokalen US-amerikanischen Gepflogenheiten in der Art und Weise an, dass es an lokale Stiftungen spendete, Stipendien an Universitätsstudenten offerierte und lokale Jugendsportteams sponsorte. Solche Einstellungen tragen bei ausländischen Unternehmen in einem Gastland dazu bei, dass bei der lokalen Bevölkerung keine Abwehrhaltungen gegen ausländische Produkte aufkommen und das ausländische Unternehmen eher wie ein gewöhnlicher nationaler Marktteilnehmer betrachtet wird, auch wenn Einigkeit darüber besteht, dass die eigentlichen Effekte von Public-Relations-Maßnahmen schwer zu quantifizieren sind (Griffin und Pustay 2015).

> **Shell – Internationale Kommunikationspolitik zur Identifizierung und Bereinigung von Konfliktpotenzialen mit Interessengruppen**
>
> Eine Möglichkeit zur Identifikation von Konfliktpotenzial zwischen einem ausländischen Unternehmen und dem Gastland hat das Unternehmen Shell mittels einer sogenannten Societal Response Assessment Matrix geschaffen. Dabei wurden zunächst diejenigen Interessengruppen identifiziert, die mit dem Unternehmen potenziell in

Konflikt stehen können, um anschließend deren Interessen zu eruieren. Im Anschluss daran werden Maßnahmen herausgearbeitet und implementiert, welche als geeignet angesehen werden, solche Konflikte abzubauen bzw. erst gar nicht entstehen zu lassen.

Shell differenziert in diesem Zusammenhang zwischen ökonomischen, sozialen und anderen Interessen und teilt die Adressaten ein in Interessengruppen wie Wirtschaftsprüfer, Anteilseigner oder Mitarbeiter, in direkt verbundene Anspruchsgruppen wie Kunden, Banken oder Gewerkschaften sowie in indirekt verbundene Anspruchsgruppen wie Verbraucherverbände, Umweltschutzgruppen oder sonstige Nicht-Regierungsorganisationen (Perlitz und Schrank 2013).

11.4   Internationale Distributionspolitik

▶ **Internationale Distribution** Internationale Distribution umfasst die Planung, Umsetzung und Kontrolle des physischen Flusses bzw. Transportes von Produkten vom vertreibenden Unternehmen bis zu den Kunden bzw. Konsumenten in ausländischen Märkten in der jeweiligen gewünschten Quantität und Qualität.

Entscheidend bei der Gestaltung einer internationalen Vertriebspolitik ist die Auswahl bzw. Festlegung der Vertriebswege, der ggfs. einzuschaltenden Absatzmittler und der Transportmodi, wobei zuerst über potenzielle regionale Differenzierungen zu entscheiden ist, je nachdem ob Vertriebswege und Vertriebsstufen global, regional oder gar lokal differenziert nach Absatzmärkten gestaltet werden sollen, was zugleich eine (Vor-)Entscheidung über die generelle Größe von zusammenhängenden Distributionsgebieten impliziert (Meckl 2014).

11.4.1 Transportmodus-Selektion

Die Auswahl eines Transportmodus ist eine Entscheidung über den Trade-off zwischen Zeit und Geld. Schnellere Transportmodi wie Flugzeugtransport sind kostspieliger als langsamere Transportmodi wie Schiffs- oder Bahntransport. Die Auswahl eines Transportmodus beeinflusst außerdem die Bestands- und Lagerkosten, das Service-Niveau, welches dem Kunden angeboten werden kann, das Schaden- und Verlustrisiko sowie die Verpackungsanforderungen. Wenn ein Unternehmen beispielsweise auf langsamere Vertriebskanäle setzt, kann es ein gegebenes Niveau an Warenverfügbarkeit am Verkaufspunkt nur dann realisieren, wenn es für ein höheres Bestandsniveau in Transit sorgt. Falls dagegen ein Unternehmen einen schwerer zeitlich prognostizierbaren Transportmodus wählt, der es entsprechend schwierig macht zu prognostizieren, wann die Waren tatsächlich ankommen, muss das Unternehmen seine Bestände erhöhen, um die Lieferfähigkeit zu erhalten und nicht Gefahr zu laufen, die Kunden zu verärgern bzw. diese gar zu verlieren.

Langsamere Transportmodi erhöhen darüber hinaus den Orderzyklus, sprich die Zeit, die vergeht zwischen dem Zeitpunkt, an dem der Kunde die Ware ordert und dem Zeitpunkt, an dem er sie tatsächlich erhält, wodurch das Service-Niveau gegenüber dem Kunden reduziert wird. Der Transportmodus wird außerdem beeinflusst von der Haltbarkeit und der Aktualität der Produkte. So werden bei Blumen oder Textilien eher Flugzeugtransporte eingesetzt, während Rohstoffe oder Heimcomputer eher per Schiff oder Bahn transportiert werden. Nach Verpackungsmodalitäten ist ggfs. transportmodusbezogen zu differenzieren. So ist bei langen Schifftransporten über die Ozeane häufig eine robustere Verpackung angesagt, um die Ware vor Feuchtigkeit oder Stoßschäden, die vergleichsweise leicht bei rauer See entstehen können, zu schützen (Griffin und Pustay 2015).

11.4.2 Gestaltung von Distributionskanälen

Ein international tätiges Unternehmen muss die Distributionskanäle festlegen, die seine Produkte in die jeweiligen Auslandsmärkte befördern sollen. In diesem Zusammenhang sind grundsätzlich drei unterschiedliche Arten von Distributionskanälen denkbar (vgl. Abb. 11.2). Da ist zunächst der Hersteller selbst, der das Produkt kreiert und zugleich selbst bzw. direkt an den ausländischen Endkunden distribuiert. Zweitens besteht die Möglichkeit, das Produkt über einen Einzelhändler an den ausländischen Endkunden zu distribuieren. Drittens kann zusätzlich ein Großhändler eingeschaltet werden, an den der Hersteller verkauft und der wiederum die Waren weiter an Einzelhändler vertreibt, die sie dann an den Endkunden verkaufen. Aus dieser Aufzählung wird bereits deutlich, dass ein bedeutender Faktor bei der Auswahl eines Distributionskanals dessen Länge ist, die durch die Anzahl der Distributionsstufen geprägt wird (Hill 2012).

Offensichtlich verfügt ein Hersteller, der unter Umgehung von zwischengeschalteten Handelsstufen direkt an den Endkunden vertreibt über einen entsprechend kurzen Vertriebskanal. Dieser, zumeist als Direktvertrieb bezeichnete Ansatz, wurde zum Beispiel in den 1990er Jahren sehr erfolgreich von dem PC-Hersteller Dell betrieben, dessen Produkte die Endkunden seinerzeit nur durch direkten Kontakt mit dem Hersteller in der Regel über eine 24-stündige Hotline selbst bestellen und erwerben konnten. Der Vorteil dieses Ansatzes liegt insbesondere darin, dass das Unternehmen die Kontrolle über den Distributionsweg behält und somit auch den vollständigen Gewinn behalten kann, ohne einen Teil der Marge an zwischengeschaltete Händler abgeben zu müssen.

Auf der anderen Seite werden dafür vom Hersteller die vollen Kosten und Risiken des Vertriebs seiner Produkte selbst getragen. Dagegen hat eine mehrstufige Distribution mit zwischengeschalteten Handelsstufen den Vorteil, dass der Vertrieb im ausländischen Markt von Händlern übernommen wird, die den Markt und seine Strukturen gut kennen sowie über ein etabliertes Vertriebssystem verfügen, wovon der Hersteller profitieren kann. Der Preis, den er dafür bezahlen muss, liegt in einer niedrigeren Marge und in dem Verlust des direkten Kontaktes zum Endkunden (Meckl 2014). Ein in dieser Hinsicht

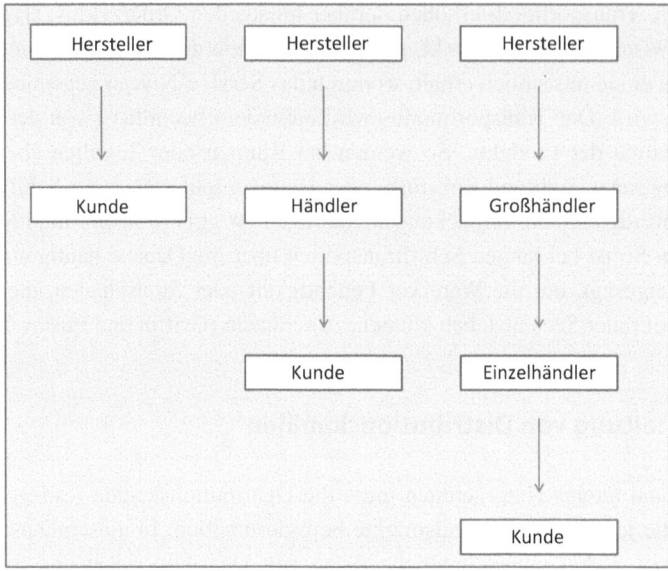

Abb. 11.2 Distributionskanaloptionen im Überblick. (Quelle: in Anlehnung an Griffin und Pustay 2015)

weiterer zu berücksichtigender Faktor ist die Exklusivität des jeweiligen Vertriebskanals. Ein exklusiver Vertriebskanal ist dabei ein solcher, welcher einem oder einer begrenzten Anzahl an Händlern die Erlaubnis einräumt, ein Produkt exklusiv zu vertreiben.

Dies erhöht die Kontrolle des Herstellers über den Vertrieb seines Produktes durch Händler und hilft dem Hersteller auch dabei, die Händler davon abzuhalten, andere Konkurrenzprodukte zu verkaufen, sodass mit der Exklusivität eine Barriere aufgebaut wird, um es Außenstehenden zu erschweren, den entsprechenden Markt zu penetrieren (Wild und Wild 2014). Einen entsprechenden Ansatz wählte zum Beispiel das Unternehmen Apple beim Vertrieb seiner Smartphone-Produkte in Deutschland, die für eine bestimmte Zeit im deutschen Markt von den Kunden exklusiv über den Mobilfunkanbieter Deutsche Telekom in Kombination mit einem Mobilfunkvertrag zu beziehen waren. Gleiche Ansätze werden traditionell von vielen Autokonzernen beim Vertrieb ihrer Produkte über exklusive Händlernetzwerke verfolgt, wenngleich auch diese Strukturen zugunsten von Mehrmarken-Handelsstrukturen zunehmend unter Druck geraten.

Neben der Exklusivität kann die Intensität eines Distributionskanals eine wichtige Rolle spielen, insbesondere dann, wenn sehr große Mengen eines Produktes in einen ausländischen Markt gebracht werden sollen. Hier wird auf die Bequemlichkeit des Konsumenten fokussiert, dem die maximal mögliche Menge an Outlets unterschiedlicher Händler zur Verfügung gestellt wird, um ein Produkt erwerben zu können, ein Aspekt der beispielsweise für Produkte wie Coca Cola im Vordergrund steht. Problematischer ist dieser Ansatz für Hersteller weniger bekannter Marken, die aufgrund ihrer weniger großen

Bekanntheit oftmals Probleme dabei haben, genügend Regalfläche bei den Händlern zu bekommen. In solchen Fällen gewähren Händler ihren eigenen Handelsmarken nicht selten bessere oder leichter zugängliche Regalplätze als den Produkten fremder ausländischer Marken (Wild und Wild 2014).

11.4.3 Einfluss von Produkteigenschaften

Ein weiterer Faktor, der die Distributionskanalgestaltung beeinflusst, beinhaltet natürlich die Produkteigenschaften selbst, beispielsweise in Form der sogenannten Wertdichte eines Produktes, die den Wert eines Produktes in Relation zu dessen Gewicht und Volumen anzeigt. Als Regel für die distributionsbezogene Handhabung bezüglich der Wertdichte eines Produktes ergibt sich, dass mit nachlassender Wertdichte eines Produktes die Lokalisierung von dessen Distribution lohnenswerter wird. Dies wird deutlich am Beispiel der Betrachtung von Commodities wie Rohstoffen, die als Rohöl oder Eisenerz über eine entsprechend niedrige Wertdichte verfügen, zumal sie über ein relativ hohes Gewicht, aber über einen vergleichsweise niedrigen Wert etwa bei der Betrachtung des Gewichtes pro transportiertem Kubikmeter verfügen. In Relation zum Wert solcher Rohstoffe sind deren Transportkosten vergleichsweise hoch, woraus folgt, dass diese möglichst in den Produktionsprozess an Standorten integriert werden sollten, die vergleichsweise nah an deren originären Standorten liegen (Wild und Wild 2014).

Im Gegensatz dazu gilt für Produkte mit hoher Wertdichte wie Halbleiter, Smartphones, Premiumparfums oder exklusive Handtaschen, dass diese an einem optimalen Standort produziert und dann von diesem in jeden beliebigen Markt transportiert werden können, zumal die Transportkosten im Vergleich zum Wert der Waren vergleichsweise wenig ins Gewicht fallen. So lässt etwa das Unternehmen Apple seine Smartphones vom taiwanesischen Kontraktor Hon Hai (Foxconn) in China produzieren und von dort genauso in die jeweiligen internationalen Märkte vertreiben, wie das Unternehmen Johnson & Johnson seine Vistakon-Kontaktlinsen in den USA herstellen und von dort in den Weltmarkt distribuieren lässt (Wild und Wild 2014).

Die Distributionsstrategie eines Unternehmens kann gleichzeitig ein wichtiger Teil der Promotionsstrategie für seine Produkte und Marken sein. So vertreibt beispielsweise die Swatch Group nicht nur relativ günstige Swatch-Uhren, sondern auch hochpreisige Marken wie Omega. Die hochpreisigen Uhren werden über exklusive Juwelier-Geschäfte vertrieben, während die günstigeren Swatch-Uhren über Warenhaus-Ketten wie Marks & Spencer oder Macy's verkauft werden. Ein anderes Beispiel liefert in diesem Zusammenhang Toyota, dessen Oberklasse-Fahrzeuge in Japan ursprünglich unter der Marke Toyota, in Auslandsmärkten wie den USA oder Deutschland dagegen unter der Marke Lexus über ein separates Händlernetz verkauft wurden, um so die Produkte noch stärker als Exklusivfahrzeuge zu promoten (Griffin und Pustay 2015).

Andere internationale Unternehmen versuchen sehr stark, ihre im Heimatmarkt erfolgreiche Distributionsstrategie auch in den Auslandsmärkten zu etablieren. Dies trifft besonders häufig auf Unternehmen mit starken internationalen Marken zu wie etwa McDonald's oder Coca Cola. McDonald's verdankt seine heutige führende Marktposition zu wesentlichen Teilen seinem Franchisesystem, welches auf einer sorgfältigen Auswahl der Franchise-Partner beruht und diese sorgfältig begleitet. Dieses erfolgreiche Distributionskonzept hat das Unternehmen in der Konsequenz sukzessive auch in den anderen von ihm penetrierten Marktregionen Europa, Asien, Ozeanien, Afrika, Mittel- und Südamerika umgesetzt (Griffin und Pustay 2015). Coca Cola hat ebenfalls ein stark standardisiertes Distributionskonzept mit einem Netzwerk an unabhängigen lokalen Händlern und einigen lokalen Abfüllern global erfolgreich ausgerollt.

11.4.4 Spezielle lokale Bedingungen und Probleme

In manchen Märkten können spezielle Bedingungen Probleme hervorrufen, die ggfs. eine besondere Gestaltung der Distribution erforderlich machen können. Dazu können gesetzliche Beschränkungen oder infrastrukturelle Unzulänglichkeiten oder kulturelle Komplexitäten gehören, die es zum Beispiel für ein internationalisierendes Unternehmen erforderlich machen, mit lokalen Partnerunternehmen zusammenzuarbeiten, um eine ordnungsgemäße Distribution seiner Produkte im Auslandsmarkt gewährleisten zu können. Dazu gehören gesetzliche Vorschriften zu Joint Venture-Strukturen wie in China, die das Engagement eines lokalen chinesischen Partners erforderlich machen, oder infrastrukturell unterentwickelte Regionen in Indien, die einen selbst organisierten Warentransport zu aufwendig bzw. gefährlich werden lassen, sodass stattdessen eine Distribution über das Netzwerk eines lokalen Partner ratsam erscheint.

11.5 Internationale Preispolitik

Die Preisstrategie eines Unternehmens muss mit dessen Unternehmensstrategie kompatibel sein. Das bedeutet nichts anderes, als dass Kostenführer im Gegensatz zu Differenzierern ihre Produkte nicht zu Premium-Preisen verkaufen können. Die Formulierung einer internationalen Preispolitik inklusive der Festlegung der entsprechenden Preise ist in einem international agierenden Unternehmen weitaus komplexer als in einem rein domestisch operierenden, zumal sich die Kostenstrukturen, was beispielsweise Produktion und Transport der Produkte anbelangt, in verschiedenen Ländern teilweise deutlich unterscheiden (Griffin und Pustay 2015).

Dazu kommen außenwirtschaftliche Faktoren wie fluktuierende Wechselkurse, die sich auf das Preisniveau auswirken können. In diesem Rahmen müssen sich die Unternehmen entscheiden, ob sie international standardisierte länderübergreifende Preise oder angepasste Preise pro jeweiligem Markt ihren Kunden zu offerieren gedenken (vgl. Abb. 11.3). Dies zudem vor dem Hintergrund unterschiedlicher Kulturen, Einkommensniveaus,

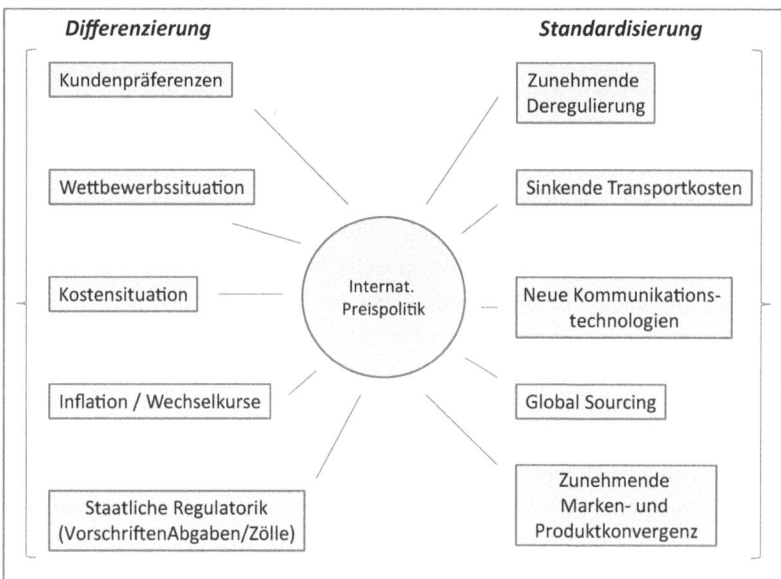

Abb. 11.3 Internationale Preisdifferenzierung oder -standardisierung. (Quelle: in Anlehnung an Meckl 2014)

Distributionskanäle, Rechtsordnungen inklusive staatlicher Regulierungsmaßnahmen sowie Wechselkursstabilitäten, die allesamt Einfluss auf die Preisfestsetzung entfalten können.

Im Rahmen der preisstrategischen Erwägungen spielen auch die den internationalen Transaktionen zugrunde liegenden Zahlungs- und Lieferbedingungen eine Rolle. Zahlungsbedingungen sind dabei ein umso wesentlicherer Bestandteil der Preisfestlegung, je devisenschwächer die Länder sind, in die verkauft wird, wohingegen die Lieferbedingungen sich zumeist an den Incoterms orientieren, welche Kostenverteilung und den Gefahrenübergang regeln und auf die an späterer Stelle im Kontext des Auslandszahlungs und -kreditverkehrs noch einmal gesondert eingegangen wird (Perlitz und Schrank 2013).

11.5.1 Weltweite Preisfestlegung

Ein international agierendes Unternehmen, welches einem geozentrischen Ansatz folgt, wird eine standardisierte weltweite Preisfestsetzung anwenden, bei der das Unternehmen einen einheitlichen Preis für seine Produkte und Dienstleistungen verlangt, unabhängig davon, wo sie verkauft werden oder welche Nationalität die Kunden besitzen. Vor dem Hintergrund der zuvor genannten unterschiedlichen Kosten- bzw. Effizienzniveaus in verschiedenen Auslandsmärkten hinsichtlich des Ressourceneinsatzes, des Transportes und der Distribution, der Einfuhr- und Ausfuhrgebühren sowie unterschiedlicher Währungsstabilitäten ist in der unternehmerischen Praxis eine weltweite Preisfestsetzung schwierig umzusetzen (Wild und Wild 2014).

Am Beispiel eines Vergleichs der Auslandsmärkte Indien und USA wird diese Problematik unmittelbar einleuchtend, da erstens Personalressourcen in den USA im Durchschnitt deutlich teurer sind als in Indien, zweitens der Transport aufgrund der teilweise schlechten Infrastruktur in Indien deutlich aufwendiger und länger dauert, drittens die Distribution zum Beispiel bei Lebensmittelprodukten insofern komplexer ist, als konsolidierende internationale Handelsketten zum indischen Markt entweder keinen oder nur begrenzten Zugang haben und deswegen unter Umständen eine deutlich größere Anzahl an kleinen lokalen Händlern beliefert werden muss, viertens die Inflation in Indien deutlich höher und somit Preisanpassungen öfter erforderlich werden können und fünftens die indische Rupie eine deutlich höhere Volatilität im Vergleich zum amerikanischen Dollar besitzt.

Unternehmen mit Produkten, die vergleichsweise einfach zu handeln und zu transportieren sind, adaptieren eine standardisierte Preis-Politik dagegen häufiger, und zwar aus purer Notwendigkeit. Wenn etwa ein Unternehmen, welches Speicherchips produziert, für diese auf Länderbasis deutlich unterschiedliche Preise anbieten würde, könnten die favorisierten Abnehmer ihre Produkte an weniger favorisierte Abnehmer verkaufen, was wegen des geringen Umfangs und des hohen Wertes der einzelnen Chips vergleichsweise einfach zu bewerkstelligen wäre. Ein anderes Beispiel für die Praktikabilität weltweiter Preisfestsetzung sind kompetitive Märkte auf denen Commodity-Güter wie etwa Öl, Kohle, Kupfer oder Weizen gehandelt werden, deren Preis durch Angebot und Nachfrage weltweit auf den jeweiligen Spotmärkten täglich bzw. kontinuierlich bestimmt wird (Griffin und Pustay 2015).

11.5.2 Duale Preisfestlegung

Im Unterschied zur standardisierten weltweiten Preisfestlegung wird ein Unternehmen, welches einem ethnozentrischen Marketing-Ansatz folgt, eine duale Preisfestlegung verfolgen, wobei Dualität in diesem Fall bedeutet, dass ein Unternehmen einen Preis für sein jeweiliges Produkt auf dem Heimatmarkt festsetzt und einen anderen Preis in seinen Exportmärkten bestimmt (Wild und Wild 2014). Dabei können Exportpreise über oder unter den domestischen Preisen liegen, je nach Kostenstrukturen und Intentionen des anbietenden Unternehmens. Häufig liegen Exportpreise unterhalb der domestischen in Situationen, wenn Unternehmen mit ihrer Internationalisierung gerade beginnen und in diesem Zuge ihren ausländischen Kunden für eine Übergangsphase nur ihre zusätzlichen Grenzkosten weiterbelasten, um die Nachfrage in diesen Märkten anzukurbeln, während die domestischen Preise sämtliche Overhead-Kosten für Verwaltung, Forschung & Entwicklung, Abschreibungen etc. absorbieren (Griffin und Pustay 2015).

In der Regel wird eine solche Preisstrategie nicht nachhaltig sein, insbesondere dann nicht, wenn es einem Unternehmen nicht gelingt, die Käufer in den jeweiligen Märkten voneinander fern zu halten, weil sonst Arbitrage-Verhalten gefördert wird, welches den dualen Preisansatz konterkariert und weil duales Pricing zudem anfällig ist für Dumping-Vorwürfe. Ein Beispiel dafür sind die Vorkommnisse im Markt für Solarmodule, in dem sich chinesische Anbieter in Europa dem Vorwurf ausgesetzt sahen, dass sie über längere Zeit hinweg ihre Module zu Preisen unterhalb der Selbstkosten angeboten haben, um lokale Wettbewerber aus dem Markt zu drängen und um anschließend in einer neuen quasi monopolistischen Marktsituation die Preise beliebig heraufsetzen zu können (Meckl 2014). Folge solcher Ereignisse sind dann nicht selten, wie auch im Fall des Solarmodulmarktes, verhängte Importzölle der Regierungen in den Auslandsmärkten oder von supranationalen Organisationen wie der Europäischen Union, die ihre heimischen Industrien vor billigen Importen schützen wollen, was dann wiederum zu weiteren Klagen führen und bis zu Handelskriegen eskalieren kann, weswegen in solchen Fällen zumeist die WTO versucht, zwischen den Parteien zu vermitteln bzw. zu schlichten.

11.5.3 Lokale Preisfestlegung

Ein Unternehmen, welches einen polyzentrischen internationalen Marketing-Ansatz verfolgt, würde in der Regel einen preispolitischen Ansatz wählen, der den Preis auf Basis der jeweiligen individuellen lokalen Marktbetrachtung festsetzt, um so den Gewinn in jedem einzelnen Markt zu maximieren. Dabei müssen allerdings die Bedingungen eingehalten werden, dass auf den einzelnen Märkten unterschiedliche Nachfragebedingungen und Kostenstrukturen vorherrschen und dass das Unternehmen Arbitragegeschäfte verhindern kann. Sind diese Bedingungen erfüllt, kann das Unternehmen potenziell von höherer Ressourcenflexibilität profitieren, allerdings nur, wenn es entsprechende Entscheidungskompetenzen an das lokale Management delegiert und wenn das lokale Management willens und in der Lage ist, Marktveränderungen eng zu überwachen und ggfs. zeitnahe Anpassungen vorzunehmen (Griffin und Pustay 2015).

Darüber hinaus können bei einer Preisfestsetzung auf Basis lokaler Marktgegebenheiten weitere Probleme und Risiken auftreten, die zu beachten sind. Dazu gehört zum Beispiel der bereits zuvor angesprochene Vorwurf des Preisdumpings. Daneben muss das Unternehmen das Image und die Reputation seiner Marke im Blickfeld behalten, damit diese nicht durch günstige Preise, die in manchen Märkten erforderlich sind, um überhaupt signifikant ins Geschäft zu kommen, verwässert oder beschädigt werden. Das gilt auf der anderen Seite aber auch für das Gegenteil deutlich höherer Preise in Auslandsmärkten. So wurden in der Vergangenheit schon mehrfach US-amerikanische Unternehmen etwa aus der Kosmetik- oder der Textilbranche in den japanischen Medien dafür kritisiert, dass sie für ihre Produkte im japanischen Markt teilweise mehr als doppelt so hohe Preise verlangten als im heimischen US-Markt (Griffin und Pustay 2015).

11.5.4 Transferpreise

▶ **Transferpreise** Transferpreise sind Preise, die im Geschäftsverkehr zwischen Gesellschaften oder Einheiten eines international operierenden Unternehmens gezahlt werden, also aus Konzernsicht die sogenannten Innenumsätze beeinflussen.

Transferpreise werden insbesondere von großen internationalen Konzernen dazu genutzt, um ihre Steuerposition zu verbessern und so auf Konzernebene zu einer niedrigeren Steuerquote zu gelangen (Hoffjan 2009). Dies gelingt schwerpunktmäßig dadurch, dass beim konzerninternen Waren- und Leistungsaustausch diejenigen Tochtergesellschaften, die sich in Ländern mit vergleichsweise hohen Steuersätzen befinden, niedrigere Transferpreise ansetzen bzw. erhalten als Tochtergesellschaften in Ländern mit niedrigeren Steuersätzen, die über höhere Transferpreise höhere Umsätze generieren und damit insgesamt Gewinne schwerpunktmäßig in solchen Ländern anfallen bzw. versteuert werden, die über niedrige Steuersätze verfügen und Tochtergesellschaften in Hochsteuerländern über die Transferpreisregelungen mit höheren Kosten belastet werden und damit niedrigere zu versteuernde Gewinne ausweisen.

Auf diese Weise haben manche internationalen Konzerne hohe Cash-Bestände in Niedrigsteuerländern aufgebaut, die sie der Besteuerung anderer Länder entzogen haben. Da dies in den letzten Jahren für viele, insbesondere Länder mit vergleichsweise hohen Steuersätzen wegen der teilweise beträchtlichen Steuereinnahmeausfälle zu einem zunehmenden Ärgernis geworden ist, wird von den jeweiligen Finanzbehörden versucht, über das sogenannte Arm's Length Principle, also die Zugrundelegung von sich frei auf externen Märkten entwickelnden Preisen für konzerninterne Transaktionen, möglichen steuerlich motivierten Manipulationen von Transferpreisen stärker Einhalt zu gebieten (Wild und Wild 2014).

Kontrollfragen

1. Diskutieren Sie relevante Faktoren, die den Produktanpassungsgrad international vermarkteter Produkte beeinflussen können.
2. Welche Argumente sprechen für eine Standardisierung oder lokale Adaption von Webekampagnen international vermarkteter Produkte auf den jeweiligen bedienten Märkten?
3. Welche Parameter bestimmen die Gestaltung bzw. Auswahl internationaler Distributionskanäle?
4. Vergleichen Sie die weltweite, die duale und die lokale Preisfestlegung hinsichtlich ihrer Eignung für alternative Marktsituationen.

Literatur

Griffin RW, Pustay MW (2015) International business: a managerial perspective, 8. Aufl. Pearson Education, Harlow

Hill CWL (2012) International business. Competing in the global marketplace, 9. Aufl. McGraw-Hill, New York

Hoffjan A (2009) Internationales Controlling. Schäffer-Poeschel, Stuttgart

Interbrand (2016) Best Global Brands. www.interbrand.com

Meckl R (2014) Internationales Management, 4. Aufl. Vahlen, München

Obertreis R (2012) Ambiente-Messe verteilt Negativ-Preis "Plagiarius". Schwäbisches Tagblatt, 11. Febr, www.tagblatt.de

Perlitz M, Schrank R (2013) Internationales Management, 6. Aufl. UVK, Konstanz

Rodrigues C (2009) International management. A cultural approach. Sage, Thousand Oaks

Wild JJ, Wild KJ (2014) International business, 7. Aufl. Pearson Education, Harlow

Zentes J, Swoboda B, Schramm-Klein H (2013) Internationales Marketing, 3. Aufl. Vahlen, München

Internationales Finanzmanagement 12

Zusammenfassung

Das folgende Kapitel setzt sich mit den grundlegenden Themenstellungen des internationalen Finanzmanagements auf internationalen Kapitalmärkten auseinander. In diesem Kontext werden Aspekte der Finanzierung von international operierenden Unternehmen abgehandelt. Beginnend mit einer Darstellung der Grundzüge internationaler Kapital- und Finanzmärkte sowie deren Entwicklung werden wesentliche Aufgaben des internationalen Finanzmanagements erörtert und in diesem Zuge auf die besondere Bedeutung des Kapitalstrukturmanagements und damit verbundener Finanzierungsformen, des Risikomanagements unter besonderer Berücksichtigung von Währungs- und Zinsrisiken sowie des Cash- und Working-Capital Managements eingegangen. In diesem Zuge werden auch die wichtigsten derivativen Instrumente erläutert, die eine bedeutende Rolle zur Begrenzung von internationalen Marktrisiken einnehmen. Darüber hinaus wird der Bereich des internationalen Zahlungsverkehrs erörtert.

12.1 Internationale Kapitalmärkte

12.1.1 Wesen und Entwicklung internationaler Kapitalmärkte

Finanzmärkte sind eine fundamentale Voraussetzung für eine reibungslose Kapitalbeschaffung. Sie zerfallen grundsätzlich in Geld- und Kapitalmärkte. Auf Geldmärkten findet die kurzfristige Geldaufnahme und -anlage statt, die vor allem durch das Interbankengeschäft geprägt ist. Unter Kapitalmarkt versteht man den Markt für längerfristige Kapitalanlage und -aufnahme, der im engeren Sinne den börslichen und außerbörslichen Wertpapierhandel umfasst und damit besonders durch Wertpapierbörsen geprägt ist (Perlitz und Schrank 2013). Kapitalmärkte stellen einen effizienten Mechanismus zur

© Springer Fachmedien Wiesbaden GmbH 2017   277

M. Sure, *Internationales Management*, DOI 10.1007/978-3-658-16163-7_12

Verfügung, durch den zwischen Marktteilnehmern, die Kapital empfangen oder investieren wollen, vermittelt wird.

Die Kapitalmärkte haben sich insbesondere seit den 1990er Jahren stark internationalisiert und sind mit der Unterstützung nationaler Regierungen und überregionaler Institutionen kontinuierlich liberalisiert und dereguliert worden. Mit dieser Liberalisierung ging ein starker Innovationsschub in Richtung neuer, insbesondere derivativer Finanzprodukte beispielsweise in Form von Verbriefungen einher, die zu einer immer stärkeren Entkoppelung von Basis- und Sicherungs- bzw. Spekulationsgeschäften führte. Neben der starken Zunahme des Handelsvolumens in Derivaten kam es an den Kapitalmärkten u. a. aufgrund von Niedrigzinspolitiken diverser Notenbanken zu einer starken Ausweitung des Kreditvolumens zur Finanzierung von Transaktionen. Entsprechende Korrekturen bzw. Marktbereinigungen solcher, immer exzessiverer, risikoreicherer kreditfinanzierter Transaktionen haben u. a. ab Mitte 2007 zu den Auswirkungen an den Finanzmärkten geführt, die heute unter dem Begriff „Finanzkrise" subsumiert werden (Bekaert und Hodrick 2012).

▶ **Internationaler Kapitalmarkt** Der internationale Kapitalmarkt ist ein Netzwerk von individuellen Personen, Unternehmen, Finanzinstituten und Regierungen, die über Ländergrenzen hinweg Kapital investieren und leihen, und dabei entweder über formale Transaktionen, bei denen Käufer und Verkäufer sich treffen, um finanzielle Instrumente zu handeln, oder diese über anonyme Transaktionen auf elektronischem Wege handeln.

Dabei profitieren die internationalen Investoren und Schuldner nicht nur von auf diesen Märkten entwickelten und bereitgestellten innovativen Finanzprodukten, sondern auch von international tätigen Banken, die sich parallel zu den Märkten in ihren Organisationsstrukturen internationalisiert und an wichtigen internationalen Finanzplätzen wie New York, London, Tokio, Frankfurt oder Hongkong angesiedelt haben sowie eine zentrale Rolle bei der Kapitalallokation auf den internationalen Märkten spielen, indem sie Cash-Überflüsse bei Investoren zu Schuldnern leiten, die Kapital benötigen (Wild und Wild 2014). Dadurch werden die Liquiditätsverfügbarkeit in Form von Krediten erhöht, gleichzeitig die Kredittransaktionskosten und die Zinskosten reduziert und schließlich die Risiken für die Schuldner vor allem infolge der größeren Auswahl an internationalen Kapitalbeschaffungsopportunitäten gesenkt.

12.1.2 Segmente internationaler Kapitalmärkte

Der internationale Kapitalmarkt zerfällt in einen Markt für Eigenkapitalanlagen und einen für Fremdkapitalanlagen. Der Markt für Eigenkapitalanlagen wird von der Kapitalanlage in Aktien dominiert, weswegen dabei die internationalen Aktienbörsen eine entscheidende Rolle spielen. Die globale Marktkapitalisierung der an den wichtigsten Börsen gehandelten Unternehmensanteile befand sich 2011 in einer Größenordnung von 47,4 Billionen US$, während der Wert des weltweit gehandelten Fremdkapitals auf Basis börsengehandelter Fremdkapitalanleihen im gleichen Jahr nur 32,6 Billionen US$ betrug und damit vergleichsweise niedriger lag, wobei eine Anleihe dann als international bezeichnet wird, wenn Gläubiger und Schuldner der Anleihe aus unterschiedlichen Ländern kommen (Perlitz und Schrank 2013).

Der Internationalisierungsgrad der Kapitalmärkte wurde schließlich noch dadurch zusätzlich erhöht, dass sich sogenannte Offshore-Märkte, also solche Märkte, die außerhalb von Hoheitsrechten nationaler Staaten liegen, bildeten, die zudem die Marktteilnehmer durch sehr niedrige regulatorische Hürden für Kapitaltransaktionen überzeugen konnten. Zu den Offshore Finanzzentren, deren Märkte Investoren niedrige regulatorische Hürden und vergleichsweise niedrige Transparenz über Kapitaltransaktionen bieten, gehören zum Beispiel Bahamas, Cayman Islands, Cook Islands, Liechtenstein, Panama oder Zypern (Griffin und Pustay 2015).

Eine spezielle Rolle spielt im Rahmen der Fremdkapitalanlagen der Euromarkt, auf dem in der Regel nur große Kapitalnachfrager und institutionelle Kapitalgeber wie Banken, Investment- und Pensionsfonds oder Versicherungen aufeinandertreffen, wobei die Bezeichnung Euromarkt darauf zurückzuführen ist, dass die dort stattfindenden Emissionen vorwiegend in Europa stattfinden, allerdings überwiegend in US Dollar gehandelt werden. Der Euromarkt zerfällt wie die nationalen Kreditmärkte in den Eurogeldmarkt (Eurodollarmarkt im engeren Sinne), den Markt für mittelfristige Kredite und den Eurokapitalmarkt (vgl. Abb. 12.1). Der Eurogeldmarkt kann in diesem Sinne auch als Markt für Fremdwährungsguthaben bezeichnet werden, deren Fristigkeiten sich zumeist im Bereich von 90 Tagen bewegen.

Auf dem Eurogeldmarkt, der in erster Linie von den Banken als Refinanzierungsmarkt für den Eurokreditmarkt genutzt wird, werden kurzfristige Geldmarktpapiere emittiert und gehandelt. Im Segment des Eurokreditmarktes stellen Banken Nichtbanken mittel- bis langfristige Kredite bis zu einer Laufzeit von ca. fünf Jahren zur Verfügung mit in der Regel revolvierendem Charakter. Dabei kann unterschieden werden zwischen Festzinskrediten und Roll Over Krediten. Während erstere einen für die vereinbarte Laufzeit festen Zinssatz tragen, werden letztere vor allem wegen der Abwälzung des Zinsänderungsrisikos gewählt, da die Anpassung der dem Kreditengagement zugrunde liegenden Zinsen im Rahmen vereinbarter Fristen von beispielsweise drei oder sechs Monaten regelmäßig auf Basis einer Referenzzinsentwicklung erfolgt (Perlitz und Schrank 2013).

Schließlich werden auf dem Eurokapitalmarkt Anleihen wie Industrieobligation, Wandel- und Optionsanleihen oder variabel verzinsliche Anleihen emittiert und gehandelt, die zumeist Laufzeiten zwischen fünf und fünfzehn Jahren haben, aber auch zunehmend deutlich darüber hinaus gehende Laufzeiten aufweisen, was auch den Konsequenzen der seit der Finanzkrise fortgeführten Niedrigzinspolitik der Notenbanken zuzuschreiben ist, zumal sich die Unternehmen möglichst langfristig die aktuell für sie im historischen Vergleich günstigen Zinssätze auf den Anleihemärkten sichern wollen. Dies geht auch einher mit einer Zunahme sogenannter Endlosanleihen, also solchen Anleihen ohne festes

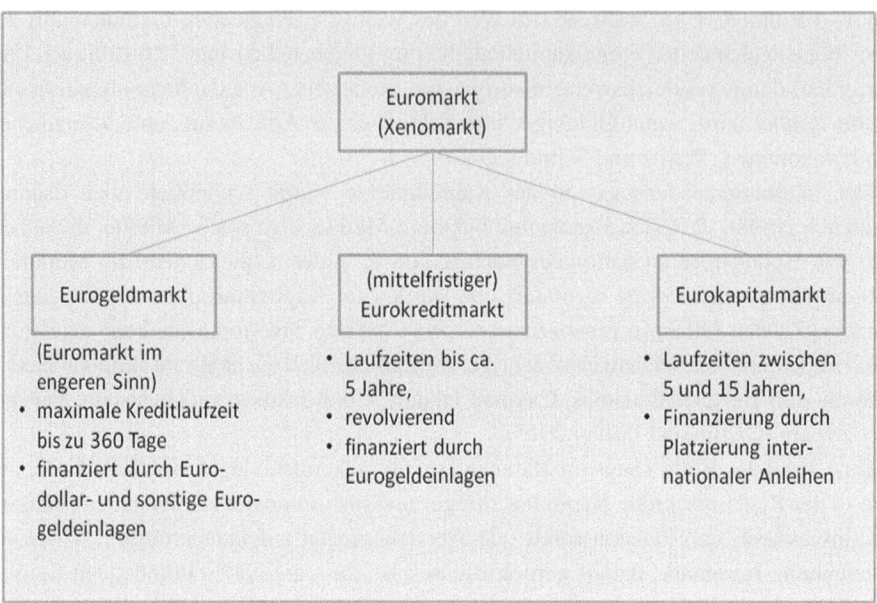

Abb. 12.1 Teilmärkte des Euromarktes. (Quelle: in Anlehnung an Perridon et al. 2012)

Rückzahlungsdatum. Wachsende Bedeutung erlangen dabei internationale Anleihen, die über internationale Bankenkonsortien gleichzeitig in mehreren Ländern platziert werden (Perridon et al. 2012).

Darüber hinaus existieren Finanzierungsinstrumente, die zwar kurzfristigen Charakter haben, aber häufig Gegenstand längerfristiger Finanzierungsprogramme sind wie Commercial Papers, Euronotes oder Medium Term Notes. Commercial Papers und Euronotes haben sich entwickelt als eine Alternative für Großunternehmen zur Aufnahme kurzfristiger Gelder von kapitalkräftigen Investoren wie Versicherungen oder Pensionsfonds anstelle von kurzfristigen Bankkrediten. Sie sind Inhaberpapiere mit flexiblen Laufzeiten von in der Regel sechs Monaten bis zu zwei Jahren und unterscheiden sich von Medium Term Notes insbesondere durch die Laufzeit, die bei letzteren zumeist zwischen zwei und fünf Jahren, aber auch darüber hinaus betragen kann (Perlitz und Schrank 2013).

Deren Platzierung erfolgt zumeist auf Basis eines Rahmenvertrages über eine Daueremission mit der emittierenden Bank. Solche Rahmenverträge enthalten das maximale Volumen (aus Kostengründen mindestens 50 Mio.) über einen bestimmten Zeitraum von in der Regel ein bis sieben Jahren. Die Papiere werden abgezinst ausgegeben mit einer festen Verzinsung über die Laufzeit. Euronotes besitzen im Unterschied zu Commercial Papers eine Underwriter-Garantie, d. h. eine Verpflichtung der emittierenden Bank zur Übernahme nicht platzierter Papiere bis zu einem bestimmten Höchstbetrag.

An Terminbörsen findet der organisierte Handel von Optionen und von Futures statt. Wichtigste internationale Terminbörse ist die CBOE in Chicago. In Europa bestehen insbesondere die LIFFE (London International Financial Futures and Options Exchange) in London, die in der Folge mehrerer konsekutiver Zusammenschlüsse 2013 zur Intercontinental Exchange fusionierte, sowie die SOFFEX (Swiss Options and Financial Futures Exchange) in Zürich und die DTB (Deutsche Terminbörse) in Frankfurt, die beide 1998 zur EUREX (European Exchange) fusionierten. Neben den Terminbörsen werden Terminkontrakte auch auf Basis bilateraler Vertragsabschlüsse gehandelt, und zwar auf vergleichsweise wenig regulierten sogenannten OTC-Märkten (Over the Counter-Märkte). Auf den OTC-Märkten werden bspw. Zins- und Währungs-Swapgeschäfte oder auch Devisenoptions- und Devisentermingeschäfte abgeschlossen, aber auch Kreditderivate wie Credit Default Swaps (CDS) (Perridon et al. 2012).

12.1.3 Hochfrequenzhandel und Dark Pools

Insbesondere die Aktienmärkte werden heutzutage immer stärker vom sogenannten Hochfrequenzhandel beeinflusst. Hochfrequenzhändler sind Computer, die den Aktienmarkt beständig nach irgendwelchen Zeichen außergewöhnlicher Aktivitäten durchkämmen und sich dazu komplizierter Algorithmen bedienen. Sobald diese etwa feststellen, dass jemand eine größere Anzahl an Aktien kaufen möchte (z. B. institutionelle Anleger wie Versicherungen oder Pensionsfonds), werden sie aktiv, kaufen blitzschnell im Rahmen von Sekundenbruchteilen die entsprechenden Papiere am Markt auf und verkaufen sie dem Interessenten danach ein klein wenig teurer. Diese Hochfrequenzhändler sind normalen Händlern klar überlegen, weil sie über rasend schnelle Kommunikationswege verfügen, die es ihnen ermöglichen, weit über 100-mal in einer einzigen Sekunde zu handeln. Ihr gehandeltes Volumen macht an einigen Börsen schon bis zur Hälfte des gesamten Ordervolumens aus (Stocker und Trentmann 2014).

Diesem Hochfrequenzhandel wollen Großanleger aus dem Weg gehen und weichen öffentlichen Börsen zunehmend aus. Sie platzieren ihre Orders stattdessen in sogenannten Dark Pools, alternativen Plattformen außerhalb von öffentlichen Börsen, die eine Art Paralleluniversum für den Handel von Aktien in einer virtuellen Blackbox ermöglichen, völlig intransparent und unreguliert sind. Zu Dark Pools haben nur Großanleger Zugang, die hier unter sich handeln wollen, um sich nicht in die Kurse „hineinpfuschen" zu lassen. Dark Pools haben durchaus ihren Sinn, denn manche Deals sind schlichtweg zu unhandlich für die reguläre Börse, zumal sie dort insbesondere bei den Kleinanlegern unnötig viel Unruhe stiften würden und die Kurse in unruhige Bahnen lenken könnten (Stocker und Trentmann 2014). Auf der anderen Seite laufen auch die Dark Pools zunehmend aus der Kontrolle – nur noch etwa 40 % der DAX-30-Orders liefen 2014 noch über regulierte Börsen –, sodass selbst bei den institutionellen Nutznießern der Ruf nach diesbezüglicher Regulierung lauter wird.

12.2   Ziele im internationalen Finanzmanagement

Die internationale Unternehmenstätigkeit und der damit verbundene Leistungserstellungsprozess werden begleitet von Zahlungsströmen, die zu Einnahmen und Ausgaben führen. Die Aufgabe des Finanzmanagements liegt in der Gestaltung dieser Zahlungsströme. Das strategische Finanzmanagement umfasst sämtliche Aufgaben der Entwicklung und Sicherung eines Finanzierungspotenzials, das die Basis für die Wahl und Implementierung von Strategien darstellt. Als übergeordnetes Ziel des strategischen Finanzmanagements wird heute überwiegend die Maximierung des Unternehmenswertes (Shareholder Value) angesehen. Außerdem hat die Sicherstellung der Liquidität durch die Optimierung der Kapitalstruktur herausragende Bedeutung.

Neben diesen beiden Oberzielen sind noch folgende Unterziele für das internationale Finanzmanagement von Bedeutung (Perridon et al. 2012):

1. Koordination von Unternehmensstrategie und Finanzierungspolitik
2. Minimierung von Kapital- und Transaktionskosten
3. Minimierung von Währungs-, Zins-, und Länderrisiken bzw. Nutzung entsprechender Chancen
4. Maximierung von Kapitalanlageerlösen.

Die Koordination von Unternehmensstrategie und Finanzierungspolitik spielt beispielsweise eine Rolle, wenn das Unternehmen mehr Unabhängigkeit von seinen Kapitalgebern anstrebt. Mehr Unabhängigkeit kann etwa bedeuten, dass mehr Eigenkapital dadurch platziert werden kann, dass Unternehmensanteile an mehreren internationalen Kapitalmärkten bzw. Börsenplätzen platziert und so die Nachfragebasis für potenzielle Eigenkapitalinvestoren vergrößert wird. Alternativ kann mehr Unabhängigkeit auch bedeuten, dass das Unternehmen versucht, dass etwa internationale Anleihen in unterschiedlichen Finanzmärkten platziert werden, sodass die Anzahl unterschiedlicher Gläubiger steigt und damit die Abhängigkeit von einzelnen Gläubigern abnimmt (Meckl 2014). Dagegen wird eine Private Equity-Gesellschaft ihre Unternehmensstrategie tendenziell eher stärker auf die Aufnahme von Fremdkapital fokussieren, insbesondere dann, wenn in vergleichsweise kurzen Zeiträumen Akquisitionen getätigt und wieder renditeträchtig verkauft werden sollen.

Im Rahmen der Minimierung von Kapital- und Transaktionskosten spielen einerseits die in den jeweiligen Kapitalmärkten vorherrschenden Zinssätze bzw. Risikoaufschläge und andererseits transaktionsbasierte Kosten wie Gebühren für involvierte Mittler wie Investmentbanken oder Börsen- bzw. Maklerkosten und Steuern eine Rolle. Zinsen und Risikoaufschläge steigen dabei mit abnehmender Bonität des Unternehmens und zunehmendem Länderrisiko desjenigen Marktes, in dem finanziert wird. Wie volatil sich solche Länderrisiken verhalten können, haben viele Schwellenlandmärkte, darunter der russische, der brasilianische und der türkische Markt in den vergangenen Jahren eindrucksvoll gezeigt (vgl. Abb. 12.2).

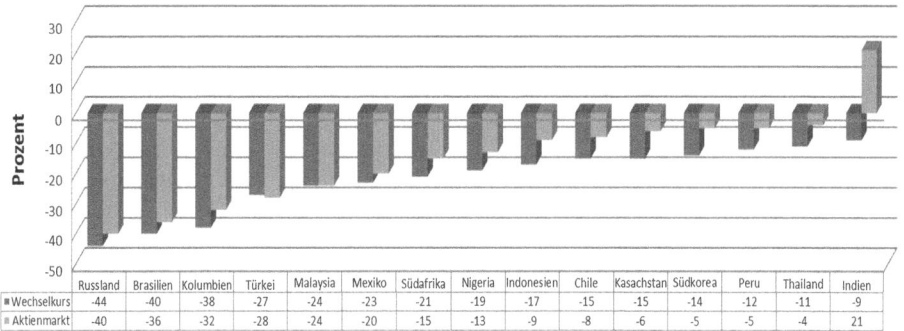

Abb. 12.2 Entwicklung von Währungskursen und Aktienmärkten in Schwellenländern zwischen 9/2014 und 9/2015

Bei der Minimierung von Währungs-, Zins-, und Länderrisiken bzw. der Nutzung entsprechender Chancen spielen die Auswahl entsprechender internationaler Märkte für Produktabsatz und Investitionen eine Rolle und die damit verbundene Stabilität von Währungen und Zinssätzen in diesen Ländern, die wiederum korreliert sind mit den entsprechenden Länderrisiken und der Inflation. Je stärker ein international agierendes Unternehmen von Zahlungsströmen abhängig ist, die in Ländern mit weichen und volatilen Währungen, hohen Inflationsraten oder hohen Zinssätzen anfallen, desto schwieriger bzw. teurer wird potenziell die Minimierung oder zumindest Begrenzung von Währungs-, Zins- und Inflationsrisiken, aber auch von Eigentums-, Bonitäts- und Sicherheitsrisiken.

Schließlich besteht in einem multinationalen Unternehmen die Zielsetzung der Maximierung von Rendite. Das kann einerseits geschehen durch Maximierung von Kapitalanlageerlösen und andererseits durch die Minimierung von Kapitalkosten. Die Kapitalkosten können durch die Nutzung unterschiedlicher Finanzierungsquellen bei der internationalen Kapitalbeschaffung in verschiedenen Märkten je nach Höhe der mit den jeweiligen Finanzierungsarten der Eigen- und Fremdkapitalfinanzierung verbundenen Kostensätze minimiert werden (Meckl 2014). Die Maximierung der Kapitalanlageerlöse korrespondiert dagegen in erster Linie mit den durch entsprechende Investitionen und Abverkäufe in den jeweiligen Märkten realisierten Cashflows.

12.3   Internationales Kapitalstrukturmanagement

▶ **Kapitalstrukturmanagement** Kapitalstrukturmanagement umfasst Entscheidungen zur Gestaltung und zur Optimierung der Kapitalstruktur im Unternehmen. Das betrifft in erster Linie die Ausgestaltung von Relationen zwischen den Komponenten des Eigen- und Fremdkapitals. Kapitalstrukturregeln, auch vertikale Finanzierungsregeln genannt, stellen auf Art und Zusammenhang des Kapitals ab (Perridon et al. 2012).

12.3.1 Einflussfaktoren internationaler Kapitalstrukturen

Die Kapitalstruktur eines ausländischen Tochterunternehmens ist grundsätzlich abhängig von folgenden Parametern:

1. Unternehmenswachstum
2. Cashflow-Stabilität
3. Konzernvorgaben zur Kapitalstruktur
4. Steuerliche Überlegungen
5. Sicherung der Kreditwürdigkeit
6. Renditezielsetzung.

Je stärker eine ausländische Tochtergesellschaft oder eine Joint-Venture-Beteiligung wächst oder wachsen soll, desto schneller benötigt sie ggfs. neues Kapital, um dieses Wachstum zu finanzieren. Häufig finanzieren sich schnell wachsende Unternehmen oder Start-ups durch Aufnahme von Fremdkapital, weil dieses im Vergleich zu Eigenkapitaleinlagen bei entsprechender Bonitäts-, Sicherheits- und Verschuldungsstruktur häufig schneller und auch kostengünstiger zu beschaffen ist. Je höher dagegen die Cashflow-Stabilität ist und je auskömmlicher diese Cashflows sich gestalten lassen, desto mehr wird eine ausländische Tochtergesellschaft auf Innenfinanzierungspotenziale zurückgreifen.

Darüber hinaus können Konzernvorgaben zur Kapitalstruktur etwa bezogen auf eine Mindest- Eigenkapitalquote oder einen maximalen Verschuldungsgrad die Art der Finanzierung einer ausländischen Tochtergesellschaft prägen. Außerdem können steuerliche Überlegungen die Kapitalstruktur beeinflussen (Meckl 2014). Dabei kann es grundsätzlich eine Rolle spielen, dass Zinsaufwendungen absetzbar und damit gewinnmindernd sind. Der Einsatz von Fremdkapital kann zudem im Rahmen der Gestaltung von Verrechnungspreisstrukturen bei der Finanzierung von Tochtergesellschaften durch die Konzernmutter zur Reduzierung der Konzernsteuerquote infolge einer Verlagerung von Gewinnen führen.

Die Sicherung der Kreditwürdigkeit kann ein Maßstab für eine Mindest-Eigenkapitalquote sein, die im Konzern für die Tochtergesellschaften vorgegeben wird, um etwa eine Rating-Einstufung zu sichern bzw. nicht zu gefährden, die wiederum maßgeblichen Einfluss auf die Höhe der Zinskosten bei der Fremdkapitalaufnahme hat. Die Höhe des Fremdkapitalzinses ist also abhängig von der Schuldnerbonität, die seit Einführung der Regelungen zu Basel II bzw. Basel III zur Eigenkapitalunterlegung der Banken eine entsprechende Rating-Einstufung der Kreditnehmer nach sich zieht (Madura 2015).

Schließlich beeinflusst die Kapitalstruktur die Höhe der Rendite, zumal die Kapitalkosten mit zusätzlicher Aufnahme von Fremdkapital sinken, da Eigenkapitalkosten auf der Grundlage des dem Capital Asset Pricing Model (CAPM) zugrunde liegenden Opportunitätskostenprinzips höher sind als Fremdkapitalkosten. Die Eigenkapitalquote ist dabei in Abhängigkeit vom leistungswirtschaftlichen Risiko des jeweiligen Unternehmens und der damit verbundenen Ertragsschwankungen zu sehen.

Neben der Anteiligkeit von Eigen- und Fremdkapital ist die Fristigkeit des (Fremd-) Kapitals ein weiteres wichtiges Kriterium der Kapitalstruktur. Hier lassen sich beispielsweise nach HGB für Kapitalgesellschaften Fristigkeiten unterscheiden, die als kurzfristig deklariert Verbindlichkeiten mit einer Restlaufzeit bis zu einem Jahr, als mittelfristig deklariert Verbindlichkeiten mit Restlaufzeiten von größer einem Jahr bis zu fünf Jahren und als langfristig deklariert Verbindlichkeiten mit einer Restlaufzeit von mehr als fünf Jahren betragen. Je höher der Anteil des langfristigen Kapitals desto niedriger sind im Allgemeinen das Risiko des Kapitalentzugs und das Zinsänderungsrisiko. Die Aussagekraft solcher Kennziffern und Analysen ist allerdings oftmals dadurch eingeschränkt, dass die tatsächliche Fristigkeit des Kapitals teilweise nicht erkennbar ist, was beispielsweise im Rahmen der internationalen Rechnungslegung auf Grundlage der International Financial Reporting Standards (IFRS) der Fall ist.

12.3.2 Kapitalkosten und Kapitalallokation

Die Theorie der Kapitalkosten fußt auf der volkswirtschaftlichen Zinstheorie mit dem Zins als Preis für die Bereitschaft, Kasse aufzugeben. Bei der Ermittlung der betriebswirtschaftlichen Kapitalkosten ist in die Kosten für Eigen- und Fremdkapital zu trennen. Die Fremdkapitalkosten sind dabei die aus dem Kreditengagement resultierenden Zinsaufwendungen inkl. Abschlussgebühr und Disagio. Die Eigenkapitalkosten reflektieren dabei die Renditeerwartungen der Anteilseigner unter Zugrundelegung des Opportunitätskostenprinzips. Die Gesamtkapitalkosten ergeben sich aus den mit den jeweiligen Kapitalstrukturanteilen gewichteten Eigen- und Fremdkapitalkosten (vgl. Abb. 12.3).

Die Berechnung der (Eigen-)Kapitalkosten geschieht häufig mittels Verwendung des Capital Asset Pricing-Model, bei dem die Fremdkapitalkosten auf dem risikolosen Zins basieren und die Eigenkapitalkosten risikoadjustiert unter Berücksichtigung einer erwarteten Marktrendite und eines Marktrisikofaktors ß bestimmt werden. Der risikolose Zins entspricht dabei demjenigen Zinssatz, der für risikolose Anleihen am Kapitalmarkt vergütet wird, und beispielsweise durch mit der Bestnote (zum Beispiel AAA gemäß Standard & Poor's Rating) geratete (Staats-)Anleihen reflektiert wird. Der Betafaktor drückt vereinfacht dargestellt das Verhältnis zwischen der Volatilität bzw. Schwankungsbreite des Aktienkurses eines individuellen Unternehmens und der Volatilität des Gesamtmarktes in Form des Gesamtaktienindex aus und reflektiert damit, wie sich die erwartete Rendite eines einzelnen Wertpapiers oder Wertpapierportfolios bei einer Änderung der Rendite eines Marktportfolios um ein Prozent verändert. Die erwartete Marktrendite ist die Durchschnittsrendite, die der Aktienmarkt dem Investor bietet (Baum et al. 2013).

Das Capital Asset Pricing Model (CAPM) unterstellt einen vollkommenen Kapitalmarkt, auf dem zu einem Sicherheitszins von allen rational handelnden Marktakteuren unbeschränkt finanzielle Mittel aufgenommen und angelegt werden können. Neben dem CAPM können auch Optionspreismodelle zur Bestimmung der Eigenkapitalkosten herangezogen werden, wobei hier das Eigentums- oder Anteilsrecht an einem verschuldeten

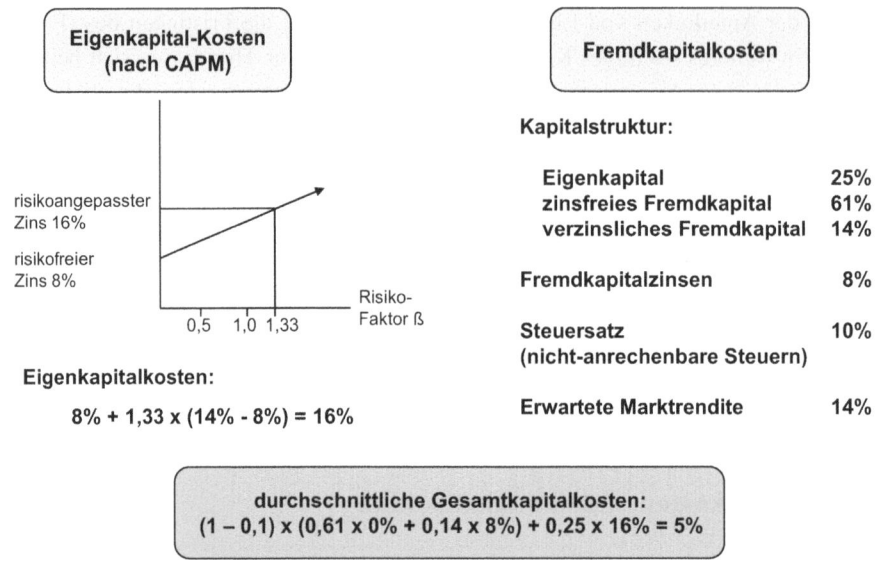

Abb. 12.3 Berechnung der durchschnittlichen Gesamtkapitalkosten mittels WACC-Ansatz. (Quelle: in Anlehnung an Baum et al. 2013)

Unternehmen als Kaufoptionsrecht interpretiert wird und sich so die Eigenkapitalkosten als Optionspreis darstellen lassen.

12.4 Internationales Risikomanagement

Geopolitische Risiken wie politische Instabilitäten in Russland, andauernde Konflikte im Nahen Osten, zunehmender Expansionsdrang Chinas, Cyberkriminalität und die fortge-setzte expansive Geldpolitik vieler Notenbanken haben in der zweiten Dekade des 21. Jahr-hunderts weiter zugenommen. Dies hat u. a. zu steigenden Volatilitäten auf den Zins-und Währungsmärkten geführt, was wiederum die Nachfrage international agierender Unter-nehmen nach Instrumenten zur Absicherung gegen diese Risiken stark beflügelt hat. Die folgende Darstellung soll sich auf diese beiden wesentlichen Risiken im internationalen Geschäft fokussieren und entsprechend kompatible Absicherungsinstrumente erläutern.

12.4.1 Währungs- und Zinsrisiken

Die Höhe des Währungsrisikos ist abhängig von der Volatilität der Wechselkurse sowie vom absoluten Währungsbetrag (Exposure), wobei mit Exposure der absolute Fremd-währungsbetrag gemeint ist, der während einer Bilanzperiode eines Unternehmens dem Wechselkursrisiko ausgesetzt ist (Hoffjan 2009). Dabei wird zwischen Transaktions-,

Konversions- und ökonomischem Risiko unterschieden. Als Transaktionsexposure bezeichnet man das Verlustrisiko eines Unternehmens, welches infolge von Wertänderungen bei noch ausstehenden Zahlungsströmen in Fremdwährung entsteht, während sich das Konversionsexposure dadurch ergibt, dass von ausländischen Tochtergesellschaften in Fremdwährung aufgestellte Bilanzpositionen von der Muttergesellschaft im Rahmen der Konsolidierung von Einzelabschlüssen zu einer Konzernbilanz in die Konzernwährung transferiert werden müssen. Schließlich umfasst das ökonomische Exposure im Gegensatz zum Transaktionsrisiko das langfristige Wechselkursrisiko, wobei sich das Risikoausmaß auf das Absatzvolumen, die Absatzpreise und die Kostenstruktur des Unternehmens auswirkt (Hoffjan 2009).

Unter Zinsänderungsrisiken werden marktzinsinduzierte Vermögens- und Einkommensrisiken subsumiert, deren Übernahme am Geld- und Kapitalmarkt zur Vergütung einer Risikoprämie führt, wobei es sich um ein systematisches Risiko bzw. Marktrisiko handelt, das als residuales Restrisiko selbst bei optimaler Portfolio-Struktur nicht diversifiziert werden kann. Das Zinsänderungsrisiko ist im Wesentlichen abhängig vom Zinsexposure, welches durch unternehmensinterne Faktoren wie die entsprechend ausstehende Festzinsposition, Fristenabläufe und Zinselastizität geprägt wird, sowie von Marktzinsvolatilitäten, die durch Veränderungen des Zinsniveaus und der Zinsstruktur reflektiert werden.

In der Konsequenz ist also das Zinsänderungsrisiko desto höher, je ausgeprägter eine Veränderung des Zinsniveaus erfolgt und je stärker das Engagement in Festzinspositionen im Vergleich zu variabel verzinslichen Positionen ausfällt. Veränderungen des Zinsniveaus haben insbesondere bei festverzinslichen Anleihen eine signifikante Auswirkung auf deren Kurswerte, während dies bei variabel verzinslichen Schuldverschreibungen kaum der Fall ist, wobei sich die Zinsänderungen normalerweise gegenläufig zu den Kurswertänderungen und den zukünftigen Wiederanlagebedingungen verhalten.

12.4.2 Risikoabsicherungsinstrumente

Je nach Art des Risikos lassen sich unterschiedliche Instrumente mit zahlreichen Ausgestaltungsmöglichkeiten zur Risikoabsicherung einsetzen. Dazu zählen kategorisch Forwards, Futures, Optionen und Swaps, die nachfolgend in ihren Grundzügen und Nutzenbeiträgen für international tätige Unternehmen erläutert werden.

12.4.2.1 Forwards

▶ **Forwards** Unter Forwards versteht man Absicherungsinstrumente, die auf einem in der Regel nicht organisierten Markt gehandelt werden, wobei Leistung und Gegenleistung im Voraus vereinbart werden, es aber nicht zu einem unverzüglichen Austausch kommt (Hill 2012).

Die zugrunde liegenden Verträge sind individuell gestaltbar und auf Lieferung der vereinbarten Leistung ausgelegt. Problematisch sind der vergleichsweise umständliche Vertragsabschluss sowie die Vertragsauflösungsbedingungen. Wegen solcher Schwierigkeiten und der steigenden Nachfrage nach effektiven Instrumenten zur Limitierung von Zins- und Kursrisiken haben sich börsenmäßig organisierte Future-Märkte herausgebildet (Perridon et al. 2012).

Wesen und Struktur eines Forward-Geschäftes sollen anhand eines Forward Rate Agreements an einem konkreten Beispiel dargestellt werden. Ein Forward Rate Agreement (FRA) ist ein außerbörsliches Zinstermingeschäft, das es ermöglicht, einen Zinssatz für einen in der Zukunft liegenden Anlagezeitraum zu sichern. Bei Forward Rate Agreements treffen zwei Vertragspartner eine Vereinbarung über einen zukünftigen kurzfristigen Zinssatz auf einen festgelegten Betrag, für eine bestimmte Laufzeit, wobei der Beginn der Laufzeit in der Zukunft liegt.

Zu Laufzeitbeginn zahlt eine Vertragspartei der anderen je nach aktuellem Zinsniveau die Differenz zwischen diesem Referenzzinssatz und dem FRA-Zins, wobei die Vereinbarung dabei nicht die eigentliche Geldanlage oder -aufnahme erfasst, sondern nur ein Tausch von Zinszahlungen vereinbart wird. Der Käufer eines FRA sichert sich den Zins für eine Geldaufnahme, er sichert sich damit gegen steigende Zinsen ab und erhält vom Verkäufer eine Ausgleichszahlung in Höhe der Differenz zwischen dem Referenzzinssatz und FRA-Satz – der Käufer sichert sich z. B. gegen Zinssteigerungen bei variabel verzinslichen Kreditengagements ab.

Die Ausgleichszahlung beim Forward Rate Agreement ergibt sich nach folgender Formel:

$$A = \frac{K \times (L - FR) \times T}{360 + L \times T};$$

A   Ausgleichsbetrag
K   Bezugsbetrag (Kredit)
L   Referenzzins (z. B. LIBOR als Dezimal-Wert)
FR   Forward-Zins (als Dezimalwert)
T   Laufzeit des Kredits in Tagen

Die obige Formel entsteht, da die Ausgleichszahlung am Ende der Vorlaufzeit geleistet wird. Daher muss der Verlust, der durch die Zinsänderung bis zum Ende der Kontrakt- bzw. Kreditlaufzeit eingetreten wäre, mit dem LIBOR-Zins abgezinst werden. Ein Käufer, der die erhaltene Ausgleichszahlung zum LIBOR anlegen könnte, erhielte einen Betrag, der die Zinsmehrkosten genau abdeckt, welche er durch die Zinserhöhung zu tragen hat (Wirtz 2009).

Beispiel

Das folgende Berechnungsbeispiel zu einem Forward Rate Agreement soll dessen Anwendungsnutzen verdeutlichen:

- Ein Unternehmer möchte in einem halben Jahr einen Kredit über 180 Tage aufnehmen in Höhe von 1 Mio. EUR
- Er fürchtet steigende Zinsen und kauft von seiner Bank ein FRA mit Referenzzinssatz 6-Monats-LIBOR
- Die vereinbarte FR beträgt 5,5 % und entspricht dem aktuellen LIBOR
- Nach Ablauf der Vorlaufzeit ist der LIBOR auf 6,25 % gestiegen

$$A = \frac{K \times (L - FR) \times T}{360 + L \times T} = \frac{1.000.000 \times (0,0625 - 0,055) \times 180}{360 + 0,0625 \times 180} = 3636,36€$$

Der Unternehmer erhält nach Ablauf der Vorlaufzeit eine Ausgleichszahlung von 3636,36 EUR. Legt der Unternehmer diesen Betrag zum LIBOR für ein halbes Jahr an, so erhält er $3636,36 \times (1 + 0,0625 \times 180/360) = 3750€$. Dies entspricht genau dem Betrag, um den sich der Kredit durch die Zinserhöhung (0,75 %) verteuert hat ($1\,Mio \times 0,0075 \times 180/360 = 3750$). Der Unternehmer hat sich also erfolgreich gegen die Zinssteigerung abgesichert. Für den Fall, dass der Zinssatz wider seine Erwartung gefallen wäre, hätte er eine entsprechende Ausgleichszahlung leisten müssen (Wirtz 2009).

12.4.2.2 Futures

Beim Kauf bzw. Verkauf eines Futures entsteht eine feste Verpflichtung des Käufers bzw. Verkäufers, bestimmte Wertpapiere oder Währungen zu einem im Voraus festgelegten Preis zu einem bestimmten Zeitpunkt abzunehmen oder zu liefern.

Basis eines Futures ist die verpflichtende Lieferung bzw. Abnahme

1. eines genau bestimmten Vertragsgegenstandes (Basiswert)
2. in einer bestimmten Menge (Kontraktgröße) und Qualität
3. zu einem fixen Zeitpunkt in der Zukunft (Termin) und
4. zu einem konkreten, bei Vertragsabschluss festgelegten Preis.

Dies ermöglicht einen transparenten Handel, geringe Handelskosten und einen leichten Marktzugang. Je nach Basiswert unterscheidet man zwischen Finanzterminkontrakten (Financial Future), zu denen Zinsfutures, Währungsfutures und Indexfutures gehören, und Warenterminkontrakten (Commodity Future). Für den Abschluss fallen keine Kosten bzw. Prämien an, aber beide Vertragspartner müssen Vorschusszahlungen (Sicherheiten) leisten. In diesem Sinne wird bei Vertragsabschluss ein Mindesteinschuss als Sicherheit in Form von Wertpapieren oder Geld geleistet, dessen Höhe von der Volatilität der zugrunde liegenden Wertpapiere oder Güter und von der Kreditwürdigkeit der Marktteilnehmer abhängt und zumeist als Prozentsatz der Kontraktsumme vereinbart wird (Perridon et al. 2012).

Future-Kontrakte sind im Gegensatz zu Forward-Kontrakten nicht auf Erfüllung ausgelegt, sondern werden von den Kontraktpartnern zumeist vor deren Einlösung bzw.

Fristablauf durch ein Gegengeschäft kompensiert bzw. glattgestellt, sodass bis dahin offene Positionen geschlossen werden und der Vertrag im zentralisierten Börsenhandel aufgelöst wird. Die noch offenen Kontrakte, die an festgelegten Tagen vor den eigentlichen Verfallstagen festgestellt werden aufgrund von Mitteilungen der Verkäufer, ob sie die Wertpapiere oder Güter zu liefern gedenken oder nicht, werden am Folgetag von der entsprechenden Clearingstelle überprüft (Perridon et al. 2012). Diese rechnet die an der Börse abgeschlossenen Kontrakte später ab.

12.4.2.3 Optionen

▶ **Optionen** Optionen räumen das Recht aber nicht die Verpflichtung ein, ein bestimmtes Gut zu einem festgelegten Preis am Ende (europäische Option) oder während der Laufzeit der Option (amerikanische Option) zu erwerben (vgl. Abb. 12.4).

Die Ausübung der Option richtet sich danach, ob sich Zinssatz oder Kurs in die gewünschte Richtung des Käufers entwickeln. Man unterscheidet bei Optionen, wie bei allen Termingeschäften, zwei Arten der Ausübung: Zahlung und Lieferung sowie Barausgleich. Ist Zahlung und Lieferung vereinbart, liefert eine Vertragspartei den Basiswert, die andere Vertragspartei zahlt den Ausübungspreis als Kaufpreis. Beim Barausgleich zahlt der Stillhalter die Wertdifferenz, die sich aus Ausübungspreis und Marktpreis des Basiswertes am Ausübungstag ergibt, an den Optionsinhaber. Der umgekehrte

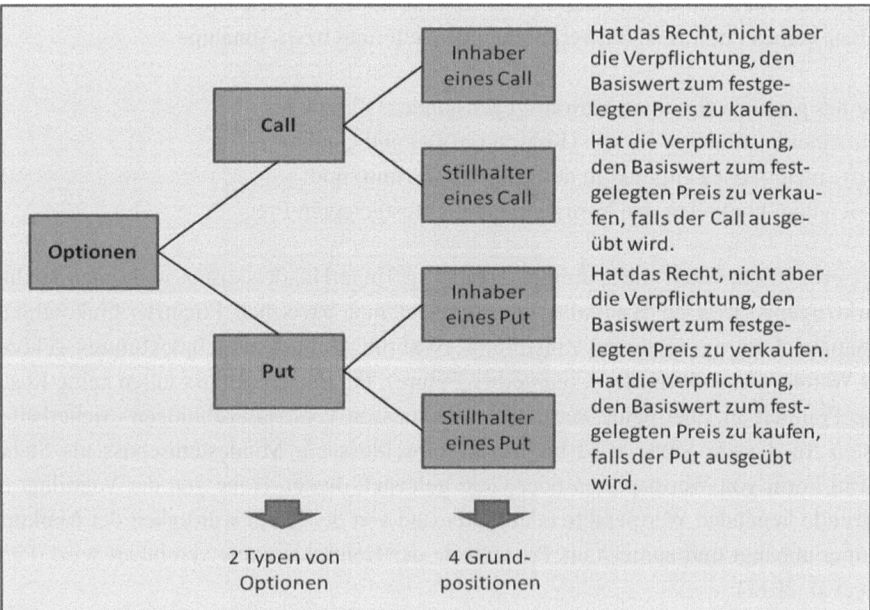

Abb. 12.4 Grundtypen und Grundpositionen von Optionen im Überblick. (Quelle: in Anlehnung an Perridon und Steiner 2009)

Fall, in dem der Inhaber an den Stillhalter zahlt, kann im Normalfall nicht vorkommen, da der Inhaber in diesem Fall die Option nicht ausübt.

Der Preis einer Option hängt einerseits von ihren Ausstattungsmerkmalen ab, also von

1. dem aktuellen Preis des Basiswerts
2. dem Ausübungspreis
3. der Restlaufzeit bis zum Ausübungsdatum,

andererseits aber auch von dem zugrunde gelegten Modell für die zukünftige Entwicklung des Basiswertes und anderer Marktparameter. Beispielsweise sind in das Black-Scholes-Modell zur Optionspreisbewertung, welches als präferenzunabhängiges Gleichgewichtsmodell als das gemeinhin bekannteste Modell unter den Optionspreismodellen gilt, die weiteren Einflussgrößen

4. Volatilität des Basiswerts
5. risikofreier, kurzfristiger Zinssatz am Markt
6. erwartete Dividendenzahlungen innerhalb der Lebenszeit

einbezogen worden.

Im Folgenden soll ein Beispiel für eine Kaufoption auf Aktien eines Unternehmens betrachtet und analysiert werden (vgl. Abb. 12.5)

Der innere Wert einer Option bestimmt sich aus der Differenz zwischen dem aktuellen Preis des Basiswertes und dem Ausübungspreis. Die Zeitprämie bestimmt sich als Differenz zwischen dem Marktpreis der Option und ihrem inneren Wert (diese zahlt der Optionskäufer für die Chance, von Kursveränderungen profitieren zu können). Mit steigender Volatilität des Basiswertes steigt in der Regel auch der innere Wert der Option. Je weiter zeitlich entfernt das Ausübungsdatum liegt, umso höher ist die Wahrscheinlichkeit, dass sich der innere Wert der Option ändert. Der Anstieg des risikofreien Zinssatzes hat einen positiven Effekt auf den Wert von Kaufoptionen und einen negativen Effekt auf den Wert von Verkaufsoptionen, weil das Geld, das dank des Calls nicht in einen Basiswert investiert werden muss, zinsbringend angelegt werden kann.

Dividendenzahlungen im Falle von Optionen auf Aktien haben einen negativen Einfluss auf den Wert einer Kaufoption, da während der Optionshaltedauer auf Dividenden verzichtet wird, die theoretisch durch Ausübung der Option vereinnahmt werden können.

Aktienkurs	Basispreis	Optionspreis	Innerer Wert	Zeitprämie	Klassifikation
300	260	42	40	2	deep in the money
300	280	34	20	14	in the money
300	300	28	0	28	at the money
300	320	18	0	18	out of the money

Abb. 12.5 Berechnungsbeispiel einer Kaufoption. (Quelle: in Anlehnung an Perridon et al. 2012)

Je mehr die Option „in das Geld" kommt, desto sicherer wird die Ausübung durch den Käufer und je weiter die Option „aus dem Geld" kommt, desto unwahrscheinlicher (Perridon et al. 2012).

12.4.2.4 Swaps

▶ **Swaps** Swap-Geschäfte sind vertraglich vereinbarte Tauschgeschäfte, haben den Charakter von Arbitrage-Geschäften und zielen auf die Ausnutzung von komparativen Kostenvorteilen an den internationalen Finanzmärkten ab.

Beim Währungsswap erfolgt ein Austausch von Kapitalsumme und Zinsverpflichtung zwischen Unternehmen mit entgegengesetzten Währungswünschen. Dabei wird terminologisch differenziert in Ausgangstransaktion, Zins-Transaktion und Schlusstransaktion (vgl. Abb. 12.6). Als Ausgangstransaktion wird der Austausch der Kreditbeträge bezeichnet; die Zinstransaktion betrifft die zu tauschenden Zinszahlungen, die vorab vertraglich festzulegen sind, wobei sich die Höhe des Zinssatzes bei Abschluss nach dem Zinsniveau der beteiligten Währungsländer richtet (Bekaert und Hodrick 2012).

Ebenfalls bei Vertragsabschluss sind Zeitpunkt und Devisenkurs der Schlusstransaktion festzulegen (Rücktausch der Kapitalsummen). Vertragliche Vereinbarungen können aber auch vorsehen, dass bei der Schlusstransaktion nur ein vorab festgelegter Differenzbetrag ausgeglichen wird oder die Schlusstransaktion ganz entfällt. Vorteile des Währungsswaps liegen in der Absicherung des Währungsrisikos und einem kostengünstigeren Zugang zum Fremdwährungsmarkt als bei einem Direktengagement.

Zur Erläuterung der Swap-Struktur und der einem Währungsswap-Geschäft zugrunde liegenden Spekulationsmotive soll das folgende Beispiel dienen (vgl. Abb. 12.6).

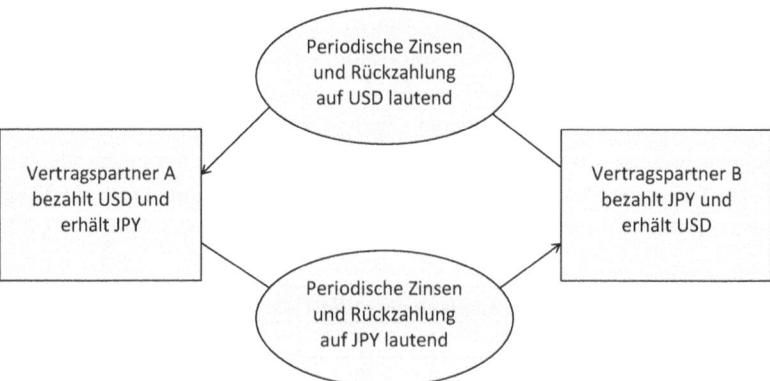

Abb. 12.6 Grundstruktur eines Währungsswaps. (Quelle: in Anlehnung an Bekaert und Hodrick 2012)

Beispiel

Die Firma Tausch benötigt für die Begleichung von Rohstoffrechnungen einen Betrag von 7,5 Mio. US$. Dazu bietet ihr das Bankhaus Mauschel ein Swap-Geschäft mit folgenden Konditionen an: Firma Tausch erhält 7,5 Mio. US$ im Austausch gegen 6 Mio. EUR. Die Swap-Laufzeit beträgt 5 Jahre. Die Zinsen betragen 7,5 % auf € – sowie 8 % auf USD-Beträge und sind halbjährlich fällig.

Daraus ergibt sich die folgende idealtypische Abwicklung des Swapgeschäfts (A & B: Ausgangstransaktion, C & D: Zinstransaktion, E & F: Schlusstransaktion), wobei die Zinszahlungen betreffenden Transaktionen C & D in der Realität zu einer Netto-zinszahlung eines Partners an den anderen führen.

A: Bankhaus Mauschel gibt Firma Tausch 7,5 Mio. US$
B: Firma Tausch gibt Bankhaus Mauschel 6 Mio. EUR
C: Bankhaus Mauschel erhält von Firma Tausch halbjährlich Zinsen in Höhe von 8 % auf 7,5 Mio. US$
D: Firma Tausch erhält von Bankhaus Mauschel halbjährlich Zinsen in Höhe von 7,5 % auf 6 Mio. EUR
E: Bankhaus Mauschel erhält von Firma Tausch 7,5 Mio. US$
F: Firma Tausch erhält von Bankhaus Mauschel 6 Mio. EUR.

Die Analyse des Währungsswap-Geschäfts zeigt, dass bei einem Wechsel-kurs von 1333 die Nettozinspositionen der Kontrahenten gleich 0 sind. Zu Beginn beträgt der Wechselkurs (USD/€) 1,25. Die Firma Tausch rechnet mit einer Auf-wertung des € bzw. Abwertung des USD, da sie USD-Zinsen entrichten muss und €-Zinsen bekommt. Oberhalb eines Wechselkurses von 1333 erhält Firma Tausch eine Nettozinszahlung von Bankhaus Mauschel und unterhalb dieses Kurses erhält das Bankhaus von der Firma eine Nettozinszahlung. D. h., dass bezogen auf den ursprünglichen Wechselkurs der Euro um mehr als 6,67 % gegenüber dem USD auf-werten muss, damit Firma Tausch eine Nettozinszahlung erhält.

Bei einem Zinsswap vereinbaren zwei Partner einen Austausch von unterschiedlich gestalteten Zinszahlungen, wobei feste gegen variable oder variable gegen variable mit unterschiedlichen Laufzeiten getauscht werden können (vgl. Abb. 12.7). Die Laufzeiten reichen in der Regel über einen Zeitraum von ein bis zehn Jahren. Die Kapitalbeträge werden in der Regel nicht getauscht, zumal sie sich betragsmäßig entsprechen, sondern dienen nur als Berechnungsgrundlage für die Zinsen (Bekaert und Hodrick 2012).

12.5 Internationales Cash- und Working Capital Management

Internationales Cash- und Working Capital Management bilden die zentralen Pfeiler des unternehmerischen Liquiditätsmanagements.

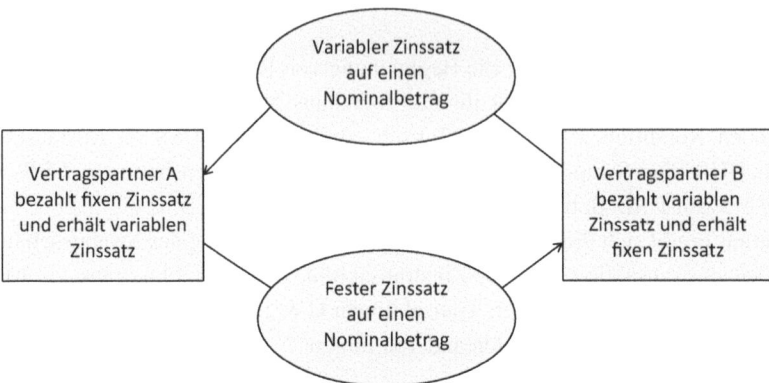

Abb. 12.7 Grundstruktur eines Zinsswaps. (Quelle: in Anlehnung an Bekaert und Hodrick 2012)

Während das internationale Cash Management auf die Zentrierung und Allokation der Kassenbestände im Konzern sowie auf die Aufrechnung interner Forderungen und Verbindlichkeiten fokussiert ist, konzentriert sich das internationale Working-Capital-Management auf das Management der Forderungen und Verbindlichkeiten aus Lieferungen und Leistungen sowie des Vorratsvermögens und das Optimieren der zugehörigen Prozesse, die an den jeweiligen Unternehmensstandorten entstehen bzw. ablaufen.

12.5.1 Internationales Cash Management

Das internationale Cash Management regelt die Disposition der Kassenbestände aller internationalen Gesellschaften eines Unternehmens und sorgt damit dafür, dass die Verteilung und Bereitstellung von Liquidität im gesamten Unternehmen entsprechend den zentralen und dezentralen Bedürfnissen erfolgt, sodass die Zahlungsfähigkeit auf allen Ebenen und an sämtlichen internationalen Standorten jederzeit gegeben ist und gleichzeitig eine renditeoptimale Anlage überschüssiger Mittel sowie Aufnahme möglichst günstiger liquider Mittel zur Überbrückung kurzfristiger Defizite gewährleistet ist (Meckl 2014).

Eine besondere Komplexität ergibt sich im internationalen im Vergleich zum nationalen Cash Management dadurch, dass Zahlungen in unterschiedlichen Währungen auftreten bzw. Geldbestände in verschiedenen Währungen vorliegen. Risiken für die Unternehmen entstehen dabei vor allem durch Wechselkursschwankungen, die Erlöse und damit Geldzuflüsse in Konzernwährung mindern oder Kosten in Konzernwährung erhöhen können. Weitere Risiken können auftreten, wenn lokale Währungen wegen hoher Inflation an Stabilität und Kaufkraft verlieren, was wiederum Auswirkungen auf die Wechselkursentwicklung hat oder wenn aufgrund von Devisenbewirtschaftungsmaßnahmen Geldtransfers über Ländergrenzen hinweg infolge von staatlichen Maßnahmen eingeschränkt werden.

Besondere Relevanz erhalten im internationalen Cash Management das Cash Pooling und das Netting. Im Rahmen eines Cash Pooling werden die Überschüsse internationaler Tochtergesellschaften an einem zentralen Standort zusammengezogen, um dann anschließend in Form von kurzfristigen Krediten an diejenigen Gesellschaften zu intern festgelegten Zinssätzen verliehen zu werden, die diese benötigen. Dabei nicht verteilte Cash-Bestände werden für gewöhnlich an den internationalen Finanzmärkten vorübergehend zinsbringend angelegt, wohingegen Cash-Defizite über diese möglichst zinsgünstig beschafft werden.

Beim Netting werden Forderungen und Verbindlichkeiten, die zwischen ausländischen Gesellschaften eines international operierenden Unternehmens in Form von konzerninternen Innenumsätzen entstehen, von einer zentralen Stelle im Konzern – in der Regel die zentrale Finanzabteilung – gegeneinander aufgerechnet, sodass am Ende nur eine Nettoforderung oder Nettoverbindlichkeit zwischen zwei Auslandsgesellschaften übrig bleibt, die dann entsprechend beglichen werden muss (vgl. Abb. 12.8). Für ein internationales Unternehmen, welches Netting betreibt, ergeben sich eine Reihe von Vorteilen, darunter ein sicherer und zügiger Zahlungsausgleich im Konzern, eine Minimierung von Konversions- und Transaktionskosten sowie allgemein eine bessere Kontrolle seitens der Zentrale (Meckl 2014).

12.5.2 Internationales Working-Capital-Management

Mit der Globalisierung hat zugleich aber auch die Volatilität der (Finanz-)Märkte zugenommen und zu unsichereren und mitunter restriktiveren Bedingungen für die Unternehmen bei der externen Kapitalaufnahme geführt. Daraus wiederum haben viele Unternehmen die Konsequenz gezogen, sich wieder vermehrt auf die Finanzierung

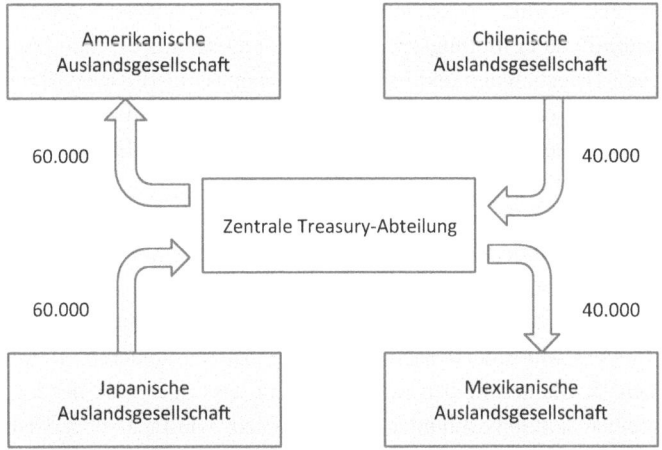

Abb. 12.8 Zentralisierter Netting-Prozess. (Quelle: in Anlehnung an Meckl 2014)

und Liquiditätsgenerierung aus eigener Kraft zu konzentrieren im Sinne einer stärkeren Fokussierung des operativen Cashflows und seiner Treiber. Ein wesentlicher Treiber des operativen Cashflows ist das Working Capital, welches im Zuge der Internationalisierung der Unternehmen in seiner Gestaltung an Komplexität auch dadurch zugenommen hat, als es sich unterschiedlichen dezentralen Rahmenbedingungen in den verschiedenen Märkten und Unternehmens-Standorten gegenübersieht und diese im Working-Capital-Management berücksichtigt werden müssen.

Working Capital wird im Kontext des Finanz- und Rechnungswesens als ein Fach- und Sammelbegriff für kurzfristige Bilanzpositionen verwendet, welche auf der Aktivseite durch das Umlaufvermögen und auf der Passivseite durch die kurzfristigen Verbindlichkeiten repräsentiert werden. Die Komposition des Working Capital wird als ein Maß für die Liquidität eines Unternehmens angesehen (Reichmann 2011). Das Working Capital Management orientiert sich dabei in den Unternehmen einerseits an der Höhe des Net Working Capitals als der Summe aus den operativen Umlaufvermögen-Positionen Vorräte, Forderungen aus Lieferungen und Leistungen, geleistete Anzahlungen sowie sonstige kurzfristige Forderungen abzüglich der operativen kurzfristigen Verbindlichkeiten-Positionen Verbindlichkeiten aus Lieferungen und Leistungen, erhaltene Anzahlungen, operative Rückstellungen sowie sonstige kurzfristige Verbindlichkeiten.

Andererseits rücken aber auch zunehmend liquiditätsfluss- und fristenorientierte Größen und dabei insbesondere der Liquiditäts- bzw. Cash-Zyklus (DWC – Days Working Capital) und seine Komponenten Forderungsreichweite (Days Sales Outstanding – DSO), Vorratsbestandsreichweite (Days Inventory Held – DIH) und Verbindlichkeiten-reichweite (Days Payables Outstanding – DPO) in den Fokus (Eitelwein und Wohlthat 2005). Deren Beziehungen veranschaulicht die Abb. 12.9.

Ein internationales Management des im Unternehmen gebundenen Working Capitals sieht sich im Vergleich zu einem rein domestisch orientierten einer Vielzahl zusätzlicher Herausforderungen gegenüber. Dazu zählen zuvorderst unterschiedliche kulturell bedingte Gepflogenheiten in den lokalen Märkten wie beispielsweise Zahlungsfristen. So lag die durchschnittliche Forderungsreichweite in den südeuropäischen Ländern (Italien, Spanien, Portugal, Griechenland und Zypern) im Business-to-Business-Bereich 2013 mit 87 Tagen fast dreimal so hoch wie in den skandinavischen Ländern (Norwegen, Schweden, Finnland und Dänemark) mit 32 Tagen, wodurch ein deutliches Nord-Süd-Gefälle sichtbar wird (EPI 2013).

Insbesondere unterschiedliche Mentalitäten aufseiten der eigenen Mitarbeiter sowie der Kunden und Lieferanten in den verschiedenen Ländern und Standorten erhöhen die Komplexität im internationalen Working-Capital-Management, und zwar hier vor allem auf der Prozess-Ebene. Ein Beispiel dafür sind Mahnschreiben, die in Ländern wie etwa Deutschland, Holland oder Belgien weitgehend nach Standard-Schemata ablaufen: 1. Mahnschreiben, 2. Mahnschreiben, 3. Mahnschreiben mit Kreditstopp und ggfs. externer Inkassobeauftragung. Mahnschreiben sind in bestimmten Ländern Asiens wie Japan oder Thailand dagegen größtenteils tabu, zumal ein dort angewandter Standardmahnprozess zu einer erheblichen

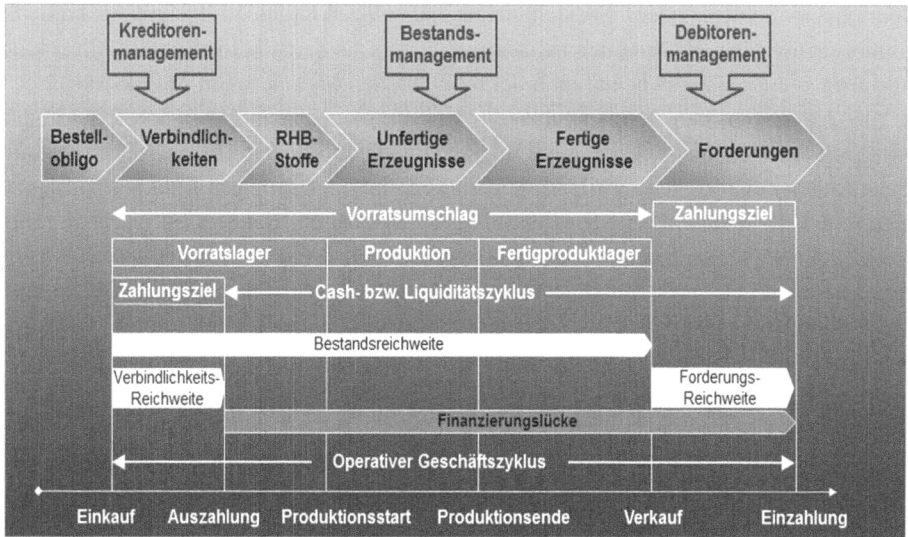

Abb. 12.9 Liquiditätszyklus im Working-Capital-Management. (Quelle: in Anlehnung an Feucht 2001)

Beschädigung möglicherweise sogar zur Kündigung der gesamten Geschäftsbeziehung führen kann, sodass hier andere auf behutsame direkte Kommunikation setzende Problemlösungswege im Vordergrund stehen sollten.

Weiterhin kann auch die unterschiedliche Betrachtung und Gestaltung von Verantwortung und Regelungsmacht eine Herausforderung im Working-Capital-Management darstellen. So wird etwa in einem angelsächsischen Land eine klare Trennung zwischen Funktionsbereichen, die die Entwicklung des Working Capitals im Unternehmen maßgeblich prägen, selbstverständlich sein, während es in asiatischen Ländern durchaus passieren kann, dass im Unternehmen die Verantwortung für Finanzen und Einkauf traditionell von der gleichen Person getragen wird und damit der aus angelsächsischer Sicht unerlässlichen, corporate governance-geprägten sogenannten Segregation of Duties – also der klaren Trennung von Verantwortlichkeiten – im Working-Capital-Management nicht entsprochen wird.

Schließlich liegt ein weiterer Faktor, der ein internationales Working-Capital-Management gegenüber einem domestischen entsprechend schwieriger gestaltbar erscheinen lässt, in der Tatsache begründet, dass Working-Capital-Management generell in der unternehmerischen Praxis als ein ausgesprochenes Disziplinthema gilt, d. h. also ein Thema, welches sich ohne eine entsprechende disziplinarische Komponente und Grundhaltung nicht nachhaltig zum gewünschten Erfolg führen lässt, zumal in der Praxis regelmäßig zu beobachten ist, dass einmal forcierte Regelungen und Standards, die zumeist in angespannten Phasen eingeführt wurden, in Phasen, in denen das Geschäft gut läuft im täglichen Geschäft schnell wieder relativiert bzw. kompromittiert werden (Ernst und Young 2012). Dazu kommt, dass Personen in Ländern mit regelaffinen Mentalitäten wie

Deutschland, Schweiz oder USA sich tendenziell solchen Regeln und Standards kompro-
missloser zuwenden als Personen in anderen Ländern, in deren Mentalität die Allgemein-
gültigkeit von Regeln zuweilen hinter der individuellen Improvisation zurücksteht.

Aus dem grundsätzlichen Bestreben des Konzernmanagements, möglichst viel in den
Prozessen international übergreifend zu standardisieren auf der einen und den spezifischen Regularien, Gepflogenheiten und Kulturen, die die regionalen Märkte und Länder
prägen, auf der anderen Seite, entsteht ein grundsätzlicher Trade-off im internationalen
Working-Capital-Management, der nicht einfach aufzulösen ist. Internationales Working-Capital-Management reflektiert in diesem Sinn ein Spannungsfeld zwischen dem
Bedürfnis nach zentraler umfassender Regelung und Überwachung sowie der wachsenden Erkenntnis, dass ohne eine umfassende Übertragung von situativer Entscheidungs-
kompetenz an die dezentralen Standorte eine optimale Steuerung des Working Capital
unmöglich ist.

Damit korrespondiert der wachsende Dezentralisierungsdruck im Working-Capital-Management, der sich u. a. daran festmacht, dass immer mehr Unternehmen ihren
regionalen Niederlassungen die wichtigen Geschäftsparameter (z. B. Zahlungsfristen,
Mahnstufen oder Reklamationscodes) selbst definieren lassen und hier nur einen zentralen Rahmen bzw. Grenzwerte vorgeben, die eingehalten bzw. nicht ohne zentrale
Genehmigung überschritten werden dürfen („Act-global-think-local"-Prinzip der Globalisierung). In diesem Zusammenhang wird offenbar, dass der Dezentralisierungsgrad im
Working-Capital-Management auch abhängig von der Landeskultur der jeweiligen Tochtergesellschaft ist.

Organisatorisch führt das in den Unternehmen zunehmend dazu, dass das Management des Working Capitals innerhalb der Finanzfunktion vom CFO zentral verantwortet und gesteuert wird und unter dessen Federführung in Abstimmung mit den anderen
Unternehmensbereichen auf Konzernebene zentrale Richtlinien zum Working-Capital-
Management und dessen Subkategorien, dem Forderungs-, Vorrats- und Verbindlichkei-
tenmanagement erlassen werden, die den Rahmen setzen für dezentrale Richtlinien und
Regelungen in den Tochtergesellschaften auf Länderebene.

12.6   Internationaler Zahlungs- und Kreditverkehr

Der Finanzierungsbedarf in internationalen Unternehmen ergibt sich im Bereich der
funktionalen Internationalisierung, insbesondere im direkten Export und Import aus
den langen Transportzeiten und damit verbundenen besonderen Risiken. Über Lieferfähigkeit, Qualität, Zahlungsfähigkeit, Kreditwürdigkeit und die allgemeine geschäftliche
Zuverlässigkeit liegen zumeist gerade zu Beginn, aber durchaus auch im weiteren Verlauf einer Geschäftsverbindung, keine ausreichenden Informationen vor. Vor diesem Hintergrund bestehen Probleme einerseits in der Beschaffung der Finanzierungsmittel und
andererseits in detaillierten Vereinbarungen über die Zahlungsweise, insbesondere hinsichtlich folgender Punkte:

1. Übergang des Transportrisikos vom Exporteur auf den Importeur
2. Zeitpunkt der Zahlungsverpflichtung des Importeurs
3. Zeitpunkt des Zahlungserhalts des Exporteurs.

Internationale Handelsklauseln zur Regelung von Verantwortlichkeiten zwischen Exporteuren und Importeuren liefern die sogenannten Incoterms, die von der internationalen Handelskammer erstmals 1936 aufgestellt wurden. Die Incoterms regeln insbesondere die Art und Weise, wie Güter geliefert werden, welche Transportkosten Exporteur und Importeur zu tragen haben und wer im Rahmen des Gefahrenübergangs vom Exporteur auf den Importeur Verlust- oder Beschädigungsrisiken zu tragen hat (vgl. Abb. 12.10).

Vor dem Hintergrund, das Kreditrisiko des Exporteurs (während der Laufzeit der Ware) und das Lieferrisiko des Importeurs zu minimieren, sowie in diesem Zusammenhang die Kredit- und Zahlungskosten eindeutig zuzuordnen sowie ferner Zahlungsweg und Zahlungsart festzulegen, können insbesondere folgende Zahlungsbedingungen betrachtet werden:

1. Vorauszahlung/Anzahlung
2. Zahlung durch Nachnahme
3. Zahlung gegen einfache Rechnung
4. Dokumente gegen Zahlung
5. Dokumente gegen Akzept
6. Dokumente gegen Zahlung auf Akkreditiv-Basis
7. Dokumente gegen Akzept auf Akkreditivbasis
8. Lieferung mit längerfristigem Lieferantenkredit.

Incoterms ®	Any Transport Mode		Seafreight Waterway Transport				Any Transport Mode				
	EXW	FCA	FAS	FOB	CFR	CIF	CPT	CIP	DAT	DAP	DDP
Charges/Fees	Ex Works	Free Carrier	Free Alongside Ship	Free On Board	Cost & Freight	Cost Insurance & Freight	Carriage Paid To	Cost Insurance Paid To	Delivered At Terminal	Delivered At Place	Delivered Duty Paid
Packaging	Buyer or Seller	Seller	Seller	Seller	Seller	Seller	Seller	Seller	Seller	Seller	Seller
Loading Charges	Buyer	Seller	Seller	Seller	Seller	Seller	Seller	Seller	Seller	Seller	Seller
Delivery to Port/Place	Buyer	Seller	Seller	Seller	Seller	Seller	Seller	Seller	Seller	Seller	Seller
Export Duty & Taxes	Buyer	Seller	Seller	Seller	Seller	Seller	Seller	Seller	Seller	Seller	Seller
Origin Terminal Charges	Buyer	Buyer	Seller	Seller	Seller	Seller	Seller	Seller	Seller	Seller	Seller
Loading on Carriage	Buyer	Buyer	Buyer	Seller	Seller	Seller	Seller	Seller	Seller	Seller	Seller
Carriage Charges	Buyer	Buyer	Buyer	Buyer	Seller	Seller	Seller	Seller	Seller	Seller	Seller
Insurance	negotiable	negotiable	negotiable	negotiable	negotiable	negotiable	negotiable	negotiable	negotiable	negotiable	negotiable
Destination Terminal Charges	Buyer	Buyer	Buyer	Buyer	Buyer	Buyer	Seller	Seller	Seller	Seller	Seller
Delivery to Destination	Buyer	Buyer	Buyer	Buyer	Buyer	Buyer	Buyer	Buyer	Buyer	Seller	Seller
Import Duty & Taxes	Buyer	Buyer	Buyer	Buyer	Buyer	Buyer	Buyer	Buyer	Buyer	Buyer	Seller

Abb. 12.10 Incoterms in der Fassung von 2010 (7. Revision)

Die beiden wichtigsten Abwicklungsschemata im Auslandsgeschäft sind das Dokumenteninkasso, mit den beiden Zahlungsbedingungen Dokumente gegen Zahlung und Dokumente gegen Akzept sowie das Dokumentenakkreditiv mit den beiden Zahlungsbedingungen Dokumente gegen Zahlung auf Akkreditivbasis sowie Dokumente gegen Akzept auf Akkreditivbasis. Für beide Abwicklungsformen werden internationale Konventionen vereinbart, die im Folgenden einzeln dargestellt werden.

12.6.1 Dokumenteninkasso

Das Dokumenteninkasso unterliegt grundsätzlich keinen gesetzlichen Regelungen. In der Regel werden dabei die von der internationalen Handelskammer in Paris aufgestellten international anerkannten Einheitlichen Richtlinien für Inkassi (ERI 522) angewendet (Werdenich 2008). Im Falle des Dokumenteninkassos wird der Rechnungsbetrag gegen Aushändigung der Dokumente von der Bank des Exporteurs eingezogen (vgl. Abb. 12.11). Nach Abschluss des Kaufvertrages (1) gibt der Exporteur den Inkasso-Auftrag unter Zusendung der Dokumente an seine Bank (2) zwecks Weiterleitung an die Bank des Importeurs (3). Dies geschieht auf der Grundlage der vertraglichen Vereinbarung mit dem Importeur, dass dieser bei Vorlage der Dokumente durch die (Korrespondenz-)Bank zahlt (4) oder ein Akzept gibt, wobei die Fälligkeit der Zahlung zu einem späteren Termin liegt. Der Exporteur muss also darauf vertrauen, dass der Importeur seine vertragliche Verpflichtung zur Abnahme der Ware bzw. der Dokumente einhält (Dülfer und Jöstingmeier 2008).

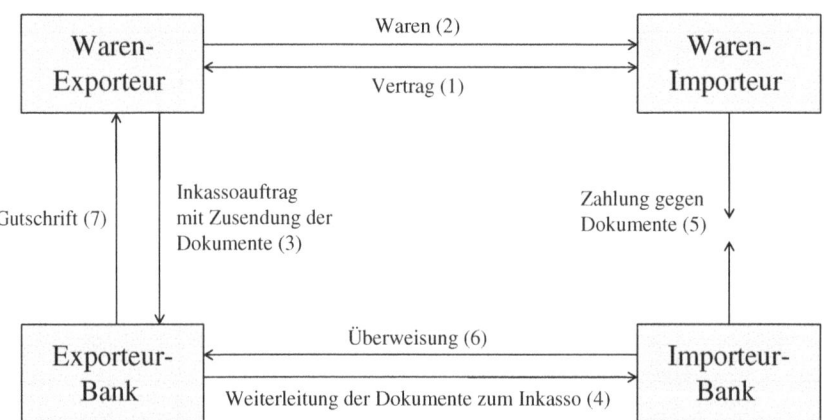

Abb. 12.11 Ablaufschema eines Dokumenteninkassos. (Quelle: in Anlehnung an Werdenich 2008)

12.6.2 Dokumentenakkreditiv

Grundlage des Akkreditivgeschäfts ist das Akkreditiv als die vertragliche Verpflichtung einer Bank (im Sinne eines abstrakten Schuldversprechens) auf Rechnung eines Importeurs innerhalb einer bestimmten Zeit an den Exporteur bei gegebenen Voraussetzungen (in der Regel Aushändigung der Dokumente) durch Zahlung, Wechsel-Akzeptierung, Einholung eines Importeur-Akzepts oder Negoziierung zu leisten (vgl. Abb. 12.12).

Ein Akkreditivgeschäft verläuft in folgenden Schritten (Dülfer und Jöstingmeier 2008):

1. Abschluss des Kaufvertrages zwischen Exporteur und Importeur
2. Akkreditiv-Auftrag des Importeurs an (seine) Bank
3. Akkreditiv-Eröffnung, Auftrag an Exporteur-Bank zur Zahlung
4. Avisierung des Akkreditivs an den Exporteur
5. Versender der Ware an Importeur
6. Zahlung der Exporteur-Bank gegen Vorlage der Dokumente durch Exporteur
7. Weitergabe der Dokumente gegen Verrechnung an Importeurbank
8. Zahlung seitens Importeur gegen Dokumente an seine Bank.

Im Rahmen der Auslandsgeschäfts-Finanzierung bedeutet das Akkreditivgeschäft für den Exporteur eine Absicherung der termingerechten Einlösung seiner Forderung unter Vermeidung von Finanzierungsrisiken. Für den Importeur stellt es ein Kredit-Finanzierungsinstrument dar, weil in der Regel die Bank die Zahlung auf Kredit vornimmt, während der Importeur erst nach Erhalt der Ware einlöst.

Dementsprechend erfüllt das Akkreditivgeschäft drei Funktionen:

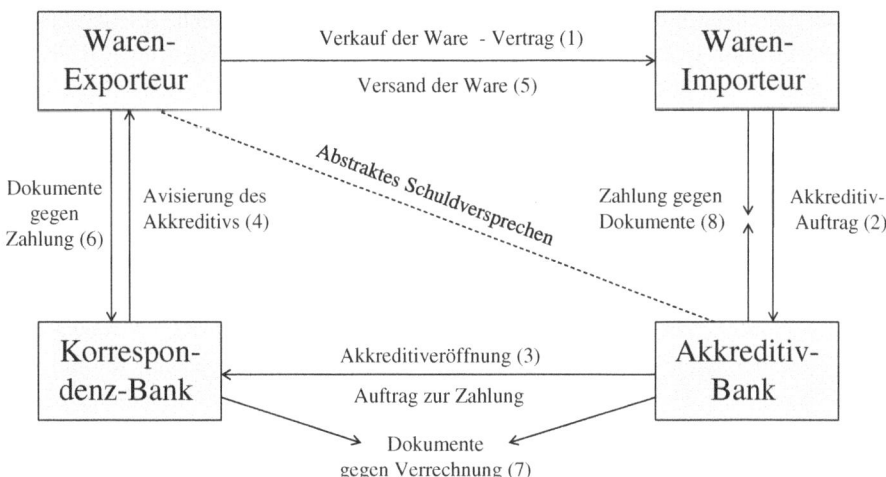

Abb. 12.12 Ablaufschema eines Dokumentenakkreditivs. (Quelle: in Anlehnung an Dülfer und Jöstingmeier 2008)

1. bargeldlose Zahlungsfunktion
2. Sicherungsfunktion
3. Kreditfunktion.

Rechtlich von Bedeutung ist, dass das Leistungsversprechen der Bank ein abstraktes ist, dessen Erfüllung also – wie beim Wechsel – nicht von dem zugrunde liegenden Warengeschäft abhängt (Werdenich 2008). Da die Akkreditivbank in der Regel die Hausbank des Importeurs ist und sich daher in der Regel in dessen Land befindet, bedient sie sich zur Abwicklung einer im Lande des Exporteurs domizilierten Bank, mit der sie ein Agency-Agreement hat. Wenn die Hausbank des Exporteurs aus eigenem Entschluss und auf eigenes Risiko die Dokumente ankauft, ohne schon einen Auftrag der Akkreditivbank zu haben, wird sie als negoziierende Bank tätig. In diesem Fall tritt der Charakter des Finanzierungsinstruments auch zugunsten des Exporteurs stärker in Erscheinung (Dülfer und Jöstingmeier 2008).

Akkreditive können sowohl widerruflich als auch unwiderruflich sowie als bestätigtes oder unbestätigtes Akkreditiv gestaltet werden. Ein widerrufliches Akkreditiv kann nach Veranlassung des Beauftragenden durch die Akkreditivbank jederzeit zurückgezogen werden, während die Akkreditivbank bei einem unwiderruflichen Akkreditiv verpflichtet ist, gegen Vorlage der Dokumente Zahlung zu leisten. Dagegen kann ein bestätigtes Akkreditiv eine weitere Sicherheit bieten, indem die Korrespondenzbank zusätzlich zur Akkreditivbank in die Zahlungsverpflichtung eintritt (Perridon et al. 2012).

Nike – Nutzung von Akkreditivvereinbarungen zur Liquiditätssicherung im Rahmen der Internationalisierung

Das Unternehmen Nike kann einen Teil seines internationalen Wachstums in den 1970er Jahren auf die Nutzung von Akkreditiven im internationalen Geschäft zurückführen. Im Jahr 1971 (zu diesem Zeitpunkt hieß das Unternehmen noch BSR) war Nike noch wenig bekannt in Japan oder anderen Ländern. Dennoch war Nike in der Lage, die Produktion seiner Sportschuhe in Japan an japanische Produzenten auszugliedern. Die Akkreditivvereinbarungen sicherten dem japanischen Schuhhersteller die Gewähr, dass er für seine produzierten und in die USA verschifften Waren auch bezahlt wurde und vereinfachten so den internationalen Handel zwischen beiden Unternehmen, ohne dass Bedenken über Kreditrisiken dem entgegenstanden.

Banken dienten als Garanten für den Fall, dass der japanische Schuhhersteller nicht vollumfänglich bezahlt wurde, nachdem die Schuhe in die USA transportiert worden waren. Ohne diese Art von akkreditiv-gesicherten Arrangements wären Unternehmen wie Nike nicht in der Lage gewesen, Produkte aus anderen Ländern zu beziehen und so ihr Geschäft substanziell zu internationalisieren (Madura 2015).

Kontrollfragen

1. Welche Ziele bestimmen das Finanzmanagement eines internationalen Unternehmens?
2. Welche Einflussfaktoren wirken auf die Kapitalstruktur internationaler Unternehmen?
3. Welche Grundtypen und Grundpositionen unterscheidet man bei Optionen und welche Ausstattungsmerkmale bestimmen den Preis von Optionen?
4. Erläutern Sie die Struktur eines Währungsswaps und die damit verbundene Strategie der Risikoabsicherung.
5. Was versteht man unter Netting im Rahmen eines internationalen Cash Managements?
6. Erläutern Sie den Liquiditätszyklus im Working-Capital-Management inklusive seiner Bestandteile.
7. Vergleichen Sie die Instrumente des Dokumenteninkassos und des Dokumentenakkreditivs und gehen Sie dabei auch auf deren Funktionen ein.

Literatur

Baum H-G, Coenenberg AG, Günther T (2013) Strategisches Controlling, 5. Aufl. Schäffer-Poeschel, Stuttgart

Bekaert G, Hodrick (2012) International financial management, 2. Aufl. Pearson Education, Harlow

Dülfer E, Jöstingmeier B (2008) Internationales Management in unterschiedlichen Kulturbereichen, 7. Aufl. Oldenbourg, München

Eitelwein O, Wohlthat A (2005) Steuerung des Working Capital im Supply Chain Management über die Cash-to-Cash Cycle Time. Z Control Manag 49(6):416–425

EPI (2013) European payment index whitepaper 2013. Intrum Justitia, Stockholm

Ernst & Young (2012) All tied up – working capital management report 2012. www.ey.com

Feucht M (2001) Working Capital, Working Capital Management, Working Capital Zyklus. Praxis Lexikon Finanzmanagement, Landsberg Lech, S 280–287

Griffin RW, Pustay MW (2015) International business: a managerial perspective, 8. Aufl. Pearson Education, Harlow

Hill CWL (2012) International business. Competing in the global marketplace, 9. Aufl. McGraw-Hill, New York

Hoffjan A (2009) Internationales Controlling. Schäffer-Poeschel, Stuttgart

Madura J (2015) International financial management, 12. Aufl. Cengage, Stamford

Meckl R (2014) Internationales Management, 4. Aufl. Vahlen, München

Perlitz M, Schrank R (2013) Internationales Management, 6. Aufl. UVK, Konstanz

Perridon L, Steiner M, Rathgeber A (2009) Finanzwirtschaft der Unternehmung, 15. Aufl. Vahlen, München

Perridon L, Steiner M, Rathgeber A (2012) Finanzwirtschaft der Unternehmung, 16. Aufl. Vahlen, München

Reichmann T (2011) Controlling mit Kennzahlen und Management Tools, 8. Aufl. Vahlen, München

Stocker F, Trentmann N (2014) Dark Pools, die dunkle Nebenwelt der Aktienmärkte. Welt am Sonntag, 28. August, S 39–40

Werdenich M (2008) Modernes Cash-Management. Instrumente und Maßnahmen zur Sicherung und Optimierung der Liquidität. Moderne Industrie, Landsberg

Wild JJ, Wild KJ (2014) International business, 7. Aufl. Pearson Education, Harlow

Wirtz H (2009) Finanzierung. Grundlagen und Übungen. Monsenstein und Vannerdat, Münster

The manufacturer's authorised representative in the EU is Springer
Nature Customer Service Centre GmbH, Europaplatz 3, 69115 Heidelberg,
Germany. If you have any concerns regarding our products, please
contact ProductSafety@springernature.com

Printed and bound by CPI Group (UK) Ltd, Croydon, CR0 4YY

27/04/2026

02097614-0013